法律与金融丛书

法律与金融

（第六辑）

《法律与金融》编辑委员会／组编

LAW & FINANCE

当代世界出版社
THE CONTEMPORARY WORLD PRESS

《法律与金融》

（第六辑）

编辑委员会

卷首语

呈现在读者眼前的是《法律与金融》第六辑。本辑共收录文章19篇，作者是来自北京大学、清华大学、中国政法大学、中央财经大学、武汉大学、上海财经大学、宁波大学、复旦大学、上海交通大学、上海对外经贸大学、华东政法大学等全国知名院校的法学本科生、硕士研究生、博士研究生。在栏目设计上，按照文章主题将稿件分别编入“法金前沿”“证券法苑”“公司法坛”“法学论坛”“信托法制”“域外视窗”六个板块。

“法金前沿”是本刊的特色栏目，专注于金融法律交叉学科领域的热点问题。毫无疑问，在过去的2018年，金融科技继互联网金融之后席卷神州大地，标榜金融科技概念的产品层出不穷。历史证明，市场狂热的背后需要更多来自学术界的理性冷思考，金融科技的进步是否产生了撕裂现行法律规则的新问题，抑或只是“旧瓶装新酒”的老问题？宋华健的《契约的重塑：区块链上的智能合约》一文讨论作为金融科技底层技术的智能合约与传统合同法律框架之间的关系。智能合约的代码化编辑，自我强制执行以及不可篡改的特性对传统契约的定式概念进行了重塑，并对现有合同法准入提出了诸多挑战。智能合约语境下的监管制度构建应注重解决智能合约技术的去中心化与法律权威制定的二元矛盾问题，以规则内化为切口，弱化监管介入对新技术的抑制作用。

另外，监管者应以何种规制方案回应金融科技特有的风险，平衡消费者/投资者保护与鼓励创新两大公共政策目标？徐俊的《监管沙盒的英国实践与中国思路》一文认为以英国为主的发达金融市场“监管沙盒”制度，为金融创新引入真实市场提供了先行试验区，并为新金融下的监管改革提供了良好范本。借鉴监管沙盒的运行逻辑或可填补对金融风险监管的事前空白，以保证我国金融发展的活力与稳定。

传统金融监管主要依赖市场准入监管和现场检查，但是在如今庞大的金融业态前这些手段显得捉襟见肘。严德胜的《我国“大资管时代”下的监管路径初探——基于全球LEI体系的启示》一文认为，在我国百万亿规模的“大资管时代”背景下，需要一种具体操作范式以针对资产管理实施有效监管。由美国推出的法人机构识别码（LEI），致力于在全球范围内为法人机构配以标准化的编码以建立统一数据记录系统，通过金融机构的微观数据整合实现宏观层面的系统性金融风险防范，为改变我国当前监管模式、资管业务、数据统计的混乱状态提供了良好借鉴。

“证券法苑”栏目坚持实践性与学术性并重，关注资本市场立法、监管执法和司法的最新动态。2018年11月末，上海证券交易所对违反《证券法》信息披露规定的两家文化传播公司的责任人作出了市场禁入的处罚决定。由于处罚决定书的内容涉及公众人物，一时间甚嚣尘上，也引发理论与实务界对市场禁入制度的思考。徐仁进在《我国证券市场禁入制度的适用标准问题研究——“赵薇案”和“马斯克案”引发的思考》一文中，在梳理2014年到2018年证券市场禁入处罚决定书的基础上分析了该制度的适用标准及其存在的问题。市场禁入制度基于其“准刑罚”性质的严厉性和对于证券市场自由流通的一定程度上的干预性，其适用必须谨慎。其通过梳理美国证券执法经验，从该当性、违法性、有责性三个层面提出了完善我国证券市场禁入标准的建议。

由于信息获取和传播的成本降低，网络渐渐成为投资者获取证券信息和参与信息传播的主要渠道之一，这在客观上造成了各种垃圾信息和虚假信息充斥证券市场的局面。吕宗玄在《证券虚假信息执法思路之反思——以“在证监会开会案”为视角》一文中从个案出发分析证监会在处理编造、传播虚假信息案件的认定思路与误区，并对证监会运动式执法现象作出了反思。

王跃东的《违规举牌的行为定性及规制体系探究》一文观察到目前证监会主要以《证券法》第193条规制证券市场的违规举牌行为，但是内幕交易规制路径并不能适用于违规举牌行为，现行框架下要求违规举牌者承担“诱空型”虚假陈述的赔偿责任较为行之有效。借助《证券法》修订契机，应当加重违规举牌者的行政责任，采取责令限期售出违规持有股票并在此期限内限制其表决权、提高罚款金额或设置罚款比例，同时，在法律明确规定限制违规举牌者表决权情况下，采用章程指引的方式引导被举牌公司的反收购活动。

我国资本市场的法制建设很大程度上是一部法律移植的历史，然而由于既定约束条件的不同，相同的制度输入并不一定能得到预期的输出效果。石盛楠的《论短线交易收益归入制度的规制与完善——兼论〈证券法〉第47条的存废》一文从我国国情出发，重新探讨了短线交易收益归入制度的立法目的，认为不应仅仅将阻吓内幕交易作为核心价值，而是应当将保护投资者利益、维护市场公平秩序作为制度意旨。据此，作者结合2017年《证券法》草案，从交易主体、交易方式、交易客体等方面提出对制度的改进方案。

"公司法坛"栏目鼓励综合运用法解释学、法经济学、比较法等研究方法回应我国公司法理论与司法实践中的疑难与热点问题。梁晨颖在《〈公司法〉第151条中"他人"范围研究》一文中讨论股东派生诉讼被告的范围，通过梳理司法判决发现"他人"基本限于控制股东及其关联人。综合美国公司法理论经验以及诉讼的成本收益问题，作者建议对"他人"采用目的性限缩解释，将"他人"理解为控股股东、实际控制人，或者基于特殊职务实际控制公司的人（包括审计人员、清算人等）。

通过苛以董事对股东的信义义务缓解代理成本问题已经成为公司法中的"常识"，但是对义务违反后救济措施的讨论却不够充分。赵峰在《公司法视野下归入救济与损害赔偿之区分》一文中发现我国《公司法》规定了董事违反信义义务后的归入权救济和损害赔偿责任，但尚未对如何区分两种救济手段做出根本性回答，导致司法实践中对于二者适用混淆的问题。作者通过剖析两者在法理基础、立法目的、适用范围和证明责任的重大差异，明晰两种救济措施的适用规则。

股份评估权制度担负着保护中小股东利益和提高公司决策效率的双层功能，堵文瑜在《异议股东评估权中合理价格的分类确定研究——以司法实践为中心》一文中发现在司法实践中，法院对股份回购合理价格的司法评估存在单一地以公司净资产价值与股东股份比例的乘积计算股份回购价格，忽视相乘效果和评估基准日等疏漏之处。文章主张司法评估应当秉持分类意识。首先，股份回购价格的司法评估模型选择应当根据股份回购事由和公司类型分类探讨。其次，股份回购价格的相乘效果分配应当根据异议股东的反对理由分类讨论。最后，股份回购价格的评估基准日应当根据股份回购事由分类探讨。

“法学论坛”栏目集中讨论股票回购交易、保函欺诈、PPP政府担保的制度构造等问题。随着上海金融法院于2018年11月末判决自其揭牌成立后受理的第1号案件——东方证券股份有限公司诉北京弘高中太投资有限公司质押式证券回购违约案，股票质押式回购交易违约救济重新引发了实务界与学术界的讨论。杨鹏飞在《股票质押式回购交易违约的司法救济研究》一文中认为股票质押式回购交易违约纠纷的司法争议焦点主要体现在证券公司作为融出方签订《业务协议》缺乏上位法依据、违约责任归属界定不明确、《承诺函》的性质和效力认定不一致、利息及违约金的计算标准不明晰四个方面。除此之外，法院在处理当事方的违约争端时，不仅需要考虑个案公平，还应当兼顾证券交易市场的稳定运作。

为服务和保障“一带一路”建设，2016年最高人民法院颁布了《最高人民法院关于审理独立保函纠纷案件若干问题的规定》，试图澄清见索即付保函争议解决规则。朱嘉诚在《“一带一路”建设下我国见索即付保函欺诈法律制度的检讨》一文中认为前述司法解释第12条规定欺诈在构成要件上需要主观上的故意与独立保函的制度价值相违背，相反不应要求证明受益人主观上存在欺诈之故意，通过单据证明债权人存在违反诚信义务、滥用索赔权的法定情形即可，强调未来，我国独立保函欺诈法律制度更应该尊重独立保函的功能价值。

PPP项目中政府担保的运用虽能解决项目融资问题，但是与现行法律规定相冲突，以及担保本身也易产生道德风险与财政风险而备受争议。王艺玶的《PPP项目政府担保之必要性与路径选择》一文认为政府有必要对PPP项目提供担保，但在政府担保的适用类型上应进行斟酌选择，直接担保违反法律规定，风险防范难度较大，不宜作为政府担保方式；间接担保在吸引投资方投融资方面具有局限性，同样也不宜作为政府担保的方式；而使用量担保不属于“负面清单”中规定的内容，且可能存在的道德风险可以通过合理确定担保的使用量的方式予以防范，因此是最为合理的担保路径。

文慧的《法系融合背景下我国代理制度的完善——以〈民法总则〉第162条为切入点》一文在梳理不同法系国家代理制度构造的基础上认为，我国代理制度有必要顺应“显名缓和”的立法趋势，引入英美法的隐名代理和不公开本人身份的代理。此外，为考虑某些商事领域的特殊性，应保留行纪的独立性。在代理制度的体系安排上，为保持《民法总则》立法的稳定性，建议扩大“以被代理人名义”的解释，以寻求适用隐名代理的可能。

本辑“信托法制”栏目探讨信托财产的法律主体性与担保信托的法律结构。张钰的《信托财产的法律主体性研究》一文认为信托财产存在主体性不应被忽视。在英美法视角下，信托法符合组织法的各项要素，是一种组织法规范。移植信托法制的大陆法系国家（如日本）在实证法中一定程度上承认了信托财产的主体地位。我国可依托中国信托登记有限公司的登记平台，将产品登记的服务改造为赋予信托财产一定法律主体地位的程序机制，但是需要注意信托财产的法律主体化定位的灵活性和当事人的意思自治。

孙全富的《担保信托法律构造的解析与释疑》一文发现我国在引入担保信托过程中，面临着受托人选择不明确、对信托担保关系解释不统一的困境。由于我国《信托法》规定受托人既可以是债权人，也可以是第三人，因此担保信托中三方主体间的法律关系构成因受托人选择的不同而略有差异。作者建议从明晰担保信托法律结构、确定担保信托中财产所有权归属、完善与担保相适应的信托登记制度等方面完善担保信托保护债权实现以及维护交易安全的制度优势。

“域外视窗”栏目介绍域外商事法律发展的最新动态以期为我国法制发展提供借鉴。英国埃塞克大学的约瑟夫·李（Joseph Lee）在《公司治理高管：公司秘书角色变革之国际比较》一文指出公司秘书从单纯的行政服务人员演变为上市公司治理高管，其治理价值得到了英国、中国等普通法系和大陆法系法域的认可。在跨国背景下，公司秘书还可以建立联合的子公司治理框架，从而产生跨国治理的协同效应。除了以软法规制外，应当引入更多关于公司民事和刑事责任归责方面的明确规则，以增强其专业服务于企业，提供看门人服务的作用。

2018年11月，中国人民银行、银保监会、证监会联合颁布《关于完善系统重要性金融机构监管的指导意见》首次要求系统性金融机构制定并按年度更新恢复与处置计划。杜雨林在《论系统重要性金融机构的“生前遗嘱”制度——美国的经验与启示》一文中通过考察美国版的“生前遗嘱”，认为这一制度能够有效降低金融市场中的系统性风险与道德风险，但同时也遭受了缺乏跨境合作、损害股东权利、成本过高等质疑。未来我国应通过逐步实施差异化监管、建立金融机构特别破产制度、加强国际合作以减少制度的负外部性。

我国台湾地区近年为适应创新事业发展，营造良好营商环境而频繁修改“公司法”。2018年台湾地区“公司法”的一项重大修正是将无票面金额股制度扩大适用至所有股份有限公司。廖郁怡在《我国台湾地区“公司法”无票面金额股制度研究——兼谈对大陆地区的启示》一文中认为无票面金额股制度的全面适用使得公司资本制度不再受传统由面额乘以发行股份总数的“资本额”的概念误导，可使股东与债权人更重视公司的营运绩效及真实资产状况，也兼顾了公司的筹资需求。大陆地区近年来在公司法制上逐步从资本信用走向资产信用，因此台湾地区此次公司资本制度变革对大陆具有相当重要的借鉴意义。

自2013年创刊以来，《法律与金融》已经连续出版六辑。作为一项“团队生产活动”（team production），年轻的《法律与金融》凝聚着各方“利益相关者”的投入：国际金融法律学院的悉心培育、研究生教育院的物质与智识支持、指导教师李诗鸿博士的鞭策与指引、历届编辑部成员的耕耘、投稿作者的信任以及每一位《法律与金融》读者的关注与支持。正是依靠这些多元投入，六年中我们从最初的师生共同编辑，以院内学生习作为主的“私募”院刊，成长为由学生独立运作，面向全国理论与实务界征稿的“公募”之书。我们深知“得道多助”的古训，在坚守独立自主的学术品格的同时，将继续提高编辑部自身的专业素质与编辑能力，推进这项凝聚各方心力的学术事业。

愿今后的路途继续有您相伴！

目录

法金前沿

契约的重塑：区块链上的智能合约

宋华健*

内容提要：人类对去中心化的探索催生了区块链技术，智能合约的本质是基于区块链技术自动执行的交易代码。智能合约代码化编辑，自我强制执行以及不可篡改的特性对传统契约的定式概念进行了重塑，并对现有合同法准入提出了诸多挑战。智能合约语境下的监管制度构建应注重解决智能合约技术的去中心化与法律权威制定的二元矛盾问题，以规则内化为切口，弱化监管介入对新技术的抑制作用。

关键词：智能合约　合同法　人工智能　区块链监管

区块链技术最早诞生于中本聪的论文《比特币白皮书：一种点对点的现金系统》，尽管世界各国对于比特币的态度不一，但以分享、分权等去中心化的信任为核心的区块链技术在世界范围内迅速得到了认可与推广。达沃斯论坛创始人克劳斯·施瓦布（Klaus Schwab）甚至认为，区块链技术是继蒸汽机、电气化、计算机之后的第四次工业革命的重要成果。[1] 由于区块链技术在信用制度重塑以及金融领域改革中的巨大潜力，各国政府都纷纷出台政策以鼓励区块链技术的发展。我国政府最新发布的《“十三五”国家信息化规划》中特别强调了要加大在

---

* 宋华健，上海对外经贸大学法学院 2016 级硕士研究生。

〔1〕 参见《区块链代表着互联网的第二个时代》，载 http：//www.hbrchina.org/2018-03-01/5886.html，最后访问日期：2019 年 3 月 25 日。

区块链领域的基础研发和前沿布局。[1] 工信部也开始积极筹建全国区块链标准化技术委员会并发布了《2018 年中国区块链产业白皮书》，宣布中国区块链产业生态已经初步形成。[2] 根据美国智库机构的研究报告《布雷顿森林白皮书》（Bretton Woods White Paper），智能合约的大规模应用是区块链技术发展的下一个重要阶段。诸多研究表明，智能合约正在以一种前所未有的方式将法律、计算机科学以及金融相结合，并且有可能重塑我们对于法律与技术之间关系的理解。

一、源起：激进的去中心化革命

金融机构在某些领域的低效以及高昂的交易成本，使得人们对于金融中介的不满由来已久。在 2008 年金融危机之前，跨区域证券交易结算耗时普遍较长，而贷款结算可能会需要更长时间，这种时间滞后增加了交易风险并带来严重的监管后果。金融危机的爆发更是揭示了以政府部门以及企业为主导的“信任中介”并非解决所有金融监管以及交易问题的最优方案。耶鲁法学院教授乔纳森·梅西（Jonathan R. Macey）在 2008 年金融危机后出版的著作《声誉至死——重构华尔街的信用体系》中指出，金融危机的教训表明，旨在补救信用匮乏问题的会计师事务所和律师事务所等中介机构自身也面临信用危机，而美国证券交易委员会这样的替代信用的监管机构则陷入自身的官僚逻辑，它的使命变成了维护自身的利益，包括提高自己的预算和权力，以及为那些位高权重者谋求晋升之机。他指出：“在这场金融危机期间，信用评级机构似乎被发行方所操控。”[3] 这一背景下以经济学家为代表的一众学者开始了对“去中心化”制度的探索，从而引发了一场激进的“去中心化革命”。其中，艾利诺·奥斯特姆（Elinor Ostrom）提出的“自组织”（Self organization）概念受到了大家的推崇，并且理论推导证明在某种情况下，自组织比企业或者政府更具有效率，能够更好地创造社会福利，

[1] 《“十三五”国家信息化规划》指出，“加强量子通信、未来网络、类脑计算、人工智能、全息显示、虚拟现实、大数据认知分析、新型非易失性存储、无人驾驶交通工具、区块链、基因编辑等新技术基础研发和前沿布局，构筑新赛场先发主导优势。”参见《“十三五”国家信息化规划》（国发［2016］73 号）。

[2] 参见工业和信息化部信息中心：《2018 年中国区块链产业白皮书》，载 http：//xxzx. miit. gov. cn/n602427/c593023/content. html，最后访问日期：2019 年 2 月 25 日。

[3] 参见郑弋：《区块链与未来法治》，载《东方法学》2018 年第 3 期。

她也因此获得了2009年的诺贝尔经济学奖。[1] 理论以及意识形态的革新同时也催发着技术与科技理念的变革。2008年底，区块链技术作为比特币的底层技术进入大家的视野，凭借其背后的价值理念、运作规则，吸引了一群忠诚的研究者、开发者、投资者与使用者，在寻求解开金融危机之谜时，以分享、分权等去中心化的信任概念为奉行圭臬，并将其视为解决金融体系陋习的良方。一些支持者甚至认为，区块链技术会产生一个社会自治规则从而取代传统法律。[2]

根据美国证券交易委员会（Securities and Exchange Commission，以下简称"SEC"）发布的报告《区块链简介》（A Brief Introduction to Blockchain），区块链技术的本质是将交易汇总成区块进行记录，并且按照时间顺序将区块进行加密链接生成分布式账本，允许不同节点的服务器进行访问。[3] 区块链技术的核心优势是去中心化，能够通过运用数据加密、时间戳、分布式共识和经济激励等手段，在节点无需互相信任的分布式系统中实现基于去中心化信用的点对点交易、协调与协作。[4] 区块链技术的嵌入可以深化互联网金融的意义，其中一个重要方面是通过程序化记录、储存、传递、分析信息数据，从而形成信用。相对于传统的信用形成方式，区块链能够省去大量的人力成本、中介成本，同时针对信息的记录而言则更加趋于完整化，具有不易篡改的特点。以太坊的诞生突破了区块链技术仅在点对点货币系统内的局限性，提供了智能合约编辑的平台，并可直接在合约中反映实体产品或金融产品的价值，运用区块链技术进行价值分配，促进了传统金融合同与区块链技术的结合。智能合约的设计可以满足常见的契约应用场景，具体包括：支付条款的选用、优先权确立以及合同保密性的严格执行，并且还能最小化恶意违约行为发生的概率，将合同执行过程中的意外风险降至最低，大大减少对第三方信任中介的需求从而优化交易成本，这使得以区块链为基础的组织与市场上的传统公司相比效率更高、成本更低，并且更具竞争力，这同

---

〔1〕 *See* E. Ostorm, A Behavioral Approach to the Rational Choice Theory of Collective Action, 92 *Am. Political Sci. Rev.* 1, 11 (1992).

〔2〕 *See* Satoshi Nakamoto, Bitcoin: A Peer-to-peer Electronic Cash System, available at https://bitcoin.org/en/bitcoin-paper, last reviewed at March 2, 2019.

〔3〕 *See* SEC: A Brief Introduction to Blockchain, available at https://www.sec.gov/spotlight/investor-advisory-committee-2012/slides-nancy-liao-brief-intro-to-blockchain-iac-101217.pdf, last reviewed at March 18, 2019.

〔4〕 参见袁勇、王飞跃：《区块链技术发展现状与展望》，载《自动化学报》2016年第4期。

时也从侧面反映了智能合约这一新兴技术的应用潜力，以及其法律与监管对策研究的迫切性与必要性。

目前各国金融巨头都加快了智能合约的研究步伐，例如日本三菱东京 UFJ 银行目前已经开始尝试在内部合约的签署上运用智能合约的技术，并努力在 2018 年结束之前运用智能合约技术来结算其与 IBM 之间的交易。[1] 与此同时，澳大利亚金杜律师事务所的律师们已经开始学习智能合约的编写。[2] 在公共部门，有超过一半数目的美国贸易公司注册成立地的特拉华州已经开始允许在数字化环境中运用智能合约技术来注册成立公司，并以此跟踪股票变动和管理股东通讯。

二、智能合约的概念界定：基于区块链技术的计算机程序

传奇密码学家尼克·萨博（Nick Szabo）在其 1994 年撰写的《智能合约》（Smart Contract）一文中最早提出了智能合约的概念，他将智能合约描述为“执行合同条款的计算机化交易协议”。[3] 然而，这个粗略的定义很难区分一些已知的实现自动化绩效的合同构造与智能合约的具体差异，例如，自动售货机。自动售货机通常被定义为“自备式自动化机器”（Self-contained Automatic Machines），用于在插入硬币或以其他形式（电子现金、信用卡）进行付款时分配货物或提供服务。自动售货机可以按照某些合同中拟定的规则进行编程，并执行这些规则。如果认为自动售货机缔结合约的过程和智能合约之间没有原则性差异，仅仅是一种“自动化合约”，那么智能合约便毫无创新可言，因为它们已经在很长一段时间内广泛应用于很多领域。例如在外汇市场上，交易往往不是由交易者自己执行，而是由基于交易策略的计算机系统执行，该策略是由计算机系统运行的程序实现的。

由于尼克·萨博定义的局限性，“智能合约”的概念在起初并未受到太多的关注，直到区块链技术的诞生。区块链技术的诞生对智能合约进行了重新界定，

---

[1] *See* Tokyo-Mitsubishi-UFJ starts blockchain trial in Asia, available at http: //asia. nikkei. com/Business/Companies/Tokyo-Mitsubishi-UFJ-starts-blockchain-trial-in-Asia, last reviewed at January 21, 2019.

[2] *See* James Eyers, Blockchain "Smart Contract" to Disrupt Lawyers, available at http: //www. afr. com/technology/blockchain-smart-contracts-to-disrupt-lawyers-20160529-gp6f5e, last reviewed at January 21, 2019.

[3] *See* Nick Szabo, Smart Contracts, available at http: //www. fon. hum. uva. nl/rob/Courses/InformationInSpeech/CDROM/Literature/LOTwinterschool2006/szabo. best. vwh. net/smart. contracts. html, last reviewed at January 21, 2019.

并且解决了智能合约设计过程中可观察性、可证明性、默契性以及可执行性四个目标无法兼顾的问题。区块链技术也被称为分布式账本技术，最本质的特征就是去中心化，它为不依靠中央权威机构介入之下合同的自动执行创造了可能性，因此智能合约也被区块链技术狂热的追随者们称为是区块链技术发展到下一阶段最有前景的应用。智能合约可以被看作是合同领域的一个"范式转变"（paradigm shift），因为相比于传统的自动售货机至少有一方参与并作出相应的行为表示（例如投币或者是插入银行卡），它可以使双方的绩效合同过程完全自动化。基于此，智能合约的概念开始被一众学者进行重塑。有学者提出了智能合约的另一个定义："智能合约是一段存储在区块链中的代码，由区块链交易触发，并在区块链数据库中读取和写入数据。"[1] 这个定义更加具体，因为它强调区块链技术是智能合约的核心功能之一。2017 年 3 月，美国亚利桑那州启动了智能合约合法化的法规，在最初的意见稿中起草部门建议将智能合约定义为"可以利用区块链验证的电子记录"，但是这一定义似乎过于模糊，于是在法规生效后删除了这一定义转而采用了"一个由事件驱动的程序，在区块链中运行，可以管理和指导链上资产的转移"。[2] 尽管尚未有统一的智能合约定义，仍然可以从诸多定义中凝练出智能合约的几个特质，即基于区块链技术、不可篡改以及自我强制执行，因此可以将其定义为"基于区块链技术，不可篡改、自动执行的计算机程序"。

三、智能合约与合同法：准入以及挑战

组织理论家亚瑟曾经写道，合同只是组织的缩影，所有的组织都只是合同的综合体。公司就是这些综合体中的代表，这些合同涵盖公司治理运行的各个方面，从雇佣合同、雇员福利到与供应商的交易，以及对客户的义务，也包括建立租赁以及销售和购买设备。然而传统意义上，为确保合同义务的履行所付出的代价是相当昂贵的，因为它需要以一种具备公信力的法律制度以及执行方式，最终以社会强制力量进行执行。法院、律师、法官和调查人员都成为了这种契约执行制度的一部分。智能合约迥异于现有的合同模式，契约的执行不再需要依赖传统

---

〔1〕 Karen E. C. Levy, *Book-Smart, Not Street-Smart: Blockchain-Based Smart Contracts and The Social Workings of Law*, 3 Engaging, Science, Technology, and Society 1, 3 (2017).

〔2〕 参见徐一冰：《智能合约智能吗？审视区块链基本问题》，载 https://www.jinse.com/news/blockchain/38037.html，最后访问日期：2019 年 3 月 25 日。

的法律制度，而是代表了一种网络空间互动的新范式，对传统的司法领域造成了冲击。这同时也带来了智能合约中最具争议的问题，即智能合约是否仍在现行合同法的调整范围之内。早在数字革命催生时，欧洲法律学者弗莱斯纳（Flesner）便提出现行合同法体系是否会因数字革命而受到颠覆性冲击的疑问，此后学界围绕数字革命与传统法律体系之间关系的争论十分激烈，至今未休。〔1〕德国法学家威斯特法伦（Westfalen）曾激烈驳斥颠覆效应的论断，他认为经典合同概念仍能适应并回应数字革命的新发展，〔2〕然而他针对数字化合约的论据似乎不能简单地嵌入由区块链技术引发的新一轮技术革命当中。事实上，随着区块链技术的出现和智能合约功能的引入，人们甚至越来越呼吁绕过传统的合同法律框架，依靠区块链提供的底层技术来解决一些传统合同规制的问题。

（一）智能合约的法律准入：从合同概念的起源出发

最初的一些学者认为，智能合约是一种自助形式（self-help），因为机器不需要诉诸法院来执行协议。〔3〕尽管我国法律尚未对自助的概念进行规制，但纵观各国立法经验，自助通常可以被理解为“公力救济不能发挥作用时方可采取的保全措施”。〔4〕这种观点对智能合约的应用场景似乎过于限缩，同时剥夺了智能合约在合同法框架内的深层次分析的权利。合同概念在大陆法系与英美法系中并不相同，在大陆法系的传统学理上“合同”的概念最早源自于罗马法，通常被认为是一种“合意”或者“协议”。这一概念又可以进一步分解为三个要素：其一，合同为双方行为；其二，合同为双方的意思表示；其三，合同为发生债的原因。〔5〕智能合约对传统合同法的挑战在于自我强制执行的机制是否真正体现了双方的意思表示。此外，也有学者提出疑惑，即智能合约能否产生合同法概念中的义务关系。义务的概念最早起源于罗马法，是大陆合同法的一个重要组成部

---

〔1〕参见金晶：《数字时代经典合同法的力量——以欧盟数字单一市场政策为背景》，载《欧洲研究》2017年第6期。

〔2〕Friedrich Graf von Westphalen, *Contracts with Big Data: The End of the Traditional Contract Concept?*, Münster Colloquia on EU Law and the Digital Economy III, Nomos 2017, p. 245，转引自金晶：《数字时代经典合同法的力量——以欧盟数字单一市场政策为背景》，载《欧洲研究》2017年第6期。

〔3〕*See* Max Raskin, The Law and Legality of Smart Contracts, 1 *Geo. L. Tech. Rev.* 305, 312 (2017).

〔4〕焦清扬：《民事自助行为的价值定位及其制度构建》，载《法学杂志》2014年第7期。

〔5〕参见梁慧星：《论我国民法合同概念》，载《中国法学》1992年第3期。

分。查士丁尼的遗言包含了一个关于义务的著名定义："义务（obligation）是法律根据社会法则创造的某种联系。这种联系通常只能通过某些特定行为抑或是某种事物的转移进行切断。"[1] 合同法范畴下义务的关键要素包括时间跨度下的未来履行以及自由意志。由于合同法中的义务是两方之间的法律关系，而债务人有一定的自由裁量权来履行或不履行。如果义务的履行完全不依赖债务人的意志，那么他就没有义务对债权人承担责任，因为对这种"义务"不负有违约责任，它是在不可抗力的基础上解除的。因此从某种程度上来说，合同法中有关债务人履行义务的条款都失去了适用空间，包括履行地点、履行时间等。

智能合约的性质导致了这些问题的产生，因为一旦所有条款都是由技术代码强制执行的，那么就没有必要对人类的交互进行规范。当然仅仅根据这点得出智能合约不属于合同法规制范畴的结论依旧过于简单。其一，智能合约的设计通常被用来规制与某些特定的数字资产流通的法律关系，从而影响到双方当事人的经济利益，这无疑是落入民法的规制范畴。其二，尽管智能合约的设计是完全自动执行的，但它仍然需要体现出双方当事人的意志才能生效。这种意志通常体现在当事人对提前指定的合约执行条款同意履行抑或是对代理人的充分授权当中，这也间接体现了缔约双方的合意表示。而且，就算在合同法理论中合同是否一定是合意也存在争论，早在1941年的时候，德国学者豪普特（Haupt）就发表了一篇名为《论事实上合同关系》的专题演说，提出了在若干情形中合同关系可根据事实过程而成立，并认为其实质类似合同的法律关系，只要确实具有合同内容的实质，即使其成立方式与传统合同观念不同，那么合同法的规定就有全部适用的余地，这个理论被其称为"事实上合同关系"。[2] 其三，现实合同法中也早已纳入了"在合同关系成立时即刻进行的合同"（类似英美法系中的即刻履行合同）。当然，智能合约也创设了一些新型的权利义务关系，考虑到一旦双方确认，当事人便无法影响协议的执行，智能合约也催生了一种新的"受托关系"，即在传统合同中，合同签订方通常会对对方当事人的人格施加信任，而在智能合约当中这种信任被置于协议背后的计算机算法中，这种对于算法以及技术的信任在美国学者 Jerry 教授看来是通过技术手段造成某些权利的自我限制，但这并不影响

〔1〕 Barry Nicholas, An Introduction To Roman Law 158 (1962).

〔2〕 参见韩世远：《合同法总论》，法律出版社2011年版，第7页。

其搭建的合同关系。因此，虽然智能合约对传统合同法提出了诸多挑战，却仍然处于现行的法律规制框架之下，它并不排斥法律的效力性规制，而是要求传统法律创新出更符合区块链生态的监管介入模式。

（二）智能合约对传统合同法的挑战

1. 代码精确性与传统合同法语义模糊性的冲突

传统意义上合同的缔结方式多种多样，例如口头抑或是书面形式。当然，电子商务的发展大大增加了以电子形式缔结的协议的规模，其中最明显的例子是各种点击许可协议（click-wrap agreements）。然而，即使是传统的电子商务合同，也可能仍然需要一些必要的书面辅助材料，例如发票、收据或交付凭证，特别是当这些合同涉及购买线下商品或服务时。有时，这些文件甚至是这类合同的唯一证据或表现形式。与此相反，智能合约只能以电子缔结的业态存在，这也正是传统合同和智能合约之间最大的区别：即纯数据化的呈现形式。智能合约基本上是一种数据语言的集成化组合。换句话说，智能合约不使用自然语言，而采用一种特定的计算机语言进行表达并促进计算机分析、自动化或进行合同义务的沟通。这些计算机语言实质上是相当正式的语言：具有严格定义的语义和语法。计算机语言在机器翻译中不允许有自由裁量权。智能合约条款由机器根据布尔逻辑来解释，与经典契约相反，经典契约是根据主观标准和类似的思维方式，由人类大脑对术语进行理解。[1] 因此，编程语言的精确性能够弱化合同当事人或执行机构对合同条款的不可预测的解释可能带来的争议。尽管在编程语言中也可能存在模糊性，但这些模糊性比现实世界要小得多，因为计算机能够识别的术语远不及人类。当然，智能合约纯数据化呈现的概念并非代表双方当事人在缔结合约时的每个细节都可以以计算机可加工的形式表现出来。纯数据化的标签只是证明，各方已经协商一致，合约内的一些关键术语的子集将会被表示为计算机可处理的数据，以计算机代码的形式进行呈现。尽管如此，许多合同语义都是通用的，目的是为了适应各种不同的情况，其中有些内容在起草时甚至是无法预见的，这也为合同语义的代码化提出了诸多挑战。此外，合同术语的数据化呈现也带来了解释性受众的问题。传统合同可以直接由当事人进行直观的解读，而智能合约引入了

---

〔1〕 布尔逻辑是一种代数形式，其中所有值都被简化为 TRUE 或 FALSE。

一个额外的第三方即计算机系统。计算机系统的介入使得人们需要突破传统意义上缔约双方真实意志的表达方式，转而寻求制定标准化的计算机术语集合，赋予数据以实质性的意义，从而使得智能合约在编码后可以明确了解双方缔约的具体内容，并在合约履行完毕或违约条件触发后自动执行。

此外，我们还亟待厘清一些其他问题。首先，由于智能合约架构的技术复杂性以及高级编程技术的必要性，在通常情况下，智能合约将由专业公司根据客户的要求创建。由于进行编程的技术人员与实际运用智能合约的人员完全分离，关于未来协议条款存在被误解的风险。这种差异体现在最终实施的结果能否符合缔约人最初的意图，这是由法律语言和编程语言之间巨大的抽象差距产生的。但是可以认为，这种误解应该在编辑智能合约的人的责任范围内，并在与承包商的现有合同框架内解决，此类错误不应影响外部方，即随后接受此类协议条款并成为智能合约订约方的人。

2. 自我强制执行与合同法违约及无效合同制度构建的冲突

一旦智能合约订立，其进一步执行不再取决于其当事人或第三方的意愿，也不需要任何额外的批准或行动。计算机验证所有条件，转移资产并在区块链数据库中输入有关此类转移的条目。智能合约在技术上对所有各方都具有约束力，他们不再依赖于人为中介，从而避免错误以及主观判断的影响。随后的情势变更或单方的意志变化并不能阻止合约的执行，没有机会主义行为或“有效违约”的余地。智能合约的这一特征与传统的合同法之间存在着相当大的偏离。智能合约的特性决定了任何违约制度的构建在这一新技术下趋于无效，即使有更优方案抑或是预料之外的情况出现。因此，所有为违约而制定的补救措施，如损害赔偿、罚款（违约金）、具体行为都与智能合约无关，除非它们明确包含在其代码中。换句话说，债权人在现实世界中所拥有的所有救济和担保，在智能合约所构建的数字领域中都没有任何作用。当事人一方完全没有必要通过向第三方（司法机构或其他执法机构）索赔来寻求合约的执行，这也是智能合约的主要优势之一。此外，传统合同法中基于欺诈、胁迫、乘人之危以及显失公平导致合同无效的事由也不能在智能合约中扮演同样的角色。此外，如果过度考虑这部分可能带来的权益侵害而让执法机构介入，则与基于区块链的交易数据库的主要特点相互矛盾。区块链中记录的不可篡改的数据就是“唯一的真理”。如果这些因素可以作为改变这类数据库后内容的基础，它将破坏区块链的信任体系并贬低其价值。

3. 缔约双方绝对平等与弱势方保护条款的冲突

很明显的一个问题是，对交易的弱势方（例如消费者）保护并不在智能合约的体系建构之内，与消费者保护相关的法律条款可能并不适用于智能合约。尽管智能合约可能会为消费者提供一些额外的杠杆，以保护他们的利益。然而更为现实的情形是，消费者没有充分的辨别能力来选择是否签订该合约：由于消费者面临的合约都是高度标准化的，他们一般没有时间和耐心去阅读各个条款，即使他们有意愿去了解，也无法充分从数据化语言中充分理解条款所表达的具体内容。有法学学者曾经提出由于智能合约执行的不可逆性，消费者有权自主对合约条款进行编辑。然而这种想法很快招致了主张在线经济整体交易成本最小化的理论家们的反对。这些理论家认为合同标准化是积极的，因为它降低了信息成本，而且他们认为公司是合约标准化的更好的制定者，而不是消费者。如果企业被迫对数千个一次性的独特的消费者合约提案做出反应，它们就不能创造必要的合同规模经济，从而降低成本。[1] 诚然标准化对于降低交易成本很重要，尤其只有足够标准化的契约才能使机器进行阅读与处理，标准化是智能合约的必经路程。信息成本理论局限的地方在于，如果将标准化合约内容的拟定权交付给企业而非消费者，合约的内容势必会变得冗长而混乱。这源于消费者在拟订自身的合约条款时内容往往比较清晰，无需添加诸多的保留条款。如果起草权交付公司，即使是相对简单的消费者购买合同，也可能会长达几十页，这并不利于消费者进行阅读与理解。

四、法律与技术的双向互动关系

法国哲学家德布雷曾写道："归根到底，唯一跳出星球运转的循环意义外的革命不是政治革命而是技术革命，因为只有它们才是永恒且不可逆的。"[2] 这也是为什么技术是导致经济社会变革的重要变量之一，而且是不可逆转的变量。法律和技术可以通过多种方式相互影响。这两者通过一个复杂的依存关系和相互依赖系统相互作用，因为两者都有助于（或多或少地）规范个人的行为。随着现

---

〔1〕 *See* Larry D. Wall, Smart Contracts in a Complex World, available at https://www.frbatlanta.org/cenfis/publications/notesfromthevault/1607, last reviewed at January 21, 2019.

〔2〕［法］雷吉斯·德布雷、赵汀阳：《两面之词：关于革命问题的通信》，张万申译，中信出版社2015年版，第23页。

代信息技术和通信技术的发展，两者之间的关系已经有了很大的发展，因为后者越来越多地被用作对前者的补充或完善。律师、法官和决策者越来越多地被数字信息和软件工具包围，这些信息和软件工具在日常生活中使用。虽然这些工具可以用来支持他们的活动，但技术创新也带来了各种各样的挑战，法律最终需要解决这些问题。

（一）所罗门之结：技术的去中心化与中心化的法律

智能合约与传统法律矛盾的终局在于，法律将以何种角色介入奉去中心化为圭臬的区块链技术。智能合约的终极问题在于“如果没有中央当局，而只有分布式技术，如何使法律的权威与区块链保持一致”，这也是解决智能合约对传统合同法挑战的根本路径。如果双方签订了智能合约，并且发生物权转移，这种事实在区块链中进行了确认，随后一方声称遭受威胁宣布交易无效并诉之法院进行判决，这将会产生两个相互冲突的事实：一是根据区块链的记录，交易执行完毕；二是来自于传统法律体系的权威认可。如何使这些现实与所有利益相关者都能接受，并且不会削弱新技术的优势，这是智能合约领域的核心问题。

法学教授 Savelyev 尝试性地提出了两种解决方案，可似乎仍不能解决根本问题。[1] 第一种是政府部门引入一种“超级用户”的概念，根据既定的程序，有权修改区块链数据库的内容，以体现国家的权威。第二种是在线下强制执行国家当局的决策，并强迫他们在区块链中加入改变，以及使用传统的侵权索赔、不当得利索赔、特定的合同法规则。第一个解决方案的最大弊端在于，它直接导致了区块链技术的异化，并剥夺了它的主要优势——数据的不可篡改性和独特的信任制度构建。如果区块链技术的某些用户拥有额外的权力，包括影响甚至改变其数据的能力，区块链技术将不会比传统意义上国家当局维护的数据库更有吸引力，区块链最具吸引力和创新的功能将会极度弱化。第二个解决方案的弊端在于，它与传统意义上跨界区域工具的耗时和低效相类似，而旧的技术跟不上新技术的步伐。去匿名化和管辖权问题极大地削弱了这种方法的效力，并导致国家当局在网络空间领域的主权权利的削弱。

---

〔1〕 *See* Alexander Savelyev, Contract law 2. 0："Smart" contracts as the beginning of the end of classic contract law, 26*Information & Communications Technology Law* 116, 121 (2017).

2016年6月17日，以太坊遭遇黑客袭击丢失了大概360万枚以太币，总价值超过6000万美元，最终以太坊社区采取分叉通过重新获取机制来规避进一步的损失。这个例子证明区块链社区可能会最终建立起自己的纠纷解决机制，在某些突发的事件上达成共识协议来规避损失，但这并不能解决区块链和智能合约的最终问题，反而会激化权威机构与区块链社区的矛盾，因为这种机制的合法性并未获得当局的承认。

（二）智能合约下监管模式重构：规则内化

1. 规则内化的可行性与价值考量

随着全球互联网络的广泛部署，出现了越来越依赖软法（即合同协议和技术规则）来管理行为的新的监管形式。越来越多的互动受软件支持，使得我们越来越依赖技术，不仅将其作为决策的辅助手段，而且还作为直接执行规则的手段。因此，软件最终规定了在特定的在线环境中可以或不可以做什么，不仅比适用的法律更频繁，而且经常更为有效。法学家莱西格（Lessig）在网络法经典名著《代码》中针对数字时代的变革提出了一个很著名的论断即“代码即法律”。[1]这在区块链技术的浪潮下依旧适用，因为与其他技术一样，区块链技术也不是中性的。它是一种具有特定架构的技术手段，不可避免地具有社会和政治意义，因为它比其他手段在特定领域更加具备优势。尽管区块链技术呈现出一系列区别于其他类型代码的独特特征，但它仍享有相同的代码属性。智能合约制造商的进入门槛较低，这为未开发领域的潜在广泛试验奠定了基础。就像任何其他软件一样，智能合约具有高度的可塑性和适应性，使人们能够进行广泛的版本试验或对同一智能合约进行适应性修改。[2]区块链通常是跨区域性的，因为它们绕过了对中央服务器的需求。随着智能合约在分布式节点网络上部署和执行，它们显著降低了起诉或法律诉讼的风险并且提供了事先执行的技术规则，从而加强了代码监管介入的机会，并且提供了一种监管区块链中智能合约的思路，即让传统法律

---

〔1〕 Lawrence Lessig, Constitution of code: Limitations on choice-based critiques of cyberspace regulation, 5 *Commlaw Conspectus* 181, 184 (1997).

〔2〕 *See* Primavera De Filippi, Blockchain Technology as a Regulatory Technology: From code is law to law is code, available at http://firstmonday.org/ojs/index.php/fm/article/view/7113/5657#author, last reviewed at January 15, 2019.

规则内化为智能合约编纂时必须遵守的代码规则，避免技术人员在进行合约转化时过多地嵌入个人的价值形态与偏好取向并且直接杜绝非法合约的缔结。简而言之，就是法律规则内化为代码规则作为解决智能合约履行过程中可能遇到的各种问题的一种有效手段，而外部的法律被用作强化代码的工具以确保它不能被规避或者篡改。

传统法律通常会留下解释空间，所以它可以更容易地适用于个案。它是多重法律价值考量的重叠，创造了一个坚实的监管框架，有多种限制和例外，以适应人类社会的复杂性和不可预测性。规则内化在一定程度上限缩了法律价值的解释维度，在其执行机制中是极其固定和具有侵入性的。因此，如果没有适当的设计，内化后的规则可能会侵害合理的代码执行或者编辑权利从而侵害个体利益。规则内化的最大弊端在于，个人的自由和自主性会受到限缩。内化后的规则通过代码实现，因此必然依赖形式化算法和数学模型，这导致其比旨在实施的规则更具体和更不灵活。[1] 规则内化一定程度上是以限缩权威机构法律价值的解释维度来削弱监管部门介入对新技术的抑制作用。

2. 规则内化的实施路径：代码转化、算法披露到共识革新

智能合约领域规则内化的具体实施涉及三个核心问题，即如何将法律规则内化为代码规则；如何将制定的规则框架嵌入到区块链社区中达成共识；智能合约实施过程中的算法如何监管。

将法律规则转化为代码规则的困境在于，将复杂的法律规则文本进行符号化处理之后，如何保证用指称和解释方法恢复后的计算显示结果间既没有转义映射也不存在信息流失。由于将契约内容代码化不是契约本身的内容，将监管规则内化也只是程序化的指令集，用内化的监管规则来规制智能合约的拟定本身就是一种对符号的再符号处理，如果没有精确的量化标准以及规则内化框架，则流失的意义就会进一步放大。解决这个问题亟须法学学者与技术人员的共同努力，1992创刊的杂志《人工智能与法律》在序言中就列举了法律规则转化为机器可识别的代码语言之前，法学学者需要努力的三个方面，具体包括：针对规范性概念及其与行动、意图和因果关系等常识性概念，尽快制定统一的符号转化标准；针对

〔1〕 *See* Aaron Wright, Decentralized Blockchain Technology and the Rise of Lex Cryptographia, available at https://papers.ssrn.com/sol3/papers.cfm?abstract_id=2580664, last reviewed at April 20, 2018.

开放的，具有多种解释可能性的法律概念，如何用已制定的标准符号进行推理识别；尽可能用计算机可处理的数学模型来表示法律发展过程中的对抗争辩以及倾向性决策产生的过程。[1] 美国的法学学者以及技术人员早就开始了对法律规则进行建模的尝试，由于美国判例法的特质，逻辑论证（argumentation）的技术化阐释一直是内化规则的核心步骤。作为最早试图通过代码对法律规则进行内化表达的项目之一，法学教授Mccarty于1976年在《哈佛法学评论》中发表了一篇论文，试图通过计算方法对一个主要案例 Eisner v. Macomber 中的多数论证规则和少数论证进行建模。[2] 从那以后，许多人工智能和法律研究人员使用更为严谨的正式技术来演绎法律规则以及逻辑的转化，Prakken 和 Sartor 在论文《法律与逻辑：从论证的角度的回顾》中就认为“法律的所有这些方面，即其对未来和未充分预期的情况的定位，法律的一般条款与案件的细节之间的紧张关系，以及法律程序的对抗性质，使法律推理超越了法律规则的字面含义，涉及对先例、原则、政策和目的的诉求，涉及控辩双方以及论证的构建。法律中的一个核心概念是论证的逻辑，这也是技术规则最难演绎与最难百分百呈现的领域。”[3] 不过已经有越来越多的学者加入到解决这个问题的队伍当中，澳大利亚信息与通讯国家实验室（NICTA）研究员 Hashmi 根据对术语合规性概念的剖析将合规分为两个不同的域：业务流程域和合规域。用计算机程序进行处理时需要区分两个阈值的不同特性，旨在实现合规性框架的搭建。他认为业务流程域更具描述性，可以被视为一种自包含的时间和逻辑顺序，其中执行一组活动（称为任务）以实现特定的业务目标。业务流程领域因为内容更为复杂，所以需要经过深入研究和建立共识性代码语义，研究人员主要关注于开发和改进业务流程建模方法和语言，以实现业务流程执行的灵活性。相反，法律（即监管）领域本质上是规定性的，它通过强加条件来确定法律边界，这些条件详细说明哪些行动可以被视为合法行为，以及在执行业务流程期间必须避免哪些行动以保持合规。因此，合规旨在更好地了解组织应如何以更可持续的方式运营以继续提供服务，同时严格遵守可能

[1] *See* Artificial Intelligence and Law, available at https://link.springer.com/content/pdf/10.1007%2FBF00118476.pdf, last reviewed at January 22, 2018.

[2] *See* LT McCarty, Reflections on “Taxman”: An Experiment in Artificial Intelligence and Legal Reasoning, 5 *Hamline L. Rev.* 837, 839 (1977).

[3] Henry Prakken & Giovanni Sator, Law and logic: A Review from an Argumentation Perspective, 227 *ArtificialIntelligence* 214, 223 (2015).

对其业务运营产生重大影响的所有适用法规。然而，由于业务流程域的多样性，大多数技术人员对法律规范理解的不足，导致一时间存在大量不同维度的合规性管理框架（以下称为 CMF），这之中缺乏统一的建模标准。随后，Hashmi 以及 Governatori 等人在论文《业务流程遵从性的规范需求》中提供了部分规范在计算机语境下的正式语义，便于技术识别，又尝试性地在一个框架内，用“概念评估法”（Conceptual evaluation approach）来调查反馈 CMF 对具体法律框架的真实反映程度。[1] 尽管 Hshimi 的评估框架同样招致了许多法学家的质疑，例如没有将义务类型的分类化表达纳入标准，然而该框架已经为技术以及法学学者的交叉维度讨论打开了一个端口。

共识概念最早缘起于社会学，从最简单的维度来说，共识只是一种让一个多样化团体在不发生冲突的情况下作出决策的一个方法。Edward Shils 的“共识理念”总结了在社会学层面团队共识达成所需要的三个条件分别是：对法律规则规范的一致认可，对实施法规机构的一致认同以及身份认同与团结意识。在过去几十年的发展过程中，电脑中的共识机制已经从最初的社会运作概念发展成了计算机科学的重要组成部分。尤其在区块链技术领域，共识机制已从一个抽象概念发展成分布式账本技术的重要支柱。在分布式账本中，共识机制是在参与节点之间管理一系列连贯事实的规则和程序。事实上，为寻找能可靠应用于金融机构并被监管者接受的共识机制，越来越多的技术开发者已经摒弃了传统意义上基于比特币抑或是工作量证明的技术方案，包括摩根大通、英特尔以及中国区块链企业万向区块链实验室在内的诸多企业正在创建自身的开源区块链协议，这给了监管部门将监管规则嵌入区块链社区的契机。

智能合约语境下的算法涉及三个方面，一是智能合约执行过程中的执行算法；二是规则内化后的监管算法；三是区块链领域中独有的共识算法。目前用以建立共识的算法多种多样，并基于性能、可扩展性、一致性、数据容量、治理、安全性和失效冗余等方面的要求。[2] 与运行算法相比，共识算法影响的区域更广，因为区块链社区中各项交易以及重大时间的达成均需要遵循该共识机制，因

---

[1] Mustafa Hashmi, Normative Requirements for Business Process Compliances, 177 *Service Research & Innovation* 106, 108 (2013).

[2] 参见毕马威：《区块链共识：价值互联的不变协议》，载 https://assets.kpmg/content/dam/kpmg/cn/pdf/zh/2016/09/blockchain-consensus.pdf，最后访问日期：2019 年 2 月 27 日。

此，对共识算法的监管要求应当更为严苛。因此共识算法作为原则性框架不仅仅要做到透明性，即公开算法的具体代码与数据，同时也要实现可解释性，让共识机制被所有的终端用户所理解，抑或是阐明运用该共识的依据。

然而尽管智能合约描绘了令人着迷的发展前景，人们也不应该忽视，基于区块链的智能合约技术最终是为了解决现实节点中的问题。尽管智能合约有可能处理复杂的交易逻辑，但许多交易最终都必须与存在于现实世界中的人员或组织接口，这可能会降低（甚至消除）交易的无信任度。当然，随着区块链技术的发展越来越多的产权可以在链上进行登记，越来越多的复杂契约可以纳入到智能合约中来，可是当部分契约需要与真实世界接口以提供外部验证时，智能契约总是必然依赖于可信中介（oracle）。正是这些“瓶颈点”使得法律体系最终在违约背景下有发言权。因此，智能合约与传统合约在相当长的一段时间内似乎都不会是相互取代的关系，而是相互补充，相得益彰。在某一场景，某一合同领域，或者某个事物中智能合约可能会更加适用。

五、结语

美国制宪元勋麦迪逊在制宪会议上曾提出：“信任的流通比货币的流通更值得令人称道”。这也是尽管比特币前途未卜，但区块链技术却能迅速在世界范围内获得认可并得到重视的原因。智能合约作为区块链技术发展到下一阶段的重要应用，尽管拥有许多与传统合约截然不同的属性，但仍应处于现行法律的规制范围之内。但现行命令—控制型的静态监管模式不仅不利于区块链技术的发展，也不能让区块链开发浪潮中的利益相关者感到满意。最重要的一点是，拥有最符合区块链技术发展规则的司法管辖区，在吸引新的创新商业模式和以合法方式利用其公司方面具有绝对的竞争优势，这也是我国在新形势下抢占国际金融科技创新高地的重要一环。

（初审：肖君）

监管沙盒的英国实践与中国思路

徐 俊*

内容提要：金融科技的发展引发了金融监管业的新变革。面对新金融下科技风险与传统金融风险的叠加，以及实践中现行监管结构的不兼容，以英国为主的发达金融市场率先引入“监管沙盒”制度，为金融创新引入真实市场提供先行试验区，缓解金融监管与市场创新的紧张关系，为新金融下的监管改革提供了良好范本。目前我国以互联网金融风潮为主的金融科技革命与监管转型仍处于磨合阶段，借鉴监管沙盒的运行逻辑或可填补对金融风险监管的事前空白，以保证我国金融发展的活力与稳定。

关键词：监管沙盒　破坏性创新　金融科技

一、引言

大数据、区块链、人工智能等新领域与金融的结合驱动了新的金融产品和模式，金融科技（Fintech）开始引领新的金融创新。Fintech 的核心是利用新兴科技改造和创新金融产品和业务模式，根据金融稳定理事会（Financial Stability Board，FSB）的定义（2016），“科技引领的金融创新，是对金融市场、金融机构以及金融服务产生重大影响的新业务模式、新技术应用、新产品服务等”。[1] 创新带来巨大的金融前景的同时呈现出了实践的动荡发展，一方面，一些“破坏

---

* 徐俊，华东政法大学经济法学院 2017 级法学硕士研究生。

〔1〕 *See* Publications of the Committee on the Global Financial System & Financial Stability Board：Market structure，business models and financial stability implications，available at http：//www.fsb.org/wp-content/uploads/CGFS-FSB-Report-on-FinTech-Credit.pdf，last reviewed at May 20，2017.

性”创新模糊甚至跳出法律和制度的边界，其携带的金融风险使亡羊补牢式的监管空缺层出不穷。另一方面，由于缺乏对金融科技领域的统计数据，难以进行风险评估也成为监管者面临的一大困境。[1]

科技与金融的相互渗透带来了新一轮的金融创新，过于严格的监管介入会挫伤此类金融创新和发展，过度放任则必然引起新的风险问题，如何在金融科技背景下实现创新与市场稳定的新平衡成为国际金融监管的新议题。应对金融科技发展对现行监管体系的挑战，英国首创“监管沙盒”（Regulatory Sandbox）以适应金融科技创新。这一制度目的在于为新金融产品和服务提供试验区，在缩小的真实市场环境下适当放松制度约束，逐步实现监管“筛选”，以保证金融创新的活力和监管审查的前瞻性。继英国之后，新加坡、澳大利亚等国家和我国香港地区已经不同程度地采纳了这一试验性质[2]的金融监管模式，并在各自的制度基础上作出相应调整。我国互联网金融从野蛮生长到严厉整治的过程中呈现了监管态度的大幅波动，已反映现有监管体制对于金融创新的不适用。由于制度无法及时跟进金融创新，事后监管不仅无法及时控制风险，也难以从制度层面鼓励金融创新和发展。而“监管沙盒”的本土化呼声虽响，但由于金融科技的监管仍处在起步阶段，传统的金融监管理念尚未完全转型，本文旨在通过借鉴英国“监管沙盒”的阶段性经验，为中国互联网金融监管思路提供相关可能性。

二、监管沙盒的创设逻辑

（一）监管沙盒的诞生：破坏性创新与容错性监管

在以科技为驱动力的金融业革新中，英国对金融科技给予极大重视。据安永和英国贸易投资署于2014年的联合报告测算，英国金融科技行业每年可创造高达200亿英镑的收入，其中大部分创收来源于“传统金融科技”，而18%来源于“新兴金融科技”。报告将传统金融科技定义为金融业促进者（“facilitators”，金融服务业的现有大型技术公司），而将新兴金融科技定义为破坏者（“disrup-

〔1〕 参见尹海员：《金融科技创新的“监管沙盒”模式探析与启示》，载《兰州学刊》2017年第9期。

〔2〕 参见吴凌翔：《金融监管沙箱试验及其法律规制国际比较与启示》，载《金融发展研究》2017年第10期。

tors”，利用新技术“脱媒”的小型创新公司），经统计发现，后一类创新公司在英国具有非常强劲的发展趋势（约占欧洲新兴金融科技初创企业的一半）。[1]

为把握新一轮变迁风口，英国监管者对于金融科技采取了主动态势，以进一步巩固其作为世界领先金融中心的地位。2013年金融改革之后，英国在英格兰银行之外确立了以审慎监管局（Prudential Regulation Authority，PRA）和金融行为监管局（Financial Conduct Authority，FCA）为支柱的“双峰监管”框架。作为最早面临金融科技冲击的国家之一，英国需要及时处理新形势下金融科技创新对实现经济和有效监管的问题，也即“确保监管环境能够最大程度的促进金融创新”。根据双峰监管的设定，对金融科技创新的监管由FCA承担，其负有维护金融市场、保护消费者、促进竞争三大维度的职能作用。金融创新带来的影响使这三大目标均受动摇——现有的监管框架能否维护市场稳定，能否对消费者提供合理程度的保护，是否具有对金融创新持续容错的能力以鼓励未来创新？就金融创新与金融监管的摩擦，FCA表示应当为创新而监管，“通过促进竞争来保护消费者是我们的职责，而促进竞争最好的方式之一就是鼓励破坏性创新”。[2] 寄生于这一理念，英国的金融科技监管逐渐创设了一条兼具容错性、试验性、前瞻性的道路，对创新实行鼓励与监控并行的制度。2014年10月，FCA启动了“创新项目”（Project Innovate）并为此设立“创新中心”（Innovation Hub），旨在了解创新企业的需求与消费者可能面临的风险，鼓励和支持不会侵害消费者或金融体系的创新，使其监管框架保持灵活性。[3] 基于试验性的金融监管理念与已有的平台基础，2015年底FCA正式提出“监管沙盒”，其成为英国应对金融科技的重要监管制度。

（二）监管沙盒的制度目标：创新、竞争与消费者保护

监管沙盒的概念源于计算机领域的一种虚拟技术，沙盒（Sandbox）指在受限的安全环境中通过对应用程序的限制授权，为一些存在安全性问题的程序提供试验环境。套用于金融领域的监管沙盒实际上是针对金融创新创设的安全测试

---

〔1〕 *See* Ernst &Young, Landscaping UKFintech, available at https://www.gov.uk/government/uploads/system/uploads/attachment_ data/file/341336/Landscaping_ UK_ Fintech.pdf, last reviewed at January 20, 2018.

〔2〕 *See* Financial Conduct Authority, UKFintech: Regulating for innovation, available at https://www.fca.org.uk/news/speeches/uk-fintech-regulating-innovation, last reviewed at January 20, 2018.

〔3〕 *See* Financial Conduct Authority, Objectives of Innovation Hub, available at https://www.fca.org.uk/firms/innovate-innovation-hub/objectives, last reviewed at January 20, 2018.

区，在确保消费者权益的条件下，FCA将通过简化的特定程序使企业获得一种安全控件测试其金融产品和服务的资格。这一思路首见于2015年11月10日发布的《监管沙盒》报告，作为FCA创新中心的五个项目之一。[1] 对于“监管沙盒”的设计，FCA强调其目的在于通过支持创新促进竞争，从而更好地保护消费者，这一措施具有四方面优势：一是缩短创新时间和降低创新理念推向市场的成本；二是通过降低监管的不确定性为创新者融资提供更多机会；三是使更多创新产品得以被测试从而可能被引入市场；四是允许FCA与创新者合作以确保新产品和服务考虑了适当的消费者保护措施。[2] 同时，FCA表示其就“监管沙盒”的可行性已经做出三个关键性考量，包括如何降低企业创新所面临的监管障碍、在测试过程中应如何设置安全措施以保护消费者和金融系统，以及其自身在欧盟法律下所具有的监管权力。[3]

由于传统的监管跟进速度远落后于近年来金融科技行业的创新，若不能及时对市场作出反应，可能使消费者利益受损，对于创新企业来说，监管的不确定性加剧了其创新成本，同时市场“筛选”的失灵可能导致伪创新的泛滥而不利于竞争。金融科技要求更多的包容性监管，创新需要一定的试错空间，且这种监管宽容应通过监管手段的多样化和多元化达到，金融消费者利益的保护应始终是监管的宗旨和核心价值。[4] 监管沙盒是英国金融监管的一次自我完善，体现了其对于创新、竞争与消费者保护的多重目标。首先，监管沙盒传递了一个清晰的理念，沙盒的最终立足点是消费者保护，企业测试从筛选到合格的整个过程都体现了这一基本要求。在这一前提下，沙盒一方面过滤了不适宜的劣质创新，另一方面为监管者提供现有规定贴合度的鉴别途径，测试不仅形成创新的测试区，也是规则的测试区。同时，沙盒也为监管者与创新企业间形成良性关系提供了一大助力。创新企业需要监管者的开放和支持，监管者也需要通过与企业的沟通更好地了解创新以更好地执行管理，因金融科技背景下的创新往往跨行业并且结构复

〔1〕 FCA创新设计目前划分为五块，包括监管沙盒、监管支持（Request Direct Support）、咨询小组（Advice Unit）、监管科技（RegTech）、合作（Engagement）。

〔2〕 *See*Financial Conduct Authority, Regulatory Sandbox, available at https: //www.fca.org.uk/publication/research/regulatory-sandbox.pdf, last reviewed at January 24, 2018.

〔3〕 *See*Financial Conduct Authority, Regulatory Sandbox, available at https: //www.fca.org.uk/publication/research/regulatory-sandbox.pdf, last reviewed at January 24, 2018.

〔4〕 参见杨松、张永亮：《金融科技监管的路径转换与中国选择》，载《法学》2017年第8期。

杂，这种良性沟通对于市场主体和监管层来说都亟须建立。

三、监管沙盒运行实践

（一）严格准入：企业自查与监管甄别

首期沙盒测试于 2016 年 5 月正式开放申请，截至 2018 年 1 月底第四期。可参与测试的企业包括：希望获得授权的企业；希望推出未测试的产品或服务的授权企业，以及协助金融服务机构的科技企业。[1] 可在 FCA 窗口开放后填表申请，说明其是否满足沙盒测试的准入指标（Eligibility criteria），具体包括：应用范围、创新性、消费者福祉、沙盒测试必要性、企业准备情况，FCA 就该五部分进行了具体说明，并设置积极指标与负面指标以提供明确化的标准（见表 1）。此外，企业还需通过 FCA 设定的默认标准（Default Standard），包括测试期、消费者数量/选择/保障、披露、测试数据以及企业测试计划应包含的具体部分。[2] 对于需要获取“限制授权”[3]（Restricted Authorization）以参与沙盒测试的企业，FCA 要求其满足“门槛条件”（Threshold Conditions），在测试时将相关文件一同提交。虽然监管沙盒本质上是弹性化的设定，但通过创新企业无差异化的申请标准和披露制度，监管保持了对市场主体的公平对待。

表 1　沙盒测试准入指标[4]

	关键问题	积极指标	负面指标
应用范围	企业是否寻求在英国金融服务市场提供或支持“受监管”业务？	创新旨在面向英国市场	创新并不在英国范围内使用

〔1〕 *See* Fox Williams, Regulatory Sandbox Open Now, available at https: //www. foxwilliams. com/news/1224/, last reviewed at January 28, 2018.

〔2〕 *See* Financial Conduct Authority, Default standards for sandbox testing parameters, available at https: //www. fca. org. uk/publication/policy/default-standards-for-sandbox-testing-parameters. pdf, last reviewed at January 20, 2018.

〔3〕 在英国开展受监管活动需获得 FCA 的授权，创新业务需要相关授权或注册方可进行测试。

〔4〕 *See* Financial Conduct Authority, Eligibility Criteria, available at https: //www. fca. org. uk/firms/regulatory-sandbox/prepare-application, last reviewed at January 30, 2018.

续表

	关键问题	积极指标	负面指标
创新性	创新是否是突破性的或是明显区别于市场现有产品？	1. 案头调研显示市场上几乎没有可类比的创新 2. 创新有越级性变化（step-change in scale）	1. 市场上已有大量类似样本 2. 非真实产品差异化
消费者福祉	创新是否为消费者提供了可识别的福利（无论是直接或通过加剧竞争实现）？	1. 创新可能直接或间接地使消费者得以更好地交易 2. 企业已识别所有可能的消费者风险和建议方案 3. 创新将促进有效竞争	1. 可能对消费者、市场或金融系统带来不利影响 2. 创新似乎意图规避监管
沙盒测试必要性	企业是否具有在沙盒中测试其创新的真实需要？申请者非必须借助于沙盒工具（sandbox tool）以满足此项标准	1. 创新难以融入现有的监管框架，导致其市场应用存在困难或成本较大 2. 企业将通过使用沙盒工具进行真实环境测试而受益 3. 缺乏其他方式与FCA接洽或实现测试目标 4. 完整授权相对短期可行性测试过于昂贵或困难	1. 真实测试对企业预期解决的问题（以实现测试目标）无必要 2. 无需FCA支持即可轻松进行测试 3. 专业监管者或FCA直接支持团队（Direct Support Team）可回答咨询事项

续表

	关键问题	积极指标	负面指标
企业准备情况	企业是否准备好在真实市场与真实消费者情境下接受创新测试？	1. 企业有完善的测试计划和清晰目标、参数和成功指标 2. 迄今已经执行了一些测试 3. 具有进行沙盒测试的资源 4. 具有充分的已就位的安全保障以保护消费者并能够就相应要求提供适当补偿	1. 模糊的测试目的/不充分的测试计划 2. 几乎没有完成测试 3. 不具有进行沙盒测试的资源 4. 提议的消费者安全保障不足/无法提供适当补偿

成功参与测试的创新企业方向涵盖了多类新技术领域，以第三期为例，18个成功的申请者业务涵盖了基于区块链的支付服务、监管科技（RegTech）、普通保险（General Insurance）、反洗钱、生物数字识别以及了解你的客户（Know Your Customer，KYC）验证几大新兴金融科技领域。[1] 笔者发现，尽管FCA在第一期申请后表示其进一步鼓励各类规模及领域的公司参与申请，根据已公布的三期测试资格名单，实际获得测试资格的创新企业虽较前期提高了地域多样化，[2] 但并未在申请数量和通过率上有明显增幅，这可能与上述提及的严格准入指标有关。监管沙盒准许企业“试错”同时秉持监管“容错”，但对于风险和消费者保护的要求并未在鼓励创新这一目标的介入下降低，监管者从初期的准入起就对于创新和沙盒应用采取十分谨慎的态度。

[1] *See* Financial Conduct Authority, Regulatory Sandbox-Cohort 3, available at https://www.fca.org.uk/firms/regulatory-sandbox/cohort-3, last reviewed at August 1, 2018.

[2] 沙盒测试第一期的参与者大部分是伦敦企业，随后几期的各地区比例都有所增加，非伦敦企业占比从25%提升到40%+。*See* Financial Conduct Authority, FCA reveals next round of successful firms in its regulatory sandbox, available at https://www.fca.org.uk/news/press-releases/fca-reveals-next-round-successful-firms-its-regulatory-sandbox, last reviewed at August 1, 2018.

表2　沙盒测试申请情况

测试期	1	2	3	4
申请期间	2016.6	2017.5	2017.6	2017.12.5
通过[1]/申请数	18/69 26%	24/77 34%	18/61 30%	—

（二）沙盒测试：监督与合作

通过筛选的企业被允许向消费者提供创新产品和服务，其将与 FCA 合作建立最合适的沙盒选项、测试参数、解决方案和安全措施，具体测试过程将进行个案调整。整个测试期在 3~6 个月左右，在此期间 FCA 将会对创新企业进行全过程的监督，同时双方将保持密切联系以不断调整测试。企业需每周向金融创新中心（Innovation Hub）报告其实验中的重要发现、风险管理措施等。测试结束后，对于企业提交的最终报告，FCA 将给予书面反馈。由于新的创新产品和服务将在真实环境下测试，为实现消费者保护目标，FCA 采用个案审查以实现监管灵活。企业对零售客户（Retail）和专业客户（Sophisticated）的保障需满足各自的保护标准，并根据测试的具体情况决定是否采取附加措施（如向零售客户披露其被纳入测试）。[2] 此外，若企业在测试期间失败，消费者可通过英国政府设立的金融服务补偿计划（Financial Service Compensation Scheme）获得救济。

监管沙盒为监管者与创新企业的积极互动提供了良好渠道，这能够让监管者清晰看待监管制度与金融创新的辩证关系，及时发现市场过度行为以及因限制创新而有损消费者长远利益的监管规定，从而第一时间进行调整与引导。同时由于企业自身缺乏模拟环境，技术产品的仓促投放与应用可能并不成熟，进行沙盒测

[1] 满足准入指标的企业并非一定获得沙盒测试资格。第二期实际有 31 家企业满足指标，但 FCA 指出“7 家企业未准备好开始测试，可能会被纳入第三期”。*See* Financial Conduct Authority, Regulatory sandbox-cohort 2, available at https://www.fca.org.uk/firms/regulatory-sandbox/cohort-2, last reviewed at August 1, 2018.

[2] *See* Financial Conduct Authority, Default standards for sandbox testing parameters, available at https://www.fca.org.uk/publication/policy/default-standards-for-sandbox-testing-parameters.pdf, last reviewed at January 20, 2018.

试使企业可根据消费者的真实反馈进行及时调整。无法及时调整和缺乏市场价值的企业将加速淘汰，对市场而言也是筛选有价值的金融创新的过程。除了让监管层修正相应的制度规定和激励创新，这一过程也改变了过往金融活动中监管与市场原有的“猫捉老鼠”关系，使二者能够朝着协同而友好的方向行进。

除监管引导的沙盒系统之外，FCA 同时提出了相应的行业倡议，包括合作建立伞形沙盒（Umbrella Sandbox）以及行业虚拟沙盒（又称“产业沙盒”）。[1] 由监管单位授权、非营利性公司建立的伞形沙盒可以向未获授权的拟测试企业提供代表授权，这种伞形沙盒授权相比监管授权更为快速简便，并且行业对创新的评估和建议也将具有良好的辅助作用。此外，对于大部分无法获得监管沙盒授权的公司，FCA 倡议通过行业建立虚拟沙盒，使产业内的公司可以在同一环境下进行测试以得出较为客观的结果，并使大部分创新者获益。

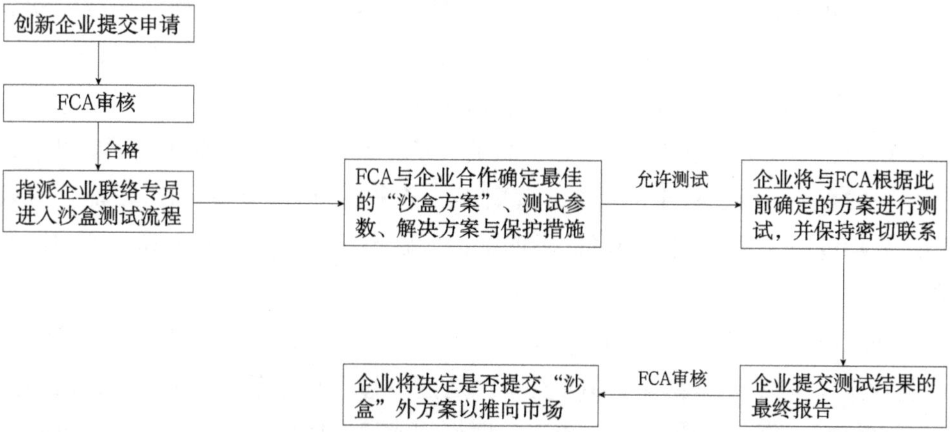

图 1　沙盒测试流程[2]

〔1〕 *See* Financial Conduct Authority, Regulatory Sandbox, available at https://www.fca.org.uk/publication/research/regulatory-sandbox.pdf, last reviewed at January 24, 2018.

〔2〕 *See* Financial Conduct Authority, Regulatory Sandbox, available at https://www.fca.org.uk/publication/research/regulatory-sandbox.pdf, last reviewed at January 24, 2018.

四、中国金融科技监管转型

（一）市场发展与监管的互斥

我国语境下“金融科技”往往与“互联网金融”相关联，这与金融科技在我国发展情况有关。以2003年支付宝出现为起点，据笔者总结，我国创新金融对科技的应用经历了金融基础设施搭建、金融互联网化、提供金融基础服务的变化，[1] 2016年网贷平台问题爆发，互联网金融的概念开始衰弱，同时区块链、智能顾投等领域的兴起使我国进入科技带动金融的变革阶段，金融科技成为新金融领域的行业新标签。原有的以单纯商业复制为主和缺乏技术创新的企业开始加速被淘汰，蚂蚁金服、京东金融、众安保险等巨头开始带动以“金融科技企业”定位的互联网金融业风潮。除了已有的一些互联网金融企业开始向科技驱动靠拢，数据显示近70%的金融机构希望在未来3~5年与金融科技开展合作，[2] 金融科技在中国的发展潜力巨大。同期，由于互联网金融机构与券商、基金、保险等机构的合作推动了市场混业经营模式的转变，关联交易、资本虚化、信息暴露等风险的叠加使以往对于信贷类、理财类业务采用的“栅栏原则”不能再有效隔绝风险传递。[3] 监管与市场的不匹配使实践出现了消费者损害和创新抑制的普遍现象。

回顾我国互联网金融的规范历程，采纳了一种从无到有的“先发展后治理”的监管模式。P2P平台等局部问题爆发是这一过程中监管态度趋严的转折点。“于金融创新而言，无论是先有的法律框架抑或司法回应，其都是在一个已有的

---

[1] 2010年以前我国科技主要应用于金融基础设施搭建，新金融服务以第三方支付、拍拍贷/人人贷等P2P平台为主。2010-2015年金融互联网化大热，众筹、在线借贷平台爆发性增长，涌现如白条、花呗等针对各垂直领域和细分人群的消费金融平台，同时第一家互联网保险（众安）及互联网银行（微众）在这一阶段成立；2015年后进入科技逐渐应用于金融基础服务，大数据征信、移动证券、坏账催收等行业开始成为热点。

[2] *See* PWCCN, Global Fintech Survey China Summary 2017, available at https: //www. pwccn. com/en/financial-services/publications/fintech/global-fintech-survey-china-summary-jun2017. pdf, last reviewed at January 25, 2018.

[3] 武安华：《金融科技监管的3个挑战》，载https: //www. iyiou. com/p/43485/，最后访问日期：2018年1月27日。

模式下谨慎地对待金融新创企业。"[1] 这种受市场牵引的被动调整往往无法避免消费者受损，并且一定程度上导致伪创新混杂，压制金融创新的发展。实践中已有一些案例反映了这种行业发展与监管的互斥矛盾。2014 年 3 月央行叫停二维码支付，此后第三方支付企业以“商家扫描代替用户扫描”的方式绕过监管，直至 2016 年二维码支付才正式合法化，期间移动支付处于迅速发展阶段而金融创新技术未有本质上的改变，监管的不确定性反而损伤了移动支付行业的发展。另外，监管不能及时跟进带来了市场恶性影响。以 e 租宝事件为例，其以“P2P+融资租赁”的业务模式出现，通过虚构融资项目非法吸收资金达 500 亿以上，[2] 成为网贷行业的标志性案件。e 租宝、铜都贷、东方创投等一大批企业的倒台不仅打碎了无数投资者的淘金梦，也重击了互联网金融市场。不可否认，金融监管在创新管控上具有不可忽视的重要作用，不论是为创新保驾护航，还是为市场降低伪创新的恶劣影响，都呼吁监管的及时介入和审查。

（二）监管转型与沙盒逻辑基础

在国际监管理念更迭和国内市场不兼容的情况下，国内金融监管进入了转型完善的阶段。互联网金融业的具体规定不断完善，第三方支付、P2P 监管等互联网金融监管规则相继出台弥补了监管空白，同时金融监管框架和理念也进行了相应调整。

第一，鼓励创新与防范风险并行。制度方面，2015 年 7 月由人民银行、银监会等十部委发布的《关于促进互联网金融健康发展的指导意见》明确了“依法监管、适度监管、分类监管、协同监管、创新监管”的监管原则，这是对互联网金融业进入正式监管的转折点。按照已有的分业监管模式，指导意见将互联网金融纳入现行体制之中，同时提出了针对互联网金融监管“鼓励创新、防范风险、趋利避害、健康发展”的十六字方针。四个目标呈现逻辑上的递进关系，监管已经有意识地统筹创新与监管的关系。此外，央行已于 2017 年成立金融科技委员会以加强金融科技工作的研究规划和统筹协调，引领带动金融科技管理。我国的

---

〔1〕 蔡元庆、黄海燕：《监管沙盒兼容金融科技与金融监管的长效机制》，载《科技与法律》2017 年第 1 期。

〔2〕 白阳、陈寂：《“e 租宝”非法集资案真相调查》，载 http：//www. xinhuanet. com/fortune/2016-01/31/c_ 1117948306. htm，最后访问日期：2018 年 1 月 28 日。

创新监管开始转被动为主动，新的监管理念对于金融科技所带来的机遇和风险进行了正面回应，即鼓励创新与防范风险的统一。

第二，监管框架的调整完善，监管对象转向“水平划分”的功能监管，监管机构间实行“垂直协调”。我国金融监管以一行三会为主，缺乏上层协调机构，分业监管思路下各金融监管部门直接将相关金融机构列为监管对象。由于互联网金融的发展极大地推动了非金融机构的实体金融活动，金融活动逐渐延伸到金融机构的业务范围之外，导致一段时间内存在监管盲区和重复监管，且监管不匀使金融机构处于不公平地位。第五次全国金融工作会议提出了两大议题：一是现有监管系统向“功能监管”转型，这会改变对现有的金融机构的关注，监管重心将转向以业务活动为分类的横向管理，有利于填补监管漏洞并防范重复监管问题。二是成立国务院金融稳定发展委员会，其主要职能是“统筹金融改革发展和监管，统筹协调货币政策和财政政策、产业政策等，增强监管协调的权威性和有效性”。[1] 金稳委将对各监管机构实行垂直协调，这将使监管统一进一步强化，改善以往监管机构间的掣肘。

顶层设计与具体制度的同步转型与完善是我国现阶段金融监管的现状，其向功能监管的转型对于传统业务或可实现全方位覆盖监管，但基于金融科技创新的跨业与复杂程度，在规则制定的模糊阶段，一部分个体创新可能在出现阶段难以归入现有业务，使监管存在前期空白。由于市场与制度基础的不同，我国实践尚未采纳监管沙盒一类措施。但我国互联网金融治理长期采取的柔性监管道路，包容了沙盒监管的相似理念和逻辑。[2] 基于柔性监管理念，中国互联网金融在起步阶段的政策环境相对包容，创新企业初期获得了一个相对宽松的探索环境。此外我国互联网金融监管多为原则性规定少硬性指标，使创新得到成长空间。[3] 这与监管沙盒的逻辑相似，监管在控制防范风险的同时，保证并保护良好的企业创新环境从而推动经济发展。底层理念的契合和监管体系的逐步完善为引入监管沙盒提供了可能性。目前我国对金融科技的监管和推动仍处于起步阶段，在转型期借鉴监管沙盒或可进一步弥补监管缺口，助力金融科技发展与监管协调。

---

〔1〕 王观：《国务院金稳委做什么怎么做》，载 http：//www.gov.cn/zhengce/2017-07/18/content_5211412.htm，最后访问日期：2018 年 1 月 28 日。

〔2〕 参见黄震、蒋松成：《监管沙盒与互联网金融监管》，载《中国金融》2017 年第 2 期。

〔3〕 参见黄震、蒋松成：《监管沙盒与互联网金融监管》，载《中国金融》2017 年第 2 期。

五、监管沙盒的中国思路

建设创新的试验田是目前国际上实现风险控制并加快监管互动的最佳方案。监管沙盒可为创新提供缓冲期，并改善金融科技跨业难监管的问题，把向金融服务提供支持的科技企业侧面纳入金融监管范围，进一步明确现有金融监管对金融科技创新的监管职责。实践中，金融科技的逐步发展已进一步要求监管给予限制性的包容，打造金融科技变革中适应性强的监管体系，需要更加注重监管与业态创新之间的双向性，“基于‘同情式理解’的参与性规制模式开始受到各国的重视”。〔1〕总体而言，笔者认同引入中国式监管沙盒，在现有的规则之外增设允许冲撞监管红线的制度，这可以更好地激励创新并弥补功能监管不能覆盖的地带。中英已就监管沙盒达成合作共识，可以预期该制度未来将对我国金融科技业产生积极影响。〔2〕但由于英国、新加坡等国家基本是相对发达的小型经济体，金融科技产生的风险隐患较低，建设监管沙盒的制度基础比较完善，中国式监管沙盒的落地需结合我国实际需求与现实情况综合推进。

（一）监管思路：规则导向与原则导向

世界各国的金融监管主要存在原则导向和规则导向两种方式。实践表明，前者在金融创新监管中更有优势，一方面，规则导向留给金融机构和监管机构的主观判断与灵活调整的空间非常有限，另一方面监管的明确化更易导致金融科技创新的法律规避行为。〔3〕从我国监管演变上来看，金融监管一直以规则导向为主，监管规则的制定长期处于被动地位，如数字货币一类创新在面世时存在一段时间的监管真空状态，同时企业与监管之间呈现出对抗式的紧张关系。风暴式监管的市场反应往往是企业的明修栈道、暗度陈仓，进一步突出了规则导向型监管的不适应。并且可以预见，金融科技革命依旧将与现有的监管架构存在进一步的冲突。如以区块链为例的去中心化技术的应用使传统的“账户冻结”“撤销交易”等常用的金融监管手段面临授权问题，这将需要监管与创新的不断磨合与沟通。

---

〔1〕丁冬：《金融科技勃兴背景下金融监管法治的变革》，载《上海政法学院学报》2017年第4期。

〔2〕参见孙博洋：《第九次中英财金对话达成27项共识》，载 http://www.sohu.com/a/210993713_114731，最后访问日期：2018年1月28日。

〔3〕参见张斌：《互联网金融规制的反思与改进》，载《南方金融》2017年第3期。

监管沙盒融入的原则导向理念强调使用重要的原则和指引，同相关行业保持密切沟通，以实现灵活的金融监管，其对于初创企业具有灵活性优势。首先，原则导向型监管提出对于金融科技下监管目标的再明确要求，即于金融稳定之外将鼓励创新与保护消费者作为主要的监管目标。我国一直以来着重于金融稳定与金融发展的双目标。近年来金融创新的层层冲击进一步要求监管不能单纯囿于传统思路，需意识到创新与消费者保护的重要性，作为与金融稳定并行的监管思路。其次，原则导向型监管要求监管者从规则的制定者向引导者转型。监管沙盒呈现了“产品或服务引领监管，监管围绕产品或服务而行”〔1〕的主动接触思路，从本质上来说要求长期处于俯视位置的监管者主动靠拢市场，改变监管上位、产品下位的惯性思维，从金融监管的守门员转变成引导员。最后，监管者与企业的良性沟通可解决金融创新下的信息不对称问题。一方面，监管部门在创新面世前就有机会了解伴随创新的风险，从而提前沟通协调相应机制；另一方面，金融科技企业可通过与监管者的沟通，缩短创新周期，降低产品面世后的监管协调成本。应注意到，原则导向与规则导向各有利弊，监管对象须遵守的监管义务也非一成不变，〔2〕可对两种原则进行相继适用以贴合创新企业在不同发展阶段的需要。

（二）推行模式：行业为限，区域试点

作为一种创新制度安排，监管沙盒在实际操作上也存在一些局限性，包括企业参与成本高、测试效果有限，以及由于其依赖监管者主观性可能导致的不公平竞争，〔3〕这对监管引入沙盒制度提出了高水平要求。由于中国市场比较大，目前大部分地区尚不具有实施监管沙盒试点的基础，且相对缺乏建设监管沙盒的相应资源，在金融科技企业自身发展的强动力阶段，建设全国范围的沙盒试验很可能效果不佳并形成混乱。〔4〕

实际上，目前我国已存在一些借鉴监管沙盒的区域性实践探索，这些实践为进一步引入沙盒提供了相关思路。上海银监会首先利用自贸区的试验平台创设了

---

〔1〕柴瑞娟：《监管沙箱的域外经验及其启示》，载《法学》2017年第8期。

〔2〕参见杨松、张永亮：《金融科技监管的路径转换与中国选择》，载《法学》2017年第8期。

〔3〕参见赵杰等：《国际“监管沙盒”模式研究及对我国的启示》，载《金融发展研究》2016年第12期。

〔4〕参见孙国峰：《监管沙盒或不适合中国国情》，载 http：//www. sohu. com/a/191482182_ 257448，最后访问日期：2018年1月27日。

银行业务创新监管互动机制，为现有政策不完善、无覆盖、不清晰的领域提供先行先试的“绿色通道”，对创新诉求采取前端介入并对具有积极意义的个案予以监管支持。[1] 此外，北京市政府也曾表示将以“北京互联网金融安全示范产业园”作为试验地进行监管沙盒试验。[2] 以上海的“互动机制”为例，自2015年成立起一共收到银行申请58项，落地33项，授信总额895亿元，这表明实践中对创新测试区已经存在需求，在引入初期可由地区根据自身情况决定是否建设测试区。由于金融创新分散于各地各业，区域性试点可能导致各创新企业在初期市场竞争中的不平等地位。

监管沙盒是“以产品和服务为界”的试验，[3] 是一种打破区域限制的试点思路。笔者认为，首先，未来对监管沙盒等新型试验性监管需确定统一的协调主体以进行扩大化的推广。在推行主体方面，可选择金稳委作为新的协调机构（或可借鉴英国模式在其下设立创新中心），牵头如监管沙盒在内的一系列与功能监管并行的监管制度，统筹解决各部门包括互联网金融、资产管理等协调问题。其次，可转变区域划线的试点模式，尝试以行业/产品为限的试点划分，即以行业为试点线的基础上逐步增加试点区域。由于中国内地金融创新以银行业为主，对于行业的选择可按上海银监会的做法对风控能力较强的银行业先行试点，根据需求进一步扩大行业和范围。最后，监管可与中国互联网金融协会等行业影响力较强的自律组织合作，利用行业数据创建虚拟沙盒或伞形沙盒，以打破现阶段地区条件受限的问题，辅助初创企业从中受益。

（三）具体规则：关注创新与监管容错

各国实践在沙盒准入标准上都注重实质性创新，在监管沙盒过程中都注重风险的充分暴露和对消费者利益的维护。[4] 作为金融创新在发展阶段的筛选机制，我国监管沙盒进一步推进过程中应当重点关注产品和服务的创新性与消费者保护两方面问题。在准入层面应对机构进行必要审查并要求相应的消费者保护和风险

---

〔1〕 参见黄尖尖：《上海自贸区探索“监管沙盒”》，载 http://www.jfdaily.com/news/detail?id=76834，最后访问日期：2018年1月28日。

〔2〕 参见周假、李万赋：《北京将推行监管沙盒模式》，载 http://www.sohu.com/a/126477869_544821，最后访问日期：2018年1月29日。

〔3〕 参见柴瑞娟：《监管沙箱的域外经验及其启示》，载《法学》2017年第8期。

〔4〕 参见柴瑞娟：《监管沙箱的域外经验及其启示》，载《法学》2017年第8期。

控制方案，准入标准可模仿英国模式，结合企业自评和个案审查的方式，设置正负指标以进行筛选，细则可借鉴已落地的各国实践结合我国情况进行调整。在确定统一牵头机构的基础之上，对各行业的准入标准应进行统一以保证公平。

此外，监管沙盒是对创新的豁免机制，强调弹性监管，一个重要方面就是允许企业在测试情况中一定程度的打破监管红线，如对创新进行准入授权和法律豁免，从而发挥沙盒的容错性和调整功能。从各国实践看，监管沙盒在具体运用时作为金融监管的组成部分，在框架和措施上均有较大差异，但其设计均与本国监管体系相匹配，主管部门的职能权限将影响测试项目的授权范围。[1] 因此，实施沙盒测试过程中，相关部门应注意其豁免在职能范围之内，避免与上位法的抵触。对于一些属性模糊的新兴金融创新，更应发挥沙盒的互动机制，利用测试期与行业进行良性沟通以激发创新活力，在权限内为创新提供适当的监管支持，实现监管与创新的双赢。

（初审：刘学）

---

〔1〕 参见张景智：《“监管沙盒”的国际模式和中国内地的发展路径》，载《金融监管研究》2017年第5期。

我国“大资管时代”下的监管路径初探

——基于全球LEI体系的启示

严德胜*

内容提要：我国已跨入百万亿规模的“大资管时代”，资管领域在规模日益庞大的同时也透露出诸多问题。监管层面上监管主体的不明确和宏观审慎监管的缺位使得持续提倡的统筹式和穿透式监管在面对资管问题时无法发挥真正作用，我国需要一种具体操作范式以针对资产管理实施有效监管。由美国推出的法人机构识别码（LEI），致力于在全球范围内为法人机构配以标准化的编码以建立统一数据记录系统，通过金融机构的微观数据整合实现宏观层面的系统性金融风险防范，为我国当前监管模式、资管业务、数据统计的混乱状态提供了良好借鉴。现阶段，针对资管乱象，我国有必要对全球LEI体系有清晰的认识和恰当的适用，在继续完善本地LEI体系的基础上，对其应用规则有选择性地进行突破，拓宽主体识别码范围至资管工具、资管产品层面，并建立统一的数据记录和报告制度。

关键词：资产管理　LEI　穿透式监管　系统性风险　数据

一、引言

我国已进入百万亿级别的“大资管时代”，所面对的问题也极具挑战性。各金融监管机构对当前资产管理（以下简称“资管”）领域内存在的刚性兑付、

* 严德胜，上海财经大学法学院2019级法律硕士研究生。

多层嵌套、滚动资金池资产池等问题虽进行了禁止和限制，但在我国现行分业监管的金融监管模式下，纷繁复杂的金融交易仍可以多种多样的方式寻找监管漏洞从而获取监管套利，若无有效的金融监管将极有可能造成由百万亿资产管理不当引发的系统性金融风险。由美国提出的全球法人机构识别码（LEI）体系，有助于监管机构从微观层面的数据整合实现宏观层面的审慎监管，做到标准化的统一数据记录，打破银行、证券、保险等金融机构监管分立现状，从而真正做到统筹监管与穿透监管，这对资产管理的监管具有极其重要的借鉴价值。

我国目前对建立LEI体系及其与资管监管的结合研究极少〔1〕，有必要对其进行全面的介绍和梳理并从中寻找对我国资管监管可以借鉴的启示。本文第一部分以引言的形式导入资管监管和全球LEI体系结合的理念借鉴。第二部分总结了当前我国资管领域存在的“双爆现象”并对其产生原因进行了简要概括，明晰资管问题的现状和原因以便对其展开针对性的分析。第三部分概括性地介绍了全球LEI体系的基本概念、创设的基本逻辑及其组织架构。第四部分则重点介绍了全球LEI体系在数据选取、收集、验证过程中的具体操作规则。第五部分结合我国的现实情况，提出以LEI体系本土化为基础，实行完善体系与规则突破、拓宽识别码范围、建立统一数据报告制度的实践路径，同时提醒注意对机构信息的数据保护，以建立资管监管的综合框架，有效解决资管领域现存的问题并防范系统性金融风险。

二、我国资管的“双爆现象”及其原因探析

（一）规模爆炸

自2008年金融危机后，全球整体资产管理规模发展迅猛。截至2016年年底，全球资产管理总额增至69.1万亿美元，且增长速度年年攀升。中国市场作为全球金融体系不可或缺的一部分，2016年的资产管理总额增长幅度达到了21%，在全球范围内表现抢眼。〔2〕随着中国经济在各方面的快速发展，以财富

〔1〕以笔者在“中国知网”（CNKI）通过“LEI”“全球法人机构”为主题词进行检索为例，有关该方面的文献不足10篇，而LEI与资管的结合研究目前则为空白状态，最后访问日期：2018年1月31日。

〔2〕参见波士顿咨询公司：《2017年全球资产管理报告》，载http：//image-src.bcg.com/Images/BCG-The-Innovators-Advantage-Oct-2017_ CHN_ tcm55-173668.pdf，最后访问日期：2018年2月7日。

管理为主要需求的金融业务模式，在各行业、机构、个人等领域迎来爆发式的增长，中国的资产管理业务也随着管理规模的扩张在多个层面推进。从下文图 1、图 2 所示的数据可知，在资金规模上，银行理财、信托受托资金、券商资管、保险资管、基金及其子公司资金管理规模在过去的几年内表现出了“爆炸式”的增长，合计资产管理总额已突破百万亿规模。资管机构，在金融市场和金融中介间发挥着充分连接作用的同时，其重要性和价值将日渐凸显，在突破百万亿的“规模爆炸”下，金融机构的资管业务范围也将得以拓宽，在面临转型和变革的同时迎接“大资管时代”的到来。[1]

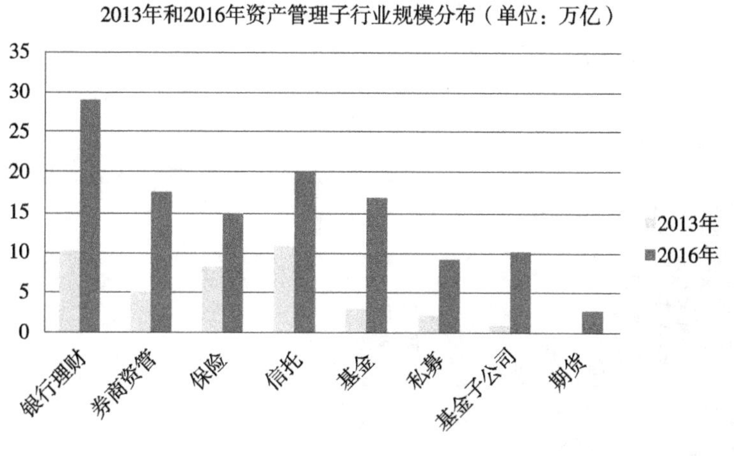

图 1　资管行业快速发展突破百万亿规模[2]

（二）问题爆发

尽管我国资管规模年年递增，如今已步入百万亿级别的“大资管时代”，但迎来爆炸现象的不仅仅是资管规模，渗透于资管业务行为的诸多问题同样迎来了爆发。主要问题表现于表外理财在内的大资管领域业务模式，包括下图 3 所示的刚性兑付、多层嵌套、滚动资金池资产池业务以及监管套利等。同时，表内业务

[1] 参见巴曙松、陈华良：《大资管时代下的转型与求变》，载 http：//www. drc. gov. cn/xsyzcfx/20131012/4-4-287632. htm，最后访问日期：2018 年 2 月 7 日。

[2] 数据来源于中国证券业监督管理机构、中国银行业监督管理机构、中国保险业监督管理机构、中国基金业协会等官网，最后访问日期：2018 年 2 月 7 日。

也显露出问题，例如银信类业务的管理延伸至银行表内资金和信托的合作。虽然一行三会连同外管局在过去的一年中颁发诸多监管文件对资管业务模式进行监管升级，不断强化其监管力度[1]，其中以2017年11月7日一行三会联合颁发的《关于规范金融机构资产管理业务的指导意见（意见征求稿）》（以下简称“《资管新规》”）为代表，其中明确提出打破刚性兑付、限制多层嵌套、规范资金池、否定“通道业务”等，进一步强化了央行的统一后台职能，建立了统一的“大资管监管框架”，对于降低中国金融系统风险具有极为重要的意义，同时要求各行业协会通力合作，并逐步走向统筹监管和秉持穿透监管理念，预示着我国金融监管进入了统一监控的功能监管和行为监管时代，但此类问题在资管实践中仍屡禁不止，相关问题更是愈演愈烈。

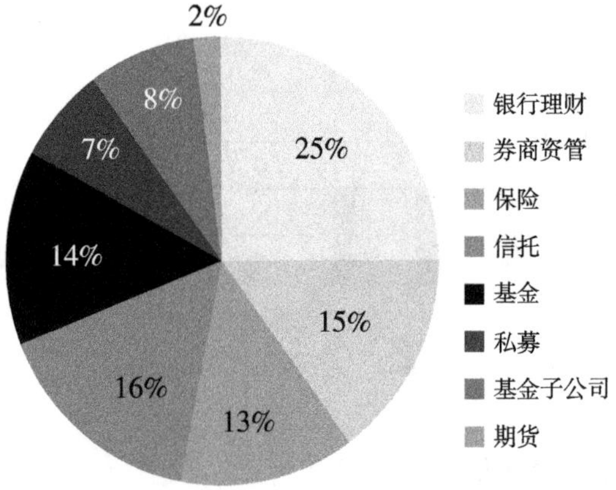

图2　2016年资产管理子行业规模占比[2]

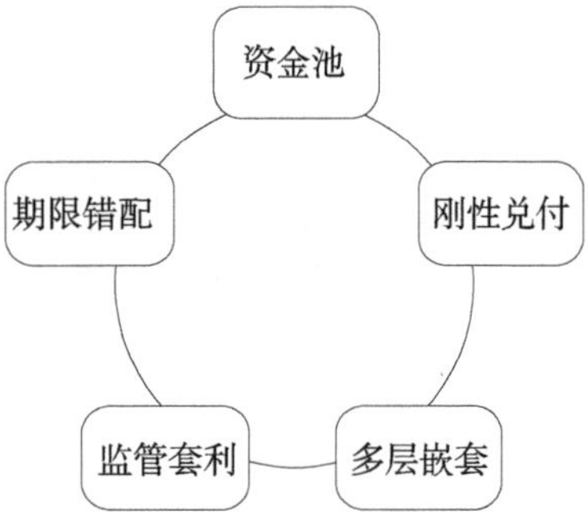

图3　行业快速发展引发诸多风险

[1] 根据笔者对一行三会从2017年1月至2018年1月有关资产管理颁发的相关监管文件的收集和整理可知，主要监管文件含《资管新规》在内40余份，监管内容从2017年4月开展的“三三四”专项检查逐渐演变为现行资管业务问题的明令禁止与限制，由此可见资管行业的监管力度在百万亿规模下加速升级。限于篇幅，监管文件整理结果不在文中列出。

[2] 数据来源于中国证券业监督管理机构、中国银行业监督管理机构、中国保险业监督管理机构、中国基金业协会等官网，最后访问日期：2018年2月7日。

（三）产生原因

1. 经济视角——理财需求与利率市场化

“规模爆炸”的原因主要在于居民理财需求的提高和利率市场化的推进。从行业发展的推动因素来看，我国金融业在2012年以后迎来了金融自由化和利率市场化两波浪潮。随着经济体量的不断壮大、金融行业深度兼广度的不断扩张，我国居民理财意识开始觉醒，在资产管理准入条件逐步放开的背景下（允许证券公司、基金及其子公司开展资产管理业务），居民理财需求受到金融机构的强烈刺激，资产增值的期望日益膨胀。此外，利率市场化从经济政策角度推动了资产管理规模的激增。以银行为引领的金融机构，在利率市场化的背景下，为吸收客户资金而提高存款利率、维持优质客户而降低贷款利率，传统上以存贷差为主要利润来源的模式被打破，银行将更多地为客户提供机构内理财产品或者与其合作的信托、基金等理财产品，开始从综合金融资产的角度为客户管理资产并将其向多元化角度进行配置，提供创新性多元化的组合产品，提高通过资产配置投资管理获得的收入，进而提升金融机构盈利能力和收入稳定性。[1]

2. 监管视角——监管主体不明确与缺乏宏观审慎监管

“问题爆发”的原因则在于金融监管主体不明确与宏观审慎监管的缺位。一方面，因分业监管规则和高度交叉的业务模式不匹配，行业同质化发展现象有增无减造成的监管主体不明确，客观上为金融机构通过开展资产管理业务实现监管套利创造了土壤和条件，加速了风险的积累。[2] 由图2可知，我国资管业务因行业准入的放开现已覆盖银行、券商、保险等八大金融机构，任一机构都可开发本行业内的资管产品。鉴于资产管理已跳出某一金融机构业务的概念范围，其行为模式贯穿整个金融体系，而资管产品的监管则仍停留在该行业、该机构内，在当前金融体系分业监管的模式下，由于行业标准统一制度的缺失，资管业务的相互渗透，监管标准的分立化、独立化、模糊化，使得金融机构通过产品嵌套、通道业务、资金池等方式以规避监管进而实现监管套利。该类规避行为集中体现在银信合作、银证合作、银基合作等领域，信托、基金及证券公司等具有通道特征

〔1〕 参见汪圣明：《利率市场化推进对资管行业是利好》，载 http：//finance.sina.com.cn/money/bank/bank_ hydt/20131206/140817554419.shtml，最后访问日期：2018年2月4日。

〔2〕 参见李响：《资产管理业务的国际比较研究》，载《当代金融研究》2017年第2期。

的资产管理业务其规模占比更是超过五成。另一方面，宏观审慎监管的概念缺乏和监管缺位加剧了资管风险的积累。宏观审慎监管的理念直至2008年全球金融危机后成为全球范围内金融监管的指导思想。[1] 相比于对整体经济不予考量、重点防范单个金融机构的风险给消费者带来损失的微观审慎监管而言，宏观审慎监管则更多地关注宏观经济层面，通过防范系统性金融风险避免对宏观经济的破坏。[2] 而我国实行的分业监管模式，对各金融机构行为交叉、业务重叠现状在金融监管上缺乏整体考量和全局视野，宏观审慎监管的缺位使得金融机构即便违规开展资产管理业务仍受到较少处分，为资管问题的爆发留下隐患。

三、全球LEI体系的释义与架构

（一）什么是LEI

2008年全球金融危机后，美国等金融体系发达的国家为强化金融监管，试图从市场参与主体的身份信息数据的采集和整合入手，为全球金融市场建立发挥统一身份识别作用的编码系统，规范金融市场的交易行为，加强金融市场的产品、身份、行为模式的透明度，从金融参与者的微观数据整合层面出发实现宏观层面的审慎监管，进而达到控制防范系统性风险的目的。为此，美国“金融研究办公室”于2011年11月23日正式发布了《金融合约中法人机构识别的问题说明》，首次在金融市场倡议创建一个标准化、统一化、规范化的法人机构识别码（Legal Entity Identification, LEI），为在金融市场中进行交易的每一家法人机构实体分配一个专有的法人机构编码，同时制定一套统一标准的数据收集、验证、更新和维护的使用准则，要求所有在美国境内参与金融交易的法人机构均需严格执行此准则。[3]

---

〔1〕 金融危机后发达金融市场国家逐渐意识到宏观审慎监管的重要性，美国金融稳定监管委员会（FSOC），强化了美联储和财政部的宏观审慎监管职能；英国取消了金融服务管理局（FSA），在英格兰银行下增设金融政策委员会（FPC）和审慎监管局（PRA），专门负责宏观审慎监管。参见王达、项卫星：《静悄悄的金融统计体系革命：意义、进展与中国的参与》，载《国际经济评论》2015年第4期。

〔2〕 参见史建平、高宇：《宏观审慎监管理论研究综述》，载《国际金融研究》2011年第8期。

〔3〕 *See* Office of Financial Research, Statement on Legal Entity Identification for Financial Contracts, available at www. treasury. gov/initiatives/Documents/OFR-LEI_ Policy_ Statement-FINAL. PDF, last reviewed at February 6, 2018.

法人机构识别码（LEI）是一个由 20 位数字组成的参考代码，与法人的关键信息相连接，用于标识从事金融交易和相关参考数据的法律上的不同实体，使参与全球金融市场的实体能够清晰和唯一的识别。LEI 代码信息的录入有两个基本原则：唯一性与排他性。前者指 LEI 被分配给一个独特的法律实体，该编码一经分配，即使被分配编码的法人实体已经不存在，此时也不将编码分配给其他实体；后者指当法人实体已被授权某一 LEI 时则不能获得另一个。法人实体可以将其 LEI 的信息数据、维护从某一运营商转移至另一运营商，且在此过程中 LEI 信息保持不变〔1〕。LEI 的号码本身没有任何引申意义，仅代表该地区的分配机构定位，其中最后两个字符是校验数字，以避免输入错误。为保持 LEI 体系的一致性，同时需采取其他措施，其原则包括合格性、准确性以及可用性等〔2〕。

美国当局致力于将 LEI 体系推广至全球，建立一个全球范围内的公众使用和维护的 LEI 系统，一方面该系统将有助于任何地区的司法管辖部门或金融监管机构用以评估系统性金融风险、维持金融体系稳定、准备高质量的财务数据以监督市场参与者并承担其他机构职能或部门职责，另一方面也可由私营部门了解机构本身及其他市场参与者以改善风险管理方式、提高运作效率，更准确地计算风险暴露和其他需求。〔3〕

（二）LEI 体系的架构

全球 LEI 体系（Global LEI System，GLEIS）由监管委员会、中央运营部门以及本地运营部门所构成，形成联邦式的三层次架构，其架构和体系内容如下图 4 和表 1 内容所示。其中监管委员会（Regulatory Oversight Committee，ROC）是由金融稳定委员会（FSB）和全球 20 国领导人峰会（G20）所认可并支持成立的用以管理全球 LEI 体系的组织机构，所有希望参与全球 LEI 体系并致力于实现该体

〔1〕 *See* LEI ROC, The Global LEI System and regulatory uses of the LEI, available at https: //www. leiroc. org/publications/gls/lou_ 20151105-1. pdf, last reviewed at February 6, 2018.

〔2〕 其中合格性指通过建立统一程序以验证法人实体是否正在进行经营范围内的独立的商业活动，准确性指法人机构的基本信息由工商部门的记录加以证实，可用性指 LEI 的参考数据需在公共领域内具有使用价值。*See* LEI ROC, Statement on Individuals Acting in a Business Capacity, available at https: //www. leiroc. org/publications/gls/lou_ 20150930-1. pdf, last reviewed at February 6, 2018.

〔3〕 *See* LEI ROC, Charter of the Regulatory Oversight Committee for the Global Legal Entity Identifier (LEI) System, available at https: //www. leiroc. org/publications/gls/roc_ 20121105. pdf, last reviewed at February 6, 2018.

系所强调的目标和承诺的机构都可以申请成为 ROC 的会员。[1] 其由全球官方监管机构代表组成，代表公众利益监管全球 LEI 体系，内设全会和执行委员会等其他工作组。

中央运营部门（Central Operating Unit，COU）是全球 LEI 系统的关键运营机构，负责提供高质量的运营和管理工作。COU 是 LEI 体系的中心，由全球 LEI 基金会（Global LEI Foundation，GLEIF）作为法人来进行运营。[2] COU 有责任确保统一的全球业务标准和协议的实施，从而实现 LEI 的全球独特性。COU 同时需无限制地开放全球 LEI 访问权限，以及为用户提供高质量的参考数据（访问深度由适当的访问权限控制）。[3]

本地运营部门（Local Operating Units，LOU）为希望注册 LEI 的法人实体提供主要接口，由各国在本地司法管辖领域内设立机构，负责运行机构编码注册，并负责管理本地数据。它们是全球 LEI 系统的本地实施者。LOU 将提供诸如本地注册、验证和参考数据维护、保护本地的储存信息等基础工作。LOU 可以建立本地商业注册或编号服务，以最大限度地利用当地的基础设施。在某些管辖区内，可能会有多个 LOU 来鼓励竞争，有些则可能有一个可以在私人或公共部门经营，有些则可能没有 LOU，希望获得 LEI 的法人实体需要当 LOU 基础设施建立后才能应用于跨国界范围内。[4]

---

〔1〕 *See* LEI ROC, Memorandum Understanding Between the Regulatory Oversight Committee of the Global Legal Entity Identifier System and the Global Legal Entity Identifier Foundation, available at https://www.leiroc.org/publications/gls/lou_ 20151007-2.pdf, last reviewed at February 7, 2018.

〔2〕 *See* LEI ROC, Memorandum Understanding Between the Regulatory Oversight Committee of the Global Legal Entity Identifier System and the Global Legal Entity Identifier Foundation, available at https://www.leiroc.org/publications/gls/lou_ 20151007-2.pdf, last reviewed at February 7, 2018.

〔3〕 COU 负有维护标识符和相应参考数据集中数据库“逻辑性”的责任，将由 LOU 提供的散点数据进行统一的、有序的、有效的整理和维护，以使数据具有体系上的可应用能力。如同互联网中的数据一样，数据库对于用户个体来说是单一的“无缝连接”，但数据以物理形式储存在全球系统中，数据终端掌握者可借用该数据进行统一调配和使用。

〔4〕 *See* FSB, A Global Legal Entity Identifier for Financial Markets, available at http://www.fsb.org/wp-content/uploads/r_ 120608.pdf, last reviewed at February 7, 2018.

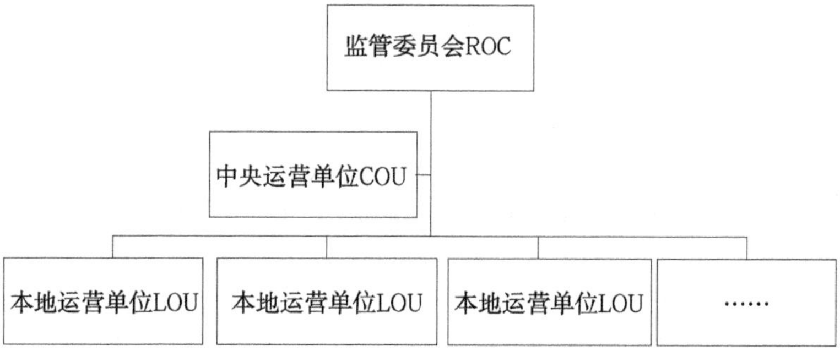

图4　全球 LEI 体系 GLEIS 架构

表1　全球 LEI 体系内容

建立	管理要素	功能
由 FSB 提出 由 FSB 执行小组（Implementation Group，IG）发展	《全球 LEI 体系高级准则》 《全球监管委员会宪章》	建立全球 LEI 体系框架 建立 ROC
ROC 由 FSB 和 G20 通过的“宪章”所创立 ROC 全会由所有希望参与构建全球 LEI 体系的当局构成 ROC 执行委员会选取标准由“宪章”确立	监管委员会 ROC ROC 全会 ROC 执行委员会	ROC 是全球 LEI 体系的全球最终话机构 ROC 全会是全球 LEI 体系的决策机构 ROC 执行委员会指导 ROC 的工作
COU 经由 ROC 认可 COU 根据 IG 所制定的附则成立基金会或同等法律形式的组织，并由 ROC 认定作为 GLEIS 的基金会 基金会的董事会由基金会会员和独立董事构成	中央运营单位（COU） 法律形式：基金会或同等形式的组织 董事会（Board of Directors，BOD）	COU 是全球 LEI 体系的运营者 基金会或其同等形式的组织为一个法律实体 BOD 指导 COU

续表

建立	管理要素			功能
COU 认定本地为 LOU，一个 LOU 可以是单个或多个司法管辖区，公共或私人部门，国家机构或地方机构	本地运营单位（LOU）1	本地运营单位（LOU）2	本地运营单位（LOU）N	LOU 是全球 LEI 体系的本地执行者

四、LEI 的数据规则

（一）数据分类

ROC 基于一组由国际机构和公共部门通过监管金融部门或者金融交易的参与方所订立的国际标准、原则和有效的实践操作形成的参考样本，确定了法人机构关系信息的收集和验证方式，使其可应用于银行监管（大额风险暴露、数据集合、风险报告）、证券监管（OTC 柜台衍生品集合数据）、金融牌照（银行、保险以及证券部门）、金融机构误操、金融稳定性、洗钱与反洗钱以及恐怖主义融资等金融行为中。[1] 现阶段的信息收集分为二级结构：一级数据（Level 1，也称“名片信息”，business card）录入法人机构的基本信息；二级数据（Level 2，也称“母法人信息”，parent information）通过采用会计并表的方式重点关注法人机构的直接母法人和最终母法人的相关信息。[2] GLEIF 经由公开咨询后认为会计并表的标准、原则和有效的实践操作是确定母机构间关系信息的重要成分。会计定义的好处在于该标准可适用于金融企业与非金融企业，也因此能适用于应用 LEI 规则的所有金融机构。[3] 报告同时指出，关系信息的记录应尽可能及时，

〔1〕 *See* LEI ROC, Collecting data on direct and ultimate parents of legal entities in the Global LEI System - Phase 1, available at https://www.leiroc.org/publications/gls/lou_20161003-1, pdf, last reviewed at February 7, 2018.

〔2〕 *See* GLEIF, Common Data File Formats, available at https://www.gleif.org/en/about-lei/common-data-file-format/, last reviewed at February 7, 2018.

〔3〕 ROC 的会计准则基于国际会计准则（IFRS）以及美国会计准则（US GAAP）所确定，ROC 认为会计定义可应用于金融和非金融企业，同时也符合审查范围内的一些监管用途，如衍生品交易者以及监控银行大额风险的监管者可以是金融企业或非金融企业。

及时性的目标或可影响最初阶段的LEI体系设计，也可在未来降低对直接母法人机构信息的收集时间上的巨大成本。除必须收集的数据外，ROC还制定了一些例外情形，满足此条件下法人机构可选择不予录入其信息。

1. 一级数据——“谁是谁”

一级数据的组成内容解决了法人机构“谁是谁”（who is who）的问题。在一级数据层面，数据库中所包含的与每个法人实体相关联的参考数据（Reference data）包括：法人机构的名称、地址、总部地址、被分配LEI的日期、LEI信息的最近更新日期、LEI信息的过期日期（可选），对具有具体到期日的法人机构，应记录其到期原因，并且如果可适用的话，需记录获得到期法人机构的法人实体的LEI信息、工商注册信息（可选）以及相应识别码的号码。[1] 通过对法人机构基础信息的录入，监管机构得以在金融交易中识别交易参与者的身份，为防范风险聚合做前瞻性的准备。

2. 二级数据——“谁拥有谁”

二级数据的信息录入旨在解决法人机构间存在的“谁拥有谁”（who owns whom）的问题。二级数据的信息收集重点在于确定法人机构的母法人究竟是谁，要求法人机构在获取LEI信息时需录入其母法人机构的信息，并对其收集含一级数据在内的法人信息。[2] 由于市场参与主体间的关系复杂，错综交配，难以追踪法人机构间的关系地图，有的法人机构可能存在多层架构，若对架构间所有法人的信息都要求录入，无疑会增加LEI信息收集的繁杂度与工作成本。鉴于全球LEI体系正处于建设初期阶段，IFRS和US GAAP以如下方式定义母机构法人：至少控制一个其他法人或“控制其财务利益”的机构法人。[3] 因此，ROC目前在法人机构控制层面上尤为关注并从会计起点出发，暂确定收集两类母法人的信息并对其具体情形做出解释和说明。

---

〔1〕 *See* GLEIF, Level 1 Data: LEI-CDF Format, available at https: //www.gleif.org/en/about-lei/common-data-file-format/lei-cdf-format, last reviewed at February 7, 2018.

〔2〕 *See* GLEIF, Level 2 Data: Relationship Record (RR) CDF Format, available at https: //www.gleif.org/en/about-lei/common-data-file-format/relationship-record-cdf-format, last reviewed at February 7, 2018.

〔3〕 *See* LEI ROC, Collecting data on direct and ultimate parents of legal entities in the Global LEI System - Phase 1, available at https: //www.leiroc.org/publications/gls/lou_ 20161003-1.pdf, last reviewed at February 7, 2018.

（1）两类母法人。

直接母法人（direct parent entity）。ROC 初期确定了直接母法人定义的两种形式：直接控制母法人（direct controlling parent）和直接会计并表母法人（direct accounting consolidating parent）。法人机构 X 的“直接控制母法人”被定义为在法人机构控制的会计定义内最低层面下控制实体 X 的法人机构。但由于受咨询的公众大多回应需注意此种方式在确认数据时的高成本和复杂性，ROC 决定暂不保留该定义方式，而是采用另一种定义方式。法人机构 X 的“直接会计并表母法人”在 ROC 的保留下被定义为：按照该母法人所适用的会计准则，负责编制含有机构 X 的合并财务报表的最低层级法人机构。[1] 这种方式更易于验证而且成本更低，因此，ROC 初步认定这个定义应该用于初步收集。这也将导致收集关于一个组织结构的一些信息，而不仅仅是一个统一的实体清单，因为“直接会计并表母法人”的报告将有助于确定主要分组。

最终母法人（ultimate parent entity）。在最终母法人的会计选择上，ROC 同样采取了会计并表的方式，并将实体 X 的“最终会计并表母法人”（ultimate accounting consolidating parent）定义为：按照该母法人所适用的会计准则，负责编制含有机构 X 的合并财务报表的最高层级法人机构。在此有必要对“会计并表”做进一步说明，以便将其与其他并表周期（例如银行业资本需求或财政整合的计算）区分开来，这个定义看起来更可取。例如，在 GLEIS 中只记录政府是国有企业子公司的最终控股母公司，但这可能并非相关，因为一些数据使用者更倾向于区分各种由政府控制的企业集团，这同时存在于同一家私募股权公司控制的不同行业或金融集团中。[2] 此外，在大多数情况下，最终控股母公司将与最终会计并表母公司相同，综合而言后者是较为可行的方案。

（2）母法人信息收集。

根据直接母法人或最终母法人是否已拥有 LEI，对子法人信息收集要求分下述两种情形：

---

[1] *See* LEI ROC, Collecting data on direct and ultimate parents of legal entities in the Global LEI System – Phase 1, available at https://www.leiroc.org/publications/gls/lou_20161003-1.pdf, last reviewed at February 7, 2018.

[2] *See* LEI ROC, Collecting data on direct and ultimate parents of legal entities in the Global LEI System – Phase 1, available at https://www.leiroc.org/publications/gls/lou_20161003-1.pdf, last reviewed at February 7, 2018.

如果 LEI 注册人的直接或最终母法人已经获得 LEI，子法人实体将有义务向 LEI 发行机构提供其直接和最终母法人的 LEI。ROC 为此确立了一种记录格式：关系记录 CDF（Relationship Record CDF，RR-CDF）格式。RR-CDF 将用于记录 LEI 注册人与其已获 LEI 的直接和最终母法人间的关系。RR-CDF 包含的内容有子法人涉及的法律实体、指定关系的类型和其他特征（如日期）、显示负责管理关系记录的 LEI 发行机构收集的关系验证和报告信息等。[1] 它同时定义了指定 LEI 发布机构、GLEIF 和所有数据用户之间如何存储和传输二级数据（即关系记录）的技术格式。

如果 LEI 注册人的直接或最终母法人没有 LEI，子法人实体则需要向 LEI 发布机构报告其直接和最终母法人的参考数据。ROC 为其确立了“母法人参考数据格式”（Parent Reference Data Format），该格式依据 LEI 通用数据格式（LEI Common Data Format，LEI-CDF），规定了 LEI 发行人与 GLEIF 之间如何存储和传输没有 LEI 的母法人的实体的参考数据。LEI-CDF 要求子法人为其不具备 LEI 的直接或最终母法人提供母法人的法律名称、地址、总部地址、企业信息（可选）以及其他信息等。[2] 在 LEI 建设初始阶段，子法人实体为其直接和最终母法人报告的参考数据将不会被公布。

3. 例外报告

除一级和二级必须记录的数据外，ROC 同时考虑到法人实体的某些特殊情况。如果子法人实体的报告未达到一级和二级规定的情形则视为报告异常，ROC 在报告异常的范围内规定了一些可以不提供数据的例外情形，这些例外情形称之为例外报告（Reporting Exception）。例外报告包括：LEI 注册人没有母法人；子法人因特殊原因选择不报告；LEI 注册人的直接和最终母法人没有 LEI。[3] 没有母法人包括法人实体由自然人控制，没有任何符合全球 LEI 系统中母法人定义的中间法律实体或没有已知人士控制该实体（例如公众持股）等。

---

〔1〕 *See* GLEIF，Level 2 Data：Relationship Record （RR） CDF Format，available at https：//www.gleif.org/en/about-lei/common-data-file-format/relationship-record-cdf-format，last reviewed at February 7，2018.

〔2〕 *See* GLEIF，Level 2 Data：Parent Reference Data Format，available at https：//www.gleif.org/en/about-lei/common-data-file-format/parent-reference-data-format，last reviewed at February 7，2018.

〔3〕 *See* GLEIF，Level 2 Data：Reporting Exceptions Format，available at https：//www.gleif.org/en/about-lei/common-data-file-format/level-2-data-reporting-exceptions-format，last reviewed at February 7，2018.

（二）数据收集

自注册（self-registration）是收集 LEI 数据的核心原则。一般而言，注册实体（或其授权代理人）必须将数据直接提供给为其发布 LEI 的 LOU。由注册实体承担数据准确性的最终责任，且注册实体提供的数据将由 LOU 通过官方的数据来源和私人法律文件进行验证。LEI 的参考数据在注册时必须进行验证，法人实体有义务在有相关数据更改时更新其信息，并且对于被认定为有效记录（active record）的信息，必须至少每年重新验证一次。[1] 另外，LEI 系统需解决任何用户对数据提出的挑战和质疑。

为优化 GLEIS 在法人行为数据方面的实用性，同时需要一个不同的或更为密集的程序以便及时收集、验证和维护 LEI 的数据信息，这些数据包括法人实体法律形式的变化等信息。在 GLEIS 的规定下，虽然法人实体有责任更新其所有信息（通过自注册），但在某些情况下可能缺乏更新的动机或能力，特别是在实体不存在的情况下，这对于 GLEIS 数据的及时性和质量具有潜在的不利影响。当前状况下，即便 LOU 缺乏足够的动力对该问题进行必要的研究，但除非 LOU 在这方面有特定数据挑战，否则仍需跟进那些不执行每年信息注册的法人实体，以确定一个实体是否有通过合并和解散已不存在的情形。[2]

（三）数据验证

一般来说，需经验证的数据只考虑已经记录在 GLEIS 中的变化信息，而用于验证的信息来源则是根据一级数据和二级数据所确定的信息。数据验证的问题在于找到可以验证信息的合适来源。根据国家的不同，这些来源可能予以公开也可能不公开。ROC 建议公开和非公开的数据来源都可以用于验证，所用数据来源的类型也将被公开。[3] 当前可用以验证数据的来源包括财务报表、用以编制综合财务报表的辅助文件、监管文件以及其他文件等。ROC 现阶段设想只记录可

---

〔1〕 *See* LEI ROC, Consultation Document on Corporate Actions and Data History in the Global LEI System, available at https：//www. leiroc. org/publications/gls/roc_ 20170726-1. pdf, last reviewed at February 7, 2018.

〔2〕 *See* LEI ROC, Consultation Document on Corporate Actions and Data History in the Global LEI System, available at https：//www. leiroc. org/publications/gls/roc_ 20170726-1. pdf, last reviewed at February 7, 2018.

〔3〕 *See* LEI ROC, Consultation Document on Corporate Actions and Data History in the Global LEI System, available at https：//www. leiroc. org/publications/gls/roc_ 20170726-1. pdf, last reviewed at February 7, 2018.

公开的信息，用于验证的信息来源不予公开，但这并不意味着信息本身是需要保密的。〔1〕

五、LEI 对我国资管监管的启示

金融市场的系统性风险引起市场和监管者的持续关注，资管领域所包含的各种风险已成为了系统性风险的典型样本。从资产管理中可以看到的风险无不来源于“三个混乱”。其一，分业监管的混乱。分业监管下各监管机构仅关注本行业业务行为，且对行业内机构多抱有“父爱主义”的监管模式，造成非持牌金融机构从事并开展持牌金融机构业务的跨界违规。其二，资管业务的混乱。资产管理涉及多个行业，因可规避监管，各机构肆无忌惮地开展“通道业务”和嵌套业务造成行业混乱，延长的资金链、拓展的参与者、抬高的杠杆率等现象层出不穷。其三，数据统计的混乱。金融体系内数据收集、信息统计、风险监测的实行因资产管理的跨行业、大规模而难以完成。这些混乱引发的风险也是系统性风险的重要来源。可以说，资管的监管与金融体系的监管联系极为密切。LEI 体系的构建将有利于金融监管部门更好地监控和识别系统性风险〔2〕，也有利于各微观金融主体对机构内开展的资管业务进行合理评估，通过数据分析加强自身的风险管理。

自 1993 年哈佛大学商学院默顿教授提出功能监管理论和 1995 年英国经济学家泰勒提出行为监管理论以来〔3〕，分业监管模式已体现诸多弊端。透过金融产品的表面形态看清其实质属性的穿透式监管虽然是针对互联网金融风险专项整治所提出的特定概念，但它一经提出则受到众多支持〔4〕，现已成为我国金融监管的理念向导。本文认为，通过微观数据的整合，在大数据层面把握金融市场的交易信息，是对穿透式监管如何具体实施的良好落地。为避免现存资管问题引发系统性金融风险，在我国已有 LEI 本土化基础下，监管层面应借鉴其数据模式和理

---

〔1〕 例如，法人主体可以选择主动向 LOUs 提供其用以编制其综合财务报表的文件，这可能比公布的财务报表更及时或更详细，但报表的部分信息并不公开而只是选择性的交由 GLEIS 进行信息录入，此部分信息的来源将以辅助文件的形式公示于众。

〔2〕 *See* Bottega, J. A. & Powell, L. F., Creating a Linchpin for Financial Data: Toward a Universal Legal Entity Identifier, 64 *Journal of Economics & Business*, 105, 105-115 (2012).

〔3〕 参见荀文均:《穿透式监管与资产管理》，载《中国金融》2017 年第 8 期。

〔4〕 参见叶林、吴烨:《金融市场的“穿透式”监管论纲》，载《法学》2017 年第 12 期。

念，同时需注意其中可能存在的问题和障碍，以完善资产管理监管框架。

（一）LEI 本土化基础及其现状

我国作为全球金融体系的重要组成部分，为适应全球 LEI 体系的建设和发展，中国人民银行于 2014 年 8 月 27 日公布已建成全球 LEI 编码国内注册渠道（网站：http：//www.leichina.org），我国本地系统（LOU）于 2017 年 9 月 1 日起开始收集法人机构关系数据并在之后运行并开展服务，提供全球 LEI 编码注册、编码年检、LEI 数据更新、全球 LEI 编码迁入、质疑与反馈、LEI 数据查询与 LEI 数据下载等服务，受理全球 LEI 编码相关申请。[1] 我国跟随全球 LEI 体系的建设步伐已初步建立本地 LOU，并有部分法人进行了实际注册，可见 LEI 体系的推进已有了一定的基础设施，本土化的建设在硬件设施上已不具较多障碍。但需注意的是，尽管我国从 2014 年起开始实施本地 LEI 数据的系统操作，但截至 2017 年 12 月 31 日，全国本地系统仅 716 家法人机构完成了注册和信息录入，且据笔者不完全统计，其中绝大多数法人机构为银行和非金融企业，证券、保险、期货等法人仅占少数，有关信托、基金及其子公司的注册法人数量极少甚至不存在。[2] 鉴于我国的 LEI 体系目前仍处于初步建设阶段，仍有较长的一段路需要跨越，为充分建立统一的 LEI 体系架构，完善我国在资产管理领域的监管框架，当前阶段有必要为其明确 LEI 体系建设的指导路径，结合我国资产管理现状和金融体系现状，丰富监管羽翼。

（二）LEI 的监管实施路径

1. 完善体系与规则突破

积极参与全球 LEI 体系建设，继续完善本地 LOU 系统，持续进行法人机构的信息录入工作。LEI 体系在美国的引导下已积极推广至全球范围内使用，并已建立 ROC、COU、LOU 的三级运营体系（如本文第三部分所示）。为避免金融体

〔1〕 参见中国人民银行：《全球法人机构识别编码（LEI）国内注册系统建成运行》，载 http：//www.leichina.org/cei/2935704/2967946/index.html；《关于收集法人机构关系数据的公告》，载 http：//www.leichina.org/cei/2935700/2972137/index，html，最后访问日期：2018 年 2 月 7 日。

〔2〕 参见全国金融标准化技术委员会：《LEI 中国本地系统发码名录》，载 http：//www.leichina.org/cei/2935704/2968109/2018010414480612538.pdf，最后访问日期：2018 年 2 月 7 日。

系的系统性风险，全球LEI的建设已成为金融市场的数据化潮流，也将为功能监管和行为监管提供数据分析的良好基础。我国应在全球LEI建设的积极步伐下，主动接入国际建设轨道，完善本地LOU的系统建设和数据录入。在具体层面上，可将现由全国金融标准化技术委员会（以下简称“金标委”）管理的LOU所收集的数据做更精确的统计和更广泛的使用。就资产管理涉猎范围而言，在数据统计层面，金标委应将金融机构的信息设立指定“总数据库”，并在“数据库”内对银行、证券、保险等金融行业信息设专项“子数据库”；在数据使用方面，LOU涵盖的金融“总数据库”与“子数据库”信息可交由金融市场监管者并由其统一使用，当前状况下则由一行三会统一调配，在混业监管、综合监管的理念下，未来不排除由统一金融监管部门使用的可能性。

因地制宜地实施LEI本地建设，可有选择性的突破体系规则。全球LEI体系对法人机构要求“自注册”，与国外存在的法人机构较高的注册积极度不同，我国目前仅有700多家法人机构完成“自注册”的信息录入工作。一方面，考虑到当前由资管问题引发金融系统性风险的可能性以及金融市场监管的重要性与紧迫性；另一方面，考虑到GLEIF确立的第一阶段信息收集范围仅包括一级数据和二级数据的初始信息，现阶段信息录入复杂度与成本均不高，我国可适当要求银行、证券、保险、信托等金融机构做强制性的初始信息录入，并可为其划定录入标准和期限，以完善金融系统的数据整合工作。

2. 拓宽识别码范围

实现统一综合的监管目标在国际层面需要将全球金融体系视为一个复杂的数据兼容系统，在国家层面，则需要将金融体系的元素进行拆分并识别。针对资产管理，其监管目标元素可划分为交易主体、交易工具与交易产品，一个强有力的有效监管模式应至少包括以上三种监管要素。[1] 全球LEI体系的建立通过统一的标准化编码实现了在金融市场识别交易主体的目标，可随时追踪定位交易主体的市场位置，当资管业务出现违法违规时，能够迅速确定业务操作主体，识别其身份并对其进行相应的监管和处罚措施。然而，仅仅依靠身份识别仍不能较为全面地对资产管理整个行业进行有效监管，因交易主体一旦脱离其工具和产品，或

〔1〕 参见王达、项卫星：《静悄悄的金融统计体系革命：意义、进展与中国的参与》，载《国际经济评论》2015年第4期。

者当整个金融交易链条过长无法对主体进行精确定位时，穿透式的监管目标则难以实现。因此，真正有效的资管监管论纲应继续使用识别码这一操作范式，以LEI体系的建立为基础，首先确定资产管理主体的身份信息，然后将识别码拓展至资管业务工具和资管产品，以建立三个层次的资产管理标准化模块：资产管理的主体识别，在于通过标准化编码识别资管参与主体；资产管理的产品识别，即对市场上的各类资管产品进行数字化统一编码，以便提高资管监管的及时性和可靠性；[1] 资产管理的工具（即合约）识别，在于对所有涉及资产管理业务的操作方法、模式、架构（如各类资管计划）进行分类和标准化定义，明确每种资管模式的业务本质以及收益特性和可能面临的风险，再以标准化方式对其进行统一编码，从而可以实现对资管业务，尤其是中间环节的信息确定。[2]

理论上，如果能够在资产管理行业建立一个标准化的机构识别、工具识别和产品识别编码体系，那么即可在资产管理框架内勾勒出一幅金融机构间关系密切、资产管理业务间相互联系的信息网络，就可以在链条过长的资产管理中，追踪资管产品涉及的最初交易主体，从而实现资管巨大规模下的监控和动态管理，也能实现穿透监管理念下对原始交易主体、中间参与环节以及最终产品的监管要求。[3] 该信息网络一旦建立完善，既是资产管理监管的进步，也是金融监管的进步。

3. 统一数据报告制度

建立资产管理统一数据报告制度。在继续完善LEI本地系统的基础上，借鉴LEI体系的标准化数据统计经验，对资产管理涉及的主体信息、工具信息和产品信息设立统一标准并建立统一报告制度。我国当前的金融业数据统计制度较为混乱，如仅在法人身份方面就同时存在“统一社会信用代码”和“金融机构代码”的双重编码。在整个资产管理行业，从监管制度上划分，银行理财和信托计划由银监会管理，券商资管、基金专户、期货资管和私募基金由证监会管理，而银监会和证监会又各自拥有自己的监管体系，对金融机构实施不完全相同的监管和统计标准，包括如合格投资者、登记备案系统、投资范围、信息披露等都各有标

〔1〕 *See* LEI ROC, The Global LEI System and regulatory uses of the LEI, available at https://www.leiroc.org/publications/gls/lou_ 20151105-1.pdf, last reviewed at February 6, 2018.

〔2〕 *See* Alistair Milne, The Rise and Success of the Barcode: Some Lessons for Financial Services, 14 *Journal of Banking Regulation*, 241-254 (2013).

〔3〕 参见王达：《宏观审慎监管的大数据方法：背景、原理及美国的实践》，载《国际金融研究》2015年第9期。

准。由此可见，无论是数据标准还是报送标准在现行金融体系下都存在差异。为便于信息管理和统计，金融机构监管部门应规范和统一资产管理的标准、信息分类、代码、数据定义和数据格式，针对资管产品逐支统计其基本信息，如资金募集信息、资产负债信息以及终止信息等，从而实现逐层识别的监管。〔1〕此外，建立统一的数据统计和报告制度对我国当前的资管监管意义重大，可全面了解和掌握各金融机构资产管理的发行和交易数据，实现较长资金链下的全程检测统计和管理。当前的资管乱象，并非仅由行业监管规则不统一所造成，其核心更在于跨监管的数据无法被穿透，存在信息的割裂，从而造成资管计划出现隐藏合格投资者底层资产等问题。统一数据报告制度将有利于整个资产管理行业规范发展，对我国后续穿透监管制度和数据统计的实施起到重要的推动作用。

（三）LEI 体系的可能障碍

我国在着手建立本地 LEI 体系的同时，也应注意考虑其中或将面临的障碍和问题。一方面，对于私人部门来说，其可能缺乏足够的激励动机去支持全球 LEI 体系的建设和完成自注册、信息录入工作。这表现了法人主体集体行动和协调的问题，法人机构可能并不认可一个特定的身份识别方案会给其自身带来收益，尤其是当主动提供信息的成本高于从 LEI 系统获得的收益时，法人机构则会放弃自注册。〔2〕另一方面，对 LEI 系统中潜在重要的参考数据的隐私性和秘密性要尤为重视，特别是要对有关企业关系和所有权结构的信息数据提供适当的保护。监管者一旦泄露数据，将极大打击法人机构支持 LEI 体系建设的积极性。也正是股权关系的披露，使全球 LEI 体系在追求数据透明度的道路上遭遇了瓶颈和障碍，主要表现在涉密信息泄露问题上，如个体信息公开和公司内部信息既要录入又要合理保护的冲突、汇集各金融机构股权关系和其他关联信息的 LOU 如何保障数据的安全性等。〔3〕

（初审：马贝贝）

---

〔1〕 参见胡宇新：《吴晓灵：用“穿透式”监管化解资管风险》，载《中国金融家》2017 年第 3 期；苟文均：《穿透式监管与资产管理》，载《中国金融》2017 年第 8 期。

〔2〕 *See* FSB, A Global Legal Entity Identifier for Financial Markets, available at http://www.fsb.org/wp-content/uploads/r_120608.pdf, last reviewed at February 7, 2018.

〔3〕 参见陈伟光、黄雯华：《全球“LEI”系统进展及对我国的影响性分析》，载《上海金融》2015 年第 6 期。

证券法苑

我国证券市场禁入制度的适用标准问题研究

——“赵薇案”和“马斯克案”引发的思考

徐仁进*

内容提要：作为证券法规制手段中带有“准刑罚”色彩的一种制度，市场禁入制度通过对自然人担任上市公司或者非上市公司“董监高”的任职资格和从事证券业务的进入资格的限制或者剥夺，实现对于证券市场违法行为的“特殊预防”，达到保护投资者合法权益和维系证券市场秩序的目的。同时，证券市场是市场经济的“晴雨表”，市场禁入制度基于其“准刑罚”性质的严厉性和对于证券市场自由流通一定程度上的干预，其适用必须谨慎。基于以上二者价值平衡的考量，实现市场禁入制度适用上的公平，确立我国市场禁入制度的适用标准就至关重要。但在我国证券市场禁入的实务中尚存在适用标准模糊的问题，一定程度上限制了制度的适用效果。美国通过长期的证券执法和司法实践不断摸索出了一套证券禁入的认定标准，对我国预防性证券市场禁入制度适用标准体系的构建有借鉴意义。

关键词：证券市场　市场禁入制度　适用标准　预防性

一、引言：“赵薇案”和“马斯克案”中的市场禁入规制

2018年11月20日晚，上海证券交易所（以下简称“上交所”）发布《关于对浙江祥源文化股份有限公司、西藏龙薇文化传媒有限公司及有关责任人予以

* 徐仁进，复旦大学法学院2016级本科生。

纪律处分的决定》（以下简称“《决定》”）（上海证券交易所纪律处罚决定书〔2018〕62号），基于赵薇夫妇信息披露存在的虚假记载、重大遗漏和误导性陈述等情况，公开认定赵薇夫妇5年内不适合担任上市公司董事、监事、高级管理人员（以下简称“董监高”）。该《决定》更多的是对于4月11日证监会就赵薇夫妇所涉“万家文化收购案”公布的市场禁入决定书的落实与补充。在我国证券行业违法行为规制措施还不完备、投资者民事维权制度落后及证券违法成本过低的背景下，上交所的进一步道德谴责以及市场禁入的落实，对强化法律规范于证券行业违法行为的“威慑”有着独特的意义。

在本案中，对于赵薇等证券市场禁入的法律依据主要在于《证券法》第233条及《证券市场禁入规定》第3、5、6条的规定，认定的事实依据是赵薇夫妇虚假陈述对市场和投资者产生严重误导，严重扰乱了正常的市场秩序。其背后蕴含了我国证券市场禁入以“情节严重”为主体，以行为恶劣和结果严重为两翼的判断标准。

无独有偶，美国豪华电动轿车企业特斯拉的CEO伊隆·马斯克（Elon Musk）在尚未解决资金来源和获得股东投票同意的情况下，于2018年8月7日在其拥有超过2200万粉丝的推特里发布关于将特斯拉私有化的内容〔1〕，并在接下来的3个小时内发布了一系列的相关说明。马斯克的误导性推文导致特斯拉股价在8月7日上涨6%以上，并导致了严重的市场混乱。〔2〕美国SEC以马斯克作了虚假、误导性的陈述，构成证券欺诈为由向地区法院起诉。最终马斯克与特斯拉公司和SEC选择和解，除了支付高额的罚金之外，马斯克同意辞职，在接下来3年内不得担任董事长，特斯拉进行董事会重组，并对马斯克的通信进行监督。

这两个案件中中美对于证券违法行为的规制都采用了具有个人责任色彩的证券市场禁入或者说任职限制措施，突破了公司代理“面纱”，追究背后的个人责任。在传统的公司侵权责任之中，以公司承担责任为原则，以个人承担责任为例外，公司的“董监高”作为公司治理层面的内在组成部分，其行为更多的是基于公司名义，通过代理做出。如在对第三人侵权中直接责任主体的认定上，赵薇

---

〔1〕该推特内容为：“Am considering taking Tesla private at ＄420 Funding secured.”

〔2〕*See* SEC Complaint, Tesl, available at https://www.sec.gov/litigation/complaints/2018/comp-pr2018-226.pdf, last reviewed at December 9, 2018.

案中对外责任的直接主体应该是赵薇设立的龙薇文化公司，马斯克案中的对外直接责任主体理应为特斯拉公司。对于企业对外承担责任而言，相关主体的违法行为侵害的直接主体可能是本公司投资者，也可能是其他公司的投资者，而若是仅仅追究公司的责任，其最终的承担者还是公司的投资者，使其处境“雪上加霜”。证券行业更具有其特殊性，基于证券行业的公众性和高风险性，若是只追究公司的责任，证券法的规制措施将缺乏必要的威慑力，使得公司高管，尤其是资本雄厚公司的高管肆无忌惮，严重损害投资者和扰乱证券市场秩序。因而，通过对自然人担任上市公司或者非上市公司“董监高”的任职资格和从事证券业务的进入资格的限制或者剥夺，实现如同剥夺或限制刑事罪犯自由权对于犯罪的“特殊预防”和“一般预防”的同样效果。

然而，市场禁入制度的威慑力如同刑罚一样来源于其严厉性，一定程度上是对于个人自由权利的直接限制或者剥夺。证券市场是市场经济的“晴雨表”，证券相关主体在证券市场以筹资和投资为联系纽带，有效地促进了资本的自由流动。我国作为一个蓬勃发展的发展中大国，在证券市场上存在巨大的金融服务需求，而证券市场参与主体又是提供金融服务、提高金融服务质量的主要力量，监管过度必然会抑制其创新积极性。[1] 市场禁入制度基于其“准刑罚”性质的严厉性和对于证券市场自由流通一定程度上的干预，一旦在高风险与高收益并存的证券市场被滥用，将严重束缚证券市场相关主体对证券发行与交易的积极性，影响我国社会资源的配置效率。因而，为了实现打击证券违法行为与维系证券市场健康发展之间的平衡，必须对证券市场禁入制度的适用加以限制。

2014 年 5 月 8 日出台的《国务院关于进一步促进资本市场健康发展的若干建议》（国发〔2014〕17 号）中指出了促进我国资本市场健康发展的四个原则：①处理好市场与政府的关系；②处理好创新发展与防范风险之间的关系；③处理好风险自担与强化投资者保护的关系；④处理好积极推进与稳步实施的关系。[2] 为了在证券市场禁入制度中贯彻这四个基本原则，必须完善我国证券禁入制度适用的构成要件，明晰适用标准。本文将主要聚焦于市场禁入制度适用标准的探

〔1〕 参见谢地、何琴：《关于证券市场政府监管“度”的若干思考》，载《学习与探索》2007 年第 4 期。

〔2〕 参见《国务院关于进一步促进资本市场健康发展的若干建议》，国发〔2014〕17 号，2014 年 5 月 9 日。

讨，基于我国市场禁入制度的立法演变阐述我国市场禁入制度适用的基本标准，并从实证的角度考察我国2004年到2018年市场禁入制度的适用现状，分析我国证券领域市场禁入制度的进步与不足，同时通过对美国相关适用标准的介绍分析，试图对我国当前研究较少的适用标准问题进行探讨。

二、我国证券市场禁入制度适用标准问题的研究现状

我国证券市场禁入制度的确立已经超过20年，学界却鲜见关于该制度的专门探讨〔1〕，更遑论关于其标准的探讨。笔者在中国知网输入关键词“证券市场禁入”进行模糊匹配，检索结果共计216篇。其中，相关研究直接涉及证券市场禁入制度的少之又少，且多以报纸为主。周卫昕在《中国证监会〈证券市场禁入制度暂行规定〉的缺陷评析》中对我国1997年制定的《证券市场禁入制度暂行规定》（以下称“《暂行规定》”）存在的问题进行了批判，〔2〕其指出的问题部分已经得到解决，部分问题仍然存在于我国司法执法实践之中。如关于市场禁入的法律依据问题随着《证券法》的出台已经得到解决，而证券市场禁入制度的强行政色彩仍然是我国证券市场禁入制度的特征。王纪平等在《解读〈证券市场禁入规定〉》中对我国2006年通过的《证券市场禁入规定》（以下简称“《规定》”）进行了解读，〔3〕与此相类似的，还涉及许多新闻报纸对于该法的解读和建议。〔4〕除了介绍性的报纸文章，学界也存在一些关于对我国证券市场的实证分析，如金爱华的《证券市场禁入制度实施情况调查分析》对中国证监会2001–2009年上半年作出的市场禁入处罚的简单调查分析。〔5〕对于我国证券禁入制度在实践中的发展与存在的问题，郭昌盛在《我国证券市场的禁入制度与发展实践》一文中，对我国证券市场的源起与流变及我国证券市场禁入制度的法

---

〔1〕参见郭昌盛：《我国证券市场的禁入制度与发展实践》，载《证券法苑》2017年第5期。

〔2〕参见周卫昕：《中国证监会〈证券市场禁入制度暂行规定〉的缺陷评析》，载《法学》1998年第4期。

〔3〕参见王纪平等：《解读〈证券市场禁入规定〉》，载《财务与会计》2006年第16期。

〔4〕参见朱宝琛：《市场禁入适用范围扩容有助市场主体归位尽责》，载《证券日报》2015年3月16日，第A02版；参见曹中铭：《别让市场禁入新规成无牙老虎》，载《经济参考报》2015年3月24日，第2版；参见肖枫等：《“从业禁止”与“市场禁入”之罪与罚》，载《证券时报》2015年11月7日，第A04版；参见张书怀：《被市场禁入还能买卖股票吗》，载《上海证券报》2017年12月13日，第8版；参见皮海洲：《建议对股市“黑嘴”采取市场禁入措施》，载《证券时报》2018年5月15日，第A03版。

〔5〕参见金爱华：《证券市场禁入制度实施情况调查分析》，载《财会通讯》2010年第14期。

律规范构成进行了梳理，对我国证券市场禁入制度实施现状进行了实证分析，从中分析归纳出我国证券市场禁入制度存在的若干问题，并就强化市场禁入措施的合法性等方面提出了相应的建议。[1] 黄辉、李海龙在《强化监督背景下的中国证券市场禁入制度研究》一文中通过实证与比较相结合的方法，对我国市场禁入制度的基本内涵进行了简要的界定与论证，并梳理了市场禁入制度在我国的制度演进历史，以及在实证分析的基础上对执法实效等问题进行剖析。[2] 该文的亮点在于对美国市场禁入制度的梳理和分析，并据此从宏观上提出一些改造我国市场禁入制度的建议，其中，该文在对我国和美国制度进行梳理时，简单论述了关于市场禁入制度的适用标准问题，但其论述较为碎片化，尚不成体系。因而，本文以“赵薇案”与“马斯克案”中涉及的证券市场禁入标准为引子，进一步整理与探讨中国证券市场禁入制度的适用标准问题。

三、我国证券市场禁入制度的概念厘定及立法演变

（一）市场禁入制度的概念解读

我国2005年修订的《证券法》第233条第2款规定：“前款所称证券市场禁入，是指在一定期限内直至终身不得从事证券业务或者不得担任上市公司董事、监事、高级管理人员的制度。”2014年对于《证券法》的修订仍然延续了该定义，但是基于2015年证监会对《规定》的修改，相较于第233条第2款的定义，其第4条第1款对于证券市场禁入的职务范围进行了扩充，除了对于不得担任上市公司的“董监高”之外，也限制担任非上市公众公司的“董监高”。因而，对于证券市场禁入制度的定义可以表述为，所谓证券市场禁入制度，是指在一定期限内直至终身不得从事证券业务或者不得担任上市公司、非上市公众公司“董监高”的制度。从该定义来看，证券市场禁入包含两个方面：一个是对于上市公司、非上市公司“董监高”职务的禁止，即职务禁止；另一个是对于从事证券业务行为的禁止，即从业禁止。

在职务禁止方面，一方面，上市公司及非上市公司的“董监高”作为公司

---

[1] 参见郭昌盛：《我国证券市场的禁入制度与发展实践》，载《证券法苑》2017年第5期。

[2] 参见黄辉、李海龙：《强化监督背景下的中国证券市场禁入制度研究》，载《比较法研究》2018年第1期。

权力的行使、执行以及信息披露的主要主体，是证券法规制的重点对象。另一方面，对于上市公司、非上市公司任职范围的界定，其限制的公司类型是公众公司，需要注意的是这里并不禁止被适用证券市场禁入的自然人从事除上市公司、非上市公众公司“董监高”以外的职务及其他公司的职务，从这点可以看出证券市场禁入中职务禁止的立法目的主要是实现对证券行业“害群之马”证券违法行为的“特殊预防”，在达到保护投资者利益、维护证券市场稳定的同时实现对被禁止人损害最小化。

对于从业禁止，被适用终身证券市场禁入的顾国平仍然变相涉足证券市场引发社会对于市场禁入定义具体化的呼吁。[1] 熊锦秋直接指出，“应完善对证券市场禁入的定义，否则市场禁入措施或形同虚设。”[2] 若是从上文关于职务禁止的立法目的来看，证券市场禁止的目的更多基于预防而不是惩罚，根据该逻辑，对于从业禁止的厘定就必须依赖于该行为是否存在危害投资者利益、扰乱证券市场的危害可能性。从我国对于从业禁止范围规定的废除来看，我国 1997 年发布的《暂行规定》中的“从事证券业务”是指“为证券发行人和投资者进行证券发行、交易及相关活动提供中介服务或者专业服务的行为”，但在此后修订《规定》时，在对适用对象、禁止范围的扩张的同时，并没有对“从事证券业务”进行定义，其意在让证监会拥有一定自由裁量权，以适应证券市场的变化。因而结合立法目的及立法设计，理应通过是否存在危害可能性这一实质审查将证券市场禁入者的一般股票买卖行为与存在恶意或者虽无法证明存在恶意但可能损害投资者利益、扰乱证券市场秩序的行为相区分，揭开对于实质规避证券市场禁入的“面纱”。对于从事证券业务范围的界定自然可以通过证监会行使自由裁量权的形式来加以解决。因而，所谓的从业禁止不应该理解为禁止从事一切与证券有关的业务，而是禁止从事那些具有危害证券市场可能性的业务。

（二）我国证券市场禁入制度的立法演变

在厘清上述概念之后，为了更好地理解我国证券市场禁入制度所蕴含的制度规律，有必要对我国证券市场禁入制度的立法演变进行梳理，以期为后面对于证

---

〔1〕 参见张书怀：《被市场禁入还能买卖股票吗》，载《上海证券报》2017 年 12 月 13 日，第 8 版。

〔2〕 熊锦秋：《对市场禁入者“不得从事证券业务”应有明确定义》，载《证券时报》2018 年 1 月 22 日，第 A03 版。

券市场禁入制度适用标准的讨论构建历史语境和框架语境。

我国证券市场禁入制度的立法演变主要是以《暂行规定》到《规定》的修订及《证券法》第233条对其法律上效力的承认为主线。《证券法》第233条修补了《暂行规定》中的合法性缺失，同时为《规定》中的证券市场禁入制度提供合法化依据及法律基础，《暂行规定》及《规定》承担了对证券市场禁入制度作出具体规定的任务。

从证券市场禁入制度规制的主体标准来看，我国证券市场禁入制度经历了从1997年《暂行规定》的发布、2006年《规定》的出台到2015年《规定》的修订，我国关于证券市场禁入制度的适用主体不断扩张。1997年《暂行规定》第2条将证券市场禁入制度的适用主体限制在上市公司的“董监高”和证券经营机构（含分支机构）、投资基金管理机构、投资基金托管机构及证券登记、托管、清算机构的高管及内设义务部门负责人，以及从事证券业务的律师、注册会计师、资产评估人员、证券投资咨询机构的高级管理人员及其投资咨询人员和证监会认定的其他人员。2006年《规定》中规定的证券市场规制主体的范围在1997年《暂行规定》的基础上补充了发行人，其他信息披露义务人或者其他信息披露义务人的“董监高”，其他证券投资基金从业人员，上市公司、证券公司及证券服务公司的控股股东、实际控制人及控股股东、实际控制人的“董监高”。2006年规定的最显著特征就是对于实质性的重视，如对于其他信息披露义务人强调证券从业律师、会计师等从事证券违法行为适用证券市场禁入制度的法理所在，其实质性考量在于这些主体负有信息披露的义务；同时《规定》强化了对控股股东与实际控制人的监督，为应对我国空壳公司、隐名股东等证券违法行为作出了实质性的规制。2015年《规定》主要是将上市公司拓展到非上市公众公司，这显然与适应我国新三板等中小企业融资平台的发展及我国推进区域股权交易改革有较大关联，是对我国《非上市公众公司监督管理办法》的响应与落实。实际上通过2006年及2015年《规定》的修订，证券市场禁入制度的适用主体范围已经大大扩张，原则上可以覆盖所有与证券相关的对象，更多强调主体对于证券市场危害性的实质性考察。

从证券市场禁入规制的行为标准来看，1997年《暂行规定》第4、6、8、10、12、14条分别认定了不同主体证券市场禁入制度所要规制的行为，其主要规制的行为是欺诈、虚假陈述、严重误导性陈述、重大遗漏、内幕交易、操纵证券市场和利用公司资金买卖本公司证券等行为。2006 年《规定》改变 1997 年《暂行规定》一一罗列的立法方法，通过第 5 条进行概括性规定，2015 年《规定》基本沿袭此规定。通过违反法律、行政法规或者中国证监会有关规定的法律上的界定和“情节严重”“情节特别严重”的两个基本判断原则来加以界定违法行为的范围，在实质上更加强调执法的灵活性和证监会自由裁量权的行使，与规制主体范围的趋势相同，可见立法者试图消除证券市场禁入制度在规制行为形式上的区别，采用实质性的标准。

除了规制对象与规制行为方面的变化，2006 年及 2015 年《规定》相较于 1997 年《暂行规定》的进步之处还在于其增加了关于从轻、减轻或者免予采取证券市场禁入措施的有关情形，证券违法行为的“共犯”及“从犯”的处理规定，关于对期货市场禁入制度的类推适用等。其不断地更新完善自然是为了适应我国证券市场规制的需要，但是对于共犯、从犯及从轻、减轻和免予采取等措施的补充似乎意味着证券市场禁入制度想构建自己的体系以区分于行政处罚，颇带有证券领域“小刑法”的味道。

因而，从我国证券市场禁入制度的立法变迁可以看到其背后的实质化考察趋向，形式上的规制主体范围和行为范围体现出扩张性趋向，更加强调证券市场禁入的灵活性。当证券市场禁入制度的主体范围标准与行为范围标准呈现出扩大趋势，那么对于证券市场禁入制度适用标准的张力的限定自然落在行为结果标准和主观心态标准上，这将是下文讨论的重点，但其仍然逃脱不了证券禁入制度实质化与灵活化的框架语境。

四、我国现行证券市场禁入制度的适用标准及其执法实践

（一）我国证券市场禁入制度适用标准的法律规定：行为结果与主观心态标准的视角

证券市场禁入制度作为证券违法行为规制手段，其适用应该次于警告、公开谴责、罚款、索赔等证券监管手段，起到最后一道防线的作用。其一，证券市场禁入是对违法行为人在证券领域“自由权”的限制，基于比例原则，人身自由权利的价值至上，非在必要的情况下不得限制，其适用仅限于在其他手段难以防止再次证券违法可能性之时。其二，证券市场禁入，通过直接限制相关人员从事证券业务，其强调维持证券市场健康发展与证券市场秩序之间的平衡。基于证券

领域严重的信息不对称，被采取证券市场禁入的往往是那些信息优势方，他们在证券专业知识、融资或者投资及其服务方面有着独特的优势，也起到重要的作用，若是证券市场禁入被任意适用，容易压制证券市场的正常运行。因而，证券市场禁入制度的适用应该设定一个区别于其他监管措施的认定标准。

关于我国证券市场禁入适用的标准，《规定》在第3条中规定："下列人员违反法律、行政法规或者中国证监会有关规定，情节严重的，中国证监会可以根据情节严重的程度，采取证券市场禁入措施……"，可见我国证券市场禁入措施适用的门槛标准是"情节严重"，同时《规定》在第5条证券市场禁入期限中采用的也是"情节严重""行为恶劣、严重扰乱证券市场秩序、严重损害投资者利益或者在重大违法活动中起主要作用等情节较为严重的"等较为概括性的表述。相较于1997年《暂行规定》的"原则性规定+以对象为类别的列举性规定"，其规定更为笼统和模糊。但结合前文我国证券市场禁入制度的演变趋势而言，毫无疑问，概括性表述的目的在于适应证券监管实践的需要，发挥证监会的自由裁量权。当然，笔者注意到《规定》第5条关于终身证券市场禁入的适用标准却同时包括行为标准和结果标准的考察，较为具体。其具体罗列分析如下表1：

表1　终身证券市场禁入的适用标准

具体项目内容	相关要件
(一) 严重违反法律、行政法规或者中国证监会有关规定，构成犯罪的	犯罪
(二) 从事保荐、承销、资产管理、融资融券等证券业务及其他证券服务业务，负有法定职责的人员，故意不履行法律、行政法规或者中国证监会规定的义务，并造成特别严重后果的	证券业务负有法定职责的人员+故意+特别严重后果
(三) 违反法律、行政法规或者中国证监会有关规定，采取隐瞒、编造重要事实等特别恶劣手段，或者涉案数额特别巨大的	违法+特别恶劣手段/涉案数额特别巨大

续表

具体项目内容	相关要件
(四) 违反法律、行政法规或者中国证监会有关规定，从事欺诈发行、内幕交易、操纵市场等违法行为，严重扰乱证券、期货市场秩序并造成严重社会影响，或者获取违法所得等不当利益数额特别巨大，或者致使投资者利益遭受特别严重损害的	欺诈发行等故意违法行为+严重扰乱市场秩序造成严重社会影响/不当利益数额特别巨大/投资者损害特别严重
(五) 违反法律、行政法规或者中国证监会有关规定，情节严重，应当采取证券市场禁入措施，且存在故意出具虚假重要证据，隐瞒、毁损重要证据等阻碍、抗拒证券监督管理机构及其工作人员依法行使监督检查、调查职权行为的	应当采取证券市场禁入措施+故意阻碍监管
(六) 因违反法律、行政法规或者中国证监会有关规定，5 年内被中国证监会给予除警告之外的行政处罚 3 次以上，或者 5 年内曾经被采取证券市场禁入措施的	多次违法
(七) 组织、策划、领导或者实施重大违反法律、行政法规或者中国证监会有关规定的活动的	重大违法
(八) 其他违反法律、行政法规或者中国证监会有关规定，情节特别严重的	违法+情节特别严重

从上表可以看出，终身证券市场禁入的适用从行为上强调故意违法、多次受罚、手段恶劣等，从主观上更多强调故意的主观心态，从结果上强调数额巨大、损失巨大等严重后果。毫无疑问，虽然从中可以推知“情节严重”的具体考察标准应当包括结果严重和行为严重两个考察维度，但是基于终身证券市场禁入适用的极其严苛性，对于行为与结果上的考察必然有着极其严苛的标准，不能把此作为一般的证券市场禁入制度适用的“门槛”标准。那么就一般的适用标准而言，涉及的主观心态、损害后果等规定应该是什么？情节严重的认定模式是结果严重且行为严重还是结果严重或者行为严重有一均可？只有厘清这些问题，才能在证券监管中充分发挥证券市场禁入制度的规制功能，做到不越位也不缺位。

（二）我国证券市场禁入制度的执法现状及适用标准

基于我国证券市场禁入制度演变中出现的对于证监会自由裁量权尊重的偏向，在讨论我国证券市场禁入制度适用的标准的时候，就必须强化对执法现状的考察，以理解其中规律，并试图窥探证监会的适用标准。本文以2004-2018年为时间段[1]，通过对229份市场禁入决定书的分析，对我国证券市场禁入制度进行实证分析。

表2　2004-2018年度禁入人数统计

年份	禁入人数	年份	禁入人数
2004	26	2012	12
2005	21	2013	48
2006	65	2014	31
2007	57	2015	21
2008	58	2016	35
2009	53	2017	44
2010	49	2018	27
2011	15	2019	-

表3　2004-2018年被禁行为类型[2]

违法行为的类型	禁入人次	占比
信息披露违法	233	38.3%
证券欺诈	125	20.5%
操纵市场价格	84	13.8%
内幕交易	25	4.1%
其他违法行为[3]	142	23.3%
小计	609	100%

从表2可知，我国2004-2018年间被适用证券市场禁入的人数平均维持在40人左右，最高的2006年也只不过65人，而人数相对较少的2011年及2012年，其适用人数分别只有15人和12人。可见，害怕证券市场禁入制度过度适用将抑制证券市场的理论，与实务中证券违法行为高发态势并不匹配，我国证券市场禁入制度实施的现实问题反而是实施力度不够，这也在一定程度上反映出我国证券

[1] 目前我国证监会公布的《市场禁入决定书》共有229份，涵盖2004-2018年作出的，以下表2、表3、表4及图1均是笔者从众多决定书中整理而来。

[2] 表2、表3数据来源：中国证券监督委员会，http://www.csrc.gov.cn/pub/zjhpublic/，最后访问日期：2018年12月10日。

[3] 这里的其他违法行为包括《证券法》第144条、第192条、第208条、第219条等规定的对客户损失作出承诺的，保荐人保荐书违法等行为。

违法行为的执法打击力度不强的现实状况[1]。而对于主要的违法行为，从表3中可以看出适用证券市场禁入的以信息披露、证券欺诈和操纵市场为主，其中内幕交易行为占比高达38.3%，这三类行为的占比超过六成，该类行为的主要特点在于严重的信息不对称，为了促进证券市场的稳定必须加强规制，体现出对证券违法行为实质危害性的考察。

对于证券市场禁入适用期限的问题，通过图1可以较为清楚地看到我国2004-2018年不同的市场禁入期限在适用中所占的比例。该图揭示市场禁入各个期限的适用相对均衡，其中终身限制占比最高，为31.3%，紧追其后的是占比为30.7%的5-10年，占比最少的为3年以下（含3年），但也占14.9%。一方面，我国终身禁止适用的高比例结合我国每年较少的市场禁入适用的现状，折射出我国在证券市场禁止适用上极端谨慎。另一方面，这个期限背后还蕴含着一个有趣的现象，那就是绝大多数禁止期限为3年、5年、10年及终身，而就我国《规定》第5条有关禁止期限的规定来看，这些期限均位于不同量刑标准的节点，也反映出我国证券市场禁入制度在适用标准上的困惑与纠结。

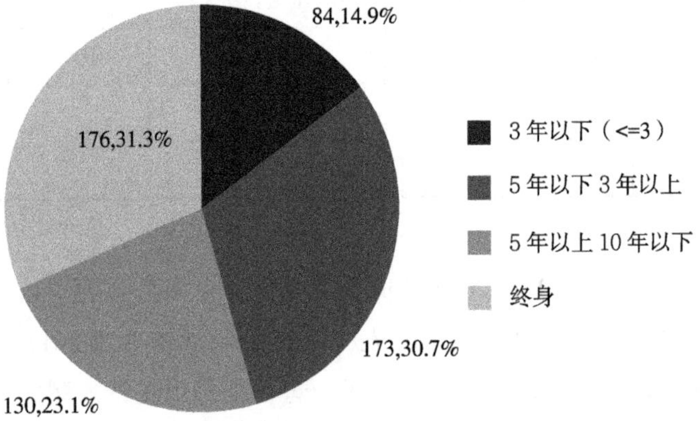

图1　禁入期限适用情况[2]

为了具体考察实务中证券市场禁入制度行为结果标准和主观心态标准的具体

[1] 参见张舫等:《对证监会执法强度的实证分析》，载《现代法学》2016年第1期。

[2] 数据来源：中国证券监督委员会，载http://www.csrc.gov.cn/pub/zjhpublic/，最后访问日期：2018年12月10日。

适用标准，在2018年全部市场禁入决定书中，笔者以违法行为为标准，剔除部分相似的禁入决定书后，选取7个禁入决定书，对其中涉及的标准进行列举分析，具体如下：

表4　对2018年10个禁止决定书的分析

禁入决定书	违法行为及法条依据	违法后果
〔2018〕17号	证券从业人员私下接受委托买卖证券及违法股票买卖，第199条、第215条	涉及33只股票，累计成交金额180 606 142.00元，账面亏损834 073.03元
〔2018〕16号	操纵股价，第203条	多次大量交易，严重扰乱了证券市场秩序并造成严重社会影响
〔2018〕14号	信息披露违法行为，第193条	合计虚增收入和利润2000万元，虚增净利润1500万元，虚增行为导致2015年度扭亏为盈
〔2018〕13号	内幕信息交易，第202条	严重扰乱证券市场秩序、严重损害投资者利益
〔2018〕9号	以欺骗手段骗取发行核准，第193条	骗取公开发行债券核准，欺诈发行金额巨大
〔2018〕2号	虚增收入和利润，第193条	持续时间长，采取隐瞒、编造重要事实等手段，手段特别恶劣，涉案数额特别巨大
〔2018〕1号	关联交易，第193条	盈利2 739 455.73元，主观故意明显，违法情节严重

从上文的罗列来看，在证券监督实务中，往往强调行为恶劣与结果严重并列，如在行为恶劣上包括“骗取”“公司‘董监高’主导”“组织相关违法行为”等主观故意明显的行为。而对于结果严重的衡量往往是考量金额的大小及社会的反响程度。并且从这些案例可以看出，对于“情节严重”的考察，我国强调的是行为恶劣与结果严重相结合，而并非其一即可。这在一定程度上反映了我国证监会更多的是将证券市场制度作为一种对证券违法行为人的惩戒措施，而不是对于某些可能造成投资者损害、证券市场秩序扰乱行为的预防。这也限缩了我国证券市场禁入制度的适用，因为若是从预防出发，其应该考虑的更多是某一主

体对于投资者利益、证券市场的“人身危害性”。

五、美国证券市场禁入制度及其适用标准

美国作为一个先发的证券市场国家，在 SEC 执法实践及法院司法实践之中，形成了虽仍然存在问题但是较为成熟的证券市场禁入适用标准。“他山之石，可以攻玉”，下文笔者试图通过七个美国司法案例来理解美国证券市场禁入制度的适用标准，以期对我国有所启示。

美国证券市场禁入制度的主张兴起于 20 世纪 80 年代。在 1987 年，美国反财务欺诈报告委员会（the National Commission on Fraudulent Financial Reporting，缩写：“NCFFR”）发布的《反财务欺诈报告委员会报告》（1987）中就认为，国会应该授权 SEC 禁止或暂停个人犯罪者担任公司高管或董事。[1] 严格来说，其本质是一个禁止令，在美国尚无市场禁入立法的时期，禁止令成为 SEC 执法的重要手段。但是由于没有法律依据，SEC 禁止令要想发挥效果必须通过向法院申请或者迫使相对方与 SEC 达成和解，作出停职的承诺以实现市场禁入的效果，同时通过声誉和更加严重的惩罚来推动和解的履行。该“和解禁入”的模式至今影响 SEC 执法实务，如在关于马克斯案的处理当中，当 SEC 向地区法院提起诉讼并请求对马克斯颁布禁止令的第二天，马斯克与 SEC 达成和解，承诺辞职并限制一定时间内在特斯拉的任职。1990 年签署公布的《证券执法救济与小额证券改革法》（Securities Enforcement Remedies and Penny Stock Reform Act of 1990）规定，在 SEC 证明行为人“极不胜任公司高管之职”的情况下，联邦法院可作出暂停或永久禁止被告担任公众公司高管的市场禁入决定或者由 SEC 颁布禁止令以达到禁止被告实施任何违法行为的效果，要求被告一定期限内遵守法律规范。[2] 该法案明文强调了以“严重不称职”作为市场禁入使用的评价标准，但是该表述与中国“情节严重”类似，都过于原则化。而与中国不同的是，美国是一个有着判例法传统的国家，在司法实践中早已形成自己的市场禁入判断

〔1〕 *See* COSO, Report of the National Commission on Fraudulent Financial Reporting (1987), available at https: //www.coso.org/Documents/NCFFR-Summary-of-Recommendations.pdf, last reviewed at December 12, 2018.

〔2〕 *See* Matthew Scott Morris, The Securities Enforcement Remedies and Penny Stock Reform Act of 1990: By Keeping Up With the Joneses, the SEC's Enforcement Arsenal is Modernized, 7 *ADMIN. L. J. AM. U.* 152, 209 (1993).

标准，基于司法机关巨大的自由裁量权，市场禁入在司法实务中的适用标准不断变化，下文将通过七个案例来进行探讨。

早在“严重不称职”的立法标准出台之前，在美国司法实务中已经存在着一套“再犯可能性”的标准，在 United States v. W. T. Grant Co.〔1〕案中法院指出，为了获得对于被告的永久禁止令，SEC 需要证明，可以合理推测被告具有今后再次证券违法的可能性。在 SEC v. Koracorp Industries, Inc.〔2〕案中，法院认为根据过去的违法行为，即使被告目前遵守证券法，也不能排除禁止令的适用，但是必须评估被告的综合情况。而在 SEC v. Universal Major Industries Corp.〔3〕案中，法院进一步明确了禁止令的适用需要考虑以下因素：过错程度、违法是孤立的还是重复发生的、被告的职业、被告的悔过程度。而在美国证券监督委员会诉墨菲案中，法院又认定尽管主观上不想违背证券法，但是可以通过其行为进行推定，而且只要真心悔过不足以排除再犯可能性，那么，仍然可以适用禁止令。〔4〕即便在“严重不称职”标准出台后，仍然有一些案子适用“再犯可能性”标准，如 SEC v. Sands〔5〕案。自从立法上的标准出现以来，司法中关于如何理解立法目的，如何具化“严重不称职”的考察标准的案例也在出现。在 SEC v. Drexel Burnham Lambert Inc.〔6〕案中，法院认定 Drexel 的雇员 Michael Milken 多次滥用职位，谋求自身利益，严重损害公众投资者利益，而 Drexel 作为公司的管理者，由于未能对 Michael Milken 进行适当的监督，SEC 终身禁止他担任证券公司的总裁、董事长或首席执行长。在该案中，虽然对“严重不称职”标准避而不谈，但其适用的仍然是立法中的“不称职标准”。对于“严重不称职”标准的考察，最著名的案例是 SEC v. Patel〔7〕案，法院在该案中提出了界定“严重不称职”的“七要素标准”，它要求法院在适用市场禁入时，要考虑如下因素：①违法行为的严重性；②被告之前的违法“前科”；③被告在违法行为中的作

〔1〕 *See* United States v. W. T. Grant Co., 345 U. S. 629, 635 (1953).

〔2〕 *See* SEC v. Koracorp Industries, Inc., 575 F. 2d 692, 699 (9th Cir. 1978).

〔3〕 *See* SEC v. Universal Major Industries Corp., 546 F. 2d 1044, 1048 (2d Cir. 1976).

〔4〕 参见中国证券监督管理委员会编译：《美国投资者保护经典案例选编》，中国法律出版社 2014 年版，第 187-193 页。

〔5〕 *See* SEC v. Sands, 902 F. Supp. 1149 (C. D. Cal. 1995).

〔6〕 *See* SEC v. Drexel Burnham Lambert Inc., 837 F. Supp. 587, 589 (S. D. N. Y. 1993).

〔7〕 *See* SEC v. Patel, 61 F. 3d 137, 141 (2d Cir. 1995).

用；④被告的主观过错程度；⑤违法行为涉及的数额；⑥再次违法可能性；⑦被告对公司高管所负义务的重视程度。同时出现的还有“六要素”“九要素”等标准，但是与“七要素”的具体判断标准大同小异。对这些具体标准细细考量之后，可以发现法院的具体解释仍然倾向于让立法规定与传统司法实践相统一。

由上可见，美国证券市场禁入制度适用标准的着眼点更多在于对“再犯可能性”的考察，突出强调该制度在美国证券违法行为规制中的预防性功能。而我国立法目的中也隐含着预防性的目的，但实务中的适用却体现出浓厚的惩罚性色彩。同时，与中国类似，美国在证券市场禁入的适用上也面临着对抽象标准的解释问题，但与中国不同的是，美国面临的问题是SEC与法院在适用标准问题上的博弈以及如何统一纷繁复杂的司法实务中市场禁入的适用标准，而我国面临的问题则是如何具体化有关标准，使得市场禁入制度在我国证券市场监管中的作用发挥得当。鉴于我国尚未形成完善的民事索赔救济途径，也极少适用刑法措施，[1] 可以说我国对于市场禁入制度有着更为迫切的现实需求。美国在证券市场禁入标准问题上虽然也存在许多问题，但是对于中国来说，其纷繁复杂的适用标准依然可以为我国提供参考。

六、对我国证券市场禁入制度适用规则的“三阶层”检视

证券市场高度的信息不对称、高度的社会性及风险性，要求相关公权力机构不能仅仅局限于做一个消极中立的旁观者，而应做一个扶贫济弱的平衡器。我国《证券法》第1条明确了我国证券监管的两大目的，即保护投资者利益与维护证券市场秩序，因而，涉及市场禁入具体标准的适用也不能脱离这两大立法目的。同时，从上文关于我国证券市场禁入规定的立法趋势来看，我国倾向于赋予证监会更大的自由裁量权，由其参照“情节严重”进行裁量，但是缺乏具体的考量标准，而我国证券禁入司法实践中存在着适用少、证监会适用证券禁入极为审慎的问题。虽然我国证监会在个案的禁入决定书中对禁入决定的情节认定出现了一定的规律，如上文已经分析的结果严重和行为恶劣，但我国是一个成文法国家，在法院对于证券禁入适用持消极态度的今天，确定体系化的证券禁入适用标准，

---

〔1〕 参见李林等：《中国法治发展报告No. 12》（2014），社会科学文献出版社2014年版，第104-119页。

对于今后我国证券禁入程序问题、救济问题等的解决有重要意义。为了明晰我国证券市场禁入适用标准中今后要解决的问题，笔者试图通过较为严密的“三阶层”〔1〕体系来进行检视。

（一）该当性的检视

该当性在刑法上强调与刑法条目描述相符，在侵权上则强调侵害行为与损害后果之间的因果关系。本文需要解决的问题是证券市场禁入的适用是否以后果的出现为要件，若不以后果的出现为要件，那么适用标准自然就应该以对行为的考察为主，而对行为的考察更加偏向于损害的预防，这与美国对“再犯可能性”的考察有所类似，但该说的问题在于对行为的评价、对再犯可能性的评价较为主观。实务中我国倾向于认为适用禁入必须以后果的严重性为要件，采用这种观点有助于违法者积极防止损害的扩大。同时，证券市场的高投机性极容易使许多主体对违法行为跃跃欲试，这种观点暗含把证券市场禁入的适用作为证券违法行为造成严重后果的“对价”的构成部分，突出惩罚功能。笔者认为，对于损害的填补更多地应该从民事索赔制度加以解决，因而对于行为的规制、损害后果的预防才是证监会职责之所在，至于行为需要明确的标准会不会使得市场禁入缺乏灵活性，只是立法技巧的问题。

在该当性中，对于结果而言，又必须考量以何者作为结果衡量的因素。目前主要存在以下两种情况：其一，对违法行为数额的考察。数额的考察往往是衡量结果严重性最直接的标准，数额巨大也往往成为我国司法实践中重要的构成要件之一。对于数额的考察，必须思考该数额应该为多少合适？是以达到一定数目为标准还是以达到一定比例为标准？该数额应该是违法使用的数额、违法获利的数额、投资者损失的数额还是违法影响的数额？笔者认为，证券违法造成损害的直接工具仍然在于资本的操纵性，数额的确定或者比例的确定应当以证券违法行为足以影响证券资本对特定证券市场造成的实质性影响为准，因此应当以其影响的资本数额为标准，以体现证券禁入制度的预防性目的。而其他数额认定的依据，如非法获利的数额则应当在禁入的“量刑”上加以考虑。其二，特定结果的出现。特定结果如造成企业倒闭、行业严重受损甚至出现群众性事件，相较于影响

〔1〕 参见陈兴良主编：《刑法学》，复旦大学出版社2003年版，第49-52页。

数额的认定还具有某些预防性特征。这些特定结果纯粹的结果性比较明显，若是市场禁入制度包含较为强烈的惩罚性目的，那么这些特定结果理应纳入考量因素之中；若是强调其预防性，则这些并非该制度必然需要考虑的因素。当然，由于我国无论是立法上还是司法实践中都包含着惩罚性色彩，这些特定结果也必然是考量的因素。

在行为的具体考察中，必须考量如何透过行为去窥视其背后的再犯可能性。对于规制行为，上文指出目前市场禁入制度从形式上涵盖绝大多数证券违法行为已是趋势，因而市场禁入中行为的考察必须在一般行为基础上加以更为严苛的行为标准。对于行为的考察也存在两种情况：其一，特定主体的特定行为。例如〔2018〕3号市场禁入决定书中把董事长及实际控制人直接策划、组织共同实施财务造假及信息披露违法行为视为违法情节特别严重。特定主体对于相关行为具有特定的义务，通常而言具有更高的注意义务和信义义务，因而对于特定主体的特定行为的考察有助于对于市场禁入制度的合理性限缩。其二，行为出现的频次。例如〔2018〕16号市场禁入决定书中，以多次大量交易，严重扰乱了证券市场秩序并造成严重社会影响为由适用市场禁入制度。毫无疑问，行为频次的考察最有助于揭示相关主体的再犯可能性，因此，对于某些行为借鉴“三振出局法”有其意义。

（二）违法性的检视

违法性更多考量违法阻却事由的适用。在证券违法行为规制领域，需要考虑的问题即传统的正当防卫、紧急避险、被害人同意等可能的违法阻却事由在市场禁入适用上是否有效，是否应当作为证券市场禁入制度适用的阻却性事由。证券市场具有强烈的资本属性，其直接侵犯的客体为财产权，而不同于其他领域中存在的对于人身权的直接侵害，因而往往很难存在实施正当防卫与紧急避险等必要的紧迫性或必要性。

对于正当防卫与紧急避险等而言，证券市场上的行为更多涉及紧急避险，若是对于人身方面的正当防卫及紧急避险，例如被人以限制人身自由、伤害甚至直接侵害其生命进行威胁而不得不从事的违法行为，当然构成阻却事由。现实中，许多证券违法行为人或多或少都受到来自上级的指示或者压力，这些情况因为并不存在人身被侵害的急迫性，并不能构成违法阻却性事由。证券市场更多涉及财产关系，那么对于他人恶意的证券违法行为可能会对自己造成的财产损失，是否可以采用证券违法行为来加以制止或者减损？毫无疑问，应对来自资本的风险并通过自身的资本操作来减轻风险从中获利本身是资本固有模式，在必要的限度内，该种操作应该是被允许的，因而这里需要以不超过必要限度进行限缩。当然其中必须考虑是否存在公权力救济的可能性以及能否通过事后救济来弥补相应损失等。对于受害人同意，则必须考量对证券市场秩序的维护，或者证券适用制度的容忍范围，若是在不严重影响证券市场秩序、利益方为封闭的情形下，受害人同意当然也可以作为阻却事由，尤其是证券行业从根本上来说仍然属于民法范畴，这也是私法自治的体现。但现实是，证券市场具有高度的开放性和社会性，其受害者范围往往难以厘定。笔者认为，证券市场禁入制度适用的范围应该受到较为严苛的限制，而这些违法阻却事由一定程度上均削弱了违法行为人再犯可能性，应当加以考量。

（三）有责性的检视

对于有责性，在刑罚领域强调“无责任即无刑罚”。这里的责任包括主观责任和个人责任。主观责任是指只在行为人具有责任能力和故意或过失的情况下，才能对其进行谴责。个人责任是指只对行为人的个人行为进行谴责，对于不属于行为人本身行为的他人犯罪，则不能谴责行为人。在证券领域，责任能力与个人责任并不具有特殊性。对于责任能力，尤其是那些不具备民事责任能力的人，除了一般对于证券所有或者继承方面的权利应当保护之外，应当通过其代理人来参与证券事务，这本身涉及的并不是对其证券市场禁入的适用问题。因而，在证券禁入制度适用标准的考量上，主要涉及的是主观心态认定的问题。主观心态包括故意和过失。

就故意而言，无论是在我国还是在美国立法及司法实践中，故意都是适用证券禁入制度的重要构成要件。故意在我国当然构成“情节严重”认定的重要标准，在美国也是再犯可能性的头号考量因素。就过失而言，过失情形又包括过失可能造成严重损害和过失已经造成严重损害两种情形。这里的过失必须造成严重损害或者具有严重损害可能性，因为对于一般过失的存在应该属于一般的经营风险或者可容忍的范围。从市场禁入的预防性角度来看，自然需要考察再次过失违法的可能性，因而严重结果出现与出现可能性在本制度上并没有本质区别。但由于过失不具有主观故意，其主观恶性较小，一般情况下不宜将其纳入证券市场禁入的适用范围。因此，对于该问题的考察就需要对过失形成原因及过失的历史进行分析。过失包括疏忽大意的过失与过于自信的过失，必须考虑其背后的过失是否可以避免。应当以该行业一般的注意义务为标准，若是按照一般的注意义务，过失的出现不可克服，显然就无法归责于相关主体；如按照一般的注意义务可以克服，则又必须区分两种情况：如是关于知识技能方面的缺失，则可以考虑附解除条件纳入禁入范围，例如培训合格获得相应能力之后向有关机构申请认定即可解除；若只要尽到客观的注意义务即可避免，则应该通过其他手段的规制使其履行注意义务，甚至可以考虑建立一个类似于交通违法行为规制中的理论知识再测试制度。

通过上述检视，笔者发现我国证券禁入制度的体系化既需要解决传统的合法性、法律效力等宏观层面的问题[1]，也需要处理好具体的细节。

总之，笔者认为，目前我国证券市场禁入制度适用目的仍不清晰，使得惩罚性与预防性并存，使用标准模糊，也使得有关部门在适用该制度时极为谨慎，未能有效发挥其作用。我国可以借鉴美国相关制度，确立以预防性目的为主的证券市场禁入制度，将证券市场禁入制度的惩罚性功能归于其他制度，以达到纯化制度的目的。因而，在我国立法中，应当重新构建以危害性为基础的适用标准。我国目前的“情节严重”可借鉴美国对于考量因素的列举，以“情节严重”为基础，把其他因素纳入“情节严重”的考量因素加以拓展，以服务于预防性目的。其拓展可以从“三阶层”展开：在该当性上，应当弱化对于结果的考量，强化对于行为的考量；在违法性上，应当充分认可违法性阻却事由其背后蕴含的再犯可能性因素的考量；在有责性上，应当以故意为原则，以过失为例外，构建一套更加灵活的证券禁入制度的适用机制，盘活“私权”与“复权”。通过体系化的证券适用标准，明晰证券市场禁入制度适用标准，使得证券市场禁入制度既不缺位也不越位。当然，我国证券市场禁入制度的未来之路更多地取决于我国证券市场规制手段的配置，若是其他手段已经形成了较为完备的体系，那么证券市场禁入制度自然可以稍作谨慎。但至少从目前来看，该制度适用标准的构建仍然有其必要。

（初审：章鲁涛）

---

〔1〕 参见周卫昕：《中国证监会〈证券市场禁入制度暂行规定〉的缺陷评析》，载《法学》1998年第4期。

证券虚假信息执法思路之反思

——以“在证监会开会案”为视角

吕宗玄*

内容提要：网络媒介从业人员曹磊依据相关材料的表述，在个人运营的微信公众号上发布了一篇题为“在证监会开会”的文章。证监会认为该会议只是在证监会所在办公楼召开，与证监会无关，故认定文章属于虚假信息，产生了严重的社会影响和市场波动，曹磊构成《证券法》第78条第1款规定的编造、传播虚假信息行为，并予以顶格处罚。然而，很难说曹磊利用了媒介从业人员的身份，此文标题虽有歧义，但不宜认定为虚假信息，且无法证明市场波动与其行为有必然因果关系，量罚适度性上亦存在不足，故证监会处罚的合理性值得商榷。证监会对同类案件的处罚存在类似问题，反映了该类执法中普遍存在的思路误区，值得反思。

关键词：曹磊案编造、传播虚假信息　自媒体　过罚相当原则　证券执法

近年来，由于信息获取和传播的成本降低，网络渐渐成为投资者获取证券信息和参与信息传播的主要渠道之一，这在客观上造成了各种垃圾信息和虚假信息充斥证券市场的局面。从2015年起，证监会开始加大对编造、传播虚假证券信

---

* 吕宗玄，中央财经大学法学院2018级法律硕士研究生。

息的监管，[1] 意图通过控制信息传播源来保护当前普遍缺乏理性判断和信息甄别能力的投资者。2015年和2016年两年间共查处了11起案件，有多起涉及自媒体，2018年证监会处罚的第一案又给了自媒体红人“曹山石”（曹磊在公众号中的署名），该案发生后在社会中产生了广泛的影响。该案系个人公众号发文受处罚的首例，且受罚的主要原因是曹磊拟定的标题具有歧义。证监会意图通过曹磊案督促媒体机构和自媒体谨言慎行，但处罚对责任主体和客观行为的认定是否恰当，处罚力度是否符合罪当其罚的法治理念，监管执法的思路和方式是否合理等问题均值得推敲。

一、“在证监会开会案”处罚的法理疑问

（一）案情概述

2017年11月20日，知名网络公司采编经理、原创副主编曹磊收到一份《会议纪要》，文件首页中记载的会议地点为“中国证券监督管理委员会（富凯大厦）四层会议室”，会议议题为“‘如何迎接十九大后地产新机遇’——2018中国房地产市场趋势展望 & 投资策略闭门研讨会”。后曹磊依据文件撰写了标题为《金融机构和房企在证监会开闭门会》的文章，首段写道“上周，四大行及国开行等51家金融机构、20余家房企代表，联合各评级机构以及行业智库专家，在证监会（富凯大厦）开了一场闭门会”，之后附上《会议纪要》的首页照片和全部内容，作者署名为“曹山石”。[2] 文章于当日发布在曹磊个人注册运营的“山石观市”微信公众号上，公众号关注用户数为28万余人。

经证监会查证称，《会议纪要》所指会议实为中国指数研究院组织召开的常规会议，已连续举办七期，会议的组织和召开皆与证监会无关，会议地点富凯大

[1] 本文所指编造、传播虚假信息特指《证券法》第78条规定禁止的行为。《证券法》第78条：“禁止国家工作人员、传播媒介从业人员和有关人员编造、传播虚假信息，扰乱证券市场。禁止证券交易所、证券公司、证券登记结算机构、证券服务机构及其从业人员，证券业协会、证券监督管理机构及其工作人员，在证券交易活动中作出虚假陈述或者信息误导。各种传播媒介传播证券市场信息必须真实、客观，禁止误导。”

[2] 有关《会议纪要》的内容及曹磊发布文章的内容，资料引自凤凰网财经：《财经自媒体人曹磊遭行政处罚不服将向证监会发起诉讼》，载 http://finance.ifeng.com/a/20180109/15917510_0.shtml，最后访问日期：2019年2月14日。

厦B座四层是主办方租用的。证监会认为曹磊作为传播媒介从业人员，在无权威、官方信息来源且未核实相关事项的情况下，使用有歧义的标题，并在文章首段隐去前述关键信息，属于虚假信息。同时，案发次日房地产板块指数涨幅超过2.6%，显著高于当日沪深指数的涨幅。综上，曹磊违反《证券法》第78条第1款规定（以下简称“第1款”），构成传播媒介从业人员编造、传播虚假信息，扰乱证券市场，对其处20万元罚款。[1]

（二）涉案行为违法性认定的疑问

1. 责任主体

本案中，曹磊虽属传播媒介从业人员，但其未利用该身份，文章发表于其本人运营管理的个人公众号上，不属于职务行为。从公众号名字与文章作者署名中，普通人难以知晓其真实姓名和身份。即使署名“曹磊”也不乏同名者，如果公众号或文章中未明确标明其身份信息，与普通个人并无差别。因此，证监会处罚决定书中在没有相关证据表明曹磊公开身份的情况下，认定曹磊传播媒介从业人员的身份欠缺妥当。

当然，本案曹磊还有另一身份，即自媒体责任人（个人公众号运营者）。有关自媒体是否属于传播媒介、其责任人是否落入规制范围、如果是则应属第1款中的“传播媒介从业人员”还是“有关人员”进行规制等问题，证监会在以往的规则或处罚中没有对自媒体给出明确的界定，但也未将之排除于监管范围外。很显然，自媒体的兴起对第1款的主体范围提出了新的挑战。

2. 客观行为

本案中，曹磊的文章并非凭空捏造，是以《会议纪要》记载的会议地点和会议议题为基础进行拟定的。曹磊并没有虚构任何关键信息，而且文章中有《会议纪要》首页照片和全部内容，证监会所称的关键信息在正文中亦有体现，只要稍加留意正文即可获取全部信息。曹磊也很有可能并不知晓会议的具体主办方，仅是“不明觉厉”地转述了，而原始发布方并未被处罚，其内容当不属虚假信息。而且，虽然其撰写的标题容易让粗心的读者误以为会议由证监会举办，但是，会议举办地点富凯大厦也确实是证监会的办公地点，参会的也确实有金融机

---

〔1〕《中国证监会行政处罚决定书（曹磊）》〔2018〕7号。

构和房企。因而严格来说该标题尽管具有歧义，但并无虚假事实，不能算虚假信息。

再者，从实质内容上看，也难称对重大信息作出引人误解的陈述。证监会并不主管房地产市场，即使会议由证监会召开也未必给房企带来利好。即便肯定市场的波动与此相关，也主要是因为投资者非理性的过激反应所致。证监会因此进行处罚未免有些矫枉过正，没有充分考虑信息本身的重大性和虚假程度，欠缺妥当。

3. 主观方面

证监会对本案没有主观方面的论述。当然，不具主观故意并不影响证监会的认定，以往有7起同类案件的当事人申辩提出欠缺编造、传播虚假信息或者扰乱证券市场的主观故意或意图，但是证监会或拒绝采纳或不予正面回复。[1] 由于法律未明确规定这一要件，故笔者不予评价。[2]

4. 危害结果与因果关系

依据处罚决定书认定的结果，仅为曹磊发布文章的次日，房地产板块指数涨幅超过2.6%，显著高于当日沪深指数的涨幅。2.6%的涨幅本身未必属于“异常波动”，[3] 而且难以认定曹磊的行为与此结果之间具有因果关系。首先，曹磊发布的文章仅标题和首段可认定为虚假信息，但信息的重要性和虚假程度并不会对证券市场产生重大影响。其次，不排除存在其他影响因素的可能，包括曹磊引用的《会议纪要》本身属于真实信息，其提及金融机构、房企普遍对房地产未来看好，[4] 这一基本面信息亦有助于解释房地产板块股票的普涨。因此，证监会

---

[1] 在证监罚字［2015］59号“陈斌案”中证监会明确答复“陈斌的主观意愿并不影响对陈斌编造、传播虚假信息行为的认定”，在证监罚字［2016］57号“重庆云锦广告传媒案”中证监会回复“是否具有扰乱证券市场的动机不影响对其传播虚假信息行为的认定”，而在其余5起案件申辩中证监会没有予以正面回复，也未因此排除对编造或传播虚假信息行为的认定。张治红：《编造、传播虚假信息行政处罚案例综述》，载彭冰主编：《规训资本市场》，法律出版社2018年版，第323页。

[2] 在学界中，关于第1款构成要件认为该款主体必须“编造、传播虚假信息”，主观状态上应当是故意，而对于第2款的主体只需“作出虚假陈述或者信息误导”，则不论行为人的主观状态。彭冰：《中国证券法学》（第二版），高等教育出版社2007年版，第346页。

[3] 股价异常波动主要由证监会判断，但证监会没有披露相关的标准，在处罚书中也仅是与沪深两所作比较，没有说明指数涨幅具体高于多少属于异常。此外，深交所《交易规则》5.4.3条和上交所《交易规则》5.4.2条虽规定了股价异常波动的标准，但证监会鲜少适用。

[4] 凤凰网财经：《财经自媒体人曹磊遭行政处罚不服将向证监会发起诉讼》，载 http://finance.ifeng.com/a/20180109/15917510_0.shtml，最后访问日期：2019年2月14日。

对本案因果关系的认定略显简单，论证单薄，缺乏说服力，这也是该类案件中证监会普遍存在的问题。

（三）涉案行为的量罚疑问

证监会的量罚主要根据当事人违法行为的事实、性质、情节与社会危害程度。在本案中，曹磊行为的性质和情节尚属轻微。文章未发表于任职公司的传播媒介上，而发表在个人的公众号上属于个人行为。参照以往的执法实践如“刘钦涛案”[1]，曹磊虽为传播媒介从业人员，但未利用其身份，应当作为减轻处罚的情节，按此曹磊也不应顶格处罚，此外，本案的社会危害程度亦不严重。处罚书中认定的仅为房地产板块指数涨幅显著偏高，未不存在其他危害结果。再者，曹磊所发布文章仅是标题有歧义，正文内容基本属实，且对证券市场不具有重大性。因此，即使曹磊构成编造、传播虚假信息的行为，其行为的情节和危害结果的严重性也未达顶格处罚的程度，证监会对其处以 20 万元的顶格罚款欠缺合理性。

综上，通过分析曹磊案，可以发现证监会处罚编造、传播虚假信息案件，无论在违法行为认定，还是在量罚情况上都存在问题。2015 年起，证监会针对编造、传播虚假信息行为查处了系列案件，这些案件许多在行为认定和量罚上都存在类似的问题，因此笔者希望对相关的法理进行反思以进一步明晰执法中的争议。下文主要分为三部分：其一，编造传播证券虚假信息行为认定的执法争议与法理反思，这部分将从责任主体、客观行为和因果关系认定中的执法争议与法理反思三方面进行论述；其二，编造传播证券虚假信息行为的量罚正当性反思；其三，代结语：反思证监会的运动式执法。

二、编造传播证券虚假信息行为认定的执法争议与法理反思

（一）责任主体扩张认定的法理反思：以自媒体责任人为中心

从 2015 年至 2018 年期间，证监会处罚的 12 起案件中认定的责任主体包括

〔1〕 在“刘钦涛案”中，处罚中明确写道“对当事人所提未利用媒体从业人员身份发布信息的情节，我会予以考虑”，且对刘钦涛处以 15 万元罚款。参见《中国证监会行政处罚决定书（刘钦涛）》〔2016〕4 号。

个人和单位，具体情况如表1。其中个人责任主体既有传播媒介从业人员、证券从业人员和公司高管这类特殊个人，也不乏公司员工、股吧网民等普通个人；单位责任主体既有专业媒体机构，也有普通公司（不经营传播媒介的公司）。但是第78条明确规制的主体均为特殊主体，且该条文中并没有对单位作出明确的规定，证监会的处罚具有扩大适用主体范围的嫌疑。

表1　2015-2018年案件责任主体情况表

序号	文书号	案件简称	责任主体身份	传播渠道	处罚条款和身份
1	〔2015〕20号	王之所案	普通网民	股吧	第1款：相关人员
2	〔2015〕28号	胡先林、罗雄飞、唐均案	公司高管（胡先林）	股吧	第1款：相关人员
			公司高管（罗雄飞）		第1款：相关人员
			普通网民（唐均）		第1款：相关人员
3	〔2015〕59号	陈斌案	“三一重工”员工	个人微博	第1款：相关人员
4	〔2016〕4号	刘钦涛案	传媒从业人员（未利用）	股吧	第1款：相关人员
5	〔2016〕57号	重庆云锦案	媒体机构	官方微博	第3款：传播媒介
6	〔2016〕58号	广州赢石案	网络科技公司	网站（赢商网）	第3款：传播媒介
7	〔2016〕59号	中国连锁杂志社、姜海锋案	媒体机构（连锁杂志）	杂志	第3款：传播媒介
			传媒从业人员（姜海峰）		第1款：传播媒介从业人员
8	〔2016〕113号	李辉、中融汇智案	金融公司（中智）	官方微信公众号	第3款：传播媒介
			公司公众号总编辑（李辉）		第1款：传播媒介从业人员
9	〔2016〕114号	成都每日经济新闻报社、李智案	媒体机构	网站（每经网）	第3款：传播媒介
			传媒从业人员		第1款：传播媒介从业人员
10	〔2016〕115号	王先春案	五矿证券首席策略师	个人微博	第1款：相关人员
11	〔2016〕139号	浦俊懿、郑奇威案	证券从业人员	邮件	第2款：证券从业人员

续表

序号	文书号	案件简称	责任主体身份	传播渠道	处罚条款和身份
12	〔2018〕7号	曹磊案	传媒从业人员（未利用）	个人公众号	第1款：传播媒介从业人员

第1款列举的明确主体为“国家工作人员”和“传播媒介从业人员”，这两类人由于有政府部门和专业媒体机构的公信力“背书”，通常具有相当的影响力和公信力，大众对于他们传达的信息更加信任。〔1〕因此，法律赋予他们更严格的义务，要求其传达信息更加严谨，以限制滥用话语权和公信力。同理，该款中“有关人员”与国家工作人员、传播媒介从业人员并列规定，按照体系解释也应当是具有相当影响力和公信力的特殊个人。但是，在已处罚的案件中，王之所、唐均二人仅是普通的网民，且是在非正式证券信息披露渠道的贴吧中匿名发帖，他们既没有特殊身份也无大量的粉丝，显然不具有话语权和公信力，难以认定属于应规制的主体。刘钦涛虽为传播媒介从业人员，但其未利用职业身份，而是使用注册一个多月的股吧匿名账户转载信息，〔2〕其行为本质上与王之所、唐均二人并无差别。陈斌虽然微博简介为“三一重工”员工，但仅是普通员工，微博粉丝也只有400多人且未获得微博的加V认证，〔3〕其职业与微博账户都不具有相当的影响力和公信力，亦难成为责任主体。因此，证监会将前述人员认定为第1款规定的“有关人员”无异于将处罚对象扩张至任何主体，架空了该款特殊主体的范围限定，这并不符合立法目的。

此外，证监会在处罚中将自媒体纳入传播媒介的范畴，认定为属于传播媒介的一种方式。无论运营自媒体的责任人是公司还是个人，证监会认为皆属第78条的适用主体。笔者认为这种认定欠缺妥当性，一方面没有考虑自媒体自身的性

---

〔1〕巩海滨、张任重：《互联网时代编造传播虚假信息违法行为构成、法律责任及其规制》，载黄红元、徐明主编：《证券法苑》（第十六卷），法律出版社2015年版，第51页。

〔2〕《中国证监会行政处罚决定书（刘钦涛）》〔2016〕4号。

〔3〕一般通过微博加V认证的公信力相对较高。微博认证体系（加V）分为个人认证和机构认证，个人认证又分为兴趣认证、自媒体认证和身份认证。要通过微博认证加V，根据不同情况需要提供一系列实质性证明材料，虽然不能排除造假的可能性，但是信息真实性大大提高，更有理由获得公众信任。宋悦：《你有说错话的权利吗？——陈斌诉中国证监会案评析》，载“北京大学金融法研究中心”微信公众号：https：//mp. weixin. qq. com/s/N-KmSqbWmkOA4hvo-BjZSw，最后访问日期：2019年2月18日。

质和特点，过于笼统和草率。另一方面，这种“一刀切”的方式将所有自媒体责任人纳入主体范围，同样具有扩大主体范围之嫌。

不可否认，在当今以自媒体为主要特点的全媒体时代，部分自媒体对大众的影响确实已超越传统传播媒介。[1] 单论信息传播的影响力，自媒体已然是可以比肩传统传播媒介的新兴媒体形式，但自媒体的公信力与传统传播媒介相比总体上仍有较大差距。首先，自媒体整体上具有私人化、平民化、普泛化、自主化的特点[2]，这是其缺乏相当公信力的主要原因。自媒体无需政府的行政审批和特别许可，其责任人亦无需法定资格认证程序，任何单位和个人皆可成为运营自媒体的责任人，所传播的信息也呈现出碎片化和非程式化的特点。[3] 其次，自媒体的公信力分化严重。自媒体的责任人既有普通个人和公司，也有专业媒体机构和政府部门，但是前者和后者运营的自媒体所具有的公信力却有天壤之别。最后，除少数相当具有影响力的特别个人和公司，大部分普通责任人运营的自媒体仅是信息传播的参与者，影响力尚且微不足道、极不稳定或者根本不具影响力，更遑论公信力。因此，自媒体并不当然具有传统传播媒介的公信力和影响力，不可当然纳入传播媒介中；自媒体责任人也不可等同于传播媒介从业人员，完全纳入规制的主体范围，其不具当然的话语权和公信力，赋予其不对等的严格注意义务是不公平的。

虽然自媒体与传播媒介有所差别，但也不意味着所有自媒体责任人排除在监管的范围之外。自媒体责任人是否属于适格主体应当依据其不同的性质具体考查。笔者认为根据是否具备当然影响力和公信力，自媒体责任人可分为两大类。第一类，媒体机构、政府机关部门、金融证券机构等官方机构、组织及其工作人员，该类责任人属于第78条当然规制的主体。第二类，普通公司、企业和个人，其中普通个人不仅包括一般大众也应包括未利用身份的特殊个人。对于这类责任人，实质上具备相当的影响力和公信力是适用条款的前提。如果不具备前提条

---

〔1〕 于志刚：《全媒体时代与编造、传播虚假信息的制裁思路》，载《法学评论》2014年第2期。

〔2〕 张治红：《编造、传播虚假信息行政处罚案例综述》，载彭冰主编：《规训资本市场》，法律出版社2018年版，第320页。

〔3〕 “信息的碎片化”是指自媒体信息量大且难以系统化，以信息碎片的方式散落于网络之中。“非程式化”意味着海量信息并不再像纸质媒体时代那样经由相对审慎的方式产生和传播，而是任何人随时随地都可以通过自媒体发布信息，使得该信息更容易发生扭曲。参见郭春镇：《公共人物理论视角下网络谣言的规制》，载《法学研究》2014年第4期。

件，即使发布的信息实际产生了市场影响力也不当属规制的主体范围，不能因此反推决定主体的适格性。

实质具备影响力和公信力的判断可根据两方面进行判断：其一，自媒体平台的运营情况和可量化的数据指标。自媒体运营情况包括运营的时间长度，运营的主要内容，相关认证情况等。如果平台长期发布的信息皆为证券信息且准确真实，随时间积累即会自然形成一定的公信力，较之发布其他内容的平台也更具信服力。但是，如果公司运营的自媒体仅专门用于披露自身的信息，则应当视为公司正式披露的一种渠道，适用虚假陈述的相关规定加以规制，而不属于第 78 条规制的主体。此外，通过微博的加“V”认证,〔1〕微信公证号平台的认证,〔2〕将更容易获得公众的信任。可量化的数据指标主要为自媒体的关注用户或粉丝数量，不过应考查有效的数量，如用技术手段剔除微博的僵尸粉。但是，阅读量、转载量、搜索量等后果性的数据不能用以确定责任人的实质影响力。

其二，责任人的自身综合情况。普通公司应结合组织形式、经营规模、行业地位等因素综合考虑。受社会广泛认可、证券市场参与度高的大型公司企业应认为更具影响力和公信力，如上市公司、国有企业、行业典型企业等；相反，证券市场参与度不高，缺乏社会和行业认可度、知名度和话语权的公司企业则应认为更不具有影响力和公信力，如规模较小的有限公司、小型的合伙企业等。普通个人应结合公开的身份、学历、资格认证等个人信息考查。如果公开的信息并不会使理性的大众产生信赖，则不宜认定为具有影响力和公信力。另外，自媒体中公开的个人信息皆可以随意填写，但如果因为得到相关的证实、认证或者其他方式足以使大众信服，则不得以信息造假否定已取得的影响力和公信力。

因此，普通自媒体责任人只有具备相当的影响力和公信力，确实充当传播媒介的功能，方可成为规制的主体，从而运用第 1 款的“有关人员”和第 3 款“各

---

〔1〕 微博认证体系（加 V）分为个人认证和机构认证，个人认证又分为兴趣认证、自媒体认证和身份认证。要通过微博认证加 V，需要根据不同情况提供一系列实质性证明材料，如果想要通过个人认证中的身份认证，至少需要提交盖有单位公章的单位工作证明，造假成本大大提高。宋悦：《你有说错话的权利吗？——陈斌诉中国证监会案评析》，载“北京大学金融法研究中心”微信公众号：https：//mp. weixin. qq. com/s/N-KmSqbWmkOA4hvo-BjZSw，最后访问日期：2019 年 2 月 18 日。

〔2〕 微信号公众号的企业、个体工商户的认证，需要提供营业执照、组织机构代码证、公章（个体工商户无公章可使用法人签字代替）等资料。微信公账号平台，载 http：//kf. qq. com/faq/161219qAvQjM161219FNRn2y. html，最后访问日期：2019 年 5 月 1 日。

种传播媒介”进行处罚。所以在“曹磊案”中，笔者认为虽曹磊未利用身份，不宜认定为传播媒介从业人员，但因其公众号长期发布证券市场的有关内容，且关注人数达28万，确实具有一定影响力，若证监会以此认定其属于“有关人员”也不置可否。

（二）客观行为扩张认定的法理反思：与言论自由的平衡

编造、传播虚假信息的客观行为应当具有虚假的内容属性和能够扰乱证券市场的后果属性。[1] 即不仅需要编造、传播的虚假信息客观存在，且虚假信息需足以对证券市场产生影响，造成“扰乱证券市场”的后果，[2] 两者必须同时满足方为第1款的客观行为。但证监会在执法中，不仅扩大了虚假信息的内容范围，同时对信息的重大性也欠缺考虑，扩张了对虚假信息后果属性的认定。

1. 虚假信息的认定应区分事实信息与观点信息

虚假信息是编造、传播虚假信息行为存在的前提，一般指应当能够影响证券的不真实的信息，需具有误导性和欺骗性。[3] 但是，信息通常包含事实信息和观点信息两方面，事实信息是基于客观存在作出的描述，而观点信息是基于主观方面发表的言论。观点本身是无法证明真伪的，[4] 只能客观事实才可以辨别真伪。但是，并非所有的观点信息都不受规制，判断观点是否属于虚假信息应当考查言论的合理性，主要判断标准有两方面：一是引述的事实无重大误导性，二是主观上无恶意。[5] 发表观点时不可避免会对相关的事实进行陈述，但针对事实的描述不得误导大众，也不得恶意曲解事实，专业的媒体还应尽到合理的注意义

---

〔1〕 缪因知：《证券虚假信息规制的原理反思与实证评价》，载《北方法学》2018年第4期。

〔2〕 “扰乱证券市场”是该款的构成要件之一，且需造成实际结果，因此如果信息本身并不能达到“扰乱证券市场”的程度，当然不会造成实际结果，也就不构成该款的违法行为。巩海滨、张任重：《互联网时代编造传播虚假信息违法行为构成、法律责任及其规制》，载黄红元、徐明主编：《证券法苑》（第十六卷），法律出版社2015年版，第54页。

〔3〕 虚假信息，是指不真实的信息，既包括虚构的不存在的信息，也包括对真实信息篡改、加工、隐瞒之后的信息。从内容上看，虚假信息包括虚假诈骗性信息、虚假诽谤性信息、虚假财务会计信息、虚假证明性信息和虚假证券、期货交易信息等。参见赵秉志、徐文文：《论我国编造、传播虚假信息的刑法规制》，载《当代法学》2014年第5期。

〔4〕 [美] 安东尼·刘易斯：《言论的边界——美国宪法第一修正案简史》，徐爽译，法律出版社2010年版，第19页。

〔5〕 张彬：《媒体、言论与证券市场——从“标题党”现象谈起》，载《法律与新金融》2015年第7期。

务，否则即可能构成虚假信息。当然，市场也应当允许错误观点的存在，只要是善意的言论，即便存在错误或瑕疵也仍属合理的范畴，也不能认定为虚假信息。然而，实践中证监会却常将编造事实信息与发表观点信息混为一谈，模糊了发布虚假信息与发表言论之间的界限，将合理的观点信息认定为虚假信息进行处罚，例如“中国连锁杂志案”〔1〕、“每日经济新闻案”〔2〕和“中融汇智案”〔3〕。

“中国连锁杂志案”中，姜海峰撰写的文章本质上讨论的是“坊间频传黄光裕出狱”这件事，以及由此产生的猜测和评论，讨论虚假信息本身同样属于观点信息。在姜海峰的文章中已经指出了是坊间的传闻，配图亦有可能仅是用以证明传闻这一事实，且文章图片明确说明“有关黄光裕何时出狱，至今没有明确的消息”〔4〕，并不具有事实的重大误导性。况且这件事确实有可能发生，文章引用刑法规定也论述相关的理由，属于合理的推测和评论，难以认定属于主观恶意揣测。

无独有偶，在“每日经济新闻案”中，涉案的文章也是对传闻的讨论。文章讨论的传闻本身确实存在，且文中不仅指明了是传闻，而且在文章中写明记者向多方求证均未确认传闻内容。文章虽然转述的内容是传闻，但是传闻的存在本

---

〔1〕 中国连锁杂志社工作人员姜海锋撰写了《国美静候黄光裕归来》一文，该文称“坊间频传”黄光裕将提前出狱并对公司发展战略产生更大影响。文章还配有一个“黄光裕何时出狱”的图示，并且依据刑法的规定等论据作出相关的可能的猜测和评论，以及黄光裕提前出狱会给国美带来何种影响等类似言论。证监会认为中国连锁杂志社和姜海锋并未针对上述问题进行必要的核实，且造成国美的股价异常波动，构成编造虚假信息。

〔2〕 2016年2月25日，每日经济新闻根据前日微博、微信等互联网平台开始流传“3月1日起创业板全面停止审核”相关信息，发布了《注册制改革授权下周实施A股市场步入敏感期》的报道，报道指出“2月24日下午出现的一则传闻引发不少业内人士的关注。该传闻的内容是‘知情人士透露，自3月1日起创业板将全面停止审核，后续按注册制实施；主板和中小板暂时未定，择期再做安排。’不过，当记者向一位大型券商投行负责人求证这一消息时，其明确表示没有听说。而后，记者又向多位中介机构人士求证，均未能确认这一传闻的真实性”。证监会认为其构成虚假信息。

〔3〕 中融汇智公司微信公众号的总编辑李辉，根据招商银行副行长在论坛公开讲话的内容，撰写了标题为“副行长喊你还钱了”的文章，在公司运营的“弥达斯”微信公众号发布，文章发布后被广泛传播。行长原话表述“未来股市好了，起来了，慢慢慢慢就把我们退了。……能把钱还给我们”，事后表示其原话是希望股市向好；而对文章正文提到“对于救市资金这大半年来的投资损益情况不够透明，该副行长也表示了不满”，但真实的陈述是“4万亿元资金来源及救市具体渠道其本人并不知道这一客观事实”，绝非表示不满。证监会认为，该文标题不符合实际，内容上也存在断章取义、主观臆测、曲解发言人真实意思等情形，李辉的行为构成编造虚假信息。

〔4〕 张治红：《编造、传播虚假信息行政处罚案例综述》，载彭冰主编：《规训资本市场》，法律出版社2018年版，第340页。

身也属于事实信息。文中的报道内容对公众不但难以产生一般性的误导，甚至一定程度上起到辟谣的作用。[1] 此外，文章中也没有相关的恶意解读和猜测，仅是针对传闻进行了报道并转述了相关人员的评价，并不具有主观恶意。

“中融汇智案”中，李辉在公司公众号“弥达斯”发布的文章主要的内容是对某副行长在论坛公开讲话的解读，也属于观点信息。文章的事实引述来源于权威网站华尔街新闻的报道，不存在重大误导性。[2] 诚然，副行长在讲话中没有表达态度，但是李辉无疑可以根据自己真实的理解进行分析和猜测，哪怕作出的判断较为极端。况且在未言明讲话原意的情况下（副行长是事后言明的），要求其必须作出正确的解读并不合理。此外，李辉在文章的末尾还特别提示“属个人观点，不构成任何投资建议”，证监会在处罚书中也没有相关的证据证明李辉存在刻意曲解的故意。[3] 因此，虽然李辉存在错误或不当的解读，甚至有过度解读的嫌疑，但其并不存在明显的主观恶意，仅因两处不妥当的解读即认定为虚假信息并不妥当。

证监会对于上述案件的处罚显然都欠缺合理性。无论是两个探讨传闻的案件，还是解读权威信息的案件，实质都属于观点信息，且都无明显不合理性。证监会的处罚没有将事实性信息与观点性信息区分，并以不同的标准进行判断，将合理的观点信息认定为虚假信息显然属于不合理的扩张，具有侵犯公民言论自由的嫌疑。

2. 虚假信息的内容应具重大性

编造、传播的虚假信息要造成扰乱证券市场的危害后果，信息的内容本身应当具有重大性。在市场操纵、内幕交易以及虚假陈述等有关证券信息的违法行为中，虚假的信息有重大性的要求。关于重大性的标准，我国《证券法》规定一系列会对股价产生的重大信息，主要以影响证券市场交易价格为标准。对于这一标准的具体认定，可参照《证券法》第67、75条中（可包括《上市公司信息披露管理办法》第30条规定的范围）所确定的重大信息以及内幕信息事项。[4]

---

〔1〕 缪因知：《证券虚假信息规制的原理反思与实证评价》，载《北方法学》2018年第4期。

〔2〕 冯璟钰：《“弥达斯”编造、传播虚假信息案评析》，载彭冰主编：《规训资本市场》，法律出版社2018年版，第351页。

〔3〕 冯璟钰：《“弥达斯”编造、传播虚假信息案评析》，载彭冰主编：《规训资本市场》，法律出版社2018年版，第351页。

〔4〕 缪因知：《证券虚假信息规制的原理反思与实证评价》，载《北方法学》2018年第4期。

实践中，证监会主要以市场的反应为导向，市场反应强烈则属重大信息，即以影响投资者决策为标准。对这一标准主要取决于投资者对信息的反应，但不应是简单地判断股价的波动。当前，我国由于证券投资者普遍缺乏理性分析能力，有时毫无关联的信息也可致使大盘或个股暴涨暴跌。[1] 但如果信息内容具有显而易见的荒谬性或者非理性，理论上不应对证券市场产生影响，[2] 此种信息也不应属第78条规制的对象，否则不免会扩张虚假信息的范围。因而，市场对信息的反应须以理性投资者为前提，理性投资者并非指敏锐商业判断能力的机构投资者，而是具有证券市场一般性知识的普通投资者。[3] 如果理性投资者基于一般证券知识即不会受该信息影响，做出调整证券投资决策的反应，则此信息不具有重大性。

在“曹磊案”中，证监会便欠缺对理性投资者前提条件的考虑。该案中，曹磊虽然拟定一个具有歧义的标题，容易引人误会，但是难以认定具有重大性。理性投资者只要稍加注意，浏览全文即可知仅是会议在证监会召开。而且，标题中不涉及有关证券市场的重大内容，理性投资者也应当知道证监会并不负责房地产的发展，即使由其召开会议也并非对房地产有利好。再者，理性投资者仅凭借一个非正式披露渠道的歧义标题作出投资判断显然是荒诞的，如果市场波动与此相关，也侧面反映出了我国证券投资的不理性。因此，曹磊拟定的标题信息不具有重大性，即使因存有歧义认定为虚假，也不属第78条规制的虚假信息。同样，在“中融汇智案”中，李智拟定“副行长喊你还钱了”的标题虽然略显夸张，但是并不涉及重大信息，理性投资者也当知道是一种噱头，并不会被标题所影响。因此，该案中李智拟定的标题同样缺乏重大性。

---

〔1〕 2012年奥巴马当选，澳柯玛大涨；2013年李天一出事ST天一股跌停；2014年文章出轨伊利股大涨；2016年特朗普（川普）当选，川大智胜大涨。慢钱头条：《A股还能这么炒？盘点8大“异想天开”炒作》，载http：//toutiao. manqian. cn/wz_ 15SeZ9oLq9L. html，最后访问日期：2019年2月10日。

〔2〕 虚假信息对证券市场产生影响，引发证券交易价格的波动，本质上是因为信息存在不确定性。如果信息内容具有显而易见的荒谬性或者非理性，信息属性趋向于确定虚假性，或者说丧失了不确定性，理论上也就不应该对资本市场参与者以及证券市场价格产生影响，这也是绝大部分在互联网上广泛传播的虚假信息传播行为没有被处罚的主要原因。参见刘宪权：《互联网金融时代证券犯罪的刑法规制》，载《法学》2015年第6期。

〔3〕 美国在“理性投资者”的界定上，是指那些没有敏锐商业判断能力的一般投资者，不是有敏锐商业判断能力的机构投资者。参见赵威、孟翔：《证券信息披露标准比较研究——以“重大性”为主要视角》，中国政法大学出版社2013年版，第61页。

不可否认，“标题党”的行为常通过重新排列事实以凸显了部分内容，或断章取义编造噱头，这种编排存在片面化、夸张化、主观化的特点，会影响人们的关注兴趣和判断。但是，标题一般是拟定者基于对文章的凝练表达，对其认为重要或者值得关注的信息进行提炼、评论或者猜测，仍是以事实信息为基础展开的合理的观点信息。如果文章主体并不改变原有事实，即使标题存在歧义，也常缺乏虚假信息的重大性，对理性投资者不过是博取眼球，并不会产生重大的误导性。整体上，“标题党”的行为虽不值得提倡，但亦不足够成虚假信息，一定程度上其仍属言论自由的范畴。

3. 虚假信息认定与言论自由的平衡

从处罚情况来看，证监会对虚假信息的打击范围总体上过于宽泛。证监会规制证券虚假信息无可厚非，但随意扩大虚假信息的范围难免会与公民言论自由产生冲突。在前文提到的案件中，无论是讨论传闻还是解读讲话，抑或是拟定文章标题实质上都属观点性信息，具有作者鲜明的主观色彩。表达观点应属于公民和媒体的言论自由，是宪法规定的公民基本权利。观点信息只要没有明显的不合理就应被容忍，不能因为信息不完全真实或合理便受到处罚，更不能仅仅因为某些言论具有歧义、尖酸刻薄让他人不快或者所谓言论“不正确”，而认定其属于虚假信息〔1〕。另外，媒体也不应只是客观事实和权威信息的传声筒，更应在既有的事实和观点的基础上，不断向公众传递新的解读和演绎的信息，否则媒体的作用将过于局限。〔2〕当然，媒体应当基于善意传播和演绎信息，但不意味不可以犯错，即只要不具主观恶意，合理的错误言论应当被接受。证监会不应当也无权过度限制公民和媒体的言论，否则具有扩大行政权力和越权监管的嫌疑。况且，过度地采用压制手段造成对言论自由的不当钳制，也势必会引起“寒蝉效应”，〔3〕限制公民和媒体对证券市场的监督作用，这并不利于证券市场的良好发展。“我们的社会需要的不是‘寒蝉’缺席而是将寒蝉效应维持在一个最佳程度。”〔4〕因此，当公民的言论自由与证券市场虚假信息规制产生矛盾时，应当尽

〔1〕张新宇：《网络谣言的行政规制及其完善》，载《法商研究》2016 年第 3 期。

〔2〕张彬：《媒体、言论与证券市场——从“标题党”现象谈起》，载《法律与新金融》2015 年第 7 期。

〔3〕李大勇：《谣言、言论自由与法律规制》，载《法学》2014 年第 1 期。

〔4〕[美] 卡斯·R. 桑斯坦：《谣言》，张楠迪扬译，中信出版社 2010 年版，第 124 页。

量寻求两者之间的平衡，且适度容忍非常规的、边缘的甚至是错误的证券市场言论是更具价值的选择。

（三）因果关系认定中的执法争议与法理反思

证监会对“扰乱证券市场”后果认定的表现方式主要有两方面：影响证券市场秩序和影响股票价格。影响证券市场秩序又分为上市公司的信息披露管理秩序和经营管理秩序，以及扰乱市场秩序需证监会辟谣。对于该结果的因果关系认定较为容易，如在“陈斌案”中，“三一重工”针对陈斌发布的信息特别进行辟谣和澄清，此外有许多人打电话咨询信息的真假，影响了“三一重工”的正常工作秩序。[1] 对于影响股票价格，主要表现为股价出现异常波动，这一后果的因果关系认定则往往不易。因为信息与市场反应之间的传导链长，过程难以跟踪，不易建立完整的因果关系逻辑链条。[2]

在后者的因果关系认定上，由于证明的复杂性证监会在大多数案件中都采直接推定，省略证明过程。适当的降低标准无可厚非，但忽略证明实不可取，而且在采推定确认因果关系时应当谨慎。对此因果关系的认定，至少应结合编造、传播虚假信息的构成要件考虑如下两个方面：一是行为本身的原因力，包括主体的影响力、传播渠道的影响力、信息内容的虚假程度、清晰程度；二是扰乱市场的后果，包括市场波动的发生、时间的关联性、无其他影响因素。

有关行为本身的原因力。首先，主体的影响力和重要性是关键因素，不仅决定主体的适格，而且影响客观行为的认定。如果主体不具备影响力，则不属规制的主体。对于影响甚微、重要程度低的主体传播的信息难以对市场产生影响，从而客观行为缺乏后果属性。不但如此，由于责任主体的身份、领域、性质、地域等因素的不同，影响力也将存在差异，例如专业媒体的影响显著大于普通个人，全国性的官媒影响力显然大于地方官媒。因此，主体的影响力很大程度决定了行为本身的原因力，是因果关系应当着重考虑的因素之一。其次，传播渠道的不同也会产生不同的影响力。例如传统的报纸、广播、电视的传播速度和广度已不如以互联网为纽带的各大新兴自媒体平台。最后，信息内容的重大性和虚假程度也

〔1〕《中国证监会行政处罚决定书（陈斌）》〔2015〕59号。

〔2〕巩海滨、张任重：《互联网时代编造传播虚假信息违法行为构成、法律责任及其规制》，载黄红元、徐明主编：《证券法苑》（第十六卷），法律出版社2015年版，第57页。

是重要的因素。重要且完全的虚假信息会影响人们的投资决策，让人们作出完全偏离客观的判断，而仅是一些无伤大雅的细节方面存在虚假或者含糊不清，对人们判断事情的主要脉络并无决定作用，所产生的影响自然更低。

有关扰乱市场的后果。首先，对市场的波动发生应考虑是否与虚假信息的传播态势高度吻合，传播越广，波动越大，则越具有因果关系。[1] 其次，应注意行为与后果的时间关联性，时间差距越紧密，则关联性越高。但是同时应考虑证券市场不同种类的证券产品自身变化的时间周期，以及信息影响的时间周期。最后，应考虑有无其他的因素，并排除相关因素的影响。在证券市场中，证券的价格是由各种因素综合而成的，包括市场的正常波动、投资者的非理性、媒体的渲染效果等方面。譬如在“曹磊案”中，难以排除是由于投资者的过激反应；在“陈斌案”中，难以排除投资者是基于对专业媒体的信赖，把媒体的筛选信息的过失责任完全归于陈斌并不恰当。因此，证券市场的波动往往不是单一的因素所影响的，在考虑因果关系时应当尤为注意剥离其他因素造成的影响，不可随意采取推定，简单地单一归因。

除此之外，证监会在适用推定时还应具体列举更多相应的推翻事由，且由其证明没有推翻推定的事由。在虚假陈述民事赔偿中，司法解释虽为保护投资者，通过推定交易上的因果关系成立来免去投资者的证明责任，但也同时规定了推翻推定的事由。[2] 积极披露义务人虚假陈述的民事赔偿案件中尚且不是无条件的推定，规定有推翻推定的事由，所谓举重以明轻，消极披露义务人编造、传播虚假信息的行政案件更应注意直接推定的限制。[3]

---

〔1〕 张治红：《编造、传播虚假信息行政处罚案例综述》，载彭冰主编：《规训资本市场》，法律出版社 2018 年版，第 324-325 页。

〔2〕 樊健：《我国证券市场虚假陈述交易上因果关系的新问题》，载《中外法学》2016 年第 6 期。最高人民法院《关于审理证券市场因虚假述引发的民事赔偿案件的若干规定》第 18 条：“投资人具有以下情形的，人民法院应当认定虚假陈述与损害结果之间存在因果关系……；（1）投资人在虚假陈述实施日及以后，至揭露日或者更正日之前买入该证券；（2）投资人在虚假陈述揭露日或者更正日及以后，因卖出该证券发生亏损，或者因持续持有该证券而产生亏损。”该条第 2 项规定推定了投资者信赖与行为人的虚假陈述，从而推定交易上因果关系的成立，而在第 19 条中列举了能够推翻前述推定的事由。

〔3〕 虚假陈述是积极披露义务，而 78 条规定是消极披露义务，对于后者的要求不应高于前者。而且行政处罚的证明标准为明显优势，民事案件的证明标准一般为高度盖然性。

三、编造传播证券虚假信息行为的量罚正当性反思

根据《证券法》第206、207条的规定，处罚的主要方式为责令改正、没收违法所得和罚款，罚款的标准为违法所得一倍以上五倍以下，没有违法所得或不足3万的处3万元以上20万元以下。在处罚的12起案件中，仅有“王之所案”具有违法所得，而其余当事人皆适用3万至20万的量罚标准。但是从下列表2中可知，除唐均特殊情况外，[1] 其余所有当事人皆被处以15万或20万元的罚款。总体上，证监会对该类案件的处罚普遍较高，区分度总体较小，基本只有较高处罚和顶格处罚两档量罚。

较高档处罚的当事人仅有4人，而主要减轻处罚的情节为三种：积极配合调查、未利用身份和非主要责任人，且主要依赖于当事人自己提出申辩。证监会主动考虑从轻、减轻情节仅在“王之所案”中有所体现，理由为积极配合调查。[2] 除此之外，对于大多数的申辩理由皆没有采纳，证监会也几乎未主动阐释相关从轻、减轻情节或在量罚中体现。

顶格档处罚是该类案件中的主要方式，占受处罚人次的2/3。量罚的主要考虑因素为当事人具有特殊身份并属职务行为，既包括媒体机构，传播媒介从业人员，也包括上市公司和高管。但是，这些案件的相关事实显然存在差异，一些案件的违法行为和危害结果并未达到顶格处罚的程度。

因此，虽然证监会处罚书中表示，根据当事人违法行为的事实、性质、情节与社会危害程度进行相关的处罚量刑，但通过梳理处罚的案例发现并不尽然，甚至在违法行为和危害结果构成要件的主要方面都未加以区分情况。

表2　2015-2018年案件处罚量刑情况表

文书号	案件简称	责任主体身份	违法形式	危害结果	具体处罚	处罚水平
〔2015〕20号	王之所案	普通网民	编造并传播	影响市场秩序、造成股价波动	没收违法所得131 132.5元，并处以131 132.5元罚款	底格处罚（1倍）

〔1〕在该案中，唐均并非案件策划人，仅是胡先林、罗雄飞找的普通网民代替发布相关的信息。

〔2〕《中国证监会行政处罚决定书（王之所）》〔2015〕20号。

续表

文书号	案件简称	责任主体身份	违法形式	危害结果	具体处罚	处罚水平
〔2015〕28号	胡先林、罗雄飞、唐均案	公司高管胡先林	编造并传播	造成股价波动	处20万元罚款(无违法所得)	顶格处罚
		公司高管罗雄飞			处20万元罚款(无违法所得)	顶格处罚
		普通网民唐均			处5万元罚款(无违法所得)	底格处罚
〔2015〕59号	陈斌案	"三一重工"员工	编造并传播	影响市场秩序、造成股价波动	处15万元罚款(无违法所得)	较高处罚
〔2016〕4号	刘钦涛案	传媒从业人员	编造并传播	影响市场秩序、造成股价波动	处15万元罚款(无违法所得)	较高处罚
〔2016〕57号	重庆云锦案	媒体机构	传播	影响市场秩序	处20万元罚款(无违法所得)	顶格处罚
〔2016〕58号	广州赢石案	网络科技公司	传播	影响市场秩序	处20万元罚款(无违法所得)	顶格处罚
〔2016〕59号	中国连锁杂志社、姜海锋案	媒体机构	编造并传播	影响市场秩序、造成股价波动	处20万元罚款(无违法所得)	顶格处罚
		杂志社员工姜海锋			处20万元罚款(无违法所得)	顶格处罚
〔2016〕113号	李辉、中融汇智案	金融公司	传播	无	处20万元罚款(无违法所得)	顶格处罚
		公司公众号总编辑李辉	编造		处20万元罚款(无违法所得)	顶格处罚
〔2016〕114号	成都每日经济新闻报社、李智案	媒体机构	传播	影响市场秩序	处20万元罚款(无违法所得)	顶格处罚
		报社员工李智			处20万元罚款(无违法所得)	顶格处罚

续表

文书号	案件简称	责任主体身份	违法形式	危害结果	具体处罚	处罚水平
〔2016〕115号	王先春案	证券首席策略师	传播	影响市场秩序	处15万元罚款(无违法所得)	较高处罚
〔2016〕139号	浦俊懿、郑奇威案	证券从业人员	信息误导	造成股价波动	浦俊懿处20万元罚款(无违法所得)	顶格处罚
					郑奇威处15万元罚款(无违法所得)	较高处罚
〔2018〕7号	曹磊案	传媒从业人员	编造并传播	造成股价波动	处20万元罚款(无违法所得)	顶格处罚

首先，对于具有特殊主体而言，应当区分个人行为和职务行为。个人行为较之职务行为在影响力和公信力上都相去甚远，行为的性质和所能产生的社会危害也没有职务行为严重。故在量罚上个人行为要和职务有所区分，适当从轻或减轻处罚。但是，从表2中可以看到，证监会并未区别行为的性质和情节，在量罚上也没有酌情减少罚款，而是所有行为都近乎处以顶格罚款，这显然不恰当。

其次，在行为的违法程度和严重性上，编造且传播与仅具有编造或传播之间显然并不相同。尤其传播行为在主观恶意上明显较弱，常常不具主观故意。如在“每日经济新闻案”中，当事人没有编造传闻，仅是将传闻转述且进行了评论，并指明消息属传闻，根本不具有主观恶意。即便如证监会处罚书中所言媒体不得发布存疑未经核实的稿件，不得依据传闻制造新闻，〔1〕其也仅是未尽到合理的注意义务，并不具有顶格处罚的严重性。况且，媒体虽然在传播信息时负有审慎义务，但即使是专业的媒体机构也难以保证其所传播的信息是绝对真实和客观的，〔2〕信息时效性的要求难免会使媒体在传播时出现疏忽，此种传播行为较之编造行为显然更不具当罚性。因此，证监会量罚时不仅应在只有编造或传播行为和兼具二者行为之间有所区分，而且在传播和编造的量罚上也应当体现区别。

最后，在危害后果方面，证监会认定的结果主要有影响证券市场秩序和造成

---

〔1〕《中国证监会行政处罚决定书（成都每日经济新闻报社有限公司、李智）》〔2016〕114号。

〔2〕胡菡菡：《略论新闻媒体监督证券市场的法律限制和保障》，载《新闻与法律》2010年第10期。

股价异常波动。从表2中可以看到，有些案件同时造成了两项的结果，而有些案件仅造成了一项结果，但在量罚上却没有区别。特别是在“中融汇智案”中，证监会在处罚书中并没认定任何产生的危害结果，[1] 但量罚上却与造成两项结果的案件相同，都处以顶格罚款。尚且不论没有危害结果处罚是否合理，至少这种量罚方式是不恰当的。案件的量罚首先应区分不同方面结果的严重程度，然后根据产生多少项结果进行叠加判断整个案件结果的危害程度，再处以与其危害程度相当的量罚。例如，如果认为造成股价的波动较之影响市场秩序更为严重，相关结果的程度由重至轻的排序则为：两项兼具、造成股价波动、影响市场秩序、无结果。除此之外，在各项结果内部也应当有所区分。例如在影响市场秩序方面，需要证监会出面澄清应比需要上市公司澄清的更为严重；在造成股价波动方面，造成整个大盘或板块偏离、股票价格的偏离程度高的应比造成个股、偏离程度低的更为严重。

证监会的这种笼统和粗糙的量罚方式并不符合过罚相当原则，该原则是行政法中的法定原则。[2] 过罚相当原则最为重要的判断标准之一即为比例原则，而比例原则的三大构成要件为必要性、适当性和均衡性。[3] 具体到证监会对该类案件的行政处罚中，首先处罚应当必要。若当事人情节轻微，未造成危害后果，并积极改正的，可不予处罚的则不必要处罚，警告或者责令改正即可则不必处以罚金。仍以“中融汇智案”为例，李辉撰写的文章即使存在曲解信息的后果，其行为的情节和性质也尚属轻微，社会危害程度小，责令改正即可，并无必要对其处以罚款，且还是顶格罚款。其次，处罚必须适当。对于当事人的处罚应当根据其违法行为和危害后果综合考虑确定适当的处罚，做到对当事人造成的损失最小且能够实现处罚的目的，显然证监会笼统的处以较高或顶格的罚款并未做到适当性。最后，处罚应均衡处罚行为所侵害的相对人权益与所维护的公共利益。[4]

---

〔1〕《中国证监会行政处罚决定书（李辉、中融汇智金融服务（上海）有限公司）》〔2016〕113号。

〔2〕该原则规定于《行政处罚法》第4条第2款，即“设定和实施行政处罚必须以事实为依据，与违法行为的事实、性质、情节以及社会危害程度相当”。

〔3〕杨登峰、李晴：《行政处罚中比例原则与过罚相当原则的关系之辨》，载《交大法学》2017年第4期。

〔4〕杨登峰、李晴：《行政处罚中比例原则与过罚相当原则的关系之辨》，载《交大法学》2017年第4期。

因此，虽然证监会在处罚中区分了不同的行为和结果，但在量罚时无疑没有做到处罚与当事人违法行为的事实、性质、情节和社会危害程度相当。这种对违法行为不加区分一律重罚的方式既难以实现处罚与教育相结合的行政目的，又损害了当事人的合法权益，有违公平正义，已然违反了过罚相当原则。

四、代结语：反思证监会的运动式执法

本文通过梳理分析2015年以来证监会处罚编造、传播虚假信息行为的案件，可以发现，证监会对《证券法》第78条规定的适用，对编造、传播虚假信息行为的认定总体上显得粗糙和武断。在法律适用上，证监会理应依从法律规定，合理地理解法律用以涵摄案件事实，但是在执法中却本末倒置，常为案件的处罚需要扩大法律概念，扩张了监管的主体和内容。在具体的裁量中，证监会理应对不确定的概念以及抽象的、模糊的标准，进行类型化、具体化，推动法律体系的完善。但在执法中却常因标准的缺失对此进行模糊处理，或者不予考虑，许多案件皆有裁量不公，处罚不当的问题。

证监会这种集中处理严厉打击的运动式执法方式，在问题泛滥时确实具有震慑作用，能取得一定成效，所谓“乱世需用重典，矫枉必须过正”。[1] 但长期来看，这种意图控制信息源，通过处罚信息发布者来树立典型、杀一儆百的监管方式存在许多弊端。一方面，过罚不当不仅对被处罚者不公正，有违法律面前人人平等的原则，而且达不到根本的解决效果，仅能短暂遏制当前的态势。另一方面，证监会的这种处罚并不能起到保护投资者的作用，反而会使投资者产生其他未被处罚的非正式披露的信息皆为真实的认识偏差，加剧投资者对非正式披露的信息的信赖，从而助长偏好投机、盲目跟风的不良风气，影响证券市场的良性发展。

理性的证券投资者理应更加注重官方的、正式的、法定的信息披露，而不是偏好听信所谓的小道消息、“内幕消息”等容易被错误引导的信息。当然，造成证券市场的这种不良氛围的部分原因是积极披露义务人未尽披露义务，以及相关的披露渠道和方式不够完善。因此，证监会的监管思路应更加注重积极披露的完善和监管，引导投资者注重上市公司和有关部门正式披露的信息，并据此作出理

---

〔1〕 彭冰：《重新定性“老鼠仓”——运动式证券监管反思》，载《清华法学》2018年第6期。

性的、最优的投资决策，从而通过投资者需求敦促上市公司积极履行披露义务，形成良性循环。

当前新兴媒体的发展，信息也越来越纷繁复杂，自媒体的发展也让许多非官方的信息未经相关的审核便公之于众，因此对于虚假信息的监管确实是一大难题，证监会加强此类案件的监管无可厚非。但是证监会适用法律、认定事实和处罚量罚上尚显不足，在监管方式上对证券虚假信息的规制原理还缺乏准确的理解和把握，不仅对证券市场的长远发展缺乏规范和指引作用，而且还有矫枉过正、越权监管之嫌。

因此，在现今案件多发态势得到遏制时，证监会和我们都应当反思：如何更好地规制因网络媒体和自媒体发展日益复杂的责任主体，尤其对于参与信息传播的普通个体和自媒体责任人该如何区分认定；如何更好地保障和规制网络言论，编造虚假信息与言论自由的边界该怎样界定；如何量罚可以更好地兼顾当事人的个人权益和证券市场的公共利益，从而更加有效地规制证券市场的虚假信息；以及证券执法究竟应以何种监管方式和思路，方能促进证券市场更加稳定和良好地发展。

（初审：张玉燕）

违规举牌的行为定性及规制体系探究

王跃东*

内容提要：违规举牌行为对被举牌公司及其股东、证券市场秩序都造成了严重的侵害，但目前证监会采取的以《证券法》第193条为主的规制手段无法进行有效规制，受侵害者的民事诉求也无法得到支持。内幕交易规制路径并不能适用于违规举牌行为，现行框架下要求违规举牌者承担“诱空型”虚假陈述的赔偿责任较为行之有效。借助《证券法》修订契机，应当加重违规举牌者的行政责任，采取责令限期售出违规持有股票并在此期限内限制其表决权、提高罚款金额或设置比例罚款，同时，违规举牌者的行政责任不能替代民事责任，应当通过指导性案例、司法解释的形式固化“诱空型”虚假陈述的民事赔偿责任，在法律明确规定限制违规举牌者表决权情况下，允许公司章程对此作出规定，并采用章程指引的方式对被举牌公司的反收购活动进行指引。

关键词：违规举牌　信息披露义务　慢走规则　内幕交易　“诱空型”虚假陈述

一、问题的提出

（一）证券市场违规举牌的现状

违规举牌，是指证券市场投资者在二级市场大规模增持股票时违反《证券法》第86条规定的信息披露义务和慢走规则的行为。这里的信息披露义务是指

* 王跃东，北京大学法学院2019级法律硕士研究生。

投资者在单独或合计持有一个上市公司股份达5%时，及其后每增减持股份达5%时应当及时披露信息，慢走规则是指在上述信息披露期间及其后的一定期限不得买卖该公司股票的规则。[1]

该条规定的目的是为了规制二级市场上大规模增持股票的行为，而此类行为又往往伴随着对上市公司的收购，因而我国《证券法》将其放置在“上市公司的收购”一章进行规定。自2014年以来，我国证券市场上出现了一股“违规举牌”的乱象，众多意图以较低成本收购上市公司的投资者纷纷如法炮制，被举牌公司也不甘示弱，一时间，公司章程的各类反收购条款也层出不穷，围绕违规举牌的诉讼迭起。据不完全统计，A股违规举牌案例已达30余起，其中较为典型的有胡氏兄弟举牌西藏旅游、王斌忠等人举牌上海ST新梅、京基集团举牌深圳康达尔集团、宝能集团举牌万科公司。这些举牌人在短时间内大量增持被举牌公司股份，致使其大股东和管理层缺乏足够的反应时间，等到举牌人披露时，公司大股东地位早已易手，公司的控制权往往受到威胁。直至今日，违规举牌乱象非但没有得到有效制止，反而有愈演愈烈之势。

（二）现有规制体系严重缺失

1. 违规举牌对被举牌公司及证券市场造成严重侵害

（1）举牌人的行为严重侵害了被举牌公司及其股东的合法权益。《证券法》第86条规定的信息披露义务和慢走规则的初衷是为了“使投资者大量买卖上市公司股票的节奏受到限制，有利于使中小股东、其他投资者及上市公司本身作出相应反应，从而维护其权益。”[2] 同时，“强制性大额持股披露要求已被认为是一项重要的促进良好公司治理的工具，其有助于市场和监管者对已经或将要对公司治理产生影响的当事人了然于胸，投资者亦能据此了解即将到来的重要股东的

---

[1] 《证券法》第86条规定：“通过证券交易所的证券交易，投资者持有或者通过协议、其他安排与他人共同持有一个上市公司已发行的股份达到5%时，应当在该事实发生之日起3日内，向国务院证券监督管理机构、证券交易所作出书面报告，通知该上市公司，并予公告；在上述期限内，不得再行买卖该上市公司的股票。投资者持有或者通过协议、其他安排与他人共同持有一个上市公司已发行的股份达到5%后，其所持该上市公司已发行的股份比例每增加或者减少5%，应当依照前款规定进行报告和公告。在报告期限内和作出报告、公告后2日内，不得再行买卖该上市公司的股票。”其中的公告、报告等义务即信息披露义务，而在一定期限内不得买卖该公司股票的规定则被称为慢走规则。

[2] 范健、王建文：《商法学》，法律出版社2015年版，第300页。

信息。"[1] 但违规举牌正是对于信息披露义务的违反，使得中小股东、其他投资者和上市公司无法及时了解大额持股这一重要信息，侵害了被举牌公司的知情权。同时，被举牌公司股东"因为不知情、信息不充足，不能在此基础上分析股票交易行为，也无法判断上市公司面临的形势和公司股票价格可能出现的新情况，继而无法决定是否继续持有、增持或者卖出该公司的股票。"[2] 在此种情况下，违规举牌者可以利用信息优势低价买入股票，被举牌公司股东却可能遭受损失，使得被举牌公司股东的知情权受到损害，也对股东和投资者在证券市场中公平交易的机会造成了损害。

（2）违规举牌对证券市场的收购秩序造成了侵害。上市公司收购活动以及与之相关的活动是证券市场最为重要的活动之一，正是由于其重要性，《证券法》对上市公司收购活动以专章进行了规定，以保证收购活动的有序开展，而违规举牌行为严重扰乱了这一秩序。在现行法律框架内，由于违规举牌只需要承担最高60万元的罚款，却可以以较低价格快速大额持有上市公司股份，规避了正常情况下大额增持股票引发的股价上涨，还可以取得被举牌公司控制权，违法成本低廉而收益颇丰。正因为如此，自2014年始，A股市场出现大量违规举牌者，所涉资金动辄以亿万计，不但对被举牌公司的合法权益造成了损害，还导致A股市场股权结构分散的公司人心惶惶、人人自危。

为对抗频繁发生的违规举牌，A股市场的上市公司纷纷制定各种各样的反收购条款以自保，其中不乏通过修改章程明显剥夺股东权利、降低信息披露所要求的持股比例，限制违规举牌者行使股东权利等违反《公司法》《证券法》的条款。这些反收购条款过分关注管理层利益，损害了中小投资者利益，过分关注公司自身利益而损害了已经成为公司股东的举牌者的利益，阻碍了证券市场收购活动的正常进行。同时，针对违规举牌的诉讼也频发，涉诉公司的内部治理和正常运行也受到了影响，相应的股价也呈现了大幅波动，以上现象都不利于证券市场的平稳运行。

"据统计，2014年至2016年11月底，A股共127家上市公司被"举牌"256

---

〔1〕 解正山：《大额持股披露义务规制》，载《现代法学》2018年第3期。

〔2〕 莫壮弥：《试析违反权益披露义务的法律责任》，载《金融法苑》2016年第2辑。

次。其中，2014 年仅 3 次，2015 年 156 次，2016 年 97 次。”[1] 而仅 2017 年，通过修改章程设置反收购条款的公司就多达 194 家，占 A 股上市公司总数的 6.5%。这种违规举牌行为与随之而来的颇具争议的反收购活动，对证券市场的现有收购秩序造成了极大的冲击，无论对上市公司、投资者还是证券监督机构都提出了严重的挑战，极大地损害了上市公司收购活动的正常秩序，进而损害到整个证券市场的秩序。

2. 实践中的行政处罚与民事途径不能有效制止违规举牌行为

（1）监管机关作出的行政处罚不足以规制违规举牌者。违规举牌行为事实上违反了信息披露义务和慢走规则两项义务，但《证券法》中仅规定了违反信息披露义务的法律责任，却并未明确规定违反慢走规则的责任，存在法律漏洞。如表 1 所示，对于违反《证券法》第 86 条的违规举牌行为，证监会采用的大都是《证券法》第 193 条规定的“责令改正，给予警告，并处以 30 万元以上 60 万元以下的罚款”的行政处罚，其中，责令改正的要求即补充信息披露，这一点从体系解释即可以得出。因为责令改正的本意是指行政主体责令违法行为人停止和纠正违法行为，以恢复原状，维持法定的秩序或者状态。《证券法》第 193 条规定的是违反信息披露义务的法律责任，信息披露义务设置的目的是为了给投资者提供更多的决策依据，因而，对于违反信息披露义务的行为，通过补充信息披露就可以达到停止纠正违法行为的目的，以往证监会作出的行政处罚中也印证了这一点。而警告和最高额 60 万元的罚款相对于违规者的举牌金额来说更是不值一提。有学者提出应当适用《证券法》第 213 条[2]规定的针对收购人的“责令改正”，这里的责令改正应当包括责令违反信息披露义务的收购人卖出超额增持的股票。但且不论实践中证监会对于违规举牌者并不依据《证券法》第 213 条进行规制，即使适用该条条款，也不会出现要求违规举牌者减持股票的结果。因为从该条款的前后文来看，“在改正前，收购人对其收购或者通过协议、其他安排与他人共同收购的股份不得行使表决权”，言外之意即改正后就可以行使，而行使

[1] 解正山：《大额持股披露义务规制》，载《现代法学》2018 年第 3 期。

[2] 《证券法》第 213 条：“收购人未按照本法规定履行上市公司收购的公告、发出收购要约等义务的，责令改正，给予警告，并处以 10 万元以上 30 万元以下的罚款；在改正前，收购人对其收购或者通过协议、其他安排与他人共同收购的股份不得行使表决权。对直接负责的主管人员和其他直接责任人员给予警告，并处以 3 万元以上 30 万元以下的罚款。”

表决权必须以实际持有股份为前提，可见《证券法》第213条并不要求违规者卖出违规持有的股票。由此可见，现有的行政责任并不足以制止违规者的违法行为，反而成为了违规者借以拒绝承担其他法律责任的挡箭牌。

（2）违规举牌者的民事责任较难追究。除行政责任以外，当事人只有以民事手段来维护自身的权益，但从现实情况来看，被举牌公司或其大股东要求违规举牌者承担民事责任的诉求大多没有得到法院支持。现实中要求违规者承担民事责任的途径不外乎两种：其一，诉请法院确认违规增持的股票交易行为无效，从而实现要求举牌人减持股票至5%以下的目的，并请求法院限制其股东权利，如上海新梅案。其二，通过公司内部决议要求违规举牌者减持股票，同时限制其表决权，如康达尔案。其中前一种方法依据的是《民法总则》规定的民事法律行为无效〔1〕的原理，且不说《证券法》第86条仅为管理性强制性规定，违反其并不会导致法律行为无效，即使存在违反效力性规定的情形，根据《证券法》第120条规定的交易结果恒定原则，依照交易规则进行的交易，交易结果不得改变，由于特别法优先于一般法，因而相比于《民法总则》的规定，仍应当优先适用此条规定，则违规举牌的交易行为有效，受侵害人要求确认结果无效的诉请依然不能得到支持。〔2〕而第二种通过公司内部决议的方法，且不论要求举牌人减持股份的决议能否得到执行，就其在股份有限公司内部通过决议限制股东的表决权这一固有权利以及强制股东减持股票，就已经构成决议无效的事由，决议无效则自始不能发生效力，遑论以此追究违规者的责任。〔3〕可见，现有的追究举牌人民事责任的方法并不可行，也难以获得支持。

---

〔1〕《民法总则》第153条："违反法律、行政法规的强制性规定的民事法律行为无效，但是该强制性规定不导致该民事法律行为无效的除外……"

〔2〕参见上海市第一中级人民法院：（2015）沪一中民六（商）初字第66号民事判决书。

〔3〕参见深圳市中级人民法院：（2016）粤03民辖终403号民事判决书。

表1　2014年以来A股市场违规举牌现状及处理结果

举牌人	被举牌公司	举牌时间	违规行为	处罚结果	被举牌公司反应	法院裁决结果
胡氏兄弟	西藏旅游	2015年10月	违反信息披露义务、慢走规则	上交所对其通报批评，记入诚信档案	诉至法院，要求限制股东权利	双方达成调解，举牌人股东权利受限
王斌忠	上海ST新梅	2013年7月—2013年11月	违反信息披露义务、慢走规则	证监会对其责令改正，给予警告，并处以30万元罚款	诉至法院，要求确认交易结果无效，减持股份	驳回起诉
林志	康达尔集团	2013年9月—2014年3月	违反信息披露义务、慢走规则	证监会对其责令改正，给予警告，并处以60万元罚款	通过董事会决议，要求限制举牌人表决权，上缴违法所得，减持股份 林志诉至法院，要求确认决议无效	确认康达尔集团董事会决议无效
宝能集团	万科公司	2015年7月—2015年12月	违反信息披露义务、慢走规则	保监会对前海人寿处以80万元罚款，对其董事长采取市场禁入措施	定向增资，工会诉至法院，要求确认交易结果无效	万科工会撤诉

二、违规举牌的行为定性及现行法律框架下规制路径探析

正所谓：“名正则言顺”。要想追究违规举牌这一行为的法律责任，就要对其进行定性处理，以确定义务来源。在此基础上，方能提出合乎证券法规则的规制路径。对于违规举牌行为，无论是在证监会的执法实践中还是立法本意上，均

按照违反《证券法》第 86 条规定的信息披露义务和慢走规则的行为进行定性，在法律责任上主要适用《证券法》第 193 条规定的虚假陈述的法律责任，偶有结合《证券法》第 204 条对于在禁止买卖期内转让证券的法律责任，[1] 但尚未有适用《证券法》第 213 条进行行政处罚的案例。有学者提出该行为构成内幕交易，应当要求其承担内幕交易的法律责任，也有学者提出以诱空型虚假陈述要求承担民事赔偿责任，以下仅就这两个问题进行探讨。

（一）违规举牌不适用内幕交易规制路径

认为违规举牌行为构成内幕交易的学者主要有陈洁教授，其依据为《证券法》第 74-76 条，根据证监会施行的《中国证券监督管理委员会内幕交易行为认定指引（试行）》第 2 条规定的内幕交易的三个构成要件——行为人是内幕信息知情人、存在内幕信息、行为人利用内幕信息买卖了相关证券。而违规举牌行为完全符合上述要件，因而应当被认定为内幕交易。[2] 其一，违规举牌人在首次持股达到 5%时，就属于《证券法》第 74 条规定的“持有公司 5%以上股份的股东”，符合内幕信息知情人的主体要件。其二，举牌人自身大量增持股票这一信息属于《上市公司信息披露管理办法》第 46 条“持有公司 5%以上股份的股东或者实际控制人，其持有股份或者控制公司的情况发生重大变化”，陈洁教授提出：在投资者持股 5%以后，增减持数量达到或超过公司股份总数的 1%时将之认定为“较大变化”是可行方案。因而，违规举牌者自身持股情况的变化只要超过被举牌公司股份 1%，这一信息即属于此条规定的内幕信息，而现实中违规举牌超额持股至少达被举牌公司 5%，完全满足内幕信息的构成要件。其三，违规增持者在大规模增持后必须再从事至少一次的交易，才构成内幕交易。根据前述《内幕交易认定指引》第 10 条的规定，从内幕信息形成之日起至内幕信息公开或该信息对证券的交易价格显著影响时止，为内幕信息的价格敏感期。在价格敏感期内实施买卖股票的行为，才构成内幕交易。因而，举牌人在大规模持股

---

〔1〕 证监会在对董传文违反《证券法》第 86 条规定超比例减持一案进行处罚时，就同时适用了《证券法》第 193 条和第 204 条，对董传文处以 40 万元罚款，对华仁世纪集团处以 1300 万元罚款，并对二者处以警告，参见中国证监会〔2015〕51 号行政处罚决定书（华仁世纪集团有限公司、董传文）。

〔2〕 参见陈建清：《上市公司反收购法律制度刍议》，载《福建论坛（人文社会科学版）》2007 年第 6 期。

之后不进行公告，此时内幕信息形成，从形成之日至揭露之日为内幕信息敏感期，在此期间再次买卖股票才构成内幕交易。最后，对于如何理解《证券法》第76条第2款规定的“持有或通过协议、其他安排与他人共同持有公司5%以上股份的自然人、法人、其他组织收购上市公司的股份，本法另有规定的，适用其规定”。陈洁教授认为，《证券法》第76条的“另有规定”之意是指投资者既不得进行内幕交易，同时也要遵守《证券法》第86条规定的信息披露义务和慢走规则，“若以收购为由就可以豁免这些义务，是对收购制度更是对作为证券法基石的信息披露制度的误解。”〔1〕

但以上观点无论从法律解释上，还是执法实践中，都无法得到支持。

第一，将违规举牌的行为定性为内幕交易有违《证券法》的立法本意。由于上市公司收购一般会为目标公司和收购人都带来好处，也有利于促进企业之间的竞争和资本市场的活跃，因而对于收购这一行为，证券法向来持一种鼓励的态度。而内幕交易行为则是指“从事交易的一方知道某种影响价格的重要信息，在社会公众和交易对方都不知情的情况下买卖证券，从中牟利”。〔2〕内幕交易会严重侵害交易对手方的权益和证券市场的秩序，因而对于内幕交易行为，证券法采取一种严格禁止的态度，并对违法进行内幕交易者追究严格的法律责任。可见，立法者在对两类行为的态度上截然相反，一为鼓励，一为禁止，若将前者放置于后者规制的范畴之内，显然属于南辕北辙。

况且，内幕交易分为广义和狭义，广义的内幕交易是指一切利用某种影响证券价格的信息，在社会公众和交易对方都不知情的情况下买卖证券的行为，而狭义的内幕交易则是指我国《证券法》第74—76条规定的内幕交易。对于是否应当禁止广义的内幕交易行为，各国立法本就存在争议，不乏认可内幕交易合法的国家，我国虽然将内幕交易列为禁止的交易类型，但《证券法》第74—76条所规定的，只是众多内幕交易情形中的一种，属于较为严重和典型的内幕交易，也可以理解为狭义的内幕交易，而对其他存在利用未公开信息牟利的行为则不予禁止。可见，法律对于内幕交易的禁止是存在谦抑的，对于上市公司收购而言，即使符合内幕交易的构成要件，由于其不属于狭义的内幕交易，也不应当将其认定

〔1〕陈建清：《上市公司反收购法律制度刍议》，载《福建论坛（人文社会科学版）》2007年第6期。

〔2〕朱锦清：《证券法学》，北京大学出版社2011年版，第200页。

为内幕交易，否则不免有扩大法定禁止的内幕交易的外延之嫌。

第二，上市公司收购中所涉及的内幕信息已为《证券法》第 86 条第 2 款豁免。首先，在事实上，“另有规定”在我国法律体系中出现的意思基本都是排除本条规定之意。《证券法》中共出现了 4 次另有规定，分别是第 2 条、第 6 条、第 76 条和第 166 条[1]，其中除第 76 条外其他 3 条的“另有规定”都是指排除本条的规定而适用所指向的规定，从而豁免行为人依照原规定应尽的义务，与《证券法》同在 2005 年大修的《公司法》中出现的 12 处“另有规定”也是同样的意思，仅从立法用语的一致性来看，此处的另有规定，也应当理解为豁免上市公司收购中涉及的内幕信息的除外规定。

其次，最高院和最高检 2012 年发布的《关于办理内幕交易、泄露内幕信息刑事案件具体应用法律若干问题的解释》第 4 条规定：“具有下列情形之一的，不属于《刑法》第 180 条第 1 款规定的从事与内幕信息有关的证券、期货交易”，其中第一项即为“持有或者通过协议、其他安排与他人共同持有上市公司 5%以上股份的自然人、法人或者其他组织收购该上市公司股份的。”此项解释虽然属于刑事司法解释，但其对于上市公司收购不属于内幕交易行为的态度十分明确，可以从侧面佐证收购与内幕交易的关系。

最后，《证券法》第 86 条第 2 款的“另有规定”，其目的正是考虑到在收购上市公司活动中，持股人自身持股的信息会构成对公司证券价格有重大影响且未公开的信息，可能构成内幕交易，但违规举牌和内幕交易虽然在表现上均为隐瞒重大信息，且二者对于证券市场的影响截然不同，因而制定了“除外情形”，这才是“另有规定”的本意。而且既然是除外情形，那么即使举牌人违反了《证券法》第 86 条的规定，也只能依照第 86 条所对应的法律责任来规制，而不能认为如果违反第 86 条的规定，那么就不属于除外情形，而要求对其适用内幕交易的法律后果。这样一来，又会出现新的问题，即举牌人自始至终都只实施了同一增持行为，却要承担两种评价，也就是既构成虚假陈述，又构成内幕交易，反而加重了收购人的法律责任，甚至有可能引发“一事二罚”的尴尬处境。

---

〔1〕《证券法》第 2 条：“……政府债券、证券投资基金份额的上市交易，适用本法；其他法律、行政法规另有规定的，适用其规定。”第 6 条：“证券业和银行业、信托业、保险业实行分业经营、分业管理，证券公司与银行、信托、保险业务机构分别设立。国家另有规定的除外。”第 166 条：“……投资者申请开立账户，必须持有证明中国公民身份或者中国法人资格的合法证件。国家另有规定的除外。”

第三，内幕交易规制路径在执法实践中也很难落实。诚如前述学者所言，违规举牌构成内幕交易，但还需要满足一个前提，即举牌人在大规模增持股票后还需再增持一次该公司股票才构成内幕交易，因为必须给内幕信息敏感期创造空间，不然无法坐实内幕交易。此种说法听起来便有一种“莫须有”的感觉。因为举牌人在增持股票过程中，无论是否停顿，其行为都是同一性质的，并不会因为停顿而产生实质性的改变，其行为自增持开始至结束始终是一个连贯的整体，无论期间是否会形成“内幕信息”，增持行为都不会因此开始或中断，简言之，收购人的买卖证券行为与所谓的内幕信息无关。况且证券价格具有极强的时效性，大部分举牌人在购买股票时几乎都选择一次性增持到底，不会在中途进行停顿，给所谓的内幕信息一个“发酵期”。如若按照前述观点，对于一次性增持到底的行为反而不构成内幕交易，而中途进行停顿后只要稍作增持即构成内幕交易，颇有“窃钩者诛，窃国者诸侯”的意味。[1]

当然，也有学者认为即使举牌人只实施了一次增持行为，也构成内幕交易，此时的内幕信息即其自身意图大量购买上市公司股份的这一信息构成“上市公司股权结构的重大变化”，或者其自身持股从 0 到 5%这一信息。[2] 但这样的思路也存在问题，因为常规的内幕交易应当是行为人先符合内幕信息知情人的情形，而后内幕信息才出现，因而内幕信息知情人要在内幕信息出现时及时披露。但违规举牌人是先存在内幕信息，而后在自身不断增持过程中变为内幕信息知情人，此种判定也有悖于常理。

况且对于违规举牌，证监会从未以内幕交易为名进行处罚，可见，内幕交易的规制路径并不受到监管机关的认同。综上所述，对违规举牌采用内幕交易的路径规制，既违背立法本意，在执法中也较难实施，此种路径实为不可取。对于违规举牌行为，其性质仍旧属于违反信息披露义务和慢走规则的违法行为，对其的规制也应当在《证券法》第 86 条的框架内探讨。

（二）以虚假陈述民事责任规制违规举牌较为可行

《最高人民法院关于审理证券市场因虚假陈述引发的民事赔偿案件的若干规

---

〔1〕 莫壮弥：《试析违反权益披露义务的法律责任》，载《金融法苑》2016 年第 2 辑。

〔2〕 参见王建文：《我国公司章程反收购条款：制度空间与适用方法》，载《法学评论》2007 年第 2 期。

定》[法释（2003）2号] 第17条规定："证券市场虚假陈述，是指信息披露义务人违反证券法律规定，在证券发行或者交易过程中，对重大事件做出违背事实真相的虚假记载、误导性陈述，或者在披露信息时发生重大遗漏、不正当披露信息的行为。对于重大事件，应当结合《证券法》第59条、第60条、第61条、第62条、第72条及相关规定的内容认定……不正当披露，是指信息披露义务人未在适当期限内或者未以法定方式公开披露应当披露的信息。"由此可知，构成虚假陈述的要件主要包括：①行为人是信息披露义务人，负有法律规定的信息披露义务；②行为人实施了虚假记载、误导性陈述、重大遗漏或者不正当披露的行为；③该行为所设信息为重大事件。

就违规举牌这一行为而言，首先，该行为的实施者恰好是持有上市公司股份达到5%的投资者，根据《证券法》第86条的规定，属于负有法定披露义务的信息披露义务人；其次，《证券法》第86条规定投资者持有上市公司股份首次达到5%及其后每增持股份达到5%时均应当进行信息披露，而违规举牌者未在规定时间进行披露的行为属于前述司法解释第17条规定的不正当披露；最后，违规举牌者未披露的信息是其自身持股达到上市公司5%以上及其继续大额增持的信息，在一个上市公司中，持股达到5%以上股东的持股情况发生重大变化在《证券法》第67条即被规定为重大事件，同时也是《证券法》第75条规定的内幕信息，可见该信息已经属于"重大事件"。综上所述，违规举牌符合虚假陈述的构成要件，构成虚假陈述。而虚假陈述根据所涉及信息的类型又可以分为"诱多型"和"诱空型"两类虚假陈述。"诱空型"虚假陈述是指故意隐瞒证券市场重大利好消息的虚假陈述，行为人诱使投资者在股价相对低位时卖出而遭受损失，属于一种不作为的违法行为。违规举牌者违反信息披露义务，隐瞒自己大额增持被举牌公司股票（重大利好消息）的行为属于"诱空型"虚假陈述。

《证券法》第120条规定："对交易中违规交易者应负的民事责任不得免除"，这条虽然只是原则性的规定，但已经足够作为追究虚假陈述者民事赔偿责任的依据。"在法律对如何承担民事责任没有明确规定的情况下，就其民事责任承担方式仍然可以根据《民法总则》、《侵权责任法》以及《最高人民法院关于审理证券市场因虚假陈述引发的民事赔偿案件的若干规定》（下称《若干规定》）等基本法律和相关法规、司法解释等来进行认定。"[1] 根据以上法律规定，违规举牌者的行为侵害了被举牌公司的知情权，以及该公司股东的知情权，使得投资者在公司股票价格上涨前以低价卖出了股票，应当对这部分投资者承担侵权责任。

根据《最高人民法院关于审理证券市场因虚假陈述引发的民事赔偿案件的若干规定》归纳可知，"虚假陈述侵权责任的构成要件包括：①加害人存在虚假陈述行为；②加害人是具有信息披露义务的人；③虚假陈述行为发生在证券发行或者交易过程中；④受害人遭受了可救济的损失；⑤加害人的虚假陈述行为与受害人的损失之间存在因果关系；⑥加害人主观存在过错。"[2] 其中前两个要件已经在上文中论述过，至于第三个要件发生在交易过程中，违规举牌系在举牌者买入证券时发生的，当然符合这一要件，不再赘述。以下将对后三个要件论述：

首先，被举牌公司的股东存在可救济的损失，该损失为股东在不知晓大额持股信息时卖出股票而未能享受到其后股价上涨带来的可得利益。在一个有效市场中，大规模增持一个上市公司股票的信息无疑属于利好消息，市场在接受这一消息后股价会迅速上涨。但投资者由于大额持股信息披露义务人未依法进行披露而导致知情权丧失，无法判断在何时应当买入或者卖出手中的证券，"违法行为人因其不正当披露使出卖人在不知晓该信息的情况下卖出了股票，就可能使出卖人失去了因股票上涨所获得的利益，其应该得到的利益没有得到，进而形成了损失，只不过出卖人的这种损失是可得利益的损失。"[3] 因而在虚假陈述实施日之后揭露日之前卖出股票的投资者由于卖出时正处在相对较低的价位，无从享受本应享受的公司股价的上涨利益，因而遭受损失。而卖出股票时的股价与正常上涨后的股价之间的差价，就是被举牌公司股东产生的损失。

其次，违规举牌者的违法行为与投资者的损害结果存在因果关系。事实上，对于违规举牌者民事赔偿责任的追究，最为困难的当属因果关系的认定。由于举牌人实施的是"诱空型"虚假陈述，而最高院颁布的《若干规定》只规定了"诱多型"虚假陈述的因果关系认定规则，没有规定"诱空型"虚假陈述因果关系的认定规则，因而在司法实践中，对于以"诱空型"虚假陈述为由提起的要

---

〔1〕 李振涛：《我国上市公司大额持股变动的法律责任探析》，载《法律适用》2016年第1期。

〔2〕 廖升：《虚假陈述侵权责任之侵权行为认定》，载《法学家》2017年第1期。

〔3〕 陈洁：《违规大规模增持股票行为的定性及惩处机制的完善》，载《法学》2016年第9期。

求虚假陈述人承担民事赔偿责任的案例，大多被以不具备因果关系为由认定不构成侵权责任。但实践中并非没有案例支撑，在广东高院作出的“彩虹精化”一案的判决书中，就明确界定了两类虚假陈述构成要件的区别，同时给出了认定“诱空型”虚假陈述因果关系的规则：“在虚假陈述行为实施日前即持有，并在虚假陈述行为实施日后、揭示日（揭露日或更正日，下同）前卖出股票而发生亏损的投资者，将因没有享受到本应享有的信息红利而受到利益损害，故该部分投资者的前述损失与虚假陈述行为有因果关系，可以要求行为人赔偿。”[1] 我国在认定证券市场虚假陈述的因果关系时，本就采用信赖推定原则，[2] 即如果虚假陈述涉及的信息足以使投资者产生信赖并做出一定的行为，就可以认定投资者的行为与此种虚假陈述存在因果关系。违规举牌人所隐瞒的利好消息足以影响投资者的买卖行为，如果举牌人依法及时披露，则投资人在披露后卖出证券，就能享受股价正常上涨的红利，二者存在信赖关系，构成推定的因果关系。对应至违规举牌对于投资者造成的损失，投资人所持有的股票均为在虚假陈述日实施日之前买入，且在揭露日之前卖出，因而符合此类虚假陈述的因果关系。

最后，违规举牌人存在主观过错。《证券法》第86条规定的信息披露义务和慢走规则是证券市场进行大额交易必须遵守的法则，也是每一个大额证券市场投资者应当知道的规则。举牌人以不熟悉规则为由进行抗辩的理由显然不能成立。举牌者之所以违规举牌，目的就是趁被举牌公司不备，快速且低成本的购买其股票，其主观过错不言而喻。

综上，违规举牌者的行为属于虚假陈述，满足虚假陈述侵权责任的构成要件，构成对被举牌公司股东的侵权，并且造成了实际损失，应当承担赔偿责任。被侵害的股东可以采用单独起诉或代表人诉讼的方式，追究违规举牌人的民事责任。

通过上述论述可以看出，在既有的法律体系内，无论如何使用法律解释的方法，都无法有效应对，只有承认法律漏洞的存在，采取修法的方式，才能有效规制违规举牌这一违法行为。

---

〔1〕 广东省高级人民法院：（2015）粤高法民二终字第1057号民事判决书。

〔2〕 参见廖升：《诱空虚假陈述侵权责任之因果关系》，载《法商研究》2016年第6期。

三、完善规制体系之探究

传统理论认为，无论是否以收购上市公司为目的，大额增持上市公司股票都会为被举牌公司股价带来利好涨势，同时也会使得被举牌公司的价值上升，仅从股价角度来讲，举牌行为对于投资者和被举牌公司都是有利的。另外，以收购为目的的大额增持行为还会促使被举牌公司管理层履行受信义务，积极经营公司以提升对公司的治理水平，由此促进公司的发展。因而，对于大额增持股票抑或是收购行为，立法向来持一种鼓励态度。但事实上，违规举牌往往伴随着敌意收购，而对于敌意收购而言，并非一定会给目标公司带来财富，反而有可能扰乱该公司的治理结构，最终损害整个证券市场。首先，目标公司因大规模增持股票短时间内股价确实会迅速上升，但从长期来看，由于目标公司管理层对于敌意收购大多持反对态度，不乏采取反收购措施者，而这种公司内部控制权争夺的信息势必会影响到公司的股价，例如万科在遇到宝能收购时就采取了停牌的措施，可见违规举牌并非一定会给公司带来好处。其次，如果目标公司陷入旷日持久的控制权争夺战，则必然会导致公司业绩下降，如果反收购失败，管理层被迫离职，对于公司的发展也是极为不利的。最后，违规举牌对于证券市场秩序的损害是显而易见的。因而，对于违规举牌抑或敌意收购，“法律只能对之扬利抑弊，很难单向的作出‘好’或‘坏’的价值评价，更不应予以简单取消或过分限制。”〔1〕结合近期违规举牌造成的损害来看，在立法上对于违规举牌和敌意收购的态度趋严，而适当引导反收购活动的展开，更有利于保障证券市场的公平，同时，给反收购活动留出一定的制度空间，有利于在行政救济无法保障当事人权益时，以公司内部的民事救济来保障投资者的权益。

（一）行政责任

《证券法》实质上就是一部市场监管法，对于证券违法行为，最为行之有效的仍旧是行政责任。就违规举牌违反信息披露义务和慢走规则而言，应当采取限期售出违法增持股票并在卖出前限制其表决权，提高罚款金额或采用比例罚款的

〔1〕 参见陈甦主编：《证券法专题研究》，高等教育出版社2006年版，第136页。转引自傅穹：《敌意收购的法律立场》，载《中国法学》2017年第3期。

方式进行规制。

1. 对违规举牌者应当责令限期售出违规持有股票，在售出前不得行使表决权

违规举牌行为违反了《证券法》第 86 条规定的信息披露义务和慢走规则，其中违反信息披露义务的法律责任是《证券法》第 193 条，但对于违反慢走规则的法律责任，《证券法》却并未明确规定，形成了法律漏洞。如何弥补这一法律漏洞，应当考虑慢走规则设定的目的，慢走规则制定的用意就在于保障中小股东、其他投资者和上市公司的知情权，以对大额持股做出相应反应，保障自身权益。[1] 而违规增持者一旦持有大量被举牌公司股份，会使得该公司的控制权处在危险之中，无论是否能够进入管理层，都会威胁到该公司的正常经营和治理，损害该公司及其股东的利益。因而，对于违反慢走规则的行为，应当由行政机关责令其限期售出违规增持部分的股票。

同时，由于表决权是取得公司控制权的核心权利，为了防止违规举牌者在责令售出期限内通过行使表决权取得对被举牌公司的控制，应当禁止违规举牌人在这一阶段内行使表决权。这也与《证券法》第 213 条对收购人在责令改正前不得行使表决权的立法目的相符。有学者认为应当区分以投资为目的的举牌人和以收购为目的的举牌人，而仅限制以收购为目的的举牌人的表决权。[2] 但这明显与现行《证券法》的规制思路相反，《证券法》之所以将信息披露义务和慢走规则规定在“上市公司的收购”一章，就是因为大规模增持股票的行为属于上市公司收购的前奏，且在实践中大部分违规举牌行为的目的都是收购，大额增持与上市公司收购密不可分。《上市公司收购管理办法》第 75 条对于表决权限制的对象就从《证券法》第 213 条的“收购人”拓展为“上市公司的收购及相关股份权益变动活动中的信息披露义务人”，这正是对《证券法》第 213 条基于立法目的的扩大解释。况且如果仅限制收购人的表决权，而豁免以投资为目的的违规举牌者，此类投资者在股权巩固之后突然问鼎公司控制权，那限制表决权的意义便荡然无存。因此，应当对违规举牌者在表决权限制上一视同仁，并且应当以《证券法》的形式予以确立，以避免《收购管理办法》这一部门规章限制权利的越位

〔1〕 参见范健、王建文：《商法学》，法律出版社 2015 年版，第 300 页。

〔2〕 参见刘沛佩、赵航：《慢走规则下大额持股变动的法律性质与规则适用》，载《证券法苑》2017 年第 1 卷。

之嫌。《证券法》修订案（二审稿）新增了对违规举牌者在一定期限内不得行使表决权的规定，[1] 也反映了立法者加重对违规举牌行政责任的意图。

2. 提高对违规举牌者的罚款额度，设置比例罚款

违规举牌者的动机无论是收购还是投资，其最终目的都是为了营利，因而，对违规者施以罚款，能够较好地实现吓阻违法行为的目的，罚款也是《证券法》最为常用的行政处罚。但现行《证券法》对违规举牌的罚款最高额仅为60万元，远不能达到吓阻举牌者的目的。笔者认为，对于违规举牌人实施的违法行为的严重性，遵循《行政处罚法》第4条的过罚相当原则，[2] 应当将罚款上限调至300万元，甚至可以设置以买入股票市价为基数的比例罚款，以实现对违规举牌行为的处罚，吓阻违法者。

有学者认为还应当规定没收违法所得的行政处罚[3]，此种方法实为不可行。首先，没收违法所得这一行政处罚在《证券法》中是作为内幕交易和操纵市场的法律责任出现的，这两类都是法定的重大违法行为[4]，但违规举牌无论在性质上和情节上都不及上述两种违法行为严重，以没收违法所得来规制有处罚过重之嫌。其次，违规举牌表现为增持股票而非卖出股票，即使获利也仅表现为股价上涨的差额，此种差额并不具备现实支配性，且随时可能变动，与一般意义上的收益有较大差别，要求没收此部分所得不具有现实意义。最后，既然要求违规者将持有股票卖出，而大规模卖出股票难免会导致公司股价下跌，一涨一跌之后违规者是否会盈利不得而知，况且违规者已经将所持违规的股票卖出，已经恢复到违法行为发生前的状态，即使有收益也是举牌人应得的正常收益，不属于违法所得范畴，此时要求没收此部分所得，很难说具有正当性。因而，不应在罚款之外另行规定没收违法所得的处罚。

---

[1] 参见中国人大网：《证券法修订草案二审，聚焦七大市场焦点》，载 www.npc.gov.cn/npc/xinwen/lfgz/2017-04/25/content_2020380.htm，最后访问日期：2017年12月10日。

[2] 《行政处罚法》第4条："行政处罚遵循公正、公开的原则。设定和实施行政处罚必须以事实为依据，与违法行为的事实、性质、情节以及社会危害程度相当……"该条规定的即过罚相当原则。

[3] 参见莫壮弥：《试析违反权益披露义务的法律责任》，载《金融法苑》2016年第2辑。

[4] 《证券法》第180条："国务院证券监督管理机构依法履行职责，有权采取下列措施：……（七）在调查操纵证券市场、内幕交易等重大证券违法行为时……"由此可见，内幕交易属于法定的重大违法行为。

（二）民事责任

1. 行政责任不能替代民事责任

行政责任是由于行为人违反了行政法规，由行政机关要求其承担的一种责任，其目的是为了对行为人做出行政法意义上的评价，同时达到规制违法行为的目的。而民事责任主要是一种民事救济手段，存在于平等主体之间，旨在使受侵害人被侵犯的权益得以恢复。两种责任都是独立存在的，不存在相互替代的关系。就违规举牌行为而言，举牌人应当承担的行政责任主要是为了恢复被破坏的市场秩序，同时对其违法行为做否定性的评价并进行制裁，主要是为了公共利益。即使涉及罚款也是上缴国库，并不涉及对受侵害者的补偿。而违规者应当承担的民事责任则是停止侵害、赔偿虚假陈述造成的损失，主要是为了补偿受侵害者的利益。行政责任与民事责任的实施主体、作用都不同，行政责任不能替代民事责任。《侵权责任法》第 4 条也规定了行政责任不影响侵权责任的承担，甚至民事责任应当优先于行政责任。[1] 因而，违规举牌者以承担过行政责任为由而拒不承担民事责任是不能成立的。

2. 完善虚假陈述民事赔偿责任体系

违规举牌者的违法行为，事实上对于被举牌公司、被举牌公司股东以及证券市场普通投资者三个主体都造成了损害。对于被举牌公司股东而言，其所受到的股价差额的损失是实际存在并且可以以货币计量的，因而可以要求侵权损害赔偿。只是该种虚假陈述属于“诱空型”虚假陈述，目前并没有直接的法律法规或司法解释作为依据，实践中虽有法院认定相关的因果关系，但法院之间作为独立的个体，彼此的判例并不能形成普遍约束力，想要追究举牌人的赔偿责任仍旧存在一定的困难，可以考虑先出台指导性案例，成熟时再颁布司法解释，以确立此种虚假陈述的赔偿责任，从而达到救济受损股东的目的。对于公司而言，可能会产生商誉下降、投融资机会减少等纯粹经济利益损失，此种损失也可以要求赔偿，与前述股东求偿并无二致。但对于非被举牌公司股东的其他投资者来说，其知情权也受到了侵害，只是很难说存在实际的经济损失，但并非不可以要求赔

[1] 《侵权责任法》第 4 条：“侵权人因同一行为应当承担行政责任或者刑事责任的，不影响依法承担侵权责任。因同一行为应当承担侵权责任和行政责任、刑事责任，侵权人的财产不足以支付的，先承担侵权责任。”

偿。在配套诉讼制度方面，由于该种虚假陈述案件涉及的当事人众多，且多数当事人所主张的赔偿又较少，因此，在传统的单独诉讼和共同诉讼之外，可以考虑逐步引入退出制证券集团诉讼[1]和证券支持诉讼，[2] 以此为证券市场受到违规举牌侵害的投资者提供制度保障。

3. 给予被举牌公司更多反收购的制度空间，要求违规者承担公司内部责任

通过行政责任对于违规举牌者的违法行为进行规制，在很大程度上是滞后于市场的变动的。行政机关不可能注意到市场的所有动态，也不可能完全保护到受侵害公司和股东的利益，在此种情况下，公司基于公司自治，采用公司内部的方式追究举牌人的违约责任，不失为一种高效可行的方法。事实上，在 2014 年 A 股举牌风波出现后，就有诸多公司通过修改公司章程的方式植入了诸如限制违规举牌者表决权、董事选举权等反收购条款，只是这些反收购条款在现有的公司法、证券法体系下，其合法性很难不受到质疑。但正如前文所说，对待反收购措施，也不能一味的禁绝，法律应当在收购与反收购之间寻找一个衡平点。就违规举牌行为而言，涉及的主要是公司能否限制违规者表决权的问题。表决权属于股东固有权，“是公司法赋予股东的、不得以公司章程或股东大会予以剥夺或限制的权利”。[3] 但如若将来的法律明确规定违规举牌者在一定期限内不得行使表决权，则对于违规举牌者的表决权“经由公权力，在立法明确规定的前提下，公司章程可以予以限制或剥夺”[4]。证监会和法院也应当认可这类公司章程条款的效力，这也符合市场经济下放宽公司自治的精神。而证监会等有权机关也可以在《上市公司章程指引》中增加一些合法的反收购条款，以更好地引导被举牌公司的反收购活动。如此一来，公司在应对违规举牌者的突袭时，会有更大的主动性，更能保护公司及股东的权益。

四、结语

近年来愈演愈烈的违规举牌行为对证券市场及投资者造成了极大的损害，在当前证券监管机关采取的行政责任与受侵害者提起的民事途径无法起到规制违规

---

[1] 参见章武生：《我国证券集团诉讼的制度选择与模式重构》，载《中国法学》2017 年第 2 期。

[2] 参见刘冰：《论中小投资者维权之证券支持诉讼》，载《证券法苑》2017 年第 4 期。

[3] 赵旭东主编：《公司法学》，高等教育出版社 2015 年版，第 242 页。

[4] 徐聪：《违反慢走规则买卖股票若干争议法律问题研究》，载《法律适用》2015 年第 12 期。

举牌者、救济受侵害公司的现状下，通过追究违规者虚假陈述民事赔偿责任是可行之计。但从长远来看，只有通过立法强化违规举牌行为的行政责任，同时规定多种渠道的民事救济途径，为公司开展反收购活动留出制度空间，同时固化虚假陈述的赔偿制度。只有完善民事责任、行政责任互为补充的规制体系，才能够真正保障证券市场秩序及投资者的合法权益，促进资本市场的繁荣发展。

（初审：朱铭婕）

论短线交易收益归入制度的规制与完善

——兼论《证券法》第47条的存废

石盛楠*

内容提要：短线交易收益归入制度是《证券法》中一项重要的制度，但过去的研究多直接以域外法规作为我国立法完善的依据，进而将阻吓内幕交易作为制度的核心价值。本文认为应当从我国国情出发，将保护投资者利益、维护市场公平秩序作为短线交易归入权的核心价值。在规则设计上，应当进一步明确受规制主体，将交易客体进行适当扩张，同时区分传统与非传统交易。

关键词：短线交易　归入权　内部人　《证券法》第47条　内幕交易

一、问题的提出

我国《证券法》第47条规定了短线交易收益归入制度。该项制度在1993年的《股票发行与交易管理暂行条例》中首次出现，并经过两次修改后存续至今，应当说已经是《证券法》中一个比较重要的组成部分。2017年《证券法》修订的建议稿中，交易客体的认定和概念方面有一定程度的扩张，该项制度得到完善。历年来学术界的讨论多以完善制度为主，如提出修正归入利润的计算方法、建立豁免制度等。[1] 但是近年也有学者认为该制度存在严重的立法疏漏，无法通过解释或修改进行弥补，导致立法目的无法实现，法条的严谨性、合理性缺

---

* 石盛楠，宁波大学法学院2017级法学硕士研究生。

〔1〕 参见赵万一、赵小玲：《对完善我国短线交易归入制度的法律思考》，载《法学论坛》2006年第5期。

失，建议废除该制度。[1] 而支持该项制度的学者，从实践中的案例对比出发，在总结上百个案例进行对比之后，否认短线交易和内幕交易重合，论证了短线交易收益归入制度的目的在于预先提醒当事人而非吓阻内幕交易。[2] 事实上，双方争论的是制度应当如何修补的问题，而对于短线交易收益归入制度不应以吓阻内幕交易为核心功能并无争议。本文立足于短线交易收益归入制度的立法目的层面，从制度价值出发，分析在如今中国的证券市场下是否真正需要短线交易收益归入制度，而其又应当以何种形态存在，否认过去的全然移植域外法的老路。

二、短线交易收益归入制度的价值取向选定

（一）对吓阻内幕交易功能的质疑

美国《1934年证券交易法》16（b）率先确立了短线交易收益归入制度，随后我国台湾地区“证券交易法”第157条和韩国《证券交易法》第188条以及日本法都选择跟进。我国虽然也在建立证券市场之后就随之建立短线交易收益归入制度，但是公开资料显示，《证券法》的草案说明、修改意见报告等并无关于短线交易收益归入制度的说明，似乎证明了其立法（移植）动机并不强烈，可能仅仅是因为该制度在美国法上属于比较重要的制度，因此直接选择了拿来主义。[3] 而且其他学者的研究结果显示，证监会对于该项制度的监管也并不严厉，相关处罚寥寥无几。[4] 可以说，该项制度在中国的证券相关立法中长期不受重视，即便是在所谓证监会高调推动规制短线交易之后，3年时间也仅有18起短线交易被深交所查处。[5] 此外，学术界对于短线交易收益归入制度也缺乏热情，除早期刚刚建立短线交易收益归入制度之时有较多学术成果以外，后续的研究成

〔1〕 参见曾洋：《修补还是废止？——解释论视野下的〈证券法〉第47条》，载《环球法律评论》2012年第5期。

〔2〕 参见姜朋：《短线交易收益归入制度功能的实证分析——兼谈〈证券法〉（2005）第47条的去留》，载《中外法学》2017年第3期。

〔3〕 参见汤欣：《法律移植视角下的短线交易归人权制度》，载《清华法学》2014年第3期。

〔4〕 例如，根据刘春山的研究显示不足4件，参见刘春山：《我国短线交易的规制完善与实施效果研究》，载《社会科学研究》2011年第5期；根据汤欣的研究显示不足10件，参见汤欣：《法律移植视角下的短线交易归人权制度》，载《清华法学》2014年第3期。

〔5〕 参见姜朋：《短线交易收益归入制度功能的实证分析——兼谈〈证券法〉（2005）第47条的去留》，载《中外法学》2017年第3期。

果较为零散和琐碎。总之，无论实务界还是学术界对于短线交易制度的关注度都不高，而这直接影响到有关短线交易收益归入制度的观点。

美国联邦最高法院指出，美国法院系统已经有所认识，即国会认为能够有效遏制内幕交易罪恶的唯一方法，是通过一条简单的规则，去剥夺这类滥用（内幕信息）的交易中所获取的利润。[1] 于是，大多数研究短线交易收益归入制度的文章均把该理由作为短线交易收益归入制度的价值所在，无论是把短线交易介入权论证为反内幕交易法律制度的重要组成部分[2]，还是把规制短线交易的核心目的归于遏制内幕交易[3]，抑或是以内幕人短线交易收益归入制度作为阻吓内幕交易行为前沿防线[4]等表述，均体现了主流学说把规制内幕交易作为短线交易收益归入制度的主要功能。

由此而来引发了学者的质疑，短线交易收益归入制度的直接后果是公司归入，属私法范畴，而内幕交易制度的直接后果是没收违法所得，属公法层面，且进行短线交易所受行政处罚的罚款也比内幕交易要轻，内幕交易更是已经入罪，这最后所呈现的就是以一种法律后果规定较轻的制度，去“阻吓”一种本来后果较重的不法行为，这本身就是一种逻辑悖论。[5] 这也是引发第 47 条存废的核心之争，因为如果跟从美国的观点，将吓阻内幕交易当作我国规定短线交易收益归入制度的核心价值，那当该价值被推翻的时候，是否也意味着该制度的存在就失去了意义？

反对派用以攻击短线交易收益归入制度的另一项论据是，在 1941 年和 1964 年美国证券业界两次向国会请愿以废除该项制度[6]，以证明即便是美国也不赞成该种制度的存在，但该种表述毫无意义，因为既然只能拿出 1941 年和 1964 年两次请愿时长超过 20 年的证据，也意味着在 1964 年到现在的 50 余年里再未发生过类似请愿，这是否意味着美国证券业界也接受并认可了这种制度呢？

---

[1] Reliance Elec. Co. v. Emerson Elec. Co., 404 U.S. 418 (1972).

[2] 参见雷兴虎、温青美：《论公司对短线交易的介入权》，载《法治研究》2017 年第 3 期。

[3] 参见刘春山：《我国短线交易的规制完善与实施效果研究》，载《社会科学研究》2011 年第 5 期。

[4] 参见姜朋：《内幕人短线交易收益归入制度简论》，载《法制与社会发展》2001 年第 3 期。

[5] 参见曾洋：《修补还是废止？——解释论视野下的〈证券法〉第 47 条》，载《环球法律评论》2012 年第 5 期。

[6] 参见曾洋：《修补还是废止？——解释论视野下的〈证券法〉第 47 条》，载《环球法律评论》2012 年第 5 期。

事实上，前文已经推翻了短线交易收益归入制度具有阻吓内幕交易的功能，但是短线交易收益归入制度在我国是否应当也如美国一般，作为阻吓内幕交易的制度存在的前哨站，这值得商榷。因为在我国《证券法》的章节中，第47条属于第三章“证券交易”中的“一般规定”，虽然立法文件中未有任何说明，但结果如此，无论是有心还是无意，至少该项规定若遵从体系解释，应当被认为是证券交易的一般规则，而不是仅仅针对内幕交易。或许在一定程度上，其能够起到阻吓内幕交易的作用，但是绝不能仅仅将阻吓内幕交易作为短线交易收益归入制度的核心价值。在美国，也有学者认为“规定的立法历史和司法解释明显说明，该条例并不是为内幕交易的规定设立的，因而它在现代对内幕交易的讨论中无足轻重”〔1〕。即便是在2017年的《证券法》草案当中，该制度虽然被从“一般规定”中移除，放入“证券交易”下的“证券结算”一节中，似乎已经失去了统摄整个证券交易的地位，但不意味着其就应当以吓阻内幕交易为价值。相反，若以草案中的“证券结算”的地位而言，该条恰恰反驳了吓阻内幕交易的价值取向，因为若以吓阻内幕交易为核心价值，似乎更应该放在“证券买卖”中，盖因“证券买卖”更能体现吓阻的功能，体现的是事前监管的理念，而放入“证券结算”表明立法者对于短线交易收益归入制度的定位更趋向于事后监管，更注重市场秩序被侵害后的救济。

否定以吓阻内幕交易为短线交易收益归入制度的核心价值之后，似乎短线交易收益归入制度可以如反对派所期待般被废除。因为一个制度是否有必要存在，最为重要的当然是该制度能够起到什么样的作用，如果一项制度的存在毫无意义可言，那么该制度自然就没有存在的必要。

（二）确立维护市场秩序为核心价值

学说上对一项制度的某个价值做出否定，并不能就此认为该项制度应当废除，从法律的稳定性角度出发，朝令夕改地修改、废除法律不利于社会稳定，且学理上对于制度的研究是不断向前演进的。因此，对于我国的短线交易收益归入制度，尽管否定了其继受自域外法的核心价值，仍有必要探寻该项制度的真正的

---

〔1〕［美］彼得·纽曼等编：《新帕尔格雷夫货币金融大辞典》（第2卷），胡坚等译，经济科学出版社2000年版，第408页。

核心价值，如若得出的结论是此项制度并无裨益，再来谈废除尚可，而短线交易收益归入制度具备与我国国情相适应的核心价值。

1. 以维护市场秩序为核心符合立法目的

对于我国证券法的立法价值，众说纷纭，但是如果把《证券法》第1条中的“保护投资者的合法权益，维护社会经济秩序和社会公共利益，促进市场经济发展”作为《证券法》的立法目的也并无不当，而短线交易收益归入制度，事实上正好完全符合这种价值取向。将此种立法价值作为短线交易收益归入制度的核心价值并非无关联想，我国台湾地区学者对他们的“证券交易法”第157条也有过类似表述，认为由于内部交易人所执行的交易难以证明其是否利用了职位的便利性，而采取的短线交易收益归入制度，能够防止一般投资人对证券市场公平性、公正性的信赖丧失，并维护证券市场之健全发展。[1]

尽管我国台湾地区对于“证券交易法”的表述中仍然提到了所谓内部资讯、内部人等更接近于大陆“内幕交易”的表述，但两种制度的价值显然都是相似的，即我国台湾地区的“间接防止有损一般投资人对证券市场公平性、公正性之信赖……以维护证券市场之健全发展”与大陆的“保护投资者的合法权益，维护社会经济秩序和社会公共利益，促进市场经济发展”如出一辙。但是大陆学界在研究其他地区的文献的时候，都过于关注了“阻吓”内幕交易的功能，而忽视了该法条的真正价值所在。事实上，不论是在我国台湾地区的“证券交易法”第157条，还是在我国《证券法》第47条的表述中，并未有“不论是否利用内幕信息”，也在某种意义上彰显了将短线交易收益归入制度着重于维护市场秩序是完全可行的。而维护市场秩序、保证公平的落脚点与该法条的法律后果直接规定为公司行使归入权是分不开的。

2. 短线交易的损害对象难以确定

公司行使归入权实际上也是短线交易收益归入制度被批驳的一种理由，反对者首先否认交易的违法性，拒绝承认内部人进行短线交易是不合法、不合规的。但如果是基于公司内部人进行的交易是违规、不法的角度，那么受害者应当是直接进行违规交易的交易相对人，与公司没有直接关系，因此行使归入权的主体为

---

[1] 参见林国全：《〈证券交易法〉第一五七条短线交易归入权之研究》，载《中兴法学》1999年第9期。

交易相对人。[1] 由于反对派的观点在于推翻短线交易收益归入制度，因此内部交易人员所进行的交易都被认为是合法的，不造成任何损害，退一步说，即便造成了损害，受害者和行使归入权的主体都应当认定为交易相对人，而不是公司。

然而，事实上这种观点仍然弄错了直接与间接的区别，因为在短线交易的过程中，根本就没有直接的受害者，将购买被实行短线交易公司股票的投资者作为受害者颇为无理。一方面，短线交易的时间认定有6个月，这其中必定有着正常的证券市场波动，如果将交易相对人作为所谓的“受害者”，岂非随意扩大所谓“受害者”范围？且证券市场瞬息万变，每日产生的交易数量巨大，想要追溯到短线交易之交易相对人这部分“受害者”，数据库的压力实在太大，日后即便进入诉讼程序，证据固定也将成为一大麻烦，甚至根本无法区分哪部分“受害”是受证券市场正常波动所影响，哪部分“受害”是受短线交易所影响。另一方面，行使短线交易在表面上、短期内未必能产生直接损害，若所涉金额不大，未能及时引起市场波动，而在事后公司内部监督机构行使监督权或者是证监会行使处罚权时才导致股价暴跌，从而引起诸如投资者利益损失、公司信誉受损等结果。而在当时，若有人想利用手中的股票进行谋利，在他进行短线交易前后都存在公司股价上涨的可能。诚然，当时的那部分投资者未必会受损，受损的只有在短线交易结束后一定时间段内购买该公司股票的投资者，而这后一部分的投资者所涉范围、受损金额显然无法确定。综上，将交易相对人作为赔偿对象，既不合理也无法在现实中实现。

3. 公司为归入权的行使主体是制度关键

事实上，将公司作为行使归入权的主体，一方面是无奈之举，比起交易相对人、发行公司股东、券商等这些涉及证券法律交易关系的私法主体来说，公司只能说更为适合。[2] 公司被披露出有高管进行短线交易之后，存在失去投资者信赖从而引起股价下挫的可能性，而将收益归入公司只是补偿公司可能遭受到的损失——不用补全公司损失，只用把收益归入即可。尽管这未必完全合理，公司如果业绩良好，可能仍会继续受到投资者青睐，表面上没有损失，但是比起损害无

---

〔1〕 参见曾洋：《修补还是废止？——解释论视野下的〈证券法〉第47条》，载《环球法律评论》2012年第5期。

〔2〕 参见赵威：《证券短线交易规制研究》，载《比较法研究》2004年第5期。

法确定的交易相对人和更加虚无缥缈的券商来说，公司在接受补偿方面具有更大的可能性和更充分的理由。另一个方面来说，公司与高管之间有劳动合同，高管也对公司负有忠实义务，高管实施短线交易，不可能没有预见到如果被证监会查处可能会引起公司股价下挫的后果，这实际上已经违反了高管所应有的信义义务，在这个意义上，公司对高管的收益行使归入权也是能够理解的。

公司行使收益归入权，实际不是阻吓将要行使内幕交易的高管，而是规制、教育高管。由于我国的证券市场还不成熟，且不论是否利用内幕信息，公司高管在进行本公司股票交易时本来就比一般投资者更具优势。对于短线交易收益归入制度有所谓“不问青红皂白一概以‘无过错责任’的归责原则对内部人的短线交易进行责罚，其立法不当亦同此理”〔1〕的批驳，但实际上这种批驳恰恰应当作为我国构建该制度的手段，之所以不问原因，直接让公司行使收益权，正是为了教育和培育高管对公司的信义义务和法律法规的了解。根据研究，上市公司高管行使短线交易的原因多为“误操作”、“不了解规定”和“未说明原因”且表述真实。〔2〕但这何其滑稽，身为上市公司高管，却辩解“不了解规定”，这样的人何以成为上市公司高管？在建立短线交易收益归入制度后，无论是了解规定却想逃避监管的高管，还是不了解规定的高管都将在公司行使归入权之后认识到自己行使短线交易的后果都是徒劳的。这也间接促进了市场公平，让投资者和公司高管都更为公平地参与到市场竞争之中，因为实际上，短线交易的确能给上市公司高管带来超额收益。〔3〕公司如果想要对高管进行激励，大可采取股权激励或现金奖励等其他方法，而不是在立法上允许公司高管进行短线交易。因为我国证券市场仍不成熟，投机性极强，作为公司的高管如果频繁进行短线交易被披露，必然会引发一波投机热潮或者市场恐慌，有学者提议以设立交易事前申报机制代替短线交易收益归入制度〔4〕，但这同样会给市场带来不当影响，盖因被规制者身为目标公司的高管、控股股东，其交易目标公司的股票显然会引发市场对

〔1〕 曾洋：《修补还是废止？——解释论视野下的〈证券法〉第47条》，载《环球法律评论》2012年第5期。

〔2〕 参见曾亚敏、张俊生：《上市公司高管违规短线交易行为研究》，载《金融研究》2009年第11期。

〔3〕 参见曾亚敏、张俊生：《上市公司高管违规短线交易行为研究》，载《金融研究》2009年第11期。

〔4〕 参见汤欣：《法律移植视角下的短线交易归入权制度》，载《清华法学》2014年第3期。

于该公司的猜测，而在投机性更强的我国证券市场，更可能被认为是一种风向标，引起投资者的盲目情绪。

三、短线交易收益归入制度的完善

尽管通过否认阻吓内幕交易是短线交易收益归入制度的核心功能可以避免该制度的崩溃，但是必须承认的是，目前的《证券法》第 47 条还远远不够，存在着比较大的解释空间，以下主要提及比较重要的完善方面。

（一）短线交易的主体确定：以宽泛认定为原则

第 47 条将进行短线交易受规制的主体确立为上市公司董事、监事、高级管理人员、持有上市公司股份 5%以上的股东。直接对该法条进行文义解释，自然就会发现法条中未能解释清楚的地方。因为构成短线交易必然要求进行买入或卖出两个行为，这就会产生疑问，在进行前后两个行为之时，是否都必须具备第 47 条所规定的身份？即产生“一端说”和“两端说”之争论。

若严格遵守“一端说”理解第 47 条，即对“一端”的要求为只要在 6 个月的任意一个时间点，无论具备上述身份持续时间多长，也应当被纳入短线交易的规制，而如果严格遵守“两端说”理解第 47 条，则意味着 6 个月的期间内必须一直保持上述身份才可以被规制——即任职前买入股票，在短短 6 个月内经历任职、离职，再卖出股票的行为也不应被规制。至于意图将“一端说”和“两端说”进行折中混合来理解第 47 条，那结果便会导致对第 47 条的适用混乱，完全进入个案个判的状态，因为何以在本案中采取偏向“一端说”的认定，又何以在另案中采取偏向“两端说”的认定，法官将花大量时间在判决书中予以释明，明明可以通过建立统一的法条解释却不予操作，无疑将使司法资源大大空耗，也不利于同案同判。我国的司法实践案例较少，未有主流观点，但是由于缺乏统摄性的解释，各案中体现的态度均有所不同，在杭州汽轮机股份有限公司副总经理张树潭的 B 股短线交易案[1]中，对张树潭的认定采用了“一端说”的短线交易主体认定标准，张树潭在任职前持有股票，任职后卖出，持有股票与卖出时间不

---

〔1〕《杭州汽轮机股份有限公司关于公司高层人员违规交易本公司股份的公告》（公告日期：2009 年 2 月 24 日），载 http：//bond. hexun. com/2009-02-24/114883750. html，最后访问日期：2019 年 4 月 3 日。

超过6个月。而另两起短线交易案件，华夏建通诉严琳案[1]中法院仅否认严琳应当受到规制，判决书中未解释否认的理由，但该案事实系严琳在获得股份前并非股东，即他是因为获得超过5%的股份而成为被规制的对象，然后在不到6个月的时间里再度卖出股份，此时他的股份已经降至5%以下。西水股份短线交易案[2]中，新天地首先通过交易持有了超过5%的股份，然后进行卖出操作，此时该公司持有的股份仍超过5%，然后再进行买入操作，才构成了短线交易。此外，四川金顶案[3]中，华策协议受让了超过5%的股权，然后6个月内协议卖出，未被证监会追责，但需要注意的是，此时的交易模式是协议受让，不予处罚未必因为完全采“两端说”。

无论选择“一端说”还是“两端说”都难以避免为什么不采用另一种的质疑，但是大方向是明确的，偏向“一端说”意味着对待短线交易的态度更为严格，而偏向“两端说”意味着管制短线交易更为宽松。此时还是应当回到立法目的来看，从建立短线交易收益归入制度的目的来解释采取哪种说法。而本着让市场更趋公平，保护投资者利益，维护市场秩序的角度出发，采“一端说”似乎更为适合，把规制短线交易作为一根红线存在，更能起到维护市场秩序的目的。实际上，若采“两端说”，也很难区别出任职上买入股票任上卖出和任职前买入股票然后在任上卖出究竟有多大区别，但是采用“两端说”的结果就是前一行为被规制，后一行为不被规制。

此外，对于上市公司的股东而言，他们与高管区别的一点就在于他们可以通过购买股票而成为被规制的对象，即原来持有股份不超过5%，但是通过购买股份超过了5%，然后再予以卖出，而此时的股份可能会存在降至5%以下或者不降至5%以下两种情况。最严格地理解第47条中“持有”的含义，显然要求进行买入和卖出两种行为之时均保有5%以上股份的股东资格，因此上述情况都不在规制范围之内，股东还需要再买入股份才能被规制，而这显然过于宽松了，因为在上面的例子里，该股东已经完成交易，可能不会再买入了，但是却因为严格解释“持有”而不被规制。因此，应当进行稍微的扩张解释，把买入股票，让股

〔1〕 上海市卢湾区人民法院（2009）卢民二（商）初字第984号民事判决书。

〔2〕 中国证监会行政处罚决定书（新天地）〔2008〕52号。

〔3〕 相关的案情参见颜淑姬：《控制权私利行为、公司治理及地方政府监管缺陷——基于四川金顶的案例研究》，载《中国证券期货》2010年第4期。

东成为股份超越5%的股东的这个行为就计入持有5%以上股份的股东进行的第一次行为，从而限制该股东在未来6个月内卖出的行为。否则，若通过购买成为持有5%以上股份的这一行为不被计入，一个挑衅该制度的行为就被推导而出，先购买5.01%的股份，该行为不被计入，然后卖出0.02%的股份，此时该股东持有股份已经降至4.99%，该行为按照“持有”的严格解释也不应当被计入，然后又买入，继续超越5%，又卖出……严格的遵守“两端说”的后果就是股东可以随意进行短线交易，只要他进行某一行为时股份在5%以下即可，但是持有4.9%和持有5.1%的股份真的会产生多么大的区别吗？显然不是，因此，对于持有5%以上股份股东的认定，应当把他进行该买入/卖出这一行为之后/前所持有的股份来作为认定标准，如果通过买入成为了持有5%以上股份的股东，那么接下来他将被限制进行短线交易，而卖出前持有5%以上股份的股东，如果前面6个月已经进行了买入的交易，此时将手中股份减持至5%以下，也应当被认定为短线交易。

至于对于持有的认定采“名义持有”还是采“实际持有”几乎没有争议了，这是应当进行明确而迟迟未进行明确的一个问题，短线交易的危害不能仅仅因为进行交易的账户不同而产生合法行为、不法行为之区别，对于持有的认定显然以“实际持有”为宜。此外，对于近亲属进行和短线交易一样的行为也应当被认定为短线交易，应无太多疑问，理由与认定“实际持有”类似，因为上市公司高管和持有5%股份股东的敏感身份，进行股票交易受到一定限制是为了维护市场公平和秩序，不能随意进行买卖股票。而2017年进行二审的《证券法》草案中已经加入了高管、控股股东及其配偶、未成年子女和他人账户持有的股票及其他具有股权性质的证券合并计算，已经说明了立法者意识到了该问题。

（二）交易客体的扩张：由股票向股权类性质证券转变

现在的第47条仅仅规定股票为交易客体，而以其他具有股权性质的客体进行交易的则不被规制。就维护市场秩序、保护投资者利益而言，拓宽短线交易的客体范围实有必要，于上市公司而言，具有股权性质的不仅仅是股票，还包括公司债券、存托凭证等，仅仅对股票进行规制，显然不利于短线交易收益归入制度立法目的的实现。因为在只规定股票的情况下，短线交易的主体可以轻易规避该项限制，从而实质损害投资者利益和市场公平。据此，学界多有表述，建议将包括股票、可转换公司债券、认股权证等可转换为公司股票的证券纳入规制范围，买入公司股票后公司在6个月内上市的，构成短线交易，同时将A股、B股、H股等股票进行合并计算，总算股权。[1]

2017年送审的《证券法》草案中，关于被交易客体的表述已经修改为“该公司的股票或者其他具有股权性质的证券”，体现了立法者已经意识到了该问题，并做了概括式的认定，而不是列举式的认定，更加体现了短线交易收益归入制度的核心价值。

（三）交易行为的认定：以立法为导向

短线交易收益归入制度的核心价值是维护市场秩序，但这并不意味着完全向投资者一方倾斜，尽管可以讨论的情形较少，仍有必要对不应被短线交易收益归入制度规制的行为进行分析，否则便背离了短线交易收益归入制度的本质——高管们、大股东们的合法利益同样需要保护，如此方能实现市场的和谐。因为保证此种严苛立法存在正义性，就必须配以相应的豁免机制，从而最大限度地降低错误成本，实现其应有功能。[2] 具体到交易行为而言，现有立法条文带来的模糊争议会让实务中的判断有所困难，现行第47条对于交易行为的规定限定为“买入”和“卖出”，与美国相同，我国台湾地区采用的是“取得后卖出”或“卖出后取得”，立法语言的选择上略有差异，实质上类同。[3]

美国和我国台湾地区尽管用词不同，但是所指的买入卖出，显然不仅仅包括在证券交易所进行的买卖，美国的买入和购买包括以任何合同形式的买入和购买，或者其他任何方式的转让，卖出包括以任何合同形式进行的卖出，或者其他任何方式。我国台湾地区的“证监委”对“取得”的定义有三种方式：一是因为受赠或继承而取得；二是因为信托关系受托持股当选为上市公司董事、监察人后，再以证券承销商身份依《证券交易法》第71条规定取得上市公司股票；三是公营事业经理人于官股依公营事业移转民营条例释出时，以移转民营从业任意

---

〔1〕 参见邱永红：《规制证券短线交易法律制度的现存问题与对策》，载《证券市场导报》2011年第1期；参见曾洋：《证券法学》，南京大学出版社2008年版，第207-208页。

〔2〕 参见刘春山：《我国短线交易的规制完善与实施效果研究》，载《社会科学研究》2011年第5期。

〔3〕 参见赵威：《证券短线交易规制研究》，载《比较法研究》2004年第5期。

优惠优先认股办法认购上市公司股票。[1]

美国和我国台湾地区的争论未局限在仅以现金方式而进行的交易，不过我国台湾地区的证券法学者将交易行为的确定限缩为以有偿性为前提，有学者认为这种方式偏离了规制短线交易的立法目的即规制内幕交易，因此是否有偿不应视为短线交易的限制条件，除了以公权力方式（法院判决、行政命令等）以外，只要是涉及双方交易法律行为而发生的股权转让就不能排除利用内幕信息的可能性，故而需要确立以法律行为获得或处分其证券的行为。[2]

尽管本文并不赞同域外法上以短线交易来试图阻吓内幕交易的功能，但是我国短线交易收益归入制度也应该围绕立法目的出发来建构整个制度。美国的立法目的或许在于规制内幕交易，而我国对短线交易的规制也应以符合我国国情的立法目的为导向。我国的立法目的确立为维护市场公平秩序，保护投资者利益，则以是否为法律行为作为界定是否为短线交易的判断标准不再合适，而应当分析何种情况下有可能损害到市场公平秩序，损害到投资者利益，这种情况下的交易行为才需被规制。

美国曾经采用完全机械的认定，但后来采用了传统交易以机械认定，非传统交易以立法目的来进行实质性判断，标准有二：一是审查所讨论的交易中是否可能涉及公司内部人员在以前不享有的投机优势；二是审查是否存在投资的连续性。[3] 这种方式值得借鉴，故本文提出的解决方案是如美国一般，传统交易仍按照机械的认定方法（但也不仅仅包括证券市场上的公开交易，而是指包括协议受让等其他股权转让方式在内的交易），而非传统的交易则由法院具体判断是否有可能损害市场秩序，损害投资者利益。具体而言，对于高管们，则主要看其取得股权的方式是否依赖于其职位，如果其是因为与职位有关所取得的股权（如股权激励），则应当纳入短线交易的规制对象中，因为此时他们的交易是利用自身地位所取得，在短暂的时间内进行交易存在损害市场公平的可能性。至于剩下的取得方式如法律判决、继承等方式则不被纳入短线交易的规制中，因为这种取得方式通常不具有预见性，进行交易也无损于市场公平。

---

〔1〕 参见林国全：《〈证券交易法〉第一五七条短线交易归入权之研究》，载《中兴法学》1995 年第 9 期。

〔2〕 参见赵威：《证券短线交易规制研究》，载《比较法研究》2004 年第 5 期。

〔3〕 Roberts v. Eaton, 348 U. S 827 (1954).

四、余论：保留并完善的短线交易收益归入制度

短线交易收益归入制度移植自域外法，而域外法的制度移植到另外一个国度必然会产生一定的问题，定义一个移植制度的成功与否依赖于实践和理论的双重践行。法律移植的成功被有的学者定义为，引入的法律规则的使用方法与母国相同，并根据本地的条件进行修正；而移植的失败则表现为，引入的法律规则没有被引入国的相关方所重视，或法律规则的应用与执行导致了没有预料到的后果。[1] 从这个定义上进行分析，短线交易收益归入制度的引入似乎是失败的，因为该制度确实在相当长的一段时间内未能引起有关部门重视，而由于实务界的低调，理论界也未能对该制度有更为深入的了解，如果废除该项制度，也并非不可理解。

但是法律的稳定性也要求对于一项制度不能轻易地更改它，除非确有必要。送审的《证券法》草案中仍然选择保留了该项制度，并吸收了一部分观点，在立法条文上做出了改进，相信会给短线交易收益归入制度一定发展的空间，这必然是学界主流观点和立法者态度的结合的体现，显然相信短线交易收益归入制度能够发挥作用的大有人在，而为了使该制度良好运行，离不开学界的进一步研究和立法者的细则规定出台。衡量一个制度的成败，更应当看重它是否切合本国国情。或许在过去，因为一些客观条件如监管部门水平与资源的限制，该制度未能得到良好发挥，学界对该制度的一味照搬美国和我国台湾地区的理论却不结合具体情况思考似乎也难辞其咎。在当今中国法治走向完备、证券市场也走向成熟的今天，我们对待一个制度的态度或许不应该是妄论存废，而是在经过切实的思考之后，如果真的与实际情况不容，再废弃也不迟，至少在本文的观点看来，如果抛弃对美国和我国台湾地区的亦步亦趋，以规制公司高管、股东为方式，以保护投资者利益，维护市场公平秩序为目的，短线交易收益归入制度仍大有可为。

（初审：朱家祯）

---

〔1〕 参见汤欣：《法律移植视角下的短线交易归人权制度》，载《清华法学》2014年第3期。

公司法坛

《公司法》第151条中“他人”范围研究

梁晨颖*

内容提要：我国《公司法》第151条第3款中“他人”的范围并不清晰，司法解释仅将清算组成员列入“他人”的范围。司法实践中，“他人”基本限于控制股东及其关联人。美国虽采与我国类似的宽松式立法模式，但通过判例法将“他人”限于控制股东和实际控制人。应对“他人”采目的性限缩解释，将“他人”理解为控股股东、实际控制人，或者基于特殊职务实际控制公司的人（包括审计人员、清算人等）。

关键词：股东代表诉讼　《公司法》第151条　目的性限缩

《公司法》第151条[1]前两款明确将董事、监事和高级管理人员列为股东代表诉讼[2]的被告，第151条第3款规定“他人侵犯公司权益，给公司造成损失的，本条第1款规定的股东可以依照前两款的规定向人民法院提起诉讼”。司法解释将清算组成员明确列入“他人”的范围[3]，除此之外相关立法及司法解释并没有对“他人”的范围做出回应。

---

* 梁晨颖，复旦大学法学院2018级法学硕士研究生。

〔1〕 股东代表诉讼制度在2005年引入《公司法》时被规定为第152条，后由于《公司法》在2013年修正时删去了第29条，故股东代表诉讼制度由第152条调整为第151条。本文为了行文统一，除引用案例和文献中仍保持原有的说法外，其余都将股东代表诉讼的条款定义为第151条。

〔2〕 股东代表诉讼又称股东派生诉讼（shareholder derivative suit），学界对该制度的中文称谓尚存分歧。由于各地法院发布的规范性文件中均采用“股东代表诉讼”，故本文采这一称谓。参见山东省高级人民法院《关于审理公司纠纷案件若干问题的意见（试行）》，鲁高法发［2007］3号第73条，2006年12月26日。

〔3〕 参见《最高人民法院关于适用〈中华人民共和国公司法〉若干问题的规定（二）》第23条。

对于“他人”的范围，学界也存在很大的分歧[1]，但学界对“他人”范围的研究多含于涉及前置程序及完善路径的相关文献中[2]，作为其中的一部分内容讨论，直接以此为研究对象的文献并不多见。本文直接以《公司法》第151条第3款中的“他人”为研究对象，通过对我国司法实践和美国相关立法例的研究，试图对“他人”的范围给出一种可能的答案。

一、《公司法》第151条第3款的立法背景及司法适用

结合《公司法》第151条前两款所形成的体系，将“他人”解释为除前两款列明的董事、监事和高级管理人员之外的任何人[3]似乎并无不妥。但在2008年颁布的《最高人民法院关于适用〈中华人民共和国公司法〉若干问题的规定（二）》中，最高人民法院明确将“清算组成员”归入“他人”的范围。假如对151条第3款采文义解释，则“他人”包括董事、监事和高级管理人员之外的任何人，那么最高人民法院出台的司法解释似乎多此一举。

另外，对“他人”的范围采广义解释是否违背股东代表诉讼的本质亦不无疑问。股东代表诉讼源于英国Foss v. Harbottle案[4]，该案发展出一项重要的原则即正当原告原则（the proper plaintiff principle），其含义为当公司受到损害时，应由公司本身就该不当行为提起诉讼，其他主体，如股东个人或债权人，均不能就该不当行为提起诉讼，即使该不当行为间接损害了他们的利益。[5] 股东代表诉讼本质上属于衡平法的调整范围，其出现是由于某些情况下公司难以寻求救济，故在法律上赋予股东诉权。[6] 因此，对“他人”采广义解释亦有违背股东代表诉讼本质之嫌。

那么，立法者是出于怎样的考虑引入第151条第3款的规定？其立法宗旨为何？这是值得我们研究的问题。

---

〔1〕 对于“他人”的范围，学界有广义理解和狭义理解的分歧，详见下文。

〔2〕 参见沈贵明：《股东代表诉讼前置程序的适格主体》，载《法学研究》2008年第2期；朱慈蕴：《股东派生诉讼的前置程序研究——“紧急情况”之外是否存在可豁免情形》，载《政法学刊》2010年第3期。

〔3〕 刘俊海：《公司法》，北京大学出版社2008年版，第177页。

〔4〕 *See* Foss v. Harbottle, 2 Hare 461, 67 Eng. Rep. 189 (v. Ch. 1843).

〔5〕 Charlesworth & Morse, Company Law 434 (14th ed. 1991).

〔6〕 *See* Robert W. Hamilton, The Law of Corporations 539 (2000).

（一）立法过程及学界讨论

1.《公司法》第151条第3款的立法过程

在《公司法》第151条引入之前，最高人民法院及部分高级人民法院曾对"他人"范围作出相应解释，最高人民法院认为"他人"应限于控制股东〔1〕，上海、北京、江苏等地的高级人民法院则将"他人"限于"控股股东及与其相关的交易人"〔2〕。这些解释体现了司法对于介入公司经营管理的克制态度，且与股东代表诉讼的本质相一致。

2005年《公司法》修订时，修订草案首次引入股东代表诉讼制度，并将被告范围限于董事、监事和高级管理人员。根据国务院法制办公室的说明，引入第151条的目的在于"强化对公司董事、监事、高级管理人员的约束机制……进一步明确公司董事、监事、高级管理人员的法定义务"〔3〕。该立法初衷体现了立法者对于强化董事、监事、高级管理人员责任追究机制的重视，这与股东代表诉讼制度作为正当原告原则例外的本质相吻合。但该草案在经过全国人大常委会初次审议后，增加第3款"他人侵犯公司合法权益"的情形。对于为何要增加第3款的规定，相关立法资料并没有给出任何解释。全国人民代表大会常务委员会法制工作委员会（以下简称人大法工委）在其编撰的《公司法释义》中给出的解释为"他人侵犯公司利益，给公司造成损害，公司拒绝或怠于提出诉讼的（如公司大股东的关联方侵犯公司的知识产权，公司拒绝提起诉讼），股东也可以依照上述规定向人民法院提起诉讼。"〔4〕

然而，人大法工委的解释是在《公司法》修订完成后给出的条文释义，并不能完全反映当时立法者的态度，而且，该解释强调为维护公司利益可扩展股东代表诉讼的被告范围，这与第151条增强董事、监事、高级管理人员责任追究机

〔1〕参见最高人民法院：《关于审理公司纠纷案件若干问题的规定（一）》第43条。

〔2〕参见上海市高级人民法院：《关于审理涉及公司诉讼案件若干问题的处理意见（一）》，沪高法［2003］216号，2003年6月13日；江苏省高级人民法院：《关于审理适用公司法案件若干问题的意见（试行）》，苏高法审委［2003］2号，2003年6月3日；北京市高级人民法院：《关于审理公司纠纷案件若干问题的指导意见（一）》，京高法发［2004］50号，2004年2月9日。

〔3〕2005年2月25日国务院法制办公室主任曹康泰在第十届全国人民代表大会常务委员会第十四次会议上所作的《关于〈中华人民共和国公司法（修订草案）〉的说明》。

〔4〕全国人大常委会法制工作委员会编：《中华人民共和国公司法释义：最新修正版》，法律出版社2013年版，第17-18页。

制的立法初衷以及股东代表诉讼制度作为例外适用的本质有所冲突。

2. 学界对“他人”范围的讨论

立法的模糊引发了学界对“他人”范围的争论。概言之，学界对“他人”范围的理解主要可分为两种[1]。一是对“他人”范围采广义理解，将“他人”理解为除董事、监事、高级管理人员之外的任何人。例如甘培忠认为“他人”包括公司内部人、外部债务人，甚至包括侵犯公司权益的行政机关。[2] 黄辉也在实证数据的基础上建议对“他人”范围采广义理解。[3] 二是对“他人”范围采狭义理解，即对“他人”范围作不同程度的限缩解释。例如王保树认为“他人”应理解为影子董事和影子监事，因为在其转移利润、掏空公司的情况下，公司很难代表股东提起诉讼。[4] 蔡立东则认为“他人”应限于控制股东、实际控制人、发起人和清算人，“他人”不包括公司债务人和侵犯公司权益的行政机关等外部人。[5]

除了立场上的尖锐分歧，现有的学术讨论还存在普遍的局限。首先，学界对“他人”范围的研究多含于涉及前置程序及完善路径的相关文献中[6]，缺少直接以“他人”为研究对象的文献。其次，尽管学界的现有研究体现了对域外立法例的关注，但缺乏对域外司法实践、学界观点等的深入梳理。最后，学界对“他人”的讨论主要集中于抽象的制度分析，对我国司法实践的现实状况关注不够[7]。

---

〔1〕 例如，甘培忠认为对“他人”采广义理解居于主导地位。参见甘培忠：《简评中国公司法对股东派生诉讼制度的借鉴》，载赵旭东主编：《公司法评论》2005年第1辑，人民法院出版社2005年版，第27页。对此，笔者并不完全认可。事实上，主张对“他人”范围采狭义理解的学者亦不在少数。该观点参见顾功耘：《中国商法评论》，北京大学出版社2008年版，第343页；蔡立东：《论股东派生诉讼中被告的范围》，载《当代法学》2007年第1期。

〔2〕 甘培忠：《简评中国公司法对股东派生诉讼制度的借鉴》，载《公司法评论》2005年第1期。

〔3〕 参见黄辉：《中国股东代表诉讼制度：实证研究及完善建议》，载《人大法律评论》2004年第1期。

〔4〕 参见顾功耘：《中国商法评论》，北京大学出版社2008年版，第343页。

〔5〕 参见蔡立东：《论股东派生诉讼中被告的范围》，载《当代法学》2007年第1期。

〔6〕 参见沈贵明：《股东代表诉讼前置程序的适格主体》，载《法学研究》2008年第2期；朱慈蕴：《股东派生诉讼的前置程序研究——“紧急情况”之外是否存在可豁免情形》，载《政法学刊》2010年第3期。

〔7〕 黄辉曾以2006至2010年所有的股东代表诉讼案例作为统计基础进行实证研究。参见黄辉：《中国股东代表诉讼制度：实证研究及完善建议》，载《人大法律评论》2004年第1期，第235-236、243-244页。但对于2011年至今将近9年的司法实践情况，笔者并未找到学者的系统梳理。

那么，在立法模糊和学界分歧的情况下，法院对“他人”的范围又是如何认定的？下文将对法院在司法实践中对“他人”范围的态度进行实证考察，试图对我国司法实践中“他人”的范围进行探究。

（二）司法实践中“他人”范围的实证考察

1. 对司法实践中“他人”范围的类型化分析

本文以北大法宝数据库作为案例来源，考量我国自2011年至2018年所有以“他人”作为股东代表诉讼被告的案件[1]，并对其进行类型化的分析，将该类案件细分为以下三种类型[2]。

（1）控股股东或实际控制人作为股东代表诉讼的被告。

在司法实践中，法院普遍认可控股股东和实际控制人属于“他人”的范围。

表1　以控股股东或实际控制人为被告的案件占有效样本比例

类型	案件数	占比（有效样本）
以控股股东或实际控制人为被告	64	79%

在该类案件中，往往存在控股股东或实际控制人滥用其控制地位，为自己谋取不当利益，损害公司权益的情形。例如在（2018）浙民终588号案中，上药控股公司作为台州上药公司的控股股东，在收购台州上药股份时与其签订《重组协议》，但其未按《重组协议》的约定为台州上药对接医药品牌、提供运营资金、提供担保等。上药控股的违约行为给台州上药造成了重大损失。由于上药控股作为台州上药的控股股东，对台州上药具有较大的影响力，故台州上药并未对其违约行为提起诉讼。面对小股东的起诉，法院认为上药控股作为台州上药的控股股

[1] 笔者以“损害公司利益责任纠纷”为案由，“《公司法》第151条”为法律依据，“他人”为关键词在北大法宝数据库进行搜索，获得有效案例81期，最后访问日期：2018年12月20日。

[2] 类型划分的依据在于：控制股东及实际控制人对公司具有类似董事、监事、高级管理人员的控制力，可能利用其控制地位损害公司权益。行政机关则可能利用其行政权力实施损害公司权益的行为。而公司债务人（排除控制股东、实际控制人、行政机关）在一般情况下不具备侵害公司权益的控制力或优势地位。故本文将以“他人”为被告的股东代表诉讼案件划分为上述三种类型。

东，属于“他人”的范围。[1] 在（2018）鄂民终 881 号案中，对于新地标公司的实际控制人山河集团利用其实际控制公司的优势地位，违法挪用、侵占新地标公司财产的行为，法院也认可小股东的诉讼请求，承认实际控制人属于“他人”的范围。[2]

（2）公司债务人作为股东代表诉讼的被告。

以公司债务人作为股东代表诉讼被告的案例并不少见，占总数的 21%，但其被告均为侵权债务人，笔者暂未检索到以违约债务人为被告的案件。在以侵权债务人为被告的案件中，无论是以公司内部或外部侵权人为被告，几乎都涉及公司控制人（例如董事、监事、高级管理人员、控股股东、实际控制人等）与内部或外部关联人共同侵权的情形。

表 2 以公司债务人为被告的案件占有效样本比例

类型	案件数	占比（有效样本）
公司债务人	17	21%
违约债务人	0	/
侵权债务人	17	21%
内部侵权人	5	6%
外部侵权人	12	15%

以内部侵权人为股东代表诉讼被告的案件主要涉及非控股股东或公司雇员与公司控制人共同侵权的情形。例如在（2013）徐商终字第 0510 号案中，对于久丰运输有限公司的董事马健利用对公司的控制权将久丰运输有限公司的财产转入其个人账户和公司财务人员马莺歌的个人账户的行为，法院认为董事马健和财务人员马莺歌构成共同侵权，从而认可财务人员属于“他人”的范围。[3]

在以外部侵权人作为股东代表诉讼被告的情形，外部侵权人往往是公司的关

[1] 参见浙江省高级人民法院（2018）浙民终 588 号民事裁定书。

[2] 参见湖北省高级人民法院（2018）鄂民终 881 号民事裁定书。

[3] 江苏省徐州市中级人民法院（2013）徐商终字第 0510 号民事判决书。

联交易人、董事违反同业竞争义务设立的公司等。以（2013）东陵民三初字第 500 号为例，中天汽车模具压铸件有限公司的董事长留方在未经公司决议的情况下，将公司的办公楼及厂房无偿交由其违反同业竞争义务设立的公司——中天汽车压铸件有限公司使用。对此，法院认为留方和中天汽车压铸件有限公司为该案的共同被告，从而认可董事违反同业竞争义务设立的公司属于“他人”的范围。[1]

司法实践中，以与公司控制人毫无关系的侵权债务人为被告的股东代表诉讼案件非常罕见，笔者仅找到（2013）民二终字第 102 号案一起，且在该案中由于法院没有对事实作出充分认定，该案被告是否为单纯的外部侵权人尚且存疑。在该案中，嘉利恒德公司和荆宜高速路公司的控股股东金浩集团为共同被告，金浩集团利用控制关系侵占荆宜高速路公司的财产，需对荆宜高速路公司承担赔偿责任，并无争议。而法院认为嘉利恒德公司需要对荆宜高速路公司承担赔偿责任的理由是：在无真实交易的情况下，荆宜高速路公司以材料款名义向嘉利恒德公司支付 3000 万元。[2] 但是，荆宜高速路公司为什么要在没有真实交易的情况下以材料款名义向嘉利恒德公司支付 3000 万元？嘉利恒德公司和控股股东金浩集团之间是否存在关联关系？对于这些问题，法院都没有作出认定。因此，该案被告是否为单纯的外部侵权人尚且存疑，可见该案不能成为我国法院认可与公司控制人毫无关系的外部侵权人为股东代表诉讼被告的依据。

值得注意的是，尽管在我国司法实践中，法院大多认可债务人为股东代表诉讼的被告，也有法院对“他人”采狭义理解，否认侵犯公司权益的股东属于“他人”的范围[3]。在（2013）沪一中民四（商）终字第 398 号案中，法院认为“他人”的范围“应系公司内履行其他职务的工作人员，并不包括公司股东在内”，从而否认侵犯公司权益的股东属于“他人”的范围，但对公司内履行其他职务的工作人员具体包括哪些人，法院在判决书中并没有给出答案。[4]

---

〔1〕 参见湖南省长沙市南区人民法院（2013）东陵民三初字第 500 号民事判决书。

〔2〕 参见最高人民法院（2013）民二终字第 102 号案民事判决书。

〔3〕 在笔者检索到的 17 起以债务人为股东代表诉讼被告的案件中，仅有 1 起［（2013）沪一中民四（商）终字第 398 号案］对“他人”采狭义理解，否认侵犯公司权益的股东属于“他人”的范围。

〔4〕 参见上海市第一中级人民法院（2013）沪一中民四（商）终字第 398 号案民事判决书。

（3）侵犯公司权益的行政机关作为股东代表诉讼的被告。

以侵犯公司权益的行政机关作为股东代表诉讼被告的案例十分罕见，笔者仅找到（2016）湘07民初92号案一起，且在该案中作为被告的行政机关同时也是公司的控股股东。在该案中，常德市政府、常德市国资委作为欣运集团国有股份的法定出资人和授权股东，长期不返还拍卖款和垫付资金，损害了欣运集团的利益。法院引用《中华人民共和国企业国有资产法》第4条及第11条的规定，认为常德市政府、常德市国资委虽为行政机关，但其作为欣运集团国有股份的法定出资人，应履行出资人义务，因此常德市政府、常德市国资委属于“他人”的范围。[1]

笔者认为虽然（2016）湘07民初92号案的被告常德市政府、常德市国资委为行政机关，但它们同时也是公司的控股股东，该案的实质其实是控股股东利用其控制地位侵犯公司权益，而非行政机关利用其行政权力损害公司权益。因此，司法实践中法院是否认可以侵犯公司权益的行政机关作为股东代表诉讼的被告仍是一个可以讨论的问题。

2. 实证分析的结论

通过对我国司法实践中“他人”范围的类型化分析可以发现：从表面上看，法院对于“他人”的理解偏向广义，认可控股股东、实际控制人、债务人、侵犯公司权益的行政机关属于“他人”的范围，但这些案件的实质基本都是公司控制人利用其控制地位侵犯公司权益，案件的被告也基本局限在公司控制人及其关联人。因此，尽管《公司法》第151条第3款中的“他人”原则上可以包括任何人，但在司法实践中，“他人”范围并未被无限扩张，而是局限于公司控制人及其关联人。

此外，由于立法的模糊，各地法院对“他人”范围的理解仍有分歧。大多数法院对“他人”采偏向广义的理解，但也有法院将“他人”狭义理解为“公司内履行其他职务的工作人员，并不包括公司股东在内”。各地法院态度的分歧不但为实务和理论界带来困惑，而且有损司法的统一性。

---

[1] 参见湖南省常德市中级人民法院（2016）湘07民初92号案民事判决书。

二、美国法视阈下的“他人”范围

股东代表诉讼制度起源于英国 Foss v. Harbottle 案（福斯规则）[1]，成熟于美国，后为德国等大陆法系国家相继引入。我国《公司法》第151条是在对域外相关立法例进行比较研究的基础上引入的[2]，尽管该制度在我国受到了一定本土化因素的影响，对域外相关立法例的研究仍能为我们讨论“他人”的范围提供指引。

从比较法的视角来看，各国关于“他人”的范围主要分为两种立法模式，即限制式立法模式和宽松式立法模式。限制式立法模式为大多数国家所采用，采用该立法模式的国家往往对“他人”范围进行不同程度的限制。例如日本将“他人”范围限定在实际控制人、发起人、清算人、行使股东权接受公司所提供利益之股东及以明显不公正价格认购股份者。[3] 韩国也将“他人”限定在业务指示人、以不公正价格认购股份的人等对董事有重要支配或影响力的主体。[4] 英国对股东代表诉讼的被告进行非常严格的限制，仅将被告范围限定在董事一类主体，实际控制人则可根据影子董事的法理纳入“他人”的范围。[5] 宽松式立法模式则不对“他人”范围进行明确限制，任何损害公司利益的主体都可能成为股东代表诉讼的适格被告，该立法模式较为少见，主要以美国为代表[6]。

本文在对比较法视阈下“他人”的范围进行研究时，主要以美国法为中心，原因有二，一则因为股东代表诉讼在美国比在其他任何国家更为盛行[7]，美国有关股东代表诉讼的规则也在判例法多年的发展中较为成熟。二则因为美国股东

〔1〕 *See* Foss v. Harbottle, 2 Hare 461, 67 Eng. Rep. 189 (v. Ch. 1843).

〔2〕 2005年2月25日国务院法制办公室主任曹康泰在第十届全国人民代表大会常务委员会第十四次会议上所作的《关于〈中华人民共和国公司法（修订草案）〉的说明》。

〔3〕 参见《日本公司法典》，吴建斌等译，中国法制出版社2006年版，第433页。

〔4〕 参见《韩国公司法》，吴日焕译，中国政法大学出版社2006年版，第517页。

〔5〕 参见［挪威］马德斯·安登斯、［英］弗兰克·伍尔德里奇：《欧洲比较公司法》，汪丽丽等译，法律出版社2013年版，第247页。

〔6〕 *See* Robert W. Hamilton, The Law of Corporations 539 (2000).

〔7〕 比如仅在美国特拉华州，1999-2000年的股东代表诉讼案件就有137件。Robert B. Thompson and Randall S. Thomas, The Public and Private Faces of Derivative Lawsuits, 57 *Vand. L. Rev.* 1747, 1762 (2004). 澳大利亚在2001-2006年的案件总数仅为31件。*See* Ian M. Ramsay & Benjamin B. Sauners, Litigation by Shareholders and Directors: An Empirical Study of the Statutory Derivative Action 9-10 (2006).

代表诉讼制度采用宽松式立法模式，与我国制度较为接近。因而对美国法下“他人”范围的探究能为我们理解《公司法》第151条第3款中“他人”的范围提供更好的借鉴。

（一）美国法下“他人”范围的历史发展

美国股东代表诉讼制度起源于Robison v. Smith案。在Robison v. Smith案中，法官认为当公司代理人存在滥用公司资金的行为时，少数股东有权基于其利益受到损害代表公司起诉该代理人。[1] 股东代表公司提起诉讼的权利在Dodge v. Woolsey案中得到美国联邦最高法院的支持，在该案中，美国联邦最高法院认可公司外部人员——俄亥俄州税收机关作为股东代表诉讼的适格被告。[2] 在Dodge v. Woolsey案判决后的几十年内，美国法院或多或少对小股东诉讼采取放任的态度。[3] 由于美国法院对股东代表诉讼的宽松态度，滥诉的状况非常常见，原告及其律师往往以庭外和解为目的通过股东代表诉讼牟利。[4] 为了抑制愈发严重的滥诉情况，美国开始逐步通过判例法的发展对股东代表诉讼的被告范围进行限制。从Gall v. Exxon案开始，商业判断原则开始在司法实践中适用。[5] 股东代表诉讼常常会被美国听取独立诉讼委员会基于商业判断原则终止。[6] 在Zapata Corp. v. Maldondo案[7]以及Auerbach v. Bennett案[8]中，商业判断原则得到了进一步的发展。特拉华州最高法院对商业判断原则做过这样的阐述：“（商业判断原则）推定公司董事的商业判断是根据可靠的信息、善意地以及诚实地相信该行为是为了公司的最佳利益而做出的。”[9] 自此，商业判断原则在美国被广泛采用，对于公司决策部门在信息充分的情况下作出的独立决策，法院原则上予以尊重。

---

〔1〕 Robinson v. Smith, 3 Paige Ch. 222 (1832).

〔2〕 Dodge v. Woolsey, 18 How. 59 U. S. 331 (1855).

〔3〕 George D. Hornstein, The Shareholder's Derivative Suit in the United States 284 (1967).

〔4〕 Ralph C. Ferrar ET AL., Shareholder Derivative Litigation: Besieging the Board § 1.03 (2005).

〔5〕 参见［英］A. J. 博伊尔：《少数派股东救济措施》，段威等译，北京大学出版社2006年版，第45-46页。

〔6〕 W. Allen, ET AL., Commentaries and Cases on the Law of Business Organization 388 (3d ed. 2009).

〔7〕 Zapata Corp. v. Maldondo, 30 A. 2d 779, Del. Supr. (1981).

〔8〕 Auerbach v. Bennett, 419 N. E. 2d 994, N. Y. (1979).

〔9〕 Aronson v. Lewis, 473 A. 2d 805, 812, Delaware 1984.

从美国判例法的发展进程可以看出，尽管美国在立法上没有明确限定“他人”的范围，但是随着社会经济的发展和股东代表诉讼滥诉的增加，美国通过判例法的发展，逐步确立独立诉讼委员会制度和商业判断原则，对“他人”的范围进行了愈发严格的限制。[1]

那么，在美国的司法实践中，“他人”的范围究竟为何？事实上，对诚信义务的违反往往是在美国司法实践中法院判决被告向公司承担赔偿责任的关键。[2] 公司董事、高级管理人员、控制股东通常拥有对公司的控制力，因而被认为对公司负有诚信义务。[3] 假如公司控制人利用其控制地位获得不当利益，则视为对诚信义务的违反。在这种情况下，法院往往允许股东代表诉讼的提起。例如在Sugarman v. Sugarman案中，对于控制股东利用对公司的控制权获得过多薪水的行为，法院判决该控制股东的行为构成了对诚信义务的违反，因此判决其承担赔偿责任。[4] 在Crosby v. Beam案中，俄亥俄州最高法院也认可通过不合理的增加薪水等方式使自己受益的控制股东属于股东代表诉讼的适格被告。[5]

美国通过长期的司法实践，特别是通过不断发展的判例，逐步将股东代表诉讼的被告限定于对公司负有诚信义务的人，而诚信义务的具体内容也在判例法的发展中被不断健全和完善。[6] 对于诚信义务的理解和适用标准，各州法律和法院的态度有所差异。例如，有一些法院认为，由于封闭公司的特性，封闭公司中的股东和董事应当承担格外的诚信义务，即该诚信义务的标准为“最大善意和忠实”（utmost good faith and loyalty）。也有些州法院（如特拉华州）拒绝适用格外的诚信义务原则，认为封闭公司中的股东和董事也只需要承担普通的诚信义务。[7]

从美国法下“他人”范围的历史发展可以看出，尽管根据美国法原则上任何违反公司义务的主体都可能成为股东代表诉讼的被告，但美国通过判例法的发展将股东代表诉讼的被告范围主要限定在对公司负有诚信义务的人即董事、高

---

〔1〕 George D. Hornstein, The Shareholder's Derivative Suit in the United States 284 (1967).

〔2〕 James D. Cox, The Social Meaning of Shareholder Suits 11 (1999).

〔3〕 *See* Robert W. Hamilton, The Law of Corporations 444-445 (2000).

〔4〕 Sugarman v. Sugarman, 797 F. 2d 3, 1 Cir. 1986.

〔5〕 Crosby v. Beam, 548 N. E. 2d 217 (Ohio 1989).

〔6〕 参见刘金华：《股东代位诉讼制度研究》，中国人民公安大学出版社2008年版，第120页。

〔7〕 参见李小宁：《公司法视角下的股东代表诉讼——对英国、美国、德国和中国的比较研究》，法律出版社2009年版，第133页。

管、控制股东和实际控制人。因而，美国法下“他人”范围主要限定在对公司负有诚信义务的控制股东和实际控制人。

（二）美国关于“他人”范围的学界观点

美国学界通常认可股东代表诉讼主要针对违反诚信义务的行为，由于董事、高管和控制股东往往被认为对作为一个整体的公司负有诚信义务，单个股东可以对违反诚信义务的行为（如重大疏忽、不当经营、自我交易、过度补偿以及利用公司机会）提起代表诉讼。[1] “公司董事、控制股东和高级管理人员通常拥有控制、管理公司的广泛权力，因此被认为对公司负有诚信义务。这种诚信义务是对公司的，而不是对股东个人的。因此，当董事、控制股东和高级管理人员违反了该义务，对公司造成损害时，通常股东只能提起代表诉讼。”[2]

美国学界普遍认同将“他人”范围主要限定在对公司负有诚信义务的控制股东和实际控制人。[3] 不过，在对于诚信义务的理解上，学界有所争议，各法院的态度也有所不同，这也影响了美国司法实践中对“他人”范围的具体确定。对于诚信义务，美国法又区分忠实义务和谨慎义务，在美国法下，股东代表诉讼主要针对违反忠实义务的行为提起。[4] 在美国的司法实践中，公司董事、控制股东和高级管理人员仅因为违反谨慎义务而承担责任的案例非常少见。[5] 美国法律机构的《公司治理原则》一书则建议采用双重的司法审查标准，即对董事、控制股东和高级管理人员违反忠实义务的情况采取更加细致严格的审查标准。[6] Scott 甚至认为股东代表诉讼不应当针对违反谨慎义务的行为。[7]

---

〔1〕 *See* Robert W. Hamilton, The Law of Corportions 539 (West Publishing Co. 2000).

〔2〕 参见李小宁：《公司法视角下的股东代表诉讼——对英国、美国、德国和中国的比较研究》，法律出版社 2009 年版，第 133 页。

〔3〕 *See* Robert W. Hamilton, The Law of Corporations 539 (2000).

〔4〕 Jacqueline Butler, Models of Modern Corportions: A Comparative Analysis of German and U.S. Corporate Structure 591 (2000).

〔5〕 *See* Kenneth E. Scott, Corporation Law and the American Law Institute Corporate Governance Project, 35 *Stan. L. Rev.* 927 (1983).

〔6〕 *See* Ralph C. Ferrar ET AL., Shareholder Derivative Litigation: Besieging the Board § 1.03 (2005).

〔7〕 *See* Kenneth E. Scott, Corporation Law and the American Law Institute Corporate Governance Project, 35 *Stan. L. Rev.* 927 (1983).

三、对《公司法》第151条第3款中“他人”的理解——目的性限缩解释

《公司法》第151条第3款中“他人”范围的模糊规定引发了学界的争议，也导致了司法不确定性的增加。在立法模糊和学界争议的情况下，如何理解“他人”的范围？以下三个参数或许可以为我们提供参考。

（一）股东代表诉讼的本质——正当原告原则的例外

正当原告原则是由英国 Foss v. Habottle 案创立的一项重要原则，其合理性在于对公司独立法人格的尊重和对公司自治的信赖。对公司独立法人格的尊重是现代公司法的基石之一，公司以自己的名义从事经营活动，当其受到侵害时，应由公司本身决定是否对该不当行为提起诉讼。然而，公司并非自然人，它必须通过其内部的决策机构——通常为董事会，作出是否起诉的决定。该决定属于公司商业判断的范畴，法院往往予以尊重。但当不法行为人在公司内部处于控制地位时，该不法行为人很可能通过对董事会进行不当控制或影响，使董事会无法公正地作出是否起诉的决定。为了在这种情况下对公司进行救济，必须给予他人决定是否起诉的权利，股东代表诉讼制度应运而生。从股东代表诉讼制度的起源我们可以发现，该制度在本质上是对正当原告原则的例外适用，这种例外决定了只有在侵犯公司利益的不法行为人对公司存在不当控制或影响，导致公司内部治理被扭曲的情况下，才有股东代表诉讼的适用。[1]

在《公司法》第151条引入之前，最高人民法院及部分高级人民法院通过相关解释将“他人”限于控制股东或“控股股东及与其相关的交易人”，体现了法院对于股东代表诉讼制度本质的把握。且该解释也与股东代表诉讼制度强化对董事、监事、高级管理人员责任追究机制的立法初衷一脉相承。最高人民法院曾通过司法解释将“清算组成员”纳入“他人”的范围，这一解释也隐含了将“他人”限定在公司控制人的意图。因为在公司进入清算之际，清算组成员有决定公司事务的职权，居于事实上的控制人地位。对损害公司权益的清算组成员提起股东代表诉讼的法理与对董事、监事、高级管理人员提起该诉讼的法理相一致，即在公司受到不当行为人控制，公司内部治理被扭曲时，赋予小股东决定是否起诉

[1] Companies and Securties Advisory Committee, Report on a Statutory Derivative Action 5-10 (1993).

的权利。

从第151条的引入过程及法院对“他人”的解释可以看出，我国立法、司法机关对于“他人”的态度与股东代表诉讼制度的本质相吻合。尽管对于第151条第3款的引入没有找到相关的立法说明，但根据我们立法、司法机关在第151条引入前后一以贯之的态度，将“他人”理解为控股股东、实际控制人，或者基于特殊职务实际控制公司的人（包括审计人员、清算人等）符合立法者的意图，亦是对股东代表诉讼制度本质的尊重。此外，通过对我国司法实践的实证分析可以看出，司法实践中“他人”的范围主要局限于公司控制人及其关联人。实证数据进一步证明了股东代表诉讼制度本质的合理性——股东代表诉讼原则上仅适用于控制人扭曲公司治理的情形。因而，将“他人”理解为控股股东、实际控制人，或者基于特殊职务实际控制公司的人（包括审计人员、清算人等）亦与我国司法实践的实际状况相符。

（二）对公司自治的尊重——商业判断原则

商业判断原则是美国股东代表诉讼发展进程中确立的一项重要原则，从Gall v. Exxon案开始，该原则在美国得到了广泛的应用和发展。[1] 关于商业判断原则，最常被引用的是特拉华州最高法院的阐述：“（商业判断原则）推定公司董事的商业判断是根据可靠的信息、善意地以及诚实地相信该行为是为了公司的最佳利益而作出的。”[2] 尽管各法院对商业判断原则的理解有所差异，但该原则的基本宗旨是：对于公司决策部门基于可靠的信息，独立且善意的作出的决策，法院原则上予以尊重。

商业判断原则的法理基础在于以下三点：首先，公司的决策机构（通常为董事会）原则上有权独立对公司进行管理，无须接受法律审查。[3] 其次，由于董事会在作出判断时不可能掌握所有的信息，商业决定存在固有的风险。因而对于商业决定的评判应关注决定作出的过程，而非该决定最终的成效。[4] 最后，商

---

〔1〕 参见［英］A. J. 博伊尔：《少数派股东救济措施》，段威等译，北京大学出版社2006年版，第45-46页。

〔2〕 Aronson v. Lewis, 473 A. 2d 805, 812, Delaware 1984.

〔3〕 Ralph C. Ferrar ET AL., Shareholder Derivative Litigation: Besieging the Board § 5.01 (2005).

〔4〕 *See* Robert W. Hamilton, The Law of Corporations 449 (2000).

业判断原则体现了司法对公司自治的尊重。法官并非经营专家，且对公司经营状况的了解十分有限，故法院对公司董事会作出的商业决定原则上不予干涉。[1]因而，当发生不当行为人损害公司利益的情况时，董事会有权根据一些因素（如诉讼费用、公司与该不当行为人的交易关系、可能出现的负面新闻报道等）决定是否起诉。如果董事会认为起诉不符合公司的最佳利益，也可以放弃起诉，该不予起诉的决定和普通商业决定一样受到商业判断原则的保护。[2] 特拉华州最高法院在 Brehm v. Eisner 案中重申了这一原则：“法院应当尊重董事的决定，除非董事与决定有利害关系或不够独立……”。[3]

商业判断原则的产生和发展体现了司法对公司自治的尊重。由于公司决策层对公司经营现状的了解，在未受到不当控制或影响的情况下，公司决策层在是否对侵犯公司利益的行为人提起诉讼的问题上会作出符合公司最佳利益的商业判断。有时公司决策层不予起诉的决定从表面上看导致了公司遭受损害，但这一决策可能避免了公司和交易人关系的恶化，或是免除了不利的新闻报道可能为公司带来的负面影响，这些都是普通股东和法院无法考虑的。[4]

基于这样的考虑，美国法院通过商业判断原则的运用逐步将“他人”限定在对公司具有控制权的主体即控制股东和实际控制人。尽管我国司法实践中没有正式确立类似美国的商业判断原则，但该原则的法理基础及其在美国的发展历程对我国有很大的借鉴意义。倘若通过目的性限缩解释将“他人”限缩为控股股东、实际控制人，或者基于特殊职务实际控制公司的人（包括审计人员、清算人等），则可通过法律解释的方式将商业判断原则在美国的发展成果纳入我国公司法，这在我国现行法律体系下不失为一个可行的方法。

（三）诉讼成本的考量

对“他人”范围的理解直接决定了股东代表诉讼提出要件的松紧，从而影响股东代表诉讼在实践中被提起的可能性。因而，该种诉讼可能带来的诸多诉讼

---

〔1〕 *See* Robert W. Hamilton, The Law of Corporations 454 (2000).

〔2〕 Ralph C. Ferrar ET AL., Shareholder Derivative Litigation: Besieging the Board §5.04 (2005).

〔3〕 Brehm v. Eisner, 746 A. 2d 244, 246, Footnote 66 (Del. Supr. 2000).

〔4〕 参见［加拿大］布莱恩·R. 柴芬斯：《公司法：理论、结构和运作》，林伟华、魏旻译，法律出版社2001年版，第223页。

成本也应纳入我们考量的范畴。股东代表诉讼可能带来的诉讼成本主要包括两个方面：为公司带来的成本和为社会带来的成本。

1. 公司成本

其一，股东代表诉讼一旦被提起，就将导致大量直接成本的支出，具体包括律师费用、向法院缴纳的费用等支出。其二，该种诉讼还可能带来大量的间接成本。例如股东代表诉讼的提起可能会使公司内部关系恶化，针对公司外部人的诉讼可能影响到公司和交易人的关系，阻碍后续交易的顺利进行。该种诉讼的提起还可能为公司带来不利的新闻报道，损害公司的商誉。法院可能发出的临时命令也可能影响公司正常运营，使正在进行中的交易处于危险之中。[1]

2. 社会成本

股东代表诉讼所带来的诉讼成本不仅包括公司的直接诉讼支出及诉讼可能为公司带来的潜在损失，还包括司法机关为解决纠纷而花费的成本。从美国股东代表诉讼的历史发展可以看出，在该种诉讼发展早期，由于法院的宽松态度导致了投机诉讼（strike suit）的大量出现。这类诉讼主要由律师推动，受益方也通常为律师而非公司。[2] 投机诉讼的泛滥导致了对司法资源的极大浪费，法官不得不将有限的时间和精力浪费在以律师盈利为目的的投机诉讼当中，从而使真正需要解决的案件被搁置。因此，如何理解“他人”的范围不仅仅是一个纯粹的法律问题，股东代表诉讼带来的大量诉讼成本使我们不得不对其作出经济学上的考量。在不存在对公司决策机构的不当控制时，是否提起诉讼属于公司正常的商业判断。司法的过度介入不但可能导致对公司自治的不当干扰，还会为公司及社会带来不可估量的诉讼成本。

按照这样的思路，“他人”应限于在公司拥有类似董事、监事、高级管理人员的控制地位，公司无力或无意起诉的主体。对于公司债务人、侵害公司权益的行政机关等主体，是否对他们提起诉讼原则上应委诸公司决策机构的商业判断，尊重公司的自治。因而，对于《公司法》第 151 条第 3 款中“他人”的范围，我们可以采取目的性限缩的方式，将“他人”狭义理解为控股股东、实际控制人，或者基于特殊职务实际控制公司的人（包括审计人员、清算人等），从而

〔1〕参见［加拿大］布莱恩·R. 柴芬斯：《公司法：理论、结构和运作》，林伟华、魏旻译，法律出版社 2001 年版，第 223 页。

〔2〕*See* Stephen M. Bainbridge, Corporation Law and Economics 402 (2002).

“将不符规范目的之部分排除在外，俾仅剩的法律意义更为精纯”。[1]

四、结论

在我国司法实践中，尽管从表面上看，法院对于“他人”的理解偏向广义，认可控股股东、实际控制人、债务人、侵犯公司权益的行政机关属于“他人”的范围，但这些案件的实质基本都是公司控制人利用其控制地位侵犯公司权益，案件的被告也基本局限在公司控制人及其关联人。由此可得，公司控制人扭曲公司自治，损害公司权益是我国股东代表诉讼被提起的主要原因。此外，本文通过对美国股东代表诉讼相关立法例的研究发现，尽管美国采取与我国类似的宽松式立法模式，没有明确限定“他人”的范围，但在多年的判例发展中，美国股东代表诉讼的被告范围已经经历了由宽松到严格的转变，“他人”的范围也限定为对公司负有诚信义务的控制股东和实际控制人。

美国股东代表诉讼制度的发展对我们理解“他人”的范围有很大的借鉴作用。作为正当原告原则的例外，股东代表诉讼制度产生的基础在于对公司内部决策机构被不当控制时的救济，因而对“他人”应进行目的性限缩解释，将“他人”理解为控股股东、实际控制人，或者基于特殊职务实际控制公司的人（包括审计人员、清算人等）。至于公司债务人、侵犯公司权益的行政机关等主体，公司是否起诉应委诸公司决策机构的商业判断。

（初审：夏静远）

[1] [德] 卡尔·拉伦茨：《法学方法论》，陈爱娥译，商务印书馆2003年版，第251页。

公司法视野下归入救济与损害赔偿之区分

赵 峰*

内容提要：我国公司法规定了董事违反信义义务后的归入权救济和损害赔偿责任，但尚未对如何区分两种救济手段做出根本性回答，导致司法实践中对于二者适用混淆的问题。从理论上说，损害赔偿用于填补公司可诉性损害，使公司利益得到补偿，归入救济则是要求董事放弃（吐出）收益，予以董事一定惩罚。二者在法理基础、立法目的、适用范围和证明责任上有重大差异。在司法适用中可以发现，二者之间存在选择性竞合关系。归入救济和损害赔偿因董事违反信义义务而同时产生效力，若二者并非针对同一利益，当事人自可累加主张；若同时作用于担保忠实义务的履行，则不能累加主张，但得选择行使，且将一方作为另一方的最低担保，仍可就超额部分继续主张救济。

关键词：信义义务 归入权损害赔偿 司法适用

一、问题的提出

我国《公司法》在第148条第2款和第149条分别规定了董事违反信义义务（fiduciary duties）的不同法律后果，既可将董事违法收益归入公司，又对董事课以一定的赔偿责任。然而，对于二者之间如何进行区分以及如何在不同情形下进行妥当适用，立法却语焉不详，在司法实践中容易引起歧义。具体而言，实践中面对董事的行为同时违反忠实义务和勤勉义务、只违反忠实义务、只违反勤勉义务时如何分别承担责任，无法从法条直接得到答案。基于此，归入权救济和损害

* 赵峰，中国政法大学民商经济法学院2017级法学硕士研究生。

赔偿作为两种不同的救济措施，二者能否累加适用、如何累加适用，以及担保董事忠实义务之履行下是否存在竞合，都是值得深入讨论的问题。本文拟就以上问题进行探索，试图提供一条解决之道。[1]

对于归入救济而言，我国学者大多从归入权的性质[2]、构成要件[3]、程序适用[4]等不同方面进行阐释，而忽视了其与损害赔偿制度之间的交叉。同时我国学者将研究的目光更多地放在证券法上，[5] 对于公司法领域的归入救济如何适用未能提供更多方法论的指导。更重要的是，上述研究限于纯粹的理论思考与制度构建，缺少与本土化案例的结合讨论，难以对现实问题产生实践意义。

为使问题更具有针对性，本文将作如下限定：

第一，要判断董事承担违信责任的方式，首先要回答的是董事是否违反了信义义务。具体来看，是违反了忠实义务（duties of loyalty）还是勤勉义务（duties of care），这是寻求救济的前提。但众所周知，"信义义务制度本为英美普通法所固有，在法律适用上更多地依赖于司法判例。我国虽然引入，但在法律适用上远不如英美普通法那样具有灵活性与可操作性"。[6] 然而本文无意对如何判断信义义务这一"公司法的皇冠"问题进行探讨，仅就法官判断董事构成义务违反后，如何让其承担责任进行梳理与解答，从法律救济的视角加以论证。

第二，本文为使问题更加明确，着重在公司法领域展开讨论。而归入救济作为损害赔偿的一种方式适用于各种领域，如证券法[7]、侵权法[8]、知识产权

---

〔1〕 对于董事行为只违反勤勉义务时如何承担责任，由于此时无法适用归入权，因此单独适用损害赔偿救济即可，并无争议。因此本文不再加以讨论。

〔2〕 主要的争议在于归入权是请求权还是形成权，有学者认为归入权是形成权，参见雷兴虎：《论公司的介入权》，载《法学研究》1998年第4期。也有学者认为归入权是请求权，参见郑文科：《归入权研究》，载《民商法学研究》2004年第6期。实务中，一般认定为形成权，参见陆烨：《梁某与蔡某等竞业限制纠纷再审案》，载《人民司法·案例》2017年第11期；张健：《福建亚通公司等诉刘道敏等与公司有关的纠纷案》，载《人民司法·案例》2007年第10期。

〔3〕 参见曾新明：《论公司归入权》，载《学术论坛》2008年第4期。

〔4〕 参见王建敏、袁锦：《公司归入权问题研究》，载《山东社会科学》2010年第12期。

〔5〕 参见郭敏：《有关内部人员短线交易归入权问题的探讨》，载《法学》1996年第4期；严利东：《论归入权之行使——兼评〈中华人民共和国证券法〉关于归入权之完善》，载《河北法学》2002年第3期；周春华：《论证券市场短线交易归入权制度的瓶颈及其矫正》，载《科技信息》2011年第8期。

〔6〕 施天涛：《公司法论》，法律出版社2014年版，第394页。

〔7〕 参见《中华人民共和国证券法》第47条。

〔8〕 参见《中华人民共和国侵权责任法》第20条。

法[1]等领域，笔者没有能力对中国法律中的获益赔偿制度进行系统的描述和关联的分析，因此将本文的目光聚焦在公司法领域。然而“公司归入权作为获益损害赔偿制度在中国制定法中发端之源头，具有不可替代的重要价值”。[2] 因此，笔者仍相信对该制度在公司法领域的研究对其他领域仍有借鉴意义。

二、归入救济和损害赔偿的区分

（一）法理上的区分

归入权理论来源于英美的推定信托制度。按照英美信托法的一般理念，受托人操纵信托财产或利用受托地位为自己谋利时，就该财产或利益将产生一项推定信托（constructive trust），受托人此时仅仅是为了受益人而享有该利益或财产。[3] 受益人有权要求受托人向其报账并归还（account for）任何未经授权、利用信托财产而取得的利益，我国《信托法》同样加以规定。[4] 鉴于英、美判例通常将公司管理者（董事）视为公司财产的受托人，故他们违反受信义务与公司交易或与第三人交易所获得的利润也构成以公司为受益人的一项推定信托，其中的财产利益理应归属公司。[5] 而在大陆法系的公司法理论中，虽然也承认董事与公司之间的受托关系，但其公司法通常对董事或经理的竞业禁止义务另行加以规定，当董事违反该义务，公司有权将违反竞业禁止之所得视为公司所得[6]，或推定为公司所受损害。[7]

对于董事损害赔偿义务来说，一般认为受信义务主体的行为如果给公司造成

---

〔1〕 参见《中华人民共和国著作权法》第48条，《中华人民共和国专利法》第65条。

〔2〕 刘承韪：《获益损害赔偿制度的中国问题与体系构建》，载《陕西师范大学学报（哲学社会科学版）》2016年第6期。

〔3〕 *See* D. J. Hayton, The Law of Trusts 142 (4th ed. 2003).

〔4〕 《信托法》第26条：“受托人除依照本法规定取得报酬外，不得利用信托财产为自己谋取利益。受托人违反前款规定，利用信托财产为自己谋取利益的，所得利益归入信托财产。”据此有学者认为信托本身所蕴涵的衡平观念是很多财产法救济的基础。应以发展拟制信托（推定信托）等法理为契机，整合我国民事救济理论。参见赵廉慧：《信托法解释论》，中国法制出版社2015年版，第18页。

〔5〕 *See* Robert W. Hamilton and Richard D. Freer, The Law of Corporation 185 (6th ed. 2011).

〔6〕 德国股份公司法第88条，我国台湾地区“公司法”第209条，日本旧商法典第164条，韩国商法典397条。参见王军：《中国公司法》，高等教育出版社2015年版，第366页。

〔7〕 日本公司法第12条。参见王军：《中国公司法》，高等教育出版社2015年版，第366页。

损害，自然应当向公司承担某种不利的法律后果。即“董事实施了违反法令或章程的行为时，自然构成懈怠任务，需要承担对公司造成损害的赔偿责任，这属于董事作为公司受任者的当然责任。”〔1〕在英美法上，对于违背普通法上的注意义务，不遵守董事合同或者公司宪章的行为，损害赔偿是适当的救济措施；补偿则类似于针对违背（最初的）衡平法上的善管义务（本着促成公司成功的目的而行事）或者本着不当目的而行事的行为的衡平法救济措施。〔2〕事实上，目前关于普通法与衡平法的界限已经变得模糊不清，笔者认为赔偿与补偿的区分也没有特别的价值，只要将其作为一种属人性救济措施理解即可。

综上所述，可以发现归入权产生于受托义务下的推定信托制度，担保受托人的诚信行为；而损害赔偿则来源于“因他人行为遭受的可诉性损失的原告有权要求赔偿损失”的一般原则，二者同时作为公司遭受损失后的救济方式，具有不同的理论基础和思想来源。

（二）立法目的上的区分

归入救济和损害赔偿同为救济手段的不同方式，二者都是为了实现“恢复原状”（restitutionary）的法律效果，然而在立法目的上，两者之间具有本质的不同。

一方面，若承认“董事、高级管理人员的受信义务是一种法定义务，违信责任实际上是侵权责任在公司法上的特殊体现和具体运用”。〔3〕由于侵权法主要关注的是“损失”，使受害人的正当利益得以恢复到行为未发生前的状态，故课以董事承担损害赔偿责任的立法目的在于填补公司损害。然而，在归入救济中，侵权法所谓收益返还的损害赔偿（Disgorgement Damages），其行使可能导致公司（受害人）获得超过其损失的利益，故立法目的在于惩罚董事（加害人）违反忠实义务的行为，使董事不能保有超出原告损失的收益，对自己的不当行为或违法行为承担不利的法律后果。

另一方面，侵权法对损害赔偿这一救济方式关注的是侵权行为受害人的地位——填补由侵权行为带来的可诉性损失，而归入救济关注的是侵权行为加害人

---

〔1〕［日］前田庸：《公司法入门》，王作全译，北京大学出版社2012年版，第326页。

〔2〕参见［英］保罗·戴维斯、莎拉·沃辛顿：《现代公司法原理》（上），罗培新等译，法律出版社2016年版，第596页。

〔3〕施天涛：《公司法论》，法律出版社2014年版，第407页。

的地位——要求加害人放弃（吐出）所获得的收益。故前者的立法目的是使受害人的地位（就损失而言）恢复到侵权行为没有发生时其应有的地位；归入救济的目的则是使加害人的地位（就收益而言）恢复到侵权行为没有发生时其应有的地位。[1]

因此，作为恢复原状的两种方式，损害赔偿站在公司的角度上，目的是使公司的损失得以恢复，而归入救济站在董事的立场上，旨在杜绝董事保有不当利益，同时后者还伴随着一定的惩罚功能。正如美国《返还法重述》所述："返还之诉的首要目的，是把原告有权得到的东西从被告那里取回还给原告。如果不能这么做，就命令被告向原告支付一笔金额，使原告恢复到得益之前的地位。"[2]

（三）适用领域的区分

1. 归入救济仅适用于董事违反忠实义务

所谓忠实义务，系源于英美法下受托义务，其乃为解决公司负责人与公司间所生利益冲突而形成之法理。[3] 具体而言，主要包括篡夺公司机会（usurpation of corporation opportunity）、利益冲突（conflict of interest）、自我交易（self-dealing）等情形。[4] 依衡平法规则，董事作为公司的受托人对公司负有忠实的诚信义务，该义务的核心便是强调董事不应将其利益陷于与公司利益的矛盾之中，即使存在了利益冲突，也不能忽视公司的利益而优先考虑自身利益，若有违该要求，其由此所获之利益需归入公司所有。因此，行使归入权的基础是基于以下判断，即"从该给付（不忠实行为）被做出时的情况或自做出后所发生的情况来看，允许被告继续保留该笔给付（违法收益）将是不公平的或令人讨厌的。"[5] 因此，归入救济的产生并不是以董事对所返还的财产负有个人责任的观念为基础的，而是以不公平的保有权思想为基础，即归入权的行使必须依赖于董事违反忠实义务的要求。例如在南华擎天资讯科技公司与辛颖梅、汪晓刚等损害公司利益责任纠纷案中，法院认为"我国公司法中规定的公司归入权源于其董事、高管等

---

〔1〕 参见［澳］彼得·凯恩：《侵权法解剖》，汪志刚译，北京大学出版社 2010 年版，第 126 页。

〔2〕 沈明达：《准合同法与返还法》，对外经济贸易大学出版社 2015 年版，第 56 页。

〔3〕 参见王文宇：《公司法论》，中国政法大学出版社 2004 年版，第 110 页。

〔4〕 *See* Robert W. Hamilton, The Law of Corporation, In a Nutshell 412 (4th ed. 1996).

〔5〕［澳］彼得·凯恩：《侵权法解剖》，汪志刚译，北京大学出版社 2010 年版，第 220 页。

对公司的忠实义务，因他们在管理公司过程中能够知悉商业机会、使用公司资源，公司法要求他们不得以牺牲公司利益为代价追求自己或第三人的私利”。[1]

2. 损害赔偿具有更广阔的适用空间

基于“伤害原则”（勿伤害他人）的效力，个人之行为若不妨害他人，就应当享有充分的自由；但若其行为妨害于他人，则社会就有权对该行为进行必要的干涉，即“人类之所以有理有权可以个别的或者集体的对其中任何分子的行动自由进行干涉，唯一的目的只是进行自我防卫。这就是说，对于文明群体中的任一成员，之所以能够施用一种权力以反其意志而不失为正当，唯一的目的只是要防止对他人的危害”。[2] 因此，只要董事的行为给公司带来危险，就有损害赔偿适用的必要，从而干预董事的不当行为。从这个意义上看，不管公司所失是否相当于董事所得，要求损害赔偿通常被认为比要求董事返还其所得（尤其所得并不相当于公司所受损失）来说，具有更强的道义力量。同时，这也可以解释为什么侵权法会采用全部赔偿原则，而不采用完全返还收益的原则。[3] 因此，损害赔偿的原则一般可适用于董事的所有侵权行为，而归入救济只能在相对较小的范围内适用。

（四）证明责任的区分

对于证明责任的概念，理论上有主观说和客观说，前者认为“证明责任是当事人为避免败诉的结果，而有证明特定事实的必要”；[4] 后者认为“当某一事实处于真伪不明时，通过假定（拟制）该事实存在或不存在来作出裁判，进而使一方当事人遭受的危险或不利益”。[5] 结合二者可以发现，在公司法视野下，证明责任的功能在于当公司主张救济时需要证明哪些法律事实，才能免去承受不利的裁判后果。对此，有争议的问题是，公司有损失应否为成立归入责任的必要条件？换言之，损失是否是公司主张归入权的待证事实？

实践中一些法院认为发生实际损失是公司主张收取董事收入的必要条件，例

---

[1] 江苏省高级人民法院（2015）苏商终字第00680号民事判决书。

[2] ［英］约翰·斯图亚特·密尔：《论自由》，许宝骙译，商务印书馆1982年版，第10页。

[3] 虽然侵权法也填补某些非财产损失，但侵权法不要求返还非财产收益。

[4] ［日］松冈义正：《民事证据论》，张知本译，中国政法大学出版社2004年版，第30页。

[5] ［日］高桥宏志：《民事诉讼法制度与理论的深层分析》，林健锋译，法律出版社2003年版，第420页。

如应金宝与许定宝等上诉案中，法院认为，“上诉人应金宝无充分证据证明被上诉人许定宝的行为对质宝公司利益造成实际损害，不能证明许定宝恶意损害质宝公司利益”，故不支持公司对许定宝的归入权。[1] 不过，值得肯定的是，近些年来法院开始更多地认为公司损失并不是归入权行使的证明对象，“公司行使归入权，并不以董事、高级管理人员的交易行为获得溢出利益，或者其行为给公司造成损害或损失为前提。只要董事、高级管理人员的交易行为违反公司章程的规定或者未经股东会、股东大会同意，其与公司进行交易获得收入即应归公司所有”。[2] “公司归入权实际上是公司对于董事、高管等违反忠实义务而要求其赔偿损失的权利，这种损失拟定为他们获得的利益，而无需由公司来举证损失。”[3]

笔者认为，作为救济性制度的归入权和损害赔偿有相似之处，但两者之间的差别在于，损害赔偿是以公司所遭受损失为基础，而归入救济恰恰相反，是以董事的违法所得为基础。因为如果允许董事将其保留，无疑是不公平的，法律要求董事交出这些收益。因此，行使归入权只需证明董事收入，而主张损害赔偿才要公司证明损失。[4] 同时，公司究竟遭受了多少损害，实际上并不容易判断，应参考日本公司法“董事利益推定公司损失”制度。[5] 通过事实推定的效力转换

---

[1] 上海市第二中级人民法院（2004）沪二中民三（商）终字第265号民事判决书。类似的，在李高明上诉案中，判决也认为归入权的行使需要以公司受有损失为条件。参见江苏省高级人民法院（2003）苏民终字第005号民事判决书。

[2] 江苏省高级人民法院（2016）苏民再296号民事判决书。该案在一、二审中，均被认为归入权的范围限于溢出利益，归入权的行使以给公司造成损害或损失为前提。“在该交易中，乐辉公司是卖方、信好公司是买方，乐辉公司无证据证明在谢芳担任乐辉公司总经理期间，其向信好公司销售的医疗器械价格低于其向其他公司销售的价格，即乐辉公司无证据证明谢芳因实施乐辉公司与信好公司交易行为而获得了溢出利益，也没有证据证明因谢芳实施乐辉公司与信好公司的交易行为而给乐辉公司造成了损害或损失。且即使乐辉公司向信好公司销售1 889 724.07元医疗器械，信好公司获得了经营收入，也不能当然得出该收入的80%归谢芳所得，故乐辉公司主张谢芳违反竞业禁止义务进行自我交易所获得的604 711元收入归公司所有的诉请，缺乏事实依据，不予支持。”参见南京市中级人民法院（2015）宁商终字第252号民事判决书。

[3] 江苏省高级人民法院（2015）苏商终字第680号民事判决书。类似的，在北方技术国际（亚太）有限公司上诉案中，法院同样认为“北方公司主张的是由天津洁乐特公司行使归入权，不是主张由蒙涛、徐卉承担损害赔偿责任，故无需对‘损害’承担举证责任。”参见天津市高级人民法院（2016）津民终274号民事判决书。

[4] 在上海澹海实业有限公司诉张则宇公司利益责任纠纷案中，法院判决：“本案原告向被告主张损害赔偿权，则原告应就被告对其造成的损失提供证据证明。”参见上海市青浦区人民法院（2013）青民二（商）初字第307号民事判决书。

[5] 日本《公司法》423条第2款之规定。参见［日］神田秀树：《公司法的理念》，朱大明译，法律出版社2013年版，第91页。

行为意义上的证明责任，使得这种无法查明的事实被视为证明责任法则的应有之义。[1] 一方面使公司免于举证证明其损失，另一方面使董事可以举出反证减轻其责任。正如学者所说，“在常见的竞业禁止纠纷中，如果以现有利益减损作为公司主张收取董事不当收入的条件，则公司很难胜诉，这就不合理地限制了公司的救济权”。[2]

三、二者的累加适用：在违反双重信义义务下成为可能

《公司法》第 148 条列举了挪用资金、违规担保、自我交易、竞业禁止以及谋取公司机会等违反忠实义务的典型情形，并规定董事的违反所得应当归公司所有。依文义解释，若董事从事了上述不忠实的行为，公司便有权要求董事返还收入。除此之外，第 149 条规定董事执行公司职务时违反法律、行政法规或者公司章程，给公司造成损失时的赔偿责任。由此不难发现，后者是《公司法》关于董事违信责任的一般性规定。因此，作为两种不同的救济措施，二者能否累加适用，以及如何叠加成为首要解决的问题。

（一）忠实义务与勤勉义务的截然区分

我国《公司法》第 147 条第 1 款明确指出，董事应当遵守法律、行政法规和公司章程，对公司负有忠实义务和勤勉义务，不得利用职权收受贿赂或者其他非法收入，不得侵占公司的财产。这是公司法关于董事等人员信义义务的共通性规定，其中包括了忠实义务和勤勉义务。

忠实义务（duties of loyalty）指董事等人员管理、经营公司业务时，应毫无保留地为公司最大利益努力工作，当自身利益与公司整体利益发生冲突时，应以公司利益为先；而勤勉义务（duties of care）是指董事应诚信地履行对公司的职责，尽到普通人在类似情况和地位下如同处理自己的事务那样谨慎的、合理的注

[1] 参见毕玉谦：《民事证明责任研究》，法律出版社 2007 年版，第 409 页。
[2] 王军：《中国公司法》，高等教育出版社 2015 年版，第 366-367 页。

意义务。[1] 即前者的核心在于避免利益冲突（no-conflict）和不牟利（no-profit）[2]，而后者强调董事应合理谨慎地处理公司事务，通过认真履行决策和监督职能来实现公司的最大利益。[3]

然而在日本公司法理论中，关于两者之间的关系，多数学者认为二者具有同质性，即“忠实义务仅仅是对善管义务（对应我国法的勤勉义务）的进一步明确，而不得在牺牲公司利益的情况下谋求自身利益的义务当然包含在‘善管义务’的范畴内”。[4] 日本法院的判例一般均依照该见解，比如最高大法庭在一次判决中指出“《商法》第254条之二的规定（现日本《公司法》第355条），只不过细化并明确了伴随通常委任关系的善管注意义务，并不是规定了与此不同的更高深的义务”。[5] 在美国也有部分学者认为董事的勤勉义务是一个作用微小、甚至是一个多余的法律规则，它对改善公司治理没有用处。[6]

对此，笔者认为即使董事违反勤勉义务而承担责任的实践案例较少（在我国尤其如此），但也不能完全漠视勤勉义务存在的重要功能与价值，因为公司法规则的效能并不单单表现在司法活动中。勤勉义务能够为越来越多的国家立法所认可，并被人们反复提起本身也足以驳斥任何有关其无价值或价值微小的主张。[7] 再者，基于公司契约理论的观点，二者在经济学意义上也具有本质的差别。忠实义务通常针对那些巨大的一次性盗用行为，行为人往往保有“捞一把就跑”的心态，而事后的市场惩罚措施却远远不够，在其他机制失灵时，责任规则是最行

---

〔1〕 参见赵旭东：《公司法学》，高等教育出版社2015年版，第312-313页。

〔2〕 即董事会的每一个成员在履行董事的义务时应：①善意地并且②采用董事有合理的理由相信是符合公司最大利益的方式履行义务。英文原文：Each member of the board of directors, when discharging the duties of a director, shall act: (i) in good faith, and (ii) in a manner the director reasonably believes to be in the best interests of the corporation. *See* Model Bus. Corp. Act § 8.30 (a) (2016).

〔3〕 参见徐晓松、徐东：《我国〈公司法〉中信义义务的制度缺陷》，载《天津师范大学学报（社会科学版）》2015年第1期。

〔4〕 ［日］近藤光男：《最新日本公司法》，梁爽译，法律出版社2016年版，第232页。

〔5〕 “八幡制铁政治献金事件”，日本最高大法庭昭和45年（1970年）6月24日判决，民集第24卷第6号，第625页。参见［日］前田庸：《公司法入门》，王作全译，北京大学出版社2012年版，第315页。

〔6〕 *See* Daniel R. Fischel and Michael C. Bradley, The Role of Liability Rules and the Derivative Law: A Theoretical and Empirical Analysis, 71 *Cornell L. Rev.* 261, 262-263 (1986).

〔7〕 参见任自力：《公司董事的勤勉义务标准研究》，载《中国法学》2008年第6期。

之有效的办法。[1] 最后，与忠实义务重在考察董事的职业操守是否存在污点不同，勤勉义务关注的是董事的决策过程是否有瑕疵，[2] 所以在司法实践中，法官对被声称违反忠实义务的行为标准相对严格，但对主张违反勤勉义务的审查标准却比较宽松，即涉及道德色彩更为浓重的忠实义务，比无关利益冲突的勤勉义务，更不容易获得法官的“宽宥”（forgiveness）。[3]

（二）归入救济与损害赔偿的累加适用

如前所述，对于董事的信义义务而言，应根据担保的不同利益区分为忠实义务与勤勉义务，就此使得归入救济与损害赔偿的累加适用成为可能。[4] 依据我国《公司法》第148条和第149条的规定可以发现，归入救济适用于董事违反忠实义务，而损害赔偿适用于董事违反勤勉义务以及其他违法行为。

1. 归入救济与损害赔偿同时发生效力

损害赔偿的功能在于填补公司所受损害，而归入权救济的功能则在于惩罚董事的不诚信行为以及限制其通过不正当行为获益，二者具有不同的担保功能，因此若董事的行为与公司利益存在冲突，且未能以公司利益最大化为目标，公司有权行使归入权；反之，若董事的行为未尽合理谨慎的注意，且未善意知情地进行商业决策，给公司造成损失的，公司有权要求董事承担赔偿责任。二者在董事违反信义义务时同时发生效力，若董事行为违反信义义务，并满足不同归责方式的适用条件时，理应累加适用，共同担保董事的诚信行事。在上海晶人玻璃机械有限公司与姚某某公司利益赔偿纠纷上诉案中，法院指出“原告向姚某某主张收入

---

〔1〕 *See* Frank H. Easterbrook and Daniel R. Fischel, The Economic Structure of Corporate Law 104 (1996).

〔2〕 *See* Samuel N. Fraidn, Duty of Care Jurisprudence: Comparing Judicial and Social Psychology Research, 38 *U. C. Davis L. Rev.* 1, 73 (2004).

〔3〕 在我国，很多法院在要求董事承担责任时，往往不区分忠实义务和勤勉义务的不同内涵。判决某董事违反了对公司所负的忠实、勤勉义务，故对公司承担赔偿责任或收入应当返还公司。具体判决参见上海晶人玻璃机械有限公司诉姚某某损害公司利益赔偿纠纷案，上海市第二中级人民法院（2009）沪二中民四（商）终字第779号民事判决书；李艺维等诉王炼等公司利益责任纠纷案，湖北省枣阳市人民法院（2016）鄂0683民初1698号民事判决书；浙江博凯仪表有限公司、叶大富损害公司利益责任纠纷案，浙江省杭州市中级人民法院（2017）浙01民终2043号民事判决书。

〔4〕 若依前述观点，认为忠实义务是一种特别的注意义务（勤勉义务），则归入救济和损害赔偿将成为同一违法行为（违反注意义务）的不同救济方式，故理论上导致请求权竞合的状态，无法再累加适用。事实上，日本和韩国公司法在借鉴英美忠实义务和勤勉义务的制度后，通过竞业禁止、利益冲突等规定使忠实义务得以具体化，二者的区分已愈发明显。

归入权及损害赔偿请求权，应当举证证明姚某某符合公司法规定的董事、高级管理人员的主体身份，并且违反了对公司所负的诚信义务即忠实、勤勉义务”。〔1〕

2. 归入救济并不排斥损害赔偿

归入救济的行使与损害赔偿之间彼此独立，其中一个发生效力时，并不排斥另一个请求权的效力。可是实践中，一些法院会排除当事人的诉讼请求而适用其他救济（损害赔偿）或直接驳回原告请求，例如在郑某、陈甲与被上诉人陈乙、梁某损害公司利益赔偿纠纷案中，原告诉请行使归入权，法院因现有证据难以证明被告所取得的利润或收益，在归入权行使发生困难时，径行判决被告应当依法承担相应的赔偿责任。〔2〕类似地，在杜某诉魏某赔偿纠纷案中，原告要求被告对a公司承担赔偿责任，然而法院却在原告不能举证证明损失存在时，判决“对于原告要求被告按c公司净利润赔偿a公司损失的诉讼请求，其实质是要求对被告违反公司忠实义务所得收入行使公司的归入权”进而给予原告以救济。〔3〕

笔者认为，应当肯定损害赔偿请求权的存在并不排斥归入救济请求权的存在，法院应当根据原告请求判断其主张是否满足适用救济的行使条件。公司主张归入权救济的，并不意味着放弃了损害赔偿请求权，尤其在损害数额多于董事收益数额的情况下仍可主张；若仅主张赔偿损失的，法院也无不允许之道理，更不能越俎代庖地直接判决董事返还收益。

3. 累加适用的一般情形

由于归入救济与损害赔偿在董事违反信义义务时同时发生效力，二者并不排斥，当董事违反忠实义务时适用归入救济，违反勤勉义务时损害赔偿就此产生，二者累加适用的情形由此便充分展现（如图1）。首先，若董事的数行为既违反忠实义务，又违反勤勉义务时，两者累加适用自不待言。其次，当董事的一行为（其他违法行为）同时违反忠实义务和勤勉义务时，两种救济手段仍得累加适用，其目的一方面为了弥补公司所受损害，另一方面也是为了惩罚董事的违信行为。例如甲公司董事长钱某通过篡夺属于公司商业机会与公司长期客户乙公司签订货物销售合同，攫取利润100万元，同时在实际销售中向乙公司提供假冒伪劣产

〔1〕 上海市嘉定区人民法院（2009）嘉民二（商）初字第448号民事判决书。

〔2〕 参见浙江省高级人民法院（2008）浙民二终字第209号；相同案件参见台州市中级人民法院（2004）台民二初字第5号民事判决书。

〔3〕 上海市闵行区人民法院（2007）闵民二（商）初字第2020号民事判决书。

品，结果导致乙公司的消费者遭受人身与财产双重损害，进而断绝了与甲公司的战略合作伙伴关系，导致甲公司后续订单损失500万元，此时甲公司除了追索钱某囊中的100万元不法所得外，还可要求其赔偿500万元的损失。公司的损害赔偿请求权与归入权并行不悖。[1] 最后，当董事的其他违法行为仅违反勤勉义务的情况下，归入救济便丧失适用条件，此时公司仅能就所受损失主张损害赔偿救济。[2]

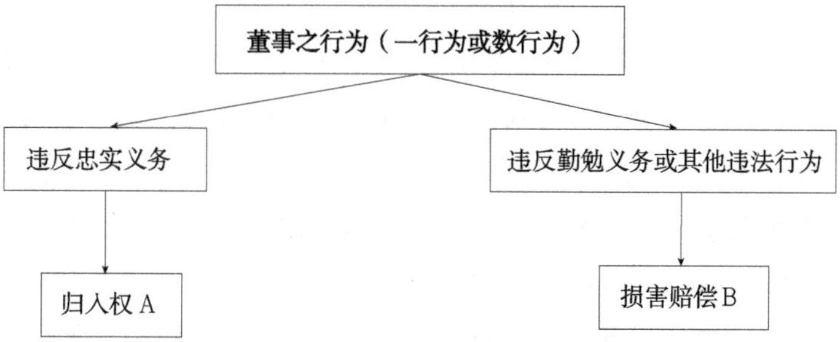

图1　归入救济和损害赔偿的累加适用图

（三）累加适用的典型领域——关联交易

我国《公司法》第216条为关联关系下了定义。依美国学者克拉克教授之见，一项关联交易的构成，至少需要具备：其一，在公司和相对人之间存在交易；其二，某人（或其群体）对相关公司采取的行动具有决策影响力；其三，对这个有影响力的个人而言，如果交易或附带结果对相对人而非对公司有利，那么这些内部人（insider）就会从相对人的收益中获取更大的直接或间接的私人利益（private interest）。[3] 毫无疑问，由于利益冲突的存在，不公正或不公开的关联交易将极大地损害公司的合法权益，[4] 因此，类型化具体样态并课以信义义务管理董事的机会主义行为逐渐被各国公司法所接受。

一般来说，董事的关联交易表现在自我交易（self-dealing）、确定经理报酬

〔1〕 参见王建敏、石成：《公司归入权制度的建立与完善》，载《理论学刊》2014年第1期。

〔2〕 董事的一行为仅违反忠实义务下的司法适用，本文第四部分详述，在此不赘。

〔3〕［美］罗伯特·C. 克拉克：《公司法则》，胡平等译，工商出版社1999年版，第120页。

〔4〕 对于关联交易的弊端，有学者总结：其一，经常性、持续性关联交易会致相关公司独立经营能力下降；其二，关联交易的不公平风险对市场信心的破坏；其三，关联交易的不公平性十分隐蔽，对其公平性评价十分困难；其四，关联交易客观上内幕交易及操纵市场行为更隐蔽。参见李建伟：《关联交易的法律规制》，法律出版社2007年版，第111-114页。

(executive compensation)、滥用公司财产（taking of corporation property）和动机不纯的公司行为（corporate action with mixed motives）。[1] 除此之外，各国均对董事诚信义务加以具体规定，其中主要涉及忠实义务的履行及违反后的赔偿责任。[2] 我国《公司法》在第16、115、116、124条等也规定了具体规制措施，同时，第21条规定董事利用其关联关系损害公司利益的赔偿责任和第148条规定的归入权行使，构成两种归责方式。[3]

但是，面对董事的关联交易，如何予以法律救济？例如在中国某有限公司诉王某案中，被告王某系原告公司副总裁，任职期间以其丈夫崔某等人的名义设立了某公司，被告利用其职务上的便利与原告进行交易，从中非法获利。法院认为，首先，本案董事行为并不属于第148条第1款第4项自我交易的行为，但是根据案件的实际情况及公序良俗，本案属于《公司法》第148条第1款第8项归纳的"违反对公司忠实义务的其他行为"；其次，被告通过近亲属所任职的公司与自己所任职的公司进行交易，属于关联交易，但是法院认为由于本案被告并未履行报告义务，属于对忠实义务的违反，因此法院并没有适用第21条的损害赔偿而适用了归入救济。[4]

对此，笔者认为，自我交易或董事近亲属与公司进行交易等行为完全属于第216条关于关联关系的认定范畴，在董事的行为与公司存在某种直接或间接的利益冲突下，若董事未能时刻以公司利益最大化为考虑，即违反了忠实义务的要求。其次，勤勉义务要求董事善意、充分地知悉、合理地相信为了公司的最佳利益进行决策，[5] 对于关联交易而言，若董事交易决策和判断完全违背了董事勤勉义务的要求，则需要承担相应的赔偿责任。对于二者的区分而言，归入救济的

---

〔1〕 *See* Robert C. Clark, Corporate Law 142-146 (1986).

〔2〕 各国关于董事自我交易的规则，详见法国1994年《商事公司法》第101-106条；日本2005年《公司法》第356条、第357条、第360条第595条；韩国旧商法典第298条、第399条；我国台湾地区"公司法"第223条、第178条；俄罗斯国家杜马1998年《有限责任公司法》专设第45条规范关联交易。参见李建伟：《关联交易的法律规制》，法律出版社2007年版，第114页。

〔3〕 一般认为，《公司法》第148条第1款第4项、第5项的规定属于关联交易。参见施天涛、杜晶：《我国公司法上关联交易的皈依及其法律规制——一个利益冲突交易法则的中国版本》，载《中国法学》2007年第6期。

〔4〕 参见上海市卢湾区人民法院（2010）卢民二（商）初字第690号民事判决书。

〔5〕 参见陈本寒、艾围利：《董事注意义务与董事过失研究——从英美法与大陆法比较的角度进行考察》，载《清华法学》2011年第2期。

适用需要进行“公平标准审查”（fair test），通常采用的方法是要看“公司所得与所失是否相等”。[1] 譬如董事将自己的房屋出租给公司，就要看公司所支付的租金是否等于公司所获得的使用权。[2] 对于损害赔偿的适用，则需要经过“商业判断规则”的检验，看董事决策时是否履行了强制披露程序（报告义务），[3] 是否就重大事项回避表决等。前者主要关注交易是否实质公平，后者关注交易是否程序正义。因此在上述案件中，由于被告王某既未履行相关程序，又不公平地损害公司利益，归入救济和损害赔偿完全可以累加适用。诚如李建伟教授所言，“对关联交易的法律责任体系而言，其中最重要的是使受有不法利益的关联董事返还该利益给公司，并赔偿公司的损失”。[4] 因此，在董事违反信义义务从事关联交易的场合，归入救济和损害赔偿理应累加适用。

四、二者的择一适用：在忠实义务领域下的深入分析

如果将我国《公司法》第 149 条看作是董事违反信义义务的一般救济措施，则第 148 条第 2 款规定了董事违反前款时所得的收入应当归于公司。因此，在董事违反忠实义务的情形下，现行《公司法》提供了两种救济方式：一是归入权救济；二是损害赔偿责任。显然，归入权和损害赔偿在担保董事忠实义务的领域产生了竞合，厘清二者的关系不仅有利于司法裁判的解释适用，更有助于保障公司的合法权益。故笔者将以董事一行为违反忠实义务后的法律适用展开深入分析。

---

〔1〕 首先是 California 在 1931 年采纳了这样的标准，随后包括特拉华州和 MBCA § 8. 60-8. 63（通常被称为附章 F）都引用了该规定。根据“公平标准”，交易要有效需要符合三种要求之一：其一，取得非利害关系董事同意（approval by disinterested directors）；其二，取得股东会同意（approval by shareholders）；其三，证明该交易是公平的（proof that the transaction is fair）。参见施天涛：《公司法论》，法律出版社 2014 年版，第 425 页。

〔2〕 *See* Lewis v. S. L. & E Inc., 629 F. 2d 764, 769 (2d Cir. 1980).

〔3〕 对于有限责任公司而言，关联交易的信息披露更加重要。正如学者所言：“在处理封闭公司的关联交易时，法律可能仅仅追求实质公平，而不在意程序公平，也就是说，一旦发生诉讼，无论是（非利害关系）股东还是董事的同意，都不能免除司法对交易的公平性审查。因此，要求对封闭公司中发生的关联交易予以强制披露就具有非常重要的意义，或者说，披露很可能是封闭公司中具有实际意义的程序要件。”参见施天涛、杜晶：《我国公司法上关联交易的皈依及其法律规制——一个利益冲突交易法则的中国版本》，载《中国法学》2007 年第 6 期。

〔4〕 相关责任还包括违反披露义务的关联董事要承担罚款责任；批准不公正自我交易的非利害关系董事承担对公司的赔偿责任，除非其能证明他在决议表决时曾明确表示反对并记载于董事会会议记录。本文仅就董事的民事赔偿责任加以讨论。参见李建伟：《关联交易的法律规制》，法律出版社 2007 年版，第 295-296 页。

（一）比较法考察

由于各国公司法基本都规定了董事忠实义务的具体类型和违反后的相关责任，因此各国公司法都面临着公司归入权与损害赔偿的适用难题，是合并适用还是选择适用？若是选择适用，是自由选择还是优先选择？对此立法上主要有择一、单一和重叠三种模式（如表1）。[1]

表1　各国关于董事忠实义务的赔偿模式

主要国家和地区	立法选择	法律依据
德国	择一适用：将归入权与损害赔偿权同时赋予了公司，公司依据实际情况和自己的意愿，自由行使，但只能选择一种权利行使	德国《股份公司法》第88条规定，“董事会的成员不经监事会允许，既不得经营营业，也不得在公司的营业部类以自己或他人的计算成立行为。其不经允许，也不得担任另一个商事公司的董事会的成员或业务执行人或无限责任股东。只能对特定的营业或商事公司，或对特定种类的行为，给予监事会的允许。一名董事会成员违背此种禁止的，公司可以请求损害赔偿。公司可以代之以向该成员请求，其承受将以自己的计算成立的行为视为是以公司的计算缔结的，并交付由他人的计算成立的行为取得的报酬，或让与其报酬的请求权。公司请求权，自其余的董事会成员和监事会成员知悉使负有损害赔偿义务的行为时起，经3个月时效消灭。不问对此知情与否，其自其产生时起，经5年时效消灭。[2]”

〔1〕各国立法参见［德］托马斯·莱塞尔、吕迪格·法伊尔：《德国资合公司法》，高旭军等译，法律出版社2005年版，第153-154页；王保树主编：《最新日本公司法》，法律出版社2006年版，第241页；柯芳枝：《公司法论》，中国政法大学出版社2003年版，第258页；《瑞士债法典》，吴兆祥等译，法律出版社2002年版，第143页。

〔2〕［德］托马斯·莱塞尔、吕迪格·法伊尔：《德国资合公司法》，高旭军等译，法律出版社2005年版，第153-154页。

续表

主要国家和地区	立法选择	法律依据
日本、我国台湾地区	单一模式：由归入权代替了损害赔偿权，二者并非并存关系，故公司除得以行使介入权外，再不得行使其他损害赔偿之请求权	日本《商法典》第264条规定，“董事为自己或第三人进行属于公司营业部类的交易时，应向董事会说明其交易的重要事实，取得董事会的承认。已进行前款交易的董事，应从速向董事会报告其交易的重要事实。董事违反第1款规定，为自己进行交易时，董事会可以将该交易视为为公司所为。前款规定的权利，自交易时起经过1年时消灭。” 日本《公司法》第423条规定，“董事或执行官懈怠其任务，对股份公司承担赔偿由此发生的损害的责任，其中，如果董事或执行官违反的是上述第1项规定，因该交易董事、执行官或第三人所得利益额，推定为损害额。”〔1〕 我国台湾地区“公司法”第209条第1项规定，股份有限公司董事为自己或他人为属于公司营业范围内之行为，应对股东会说明其行为之重要内容，并取得其许可。董事违反竞业禁止之义务而为自己或他人为属于公司营业范围内之行为时，惟股东会得以决议将该行为之所得，视为公司之所得。〔2〕
瑞士	重叠模式：公司可以重叠行使两种权利，即公司行使介入权后，尚有损害时，仍不妨行使损害赔偿权	《瑞士债务法》第464条规定，“负责经理之责的雇员与授权的经理人被任命为整个企业的经理，或者为其自己利益或者为第三人利益受雇于其他企业所有人的，所达成的交易在委托人的商事范围之内的无效。违反本规定的，委托人有权请求赔偿，并为自利益接管有争议的交易。”〔3〕

〔1〕参见王保树主编：《最新日本公司法》，法律出版社2006年版，第241页。

〔2〕参见柯芳枝：《公司法论》，中国政法大学出版社2003年版，第258页。

〔3〕《瑞士债法典》，吴兆祥、石佳友、孙淑妍译，法律出版社2002年版，第143页。

（二）我国法院的判决与立场

面对损害赔偿和归入救济的竞合，我国法院在处理纠纷时，一般会同时承认当事人两种不同方式的请求权。例如在上海澹海实业公司诉张则宇利益责任纠纷案中，法院认为“高级管理人员违反竞业禁止义务，公司有权对高级管理人员的竞业收入行使归入权，还有权要求高级管理人员对其竞业行为给公司造成的损失予以赔偿”。[1] 在相似案件中法院同样认为，“如果公司发现其董事、高级管理人员从事了违反竞业限制业务的经营行为，那么公司便对董事、高级管理人员享有诉权，具体表现在两个方面：一是行使归入权，要求确认董事、高级管理人员从事竞业经营所得的收入归公司所有，一方面是对公司利益的恢复，另一方面也是对违反竞业限制义务的处罚；二是要求赔偿损失，如果公司还因为董事、高级管理人员的竞业经营遭受损失，可以要求赔偿”。[2] 但也有少数的判决认为，在担保董事忠实义务的履行时，二者只能选择其一适用。如上海凯普登工业气体设备有限公司诉许才林违反竞业禁止义务侵权赔偿纠纷案中，法院明确指出：“竞业禁止作为一项法定义务，董事、经理违反其义务而为竞业行为时，公司作为受损害一方，有权要求其承担相应的法律责任：①不作为请求权；②归入权或损害赔偿。根据法律规定，董事、经理违反竞业禁止规定，从事自营或为他人经营与公司利益相冲突的营业活动，公司将其营业活动视为本公司的营业活动，所得收入应当归公司所有；从事损害公司利益的活动，所得收入也应归公司所有以作为对损害行为的补救，这种对公司权益的保护称为归入权，属于形成权的一种。”[3]

但值得追问的是，法官判决说理时，往往并不阐述二者之间的竞合关系，对于两种救济手段是否可以累加行使，以及公司主张其一的法律后果等问题，都没有明确加以解答，似有刻意回避之嫌。

---

〔1〕 上海市青浦区人民法院（2013）青民二（商）初字第307号民事判决书。

〔2〕 上海视臻信息技术有限公司诉李旺东等损害公司利益责任纠纷案，参见上海市闵行区人民法院（2013）闵民二（商）初字第1645号民事判决书。

〔3〕 海南省洋浦经济开发区人民法院（1999）浦经初字第4879号民事判决书。

（三）司法适用的应然选择——择一适用

1. 损害赔偿与归入救济在同一利益下不得累加行使

我国关于损害赔偿请求权和归入权请求权是否可以累加主张的问题，大多数学者主张采用重叠模式，“毕竟它正视了公司介入权（公司归入权）与损害赔偿请求权既彼此独立又相互渗透的立法现状，又最大限度地保护了公司的合法权益，能够最大限度实现立法设计此项制度的宗旨”。[1] 然而笔者认为，基于“不得因损害赔偿而获利”的法理，两种救济在作用于担保董事忠实义务的履行时，不得累加主张。

一方面，依照损害赔偿原理，“损害赔偿之最高指导原则在于赔偿被害人所受之损害，俾于赔偿之结果，有如损害事故未曾发生者然”。[2] 即损害赔偿的功能旨在填补损害，“损害—补救”是一个受损害权利的恢复过程，法律上不能允许当事人基于一个损害获得两次赔偿。[3] 若允许公司既可以就董事违反忠实义务所得收入请求返还，又可以就自己损失主张赔偿，不仅违反了损害赔偿的一般原则，也有违公平正义的价值理念，甚至将出现“不当得利”的后果。[4]

另一方面，很多情况下董事的违反收入本身也就是公司的损失，正如美国《恢复原状法重述》§151 和《第二次代理法重述》§407 明确规定不允许当事人累加行使、双重受偿。因为“该条只要求被告将不同于公司损失或超出公司损失的收益交给公司，并未要求被告将已经反映在公司直接损失中的收益也交给公司”。[5] 比如董事篡夺公司的交易机会进而获利时，公司既能举证董事违法利益，又能举证公司损失的数额，此时主张归入救济本身将排除损害赔偿的适用，反之亦然。同理，在董事违反竞业禁止义务时，亦概莫能除外。

2. 损害赔偿与归入救济的自由选择

有学者认为在董事违反忠实义务时归入救济应当优先于损害赔偿适用，“我

---

〔1〕 雷兴虎：《论公司的介入权》，载《法学研究》1998 年第 4 期；曾新明：《论公司归入权》，载《学术论坛》2008 年第 4 期。

〔2〕 曾世雄：《损害赔偿法原理》，中国政法大学出版社 2001 年版，第 17 页。

〔3〕 参见尹志强：《侵权行为法的社会功能》，载《政法论坛》2007 年第 5 期。

〔4〕 参见朱岩：《“利润剥夺”的请求权基础——兼评〈中华人民共和国侵权责任法〉第 20 条》，载《法商研究》2011 年第 4 期。

〔5〕［美］美国法律研究院：《公司治理原则：分析与建议》（下），楼建波等译，法律出版社 2006 年版，第 799 页。

国《公司法》有必要将损害赔偿作为董事违反竞业禁止义务的救济措施，这种救济措施只有在公司行使权利尚不能弥补公司遭受之损害时，才能行使，即公司损害赔偿请求权是作为一种补充性的救济措施出现的”。[1]

对此笔者认为，虽然损害赔偿与归入权原则上不得累加请求，否则有双重获利之嫌，但不能就此推断出损害赔偿为归入救济所吸收。而且按照逻辑推断，归入权的行使在满足其适用条件时发生效力，而满足特定构成要件下损害赔偿请求权也得产生，二者平行适用，并无谁优谁劣。鉴于二者在立法目的、证明责任上的不同，理应赋予公司以选择权，就其自身所处环境，所掌握的证据、材料，任意选择救济方式。对此可以借鉴美国《侵权法第二次重述》的规定，“在侵权人已从他人实施的侵权行为中获得利益的情形，侵权人通常要为该他人承担，根据后者的选择，或者是对他人利益所造成损害的数额，或者是其从实施侵权行为所得到的利益的价值”。[2]

3. 公司择一行使的后果

若公司此时选择归入权，损害赔偿请求权并未随即消灭，只是基于禁止不当得利而不能累加，此时可将归入金额视作损害赔偿额的最低担保。兹举一经典案例加以说明，原告林承恩认为被告李江山在担任香港新纶公司董事、股东期间，未经香港新纶公司股东会同意，将本属于该公司所有的700亩土地使用权的商业机会，利用职务便利为万和公司谋取。故原告要求被告承担人民币5800万元的赔偿责任，并行使归入权，要求李江山将违反忠实义务的收入、报酬归入香港新纶公司。法院认为“本案既可以依据《公司法》第149条的规定，要求李江山将其从该商业机会的所得归入香港新纶公司；也可以根据该法第150条的规定要求李江山向香港新纶公司承担赔偿损失的民事责任。当行使归入权后仍不能弥补损失时，对超出归入权的损失部分，仍可以主张赔偿”。[3] 在该案中，法院一方

---

〔1〕 姜一春：《日本公司法判例研究》，中国检察出版社2004年版，第114页。

〔2〕［美］美国法律研究院：《侵权法重述》（第二版），许传玺等译，法律出版社2012年版，第453页。

〔3〕 江西省高级人民法院（2010）赣民四初字第4号民事判决书。相同的案例还有，董事违反竞业禁止义务获得原始股，法院在将股份归入公司后，还就损害差额部分要求被告进行补足。“原一、二审法院据此认定洪谦作为明州公司高管违反了对公司的忠实义务，并判决洪谦将持有上述原始股的收入归公司所有，符合《中华人民共和国公司法》第148条的规定。在洪谦将部分原始股低价处分后，原一、二审法院根据百度网下载的评级报告和相关中介机构作出的贝因美集团公司的审计报告及财务报告认定的股价，判决洪谦赔偿相应的差价损失，并无不当”。参见洪谦诉宁波明州投资有限公司公司利益责任纠纷案，浙江省高级人民法院（2017）浙民申3373号民事裁定书。

面明确了当事人自由选择救济方式的权利，另一方面也肯定了原告在行使归入权后，就未能填补损失，继续主张赔偿，实值肯定。

在董事的行为仅违反忠实义务时（如图3），公司既可以要求行使归入权（A），也可以行使损害赔偿请求权（B）。当其选择归入救济（A）的后果仅仅是将董事违法收入作为损害赔偿的最低担保，若公司此时没有损害或损害低于归入额，仍得保有该归入利益而非构成不当得利（A）；若公司损害超过归入利益，公司仍得通过举证证明其损失而就超过部分（B-A）主张救济。正如学者所言："我国《公司法》第148条明确了归入权，第149条明确了公司的损害赔偿请求权，在归入违法所得尚不足以弥补公司所遭受的损失时，再就超过部分行使损害赔偿请求权便是一种十分有效的救济手段"。[1]

反之，即使在董事获得了违法收入的时候，公司亦可以只主张损害赔偿（B）。若董事违反收入数额超出损害数额的，亦不能禁止公司继续就超出部分主张权利（A-B）。但如果公司首先要求全部损害赔偿，而后又主张归入权的，则应依据折抵规则，只能允许其在超出损害赔偿范围内主张归入救济。

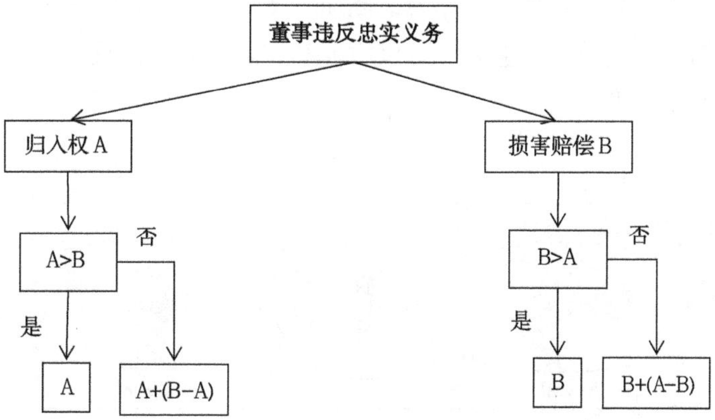

图2　归入权救济和损害赔偿的择一适用图

〔1〕 李领臣：《裁判思维下的公司机会原则——以〈公司法〉第149条为中心》，载《河北法学》2009年第6期。

五、结论

在董事违反信义义务时，合理地适用救济措施不仅可以确保公司的利益得以恢复，同时还能够警示董事，要求其诚信地履行职责。作为恢复原状的两种方式，损害赔偿站在公司的角度，目的是使公司的损失得以恢复，而归入救济站在董事的立场，旨在使董事的不当利益返还公司，因此伴随着一定的惩罚功能。二者在立法目的、适用范围和证明责任上的差异，反映了其不同的担保功能和适用条件，有必要做出区分。

如图3所示，一般来说，归入权与损害赔偿可以同时产生效力，二者本身互不排斥。在此前提下，依据两个请求权所指向的不同价值来判断公司得否叠加主张，若董事行为违背了两种救济手段所担保的不同利益，理应同时主张，鉴于关联交易的特殊性，在满足特定条件下需赋予公司叠加行使请求权的权利。若两个请求权同时作用于忠实义务领域，则会产生竞合现象，此时应允许公司自由选择主张归入救济还是损害赔偿。在公司选择行使归入权时，基于不当得利法理，董事违法收入应推定为公司损失，作为最低损害赔偿额。即使实际损失低于董事收入，也不能缩减赔偿范围，但公司可以举证其实际损失额，继续对超过归入收益的部分主张赔偿请求。

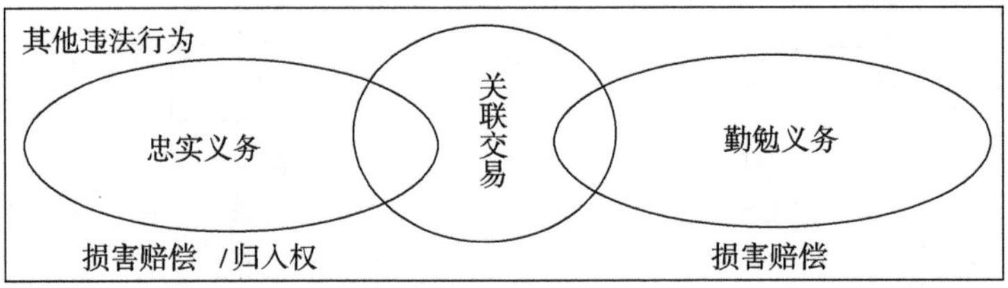

图3 归入权救济与损害赔偿的司法适用图

（初审：张玉燕）

异议股东评估权中合理价格的分类确定研究

——以司法实践为中心

堵文瑜*

内容提要：评估权制度担负着保护中小股东利益和提高公司决策效率的双层功能。由于立法重心偏差、专业障碍和理论研究不足等原因，股份回购合理价格的司法评估中存在单一地以公司净资产价值与股东股份比例的乘积计算股份回购价格，忽视相乘效果和评估基准日等疏漏之处。司法实务中对股份回购价格合理性的判断取决于评估方法合理性和评估程序正当性两方面。评估方法合理性的基本依据是该方法能否实现对异议股东退出公司行为的充分补偿，具体表现为公司价值评估模型选择、相乘效果分配和评估基准日判断三大问题。合理价格的司法评估中应坚持分类意识。首先，股份回购价格的司法评估模型选择应当根据股份回购事由和公司类型分类探讨。其次，股份回购价格的相乘效果分配应当根据异议股东的反对理由分类讨论。最后，股份回购价格的评估基准日应当根据股份回购事由分类探讨。

关键词：股份回购合理价格　司法评估　评估权　分类评估

* 堵文瑜，清华大学法学院2018级法学硕士研究生。

一、股份回购价格司法评估问题重述

（一）合理价格司法评估实践误区及其成因

异议股东评估权[1]（appraisal right）是指对公司作出的特定重大决议投反对票[2]的股东，要求公司以合理价格回购股东所持有公司股份的权利。评估权最早作为公司多数决（majority approval）的辅助制度出现在美国，旨在“出现股东压迫的情况下给予中小股东以退出公司的救济方式，从而平衡公司、股东等各主体之间的利益关系”。[3] 评估权的实质是“股东要求公司以公平价格回购其股份的权利”。[4] 评估权制度能否实现对异议股东充分补偿极大程度取决于异议股东能否得到所持股份的合理对价。

一般而言，法律出于对私人自治的尊重，异议股东与公司协商一致的股份价格便推定为合理价格。因而，当异议股东与公司未就股份回购价格达成一致意见而诉诸法院时，法院如何确定回购的合理价格。异议股东评估权中的“合理价格”概念颇为抽象，在我国《公司法》下没有得到深入的阐述。美国《标准商事公司法》第13.01（4）款定义了评估权中的“公平价格”（fair price）[5]，这一概念与合理价格概念相近，可资借鉴。根据该款规定，公司应当向异议股东支付公平价格，公平价格是指异议者反对的公司行为生效之前那一刻的公司股份价值，排除任何因对这种公司行为的预期而造成的股票增值或贬值因素，除非这种排除是不公平的。[6] 因此，“合理价格”是指特定时间点或时间段内公司股份的价值。

---

〔1〕 评估权又称异议股东评估权（the appraisal right of dissenters）、评估补偿权（appraisal remedy right）、异议股东股份回购请求权（dissent shareholder's claim of share purchasing）等。

〔2〕 关于股份回购请求权是否适用于无表决权的股东，即行使股份回购请求权是否以股东对决议投反对票为前提，当前各法域的处理情况存在差异。中国《公司法》下的股份回购请求权制度要求股东在股东大会决议上对决议事项投反对票。

〔3〕 乔宝杰、王兵：《论有限责任公司异议股东股份回购请求权之情势》，载《法律适用》2011年第10期。

〔4〕 施天涛：《公司法论》，法律出版社2006年版，第556页。

〔5〕 *See* Model Bus. Corp. Act §13.01（4）（2012）.

〔6〕 参见叶林：《反对股东股权收购请求权的行使与保障〈公司法〉第75条评述》，载《社会科学》2012年第9期；《最新美国标准公司法》，沈四宝编译，法律出版社2006年版，第183页。

然而，从下文对司法实践的考察看，当前我国法院对异议股东回购股份价格的司法评估中存在明显的误区与疏漏之处。首先，我国法院在评估回购价格时通常单一地以公司净资产价值与股东股份比例的乘积计算股份回购价格，这种计算方法混淆了破产清算中的公司价值和评估权中的公司价值，即没有考虑公司未来持续运营获得收益对当下公司价值评估的影响。其次，我国法院在对公司价值司法评估时普遍不考虑股份回购事由例如合并、分立等对公司价值带来的附加收益（又称“相乘效果”），这可能损害被“挤出”的中小股东的利益。最后，公司价值是动态变化的，但是我国法院对确定股份回购价格的基准日判断依据各异，而且大部分案件中法院不明确评估基准日。法院对股份回购价格司法评估的简单化处理导致评估结果合理性不无疑问，也影响了评估权制度在公司治理中发挥功能。

司法实务对股份回购合理价格理解的偏差与“合理价格”的法律依据模糊、法官专业知识限制以及理论研究不足等原因密切相关。首先，自评估权制度引入我国《公司法》以来，立法层面注重规定触发股份回购的事由而忽视股份回购价格评估规范。《公司法》第 74 条列举了有限责任公司异议股东触发评估权的事由，而对股份回购价格则仅规定应当合理。“合理价格”的含义在法律上没有得到阐明，法院在评估股价合理性时无据可依。其次，股价评估要求一定的资产评估基础，这对专职于司法裁判的法官而言无疑面临跨学科障碍。因而司法实务中对股份价格的判断往往走向两个极端，一是盲目信任会计师提供的估价，[1] 更多情况下法院选择最简单的估值办法即净资产估值法。随着合理价格司法评估案例的增加，法院相互借鉴司法评估的思路固化了对股份回购合理价格的错误理解。最后，现有文献对评估权中股份回购合理价格的研究数量较少且缺乏可操作性。评估权制度引入后，学界开始关注股份回购价格的司法评估问题。现有研究虽然较充分地介绍了域外法院的评估经验，但未能对我国司法评估实务提供足够的可操作性指导。[2] 一方面，研究中未能阐明合理价格司法评估与纯粹资产评

[1] 参见辽宁省大连市中级人民法院（2014）大民三终字第 768 号民事判决书，该案中法院未对股份回购价格进行司法判断而是直接采用了鉴定部门的资产评估报告对股价评估结果。

[2] 例如梁爽：《完善股东回购请求权价格认定制度的探讨——以日本法为参照》，载《政治与法律》2011 年第 12 期；黄晓林：《日本股份回购请求制度考察与借鉴》，载《山东科技大学学报》2012 年第 14 卷第 6 期；魏磊杰：《论美国公司法中的异议股东股份评估权制度》，载《研究生法学》2006 年第 3 期。

估的区别，另一方面，一味介绍美国、日本法院对股价司法评估的经验，忽略了中外股份回购事由存在的差异对回购价格合理性判断的影响。

（二）合理价格司法评估争议及研究思路

实务中对合理价格司法评估的误区亟须理论澄清和矫正。司法实务在确定特定时间点或时间段内公司股份的价值时需要关注三方面问题，一是公司价值的理解；二是公司价值计算范围；三是评估时间点。首先，对公司价值的理解表现为对公司价值评估模型的选择。不同的估值模型基于不同的经济学假设，评估不同层面的公司价值。其次，公司价值计算范围的界定是指相乘效果分配问题，即对决议投反对票的股东是否有权分享因决议事由对公司价值带来的附加效果。最后，评估时间点是指确定评估基准日。

本文将围绕公司价值评估模型选择、相乘效果分配和评估基准日确定三大争议，依托文献研究法、实证研究法和比较分析法等方法，既从实然层面展示当前域内外法院对上述争议点的实务处理，也从应然层面探讨我国法院评估股份回购合理价格的方法。本文对美国与日本法院实践介绍的主要依据是中外文献中对两国司法实践的相关论述，对中国法院实践情况分析的主要依据为笔者从公开网站获得的裁判文书。自2005年中国《公司法》引入评估权制度以来，中国法院已经处理了一定数量的股份回购合理价格争议的案件。笔者在“无讼案例”（https：//www. itslaw. com/）和“威科先行”（https：//law. wkinfo. com. cn/）两个公开案例数据库以“股份回购和合理价格”为关键词检索和筛选2005年至2018年6月涉及股份回购合理价格司法评估的案件，共得到48个符合条件的案例，剔除普通共同诉讼案件，共得到20个评估情形不重复的案件作为我国司法实践分析依据。(参见表1)

文章分为六部分。文章第二部分将从评估权制度的源起讨论合理价格司法评估的利益衡量。文章第三至第五部分将依次分析合理价格司法评估中经济学模型的选择、相乘效果的分配以及评估基准日的确定问题。这三部分将基于司法评估的利益衡量，借助分类探讨的思想对合理价格司法评估标准中三个争议点进行分析。文章最后一部分为结论，基于前文的论证试图构建中国法下异议股东股份回购请求权中合理价格分类确定标准。

表1　合理价格纠纷案件基本信息一览表

序号	案件名称	案号	案件数量*
1	李有亮与乌海市新时代房地产开发有限责任公司请求公司收购股份纠纷	(2017) 内0302民初2066号	2
2	董秋萍、杭州久大置业有限公司请求公司收购股份纠纷	(2017) 浙01民终7284号；(2018) 浙民申2049号[1]	3
3	葛宝敬与中山市丽莎涂料有限公司、广东沙漠绿洲涂料有限公司请求公司收购股份纠纷	(2013) 中二法东民二初字第102号	1
4	袁朝晖与长江置业（湖南）发展有限公司请求公司收购股份纠纷案	(2014) 民申字第2154号	1
5	上诉人南京百市发展集团有限公司与被上诉人庄农之间股权回购请求权纠纷案	(2014) 宁商终字第1518号	1
6	杨建新与南通中铁经贸发展有限公司与公司有关的纠纷案	(2014) 港商初字第00320号	1
7	曹玉荣与华中园林民事纠纷案	(2016) 鲁0303民初2849号	1
8	彭海岷与宁城四龙矿业有限责任公司请求公司收购股份纠纷	(2013) 赤商终字第62号	7
9	陈和娣与卞景兰、南京市江北煤炭石油有限公司股权转让纠纷民事判决书	(2013) 宁商终字第1299号	1
10	北京京辰房地产投资有限公司与北京华商置业有限公司股权回购纠纷案	(2008) 大民初字第2629号	1
11	郭新华与北京华商置业有限公司请求权纠纷案	(2008) 一中民初字第02959号	1
12	夏滨与福州安远汽车电器有限公司请求公司收购股份纠纷案	(2011) 仓民初字第2405号	3

[1] 该案两审终审后启动了审判监督程序，再审法院维持了二审法院的观点，因而法院在本案中对合理价格司法评估需要结合二审民事判决书进行分析。

续表

序号	案件名称	案号	案件数量*
13	顾妙娟诉上海闵富房地产有限公司请求公司收购股份纠纷	（2016）沪01民终6762号	10
14	大连船舶重工集团有限公司与大连江山保险经纪有限公司买卖合同纠纷	（2014）大民三终字第768号	1
15	贵州钢绳（集团）有限责任公司、中国华融资产管理股份有限公司请求公司收购股份纠纷	（2017）最高法民终35号	1
16	上海协力卷簧制造有限公司、蔡国丁请求公司收购股份纠纷	（2017）沪02民终6963号	3
17	王辉与阜阳三维棉麻有限责任公司请求公司收购股份纠纷	（2017）皖民终4号	6
18	孙立军、海力生集团有限公司请求公司收购股份纠纷	（2017）浙民再88号	2
19	中山市捷龙厨具有限公司、彭安涛请求公司收购股份纠纷	（2016）粤20民终4064号	1
20	唐伟与大连麦花食品集团有限公司请求公司收购股份纠纷、公司盈余分配纠纷	（2014）大民三终字第487号	1

*案件数量指普通共同诉讼案件数量

二、股份回购价格司法评估的利益衡量

（一）评估权制度保护利益的复合性

股份回购价格的司法评估是异议股东与公司达成股份合理对价的最后屏障，服务于保障评估权制度的整体目的和功能，因而法院对股份回购价格的评估应当符合保障评估权制度的利益。从评估权制度的发展和我国立法者对评估权制度的说明来看，虽然评估权制度的目的不断细化，但是两项基本利益始终是补偿异议股东丧失否决决议权的损失和保障公司决策的效率及可行性。

回顾评估权制度的源起，评估权最早作为公司多数决（majority approval）的辅助制度出现在美国。早期美国公司法基于“股东对其投资享有既定的权利（vested right）”[1]观念，对公司决策要求全体一致决（unanimous consent）。随着商业的扩展和公司发展，这一制度的弊端日益凸显。其一，全体一致决导致了公司决议通过难度大，经营决策不灵活，效率低下；其二，仅以个别股东的反对意见即可否决公司决议，不仅可能损害公司多数股东的利益，有失公平，而且可能诱发个别股东要挟公司其他股东以获取额外利益的机会风险。因而，美国衡平法院通过一系列的全体一致决例外判例，承认多数决下决议的效力并赋予异议股东要求公司回购股份的权利。[2]

巴里（Barry）教授在梳理评估权制度目的理论并考察法院司法实践以后，提出评估权制度的目的具有复合性。他总结有关评估权制度目的的不同观点，包括以下八种：①交易否决权的对价；②为股东投资提供流动性；③维护各州公司法合宪性；④避免公司多数股东受到“少数人暴政”威胁；⑤发现公司重大交易中的不法和不合理行为；⑥为中小股东提供事前救济；⑦监督公司管理层履行忠实义务；⑧保证股份在并购中被“现金挤出”的股东获得公允的股份对价。[3]他认为尽管各个目的存在表述差异，但是保护中小股东权益是这些目的背后的统一逻辑。巴里教授意识到第④项目的并不直接符合保护中小股东权益的逻辑，对此他的解释认为，虽然人们可以推测潜在的立法意图，但其客观表现是为小股东提供法定补救措施。[4]巴里教授关于评估权制度目的复合性的判断是准确的，但是巴里教授关于第④项目的的解释并不强有力。中小股东权益保护目的本身是对除第④项外其他各项潜在立法意图的解释，但是第④项也实质反映了评估权制度服务于提高公司决策效率的目的。因而，评估权制度所有保障的利益是双重的。

中国《公司法》也承认了评估权制度利益保护的复合性。根据我国《公司

---

[1] 施天涛：《公司法论》，法律出版社2006年版，第556页。

[2] 参见魏磊杰：《论美国公司法中的异议股东股份评估权制度》，载《研究生法学》2006年第3期。

[3] *See* Barry M. Wertheimer, The Purpose of the Shareholders' Appraisal Remedy, 65 *Tenn. L. Rev.* 661, 679 (1998).

[4] *See* Barry M. Wertheimer, The Purpose of the Shareholders' Appraisal Remedy, 65 *Tenn. L. Rev.* 661, 679 (1998).

法（修订草案）》说明，评估权制度为纳入第（七）点，完善公司合并、分离和清算制度，为资本重组和流动提供便利。[1] 该制度在中国既担负着为股东退出公司提供渠道，提高资本流动性的功能，也发挥为公司并购重组等交易提供便利的作用。这表明异议股东股份回购制度在我国保障的利益包括少数股东权益和公司正常决策与运营两个层面。

（二）复合利益下的合理价格司法评估要求

不同于纯粹的资产评估，司法评估是一项法院确定股份回购价格的审判活动，作为回购价格的最终确定者，法院需要充分的理由论证司法评估结果的合理性。归根结底，司法评估结果应当符合评估权制度保护的复合利益。

随着合并、收购等公司交易范式的演变，评估权制度的目的与功能得到了发展和扩张，而各项衍化的目的背后逻辑是少数股东权益保护与公司利益维护的平衡。一方面评估权保护少数股东在非自愿状态下退出公司时能够得到公允的股份对价；另一方面保障公司决策效率和正常运营。评估权利益保护的复合性意味着，合理价格的司法评估一方面应当考虑为少数股东提供公允的股份对价，另一方面应当权衡评估复杂的程序和高昂的成本对完成交易以及维护公司稳定运营的影响。前者要求合理价格的司法评估应当考虑到不同决议事项下异议股东退出公司的成本不同，实现对异议股东退出公司行为充分补偿；后者要求形成一套符合商事公平和效率原则并兼具定型化和灵活性的司法评估方法。后文对合理价格司法评估中三大争议及其处理的讨论也将立足于这两点要求。

三、股份回购价格司法评估中评估模型的选择

（一）司法评估中常见评估模型及其特点

目前域内外法院大多采用评估公司价值确定相应股份的回购价格，也有研究提出依据交易价格确定股份的回购价格。公司价值确定回购价格的方法中，根据公司价值评估的经济学逻辑，大致可以分为五类，分别是资产法、收益法、市场

---

〔1〕 参见曹康泰：《关于〈中华人民共和国公司法（修订草案）〉的说明》，载 http：//www.npc.gov.cn/wxzl/gongbao/2005-10/27/content_ 5343120.htm，最后访问日期：2019 年 1 月 25 日。

法、混合法和可比法。各类评估方法在具体评估内容、评估条件、评估效率和评估准确性等方面各有千秋。但各项缺陷在不同股份回购价格评估案件中影响不同，这种影响可能可忽略不计，也可能导致结果正当性受损，因此需要就各类价格评估方法的评估特点总结比较，再针对特定评估情形分析评估方法的优劣。

本文认为法院在判断特定案件应当使用的估价模型时应当关注两大标准。一是正当性，即评估方法是否符合法律对股份回购制度的期待，各评估方法所得的股份回购价格是否能够在保障公司和债权人利益的前提下充分补偿异议股东退出公司的损失。正当性标准需要考察评估模型的评估依据、评估理论科学性。二是可操作性，即评估方法的司法实践是否具有可操作性且能够定型化。可操作性标准需要考察评估方法的适用范围、评估成本和技术难度。据此对上述评估方法可做如下总结。

表 2　各类公司价值评估模型特点表

评估方法	评估依据	适用范围	评估缺陷
净资产价值法	净资产价值	无限制	无法全面评估公司价值,例如无形资产价值
资本重置成本净价法	资本重置价值	无限制	无法全面评估公司价值,例如无形资产价值
收益价值法	历史收益	无限制	理论正当性存疑
现金流折现法	未来现金流	运营有规律且可正常存续的公司	运营有规律且可正常存续的公司
市场价值法	公开市场股票价格	上市公司或刚退市公司	市场操纵；有效市场理论存疑
特拉华板块法	三种价值加权平均	无限制	理论正当性存疑，加权平均比例难以确定
可比公司法	相似公司价值	可找到可比公司的公司	可比公司难以确定
可比交易法	相似交易价格	可找到可比交易的公司	可比交易难以确定
交易价格法	股份交易价格	诱因为并购重组等	价格是否经充分竞争和公平谈判难以判断

（二）域内外法院对评估模型的适用实践

1. 域外法院对评估模型的选择

日本法院对股份回购合理价格司法评估的基本指导思想是综合考虑多种情况，原则上任何一种评估模型均不能完整并客观地反映股权价值，法院应当采取多种计算方法。日本法院根据公司类型采取不同的司法评估模型。对上市公司，日本法院最常采用市场价值法。[1] 对非上市公司，日本法院灵活适用现金流折现法、可比公司法、可比交易法和资产法。其中最常使用的是现金流折现法，对非可持续经营的企业可适用资产法。[2]

2003年坎贝尔教授就美国法院合理价格司法评估实践做实证研究。研究表明，上述五类股份价格评估模型在美国法院均有不同程度的适用。就特拉华州的判例而言，特拉华州法院主要使用现金流折现法，比例为49%。[3] 且研究发现特拉华州对现金流折现法的使用呈现增加的趋势。与此同时，资产价值法和加权平均法的使用比例正在下降。此外，美国法院在判例中往往会比较不同评估方案而得出在特定案件中相对合理的评价方法。[4]

2. 我国法院对评估模型的选择

通过对上述20个股份回购中合理价格确定纠纷案件判决的梳理，对各纠纷中股份回购依据和评估模型的整理（参见表3合理价格纠纷案件回购依据与评估模型一览表），可以发现我国法院在司法评估中对评估模型的选择呈现如下特点：

第一，中国法院通常单一选择净资产价值法作为确定公司股份回购合理价格的评估模型。实践中，法院借助公司资产评估报告以公司总资产与负债的差额计

---

〔1〕 梁爽：《完善股东回购请求权价格认定制度的探讨——以日本法为参照》，载《政治与法律》2011年第12期。

〔2〕 黄晓林：《日本股份回购请求制度考察与借鉴》，载《山东科技大学学报》2012年第14卷第6期。

〔3〕 *See* Rutheford B. Canpbell Jr, The Impact of Modern Finance Theory in Acquisition Case, 53 *Syracuse L. Rev.* 1, 22 table 4 (2003). 此外，坎贝尔教授在文章中也分析了现金流折现法使用比例没有预期高的一些原因。例如，现金流量折现法本身评估成本比较高，当事人会考虑司法成本和自己实际能够从诉讼中获得的利益。又如，现金流量折现法的估值结果对假设很敏感，因此评估结果不一定最优。此外，当事人双方会提交不同的评估方案，因此法院在比较各种方案得到的实际结果后，可能不选择现金流量折现法。

〔4〕 *See* Rutheford B. Canpbell Jr, The Impact of Modern Finance Theory in Acquisition Case, 53 *Syracuse L. Rev.* 1, 18-31 (2003).

算公司净资产价值。在20个案件中，法院在13个案件中使用了净资产价值法（包括所有者权益法），1个案件以原出资额评估股份回购价格，4个案件没有明确指出股份回购价格评估方法，另有2个案件法院没有明确股份回购价格。20个案件中不存在多种经济学模型评估公司价格的现象。

第二，部分法院意识到净资产价值法评估的公司价值不同于公司市场价值，例如有评估权纠纷案中，股东基于《公司法》第74条第1款第3项请求公司回购股份，法院在二审判决书中指出“会计报表的各项数据仅能体现公司各项资产账面价值，其资产的市场价值无从确定”〔1〕。法院明确区分了公司净资产价值和公司市场价值，并认为应根据市场价值确定股份回购价格，但是法院未指明净资产价值法评估公司价值时忽视公司持续经营价值的缺陷。〔2〕

第三，中国法院在适用净资产价值法时存在混淆公司净资产价值和所有者权益概念的情况。在13个适用净资产价值法评估股份回购价格的案件中，3个案件使用了所有者权益概念。从经济学概念的法律意义看，它们有不同的法学意义。净资产价值在公司清算时归属于全体股东，常用于公司清算，所有者权益是公司过去形成的归属于所有者享有的经济利益，其常作为公司分红依据。因此，净资产价值概念更符合股份回购价格评估的要求。

第四，法院没有在公司价值评估中贯彻分类意识。20个不重复的司法案件中，法院均未根据公司类型和股份回购诱因分类探讨股份回购价格的司法评估方法，没有明确意识到或指出股份回购诱因和公司类型对股份回购价格的确定存在影响。

表3　合理价格纠纷案件回购依据与评估模型一览表

案号	回购依据	评估模型
（2017）内0302民初2066号	《公司法》第74条第1项	异议股东原出资额，缺乏公司价值评估的必要证据

〔1〕参见辽宁省大连市中级人民法院（2014）大民三终字第487号民事判决书，唐伟与大连麦花食品集团有限公司请求公司收购股份纠纷、公司盈余分配纠纷案。

〔2〕本文认为《公司法》第74条第1款第3项触发的股份回购案件，异议股东无需获得公司持续经营的补偿，因而在本案中可以适用净资产价值法，具体论述参见本部分第（三）小部分讨论。

续表

案号	回购依据	评估模型
(2017) 浙 01 民终 7284 号；(2018) 浙民申 2049 号	《公司法》第 74 条第 3 项	净资产价值法，法院酌情按鉴定机构评定的净资产估值确定回购款
(2013) 中二法东民二初字第 102 号	《公司法》第 74 条第 3 项	净资产价值法
(2014) 民申字第 2154 号	《公司法》第 74 条第 2 项（主要财产）	净资产价值法
(2014) 宁商终字第 1518 号	《公司法》第 74 条第 2 项（主要财产）	净资产价值法（所有者权益法）
(2014) 港商初字第 00320 号	《公司法》第 74 条第 1 项和第 2 项（主要财产）	净资产价值法
(2016) 鲁 0303 民初 2849 号	《公司法》第 74 条第 3 项	净资产价值法（所有者权益法）
(2013) 赤商终字第 62 号	《公司法》第 74 条第 2 项（合并）	净资产价值评估办法不合理。公司设立运营中凝集了许多看不见的劳动成果，及无法评估的价值
(2013) 宁商终字第 1299 号	《公司法》第 74 条第 3 项	净资产价值法
(2008) 大民初字第 2629 号	《公司法》第 74 条第 2 项（主要财产）	合理价格回购
(2008) 一中民初字第 02959 号	《公司法》第 74 条第 2 项（主要财产）	合理价格回购
(2011) 仓民初字第 2405 号	《公司法》第 74 条第 3 项	净资产价值法
(2016) 沪 01 民终 6762 号	《公司法》第 74 条第 3 项	净资产价值法
(2014) 大民三终字第 768 号	《公司法》第 74 条第 3 项	鉴定部门资产评估报告
(2017) 最高法民终 35 号	《公司法》第 74 条第 2 项（主要财产）	净资产价值法

续表

案号	回购依据	评估模型
(2017) 沪02民终6963号	《公司法》第74条第3项	净资产价值法（所有者权益法）
(2017) 皖民终4号	《公司法》第74条第2项（主要财产）	净资产价值法
(2017) 浙民再88号	《公司法》第74条第3项	净资产价值法，阐明净资产和所有者权益是不同概念
(2016) 粤20民终4064号	《公司法》第74条第2项（主要资产）	综合考虑实际出资额，公司的经营时间和公司主要资产转让对公司价值的影响
(2014) 大民三终字第487号	《公司法》第74条第3项	净资产价值法

3. 域内外法院评估模型选择差异分析

域内外法院采用的股份回购价格司法评估方法存在明显差异。域外法院采用的司法评估方法多样，且注重根据公司特质针对性选择评估方法，总体看多采用现金流折现法、市场价值法和可比公司法。相比之下，域内法院采用的司法评估方法单一，评估方法以净资产价值法为主。需要指出的是，域内外法院股份回购的回购事由，即诱因（triggering factor）存在明显的差异，而股份回购的诱因会对司法评估公平性的要求产生影响，从而影响司法评估方法的选择。

关于诱因的规定，美国存在宽泛主义和偏狭主义两种立法例，且美国《标准公司法》及大部分州采宽泛主义。美国《标准公司法》对评估权诱因采宽泛主义，包括公司合并、资产出售和章程重大修改等。[1] 而特拉华州对评估权诱因

[1] 美国《标准公司法》13.02条的规定，股份回购事由主要包括①完成公司作为当事人的合并；②完成公司作为股票将被取得的当事人的股票交换，如该股东有权对该交换投票，股东享有评估权，但就未交换的任何类别或者系列的股票，任何股东均没有评估权；③完成公司全部或实质上全部财产的出售或交换；④对股东产生重大的影响的公司章程修订；⑤公司本州化和公司类型的特定转变等。参见《最新美国标准公司法》，沈四宝编译，法律出版社2006年版，第184页。

采用偏狭主义，仅包括公司合并和资产出售等。[1] 日本《公司法》关于诱因的规定与美国宽泛主义相似。[2]

我国《公司法》对股份有限公司和有限责任公司评估权诱因的规定不同。有限责任公司的诱因范围较宽，股份有限公司的触发事由范围较窄。[3] 比较特别的两点是：其一，我国《公司法》第 74 条第 1 款第 1 项将连续 5 年不分配红利作为股份回购事由，这在上述美日立法经验中都不存在；其二，我国《公司法》第 74 条第 1 款第 3 项将修改公司章程使公司继续存续作为单独规定确定为股份回购事由，这与美日广泛的触发评估权的章程修改内容范围也有所不同。

股份回购触发事由的不同意味着异议股东评估权所要实现的补偿价值差异。其中，最为关键的差异是是否需要评估公司持续经营的价值。

在合并、分立和主要资产转让以及未分红触发的股份回购情况中，股份回购的合理价格应当包括公司持续经营的价值。一方面，在合并、分立、主要资产转让或者未分红情况下，公司持续经营或公司通过合并、分立后的公司形式继续经营，持续经营会对公司股份评估产生额外价值。另一方面，异议股东期待原公司持续经营，但是这种期待因现金挤出或公司实质性变化而丧失。异议股东享有投资收益的正当期待，评估权应当保护异议股东这一合理期待。因此，在股份回购合理价格司法评估中应当包括公司持续经营的机制。与此不同，当修改公司章程使公司继续存续触发的股份回购事项，虽然公司持续经营，但是异议股东期待原公司结束经营。因此，评估权制度无需为异议股东提供公司持续经营价值的对价补偿，这也避免异议股东以评估权制度不当攫取公司利益。

评估权触发事由的差异在域内外司法实践的差异中扮演了重要角色。中国司法实践中，相当比例的股份回购案件诱因是修改公司章程使公司继续存续。在

---

〔1〕《特拉华州普通公司法》第 262 条第（2）款规定，公司合并、联合或实质上类同于合并与联合及公司全部或基本全部资产的出售方能触发异议股东评估权。参见《特拉华州普通公司法》，徐文彬等译，中国法制出版社 2010 年版，第 144 页。

〔2〕参见黄晓林：《日本股份回购请求制度考察与借鉴》，载《山东科技大学学报》2012 年第 14 卷第 6 期。在该文中作者归纳了分散于众多公司法条款中的行使回购请求权的主要法定情形：①事业转让及公司重组；②变更公司章程，限制股份自由转让；③根据公司章程的规定，不需要种类股东大会决议的事项。

〔3〕叶林：《反对股东股权收购请求权的行使与保障〈公司法〉第 75 条评述》，载《社会科学》2012 年第 9 期。

20个不重复案件中，因修改公司章程使公司继续存续触发的股份回购案件数量最多，占10个；合并、分立及转让主要财产触发的股份回购案件占9个，未分红触发的股份回购案件最少，占2个（包括一个同时满足转让主要财产的案件）。中国法院对修改公司章程使公司继续存续触发的股份回购事项适用净资产评估法，评估公司静态价值存在一定合理性。

然而，这并不代表目前中国法院司法评估技术已经成熟。大部分法院并没有区分诱因探讨合理价格司法评估方法的意识，也没有探讨各类经济学评估方法背后的法学含义。这更多的是中国触发评估权诱因特殊性与法院混淆公司清算价值与公司股份价值的司法评估实践意外匹配的结果。

（三）不同诱因与公司类型下的股份回购价格司法评估模型选择探讨

股份回购争议中价格评估理论纷繁复杂，方法类型多样，甚至选择同一种价格评估模型，最终得到的价格也可能大相径庭。例如在历时4年的戴尔案中，同样使用现金流折现法评估公司股份"公平价值"，价格每股相差近4美元。[1] 即便如此，基于公平与效率原则，法院在确定股份回购价格时选择评估方法仍有规律可循。本文认为股份回购价格的司法评估方法选择应当根据股份回购的诱因和公司类型做分类探讨。虽然任何一种方法都不能完全准确地评估价值，但是基于各类企业估值办法的特点，对不同类型的公司和不同诱因触发的股份回购事项，存在相对符合股份回购制度目的和合理价格评估原则的司法评估方法。

一方面，根据是否需要评估公司持续经营价值，可以对诱因分为两类。有限责任公司因公司章程使公司继续存续触发的股份回购，合理价格的司法评估无需考虑公司持续经营价值，可以使用净资产价值法。而其他事由触发的股份回购，合理价格的司法评估应当包括公司持续经营价值，因此选择市场价值法、现金流折现法等。其中当诱因是公司合并、分立时，在充分竞争市场中通过公平谈判获得交易价格，可以作为确定合理价格的参考依据。

另一方面，对应当评估公司持续经营价值的情形，根据公司股份是否具有公开市场价格，可以将公司分为两类。对于上市公司或刚退市的公司，不妨参照日本法院的做法，以上市公司在基准日前一定期限内的股票交易价格加权平均值作

[1] *See* Dell, Inc. v. Magnetar Global Event Driven Master Fund Ltd., 177 A. 3d 1, 5 (2017).

为确定股份回购价格的依据。虽然有效市场理论的合理性尚存较大争议，但是我国《证券法》基本坚持了有效市场理论，因而市场价值法估计公司价值与《证券法》思路一脉相承。另外，相较技术强、程序繁琐的现金流折现法，这是相对便捷和低成本的方法。当然，为避免市场操纵和内幕交易等对股票价格的影响，也考虑到我国证券交易市场发展还不完善，存在股票溢价普遍过高的情况，在成本允许的情况下，可以同时适用其他估值方法作为参考。对于非上市公司，则可考虑是否存在可比公司、可比交易、评估成本和评估难度等因素灵活选择使用可比公司法或现金流折现法。

可比公司法和可比交易法的范围取决于能够找到可比公司或可比交易的情况，因此可比法并不受到股份回购诱因或公司类型的影响。然而，这并不意味着无需在诱因和公司类型下探讨可比法的适用，事实上，在对可比公司或交易做选择时便需要考虑股份回购的诱因和公司类型。

四、股份回购价格司法评估中相乘效果分配

（一）相乘效果的含义与产生原因

相乘效果是指公司回购事由对公司价值带来的附加效果。相乘效果的讨论主要出现在因公司合并、分立和主要资产转让触发的股份回购情形下。一方面，交易行为的预期可能产生相乘效果。例如，对于上市公司而言，公司重大决策可能会影响投资者对公司效益的判断，从而影响公开市场上公司股份的价格；对非上市公司而言，公司收益预期的变化会影响经济学评估方法中的假设和系数。这一部分的相乘效果可能影响公司持续经营价值的评估结果。另一方面，交易行为本身可能直接产生相乘效果。〔1〕例如“换股并购”中，公司可能获得超过自身公司股份价值的其他公司的股份价值，从而出现相乘效果。〔2〕相乘效果既包括使公司价值增加的正向效果，也包括使公司价值下降的负向效果。出于保护中小股

〔1〕本节探讨的相乘效果包括以上两类，反映为对股份价格的评估是否应当排除决议事由对价值评估的影响。

〔2〕例如，假设甲公司股价为10元/股，共100万股，乙公司股价为15元/股，在企业并购中，规定甲公司股东持有的甲公司股份每股可以获得乙公司0.8股股份，此时甲公司每股其实获得12元的对价，因此存在直接由交易产生相乘效果。此外，在主要资产转让中也可能产生相乘效果。

东利益的目的，当股东会决议涉及的交易导致公司价值下降时，即出现负向的相乘效果，普遍认为股份回购合理价格的确定中不包括负向相乘效果。此时以决议未出现时公司价值作为评估股份价值的基准无明显争议。有争议的是，当股东会决议的交易使公司价值增加，即产生正向相乘效果时，股份回购合理价格的确定是否应包括相乘效果对股份价值的影响。

（二）域内外法律对相乘效果分配的规定与司法实践

1. 域外法律对相乘效果分配的规定

关于评估权是否应当包括相乘效果，美国和日本法律规定存在分歧。

美国特拉华州《普通公司法》第262条第（8）款规定，股份的公平价值不包括因对股份回购事由的期望而产生的价值因素，[1] 即不承认相乘效果对股份回购价值的影响。这一规定基于“禁反言”原则，异议股东既然选择对决议的交易投反对票，不愿为该交易承担风险，那么也丧失请求分配由该决议加之公司价值的权利。[2] 当然，异议股东也不承担由交易导致公司价值减损的风险。

日本《公司法》2005年修订时将评估权制度中合理价格的表述从“若无决议则其应有之公证价格”变更为“合理价格”。日本学者认为，“表述的修改，表明日本公司法承认股份回购价格评估应当包括企业组织变更等给企业带来的相乘效果。”[3] 企业组织变更也可能导致企业价值下降，一般认为此时仍以“无决议则应有之公允价格”为定价标准。[4]

2. 中国法院对相乘效果的实践

目前，中国《公司法》对相乘效果分配并无明确立法规定。中国法院在司法评估中对相乘效果的处理态度也比较模糊。本文检索的20个非重复案件中，无一例案件在裁判文书中明确讨论相乘效果的处理。部分法院在公司价值评估中意识到股份回购中相乘效果的存在，但是并没有就相乘效果分配作出明确的

---

[1] 《特拉华州普通公司法》，徐文彬等译，中国法制出版社2010年版，第148页。

[2] 参见魏磊杰：《论美国公司法中的异议股东股份评估权制度》，载《研究生法学》2006年第3期。

[3] 梁爽：《完善股东回购请求权价格认定制度的探讨——以日本法为参照》，载《政治与法律》2011年第12期。

[4] 梁爽：《完善股东回购请求权价格认定制度的探讨——以日本法为参照》，载《政治与法律》2011年第12期。

处理。

例如，在中山市捷龙厨具有限公司、彭安涛请求公司收购股份纠纷案〔1〕中，股东因反对公司转让主要资产决议请求公司回购股份。法院在股份回购合理价格的司法评估中指出因公司实际出售了机器设备，因此公司的股权价值贬值可能性较大，法院酌情确定股份回购价格。〔2〕又如在彭海岷等人与宁城四龙矿业有限责任公司请求公司回购股份纠纷〔3〕案件中，股东因反对公司合并决议请求公司回购股份。法院指出仅仅依据《资产评估报告》中公司净资产价值确定公司价值及股份回购价格不合理，原因之一是“兼并重组的企业，是因宏观政策要求，为保自身企业存续或获得更大利益而为。”然而法院只是表示公司应当以合理价格收购异议股东股份，回避了对具体的评估办法和相乘效果分配的讨论和说明。

（三）股份回购下不同反对理由的相乘效果分配讨论

美国特拉华州《普通公司法》基于“禁反言”原则规定异议股东股份回购价格不包含相乘效果有一定不合理之处。这一规定对投反对票的理解表面化，忽略了异议股东对决议反对的理由多样性，可能导致损害异议股东权利，违背公平原则。

一方面，随着股份回购范式改变，许多情况下公司异议股东是被迫离开公司，而提出异议只是中小股东为保有评估权以求得到股份的合理对价而被迫作出的适法性选择。另一方面，异议股东对决议投反对票并不等同于异议股东反对交易行为本身，也可能是对交易正当性的反对，例如反对交易对价或比例。以公司合并决议为例，公司股东可能因反对公司合并而对决议投反对票，也可能因合并交易对价不合理等交易条件不公正而投反对票。当异议股东反对交易正当性而非交易行为本身时，公司异议股东希望通过股份回购制度获得股份因交易获得的增值对价。倘若合理价格的司法评估不能包括回购事由的相乘效应，实质上侵害了

---

〔1〕 参见广东省中山市中级人民法院（2016）粤20民终4064号民事判决书。

〔2〕 本文认为本案中，股东对主要资产转让产生的负向相乘效果不应当承担损失。一方面，出于保护中小股东利益的目的，学界一般不承认股份回购价格评估中包含负向的相乘效果；另一方面，本案中主要资产转让是为了抵销债务，公司在该决议未出现时的公司价值中包括主要资产转让填补的负债部分，因此在股份回购价格评估中已经包括了股东应当承担的公司负债部分，并不会因此损害公司和债权人的利益，符合公平原则。

〔3〕 参见内蒙古自治区赤峰市中级人民法院（2013）赤商终字第62号民事判决书。

异议股东的利益。此外，交易对价或比例不公平通常伴随着控股股东滥用控制权或公司管理层未尽到勤勉忠实义务的现象，承认相乘效果也可发挥监督企业经营管理的效果。[1]

本文同时认为股份回购合理价格是否包括相乘效果应根据异议股东反对理由分类处理。当异议股东对交易行为持反对态度时，原则上根据“禁反言”原则股份回购合理价格不需包括相乘效果。例外是，当异议股东因反对交易对价或比例等交易条件对交易行为持反对态度时，此时股份回购合理价格应当考虑相乘效果。实践中，股东对决议的反对理由可能并不能在决议投票中表现出来。当反对理由不明时，应当推定股东反对交易条件而非交易行为，股份回购价格评估需要包括相乘效果。

股东反对理由不明时，推定异议股东是对交易公正性存疑，而赋予异议股东分配正向相乘效果的权利是符合理性投资者的经济学假设和股份回购制度目的的。从理性投资者的假设看，理性投资者以追求利益最大化为目标，如果交易条件能够使股东获得股份的合理对价，股东并不会反对交易本身。股东对交易反对往往是因对交易的条件，主要是支付对价的不满而引起的。从制度目的角度看，这能监督公司控制人、管理层在交易中履行勤勉忠实义务，争取合理的交易价格，保障股东利益，以避免股东提起评估权诉讼。

五、股份回购价格司法评估中基准日的确定

（一）常见的合理价格评估基准日观点

根据中国《公司法》第74条的规定，公司异议股东自事项决议日便享有评估权。股份回购事项决议日、决议生效日和回购请求日通常不一致。一方面，公司异议股东对重大决策投反对票后往往会评估请求股份回购是否能实现股份利益最大化；另一方面，公司重大决策的生效需要满足一定内外部条件，因此决议日与决议生效日之间可能存在时间差。通常情况下，受限于评估权行使的时间为事项决议通过90日内，[2] 平稳运营的公司股份价值在决议日、请求日和决议生效

[1] 参见郝冰玉：《股份回购价格评估法律问题研究》，扬州大学2014年硕士学位论文，第17页。

[2] 根据我国《公司法》第74条规定，公司异议股东在公司决议通过之日60日内未与公司达成股份回购合意的，可以在决议通过之日90日内请求法院司法评估。

日期间并不会产生明显影响股份回购价格司法评估合理性的情况。常见的例外情况有两类，一是股份回购事由对公司价值产生重大影响，例如产生相乘效果；二是恶意操纵市场或转移资产等行为扭曲股份回购合理价格司法评估结果。从整个市场角度看，在市场相对稳定的情况下，评估基准日的选择对股份回购价格合理性的影响并不明显，但在市场波动频繁时，评估基准日的选择对股份回购价格合理性影响便比较突出。从立法角度看，明确股份回购合理价格评估基准化也是法律制度精细化的要求。

当前我国《公司法》对评估基准日无明确规定，在域外立法和司法实践中主要存在三种观点，分别为公司决议日、股东请求回购股份日和公司决议生效日。从公平和效率原则看，股份回购价格的评估基准日选择需要考虑三方面因素。首先，司法评估基准日的选择应当具有法理正当性的支持，即考察法理依据。其次，从公平原则看，应当减少评估日对股份回购公允价格评估的扭曲，包括准确反映相乘效果的分配及避免股份回购价格评估的扭曲，即考察价值反映准确性。最后，从效率原则看，应当尽量提高司法评估的效率，评估基准日的选择应避免过多的评估基准日对司法评估活动造成混乱和资源的浪费，即考察程式化可行性。据此可得各类评估基准日特点表如下：

表 4　各类评估基准日特点表

评估基准日	法理依据	反映准确性	程式化可行性
决议日	异议股东权益受损	不包括决议事由对股份价格影响；价格操纵可能性小	日期明确
请求日	股东转变为债权人	扭曲影响不明	日期不明确
生效日	股东享有公司利益	包括决议事由对股份价格影响；价格操纵可能性大	日期明确

（二）域内外法律对司法评估基准日确定的规定与实践

1. 域外法律对司法评估基准日确定的规定

关于美国立法对司法评估基准日的规定，国内文献介绍存在一定的出入。有文章指出，“美国大部分州以请求日为评估基准日”〔1〕，也有文章指出，“美国大部分州将股东（大）会决议通过的但该股东反对的公司交易完成之日”〔2〕作为股价评估的基准日。就立法规定看，美国特拉华州《普通公司法》第262条评估权制度没有明确规定司法评估基准日，股份回购“公平价格”仅指出不包括相乘效果。〔3〕而美国《标准公司法》第13.01条对公平价格的定义是“股东反对的决议生效的前一日”的股份价值。〔4〕实践中，特拉华州法院在司法裁判中有以决议生效日为评估基准日的案例。〔5〕特拉华州法院认为，从决议日到决议生效日，异议股东手中的回购请求权相当于买入期权（call option），异议股东享有选择在决议生效日按当时的股份价格请求公司回购股份的权利。〔6〕

日本法院原则上适用决议日作为股份回购合理价格司法评估的基准日，但是对由合并触发的股份回购情况，适用合并生效日作为司法评估的基准日。“日本旧商法第358条第5款规定了评估权被约束在股东会决议后的20日内这一期间，且当时的判例中通常以决议时的股份价格作为基准价格。”〔7〕日本2012年修订的《公司法》中规定，由公司合并触发的异议股东股份回购事项，应当自生效日的20日之前至生效日的前日之间明确股份回购请求的相关股份数，〔8〕实践中日本法院往往以合并生效日作为评估基准日。

2. 中国法院对司法评估基准日确定的实践

通过对20个非重复案件司法评估基准日的梳理（各具体案件采用的评估基准日参见下表5），本文发现，我国法院对股份回购价格司法评估基准日的处理

〔1〕郝冰玉：《股份回购价格评估法律问题研究》，扬州大学2014年硕士学位论文，第17页。

〔2〕王彦淳：《异议股东股份回购制度研究》，华东政法大学2016年硕士学位论文，第33页。

〔3〕参见《特拉华州普通公司法》，徐文彬等译，中国法制出版社2010年版，第148页。

〔4〕参见《最新美国标准公司法》，沈四宝编译，法律出版社2006年版，第184页。

〔5〕In re Appraisal of Transkaryotic Therapies, Inc., C. A. No. 2776 (Del. Ch. 2008), quoted from Danel E. Meyer, Maybe Publius Was Right: Relying on Merger Price to Determine Fair Value in Delaware Appraisal Cases, 165 *U. Pa. L. Review*, 153, 162-64 (2016).

〔6〕*See* Danel E. Meyer, Maybe Publius Was Right: Relying on Merger Price to Determine Fair Value in Delaware Appraisal Cases, 165 *U. Pa. L. Review*, 153, 163-64 (2016).

〔7〕刘丹：《股权回购请求权的法律适用研究——基于司法裁判案为样本的实证研究》，华东政法大学2013年硕士学位论文，第30页。

〔8〕日本《公司法》第785条第5款规定：依第1款规定的请求（以下本目中称“股份收购请求”），在生效日的20日前之日至生效日的前日之间，必须明确该股份收购请求的相关股份数（类别股份发行公司，为股份的类别及每类别的数）。参见王保树主编：《最新日本公司法》，于敏、杨东译，法律出版社2006年版，第414页。

呈现以下特点：

第一，我国法院司法实践中，基本不单独探讨司法评估基准日问题。20个案件中无一例单独探讨评估基准日问题，其中有10个案件甚至不能从判决文书中判断法院对股份回购价格评估的基准日。

第二，我国法院司法实践中尊重双方协商确定评估基准日。10个有明确评估基准日的案件中，法院在3个案件（包括一个案件双方协商以决议日为评估基准日）中采纳了原被告双方协商确定的评估基准日。[1]

第三，我国法院司法实践中并不严格遵守决议日、请求日和决议生效日。7个由法院确定评估基准日的案件中，6个案件没有严格遵守上述3个日期中的任何一个，6个案件中2个案件采用了公司原经营到期日作为评估基准日，另外1个案件使用请求日作为评估基准日。这是司法实践中公平原则与效率原则妥协的产物，因为法院普遍借助企业近期已经作出的《资产评估报告》，以公司净资产价值确定股份回购价格，因而评估基准日与决议日、决议生效日或请求日并不完全匹配。例如，在孙立军、海力生集团有限公司请求公司收购股份纠纷案件中，[2] 公司异议股东于2015年2月就公司章程修改使公司继续存续而请求公司回购股份提起诉讼，法院使用了公司上一年度的资产评估报告的净资产价值作为评估依据。

第四，部分法院在对特定资产价值进行评估时意识到资产评估日对股份回购价值的影响，并就单项资产作出价值评估的调整。例如，在董秋萍等与杭州久大置业有限公司请求公司收购股份案中[3]，法院以公司决议前一周作为股份回购基准日，但是考虑到公司的房地产价值在股份回购纠纷期间发生了显著的变化，因此法院在对公司房地产价值评估时做了特别的处理。

---

〔1〕 参见广东省中山市第二人民法院（2013）中二法东民二初字第102号民事判决书；福建省福州市仓山区人民法院（2011）仓民初字第2405号民事判决书；安徽省高级人民法院（2017）皖民终4号民事判决书。

〔2〕 参见浙江省高级人民法院（2017）浙民再88号民事判决书。

〔3〕 参见浙江省高级人民法院（2018）浙民申2049号民事裁定书；浙江省杭州市中级人民法院（2017）浙01民终7284号民事判决书。

表 5　合理价格纠纷案件评估基准日一览表

案号	评估基准日	案号	评估基准日
（2017）内 0302 民初 2066 号	未说明	（2008）一中民初字第 02959 号	未说明
（2017）浙 01 民终 7284 号；（2018）浙民申 2049 号	公司决议前一周	（2011）仓民初字第 2405 号	双方协商并采用了决议日
（2013）中二法东民二初字第 102 号	双方协商	（2016）沪 01 民终 6762 号	未说明
（2014）民申字第 2154 号	未说明	（2014）大民三终字第 768 号	未说明
（2014）宁商终字第 1518 号	股东丧失股东资格时	（2017）最高法民终 35 号	未说明
（2014）港商初字第 00320 号	未说明	（2017）沪 02 民终 6963 号	经营期限到期日
（2016）鲁 0303 民初 2849 号	决议日前一月	（2017）皖民终 4 号	双方协商
（2013）赤商终字第 62 号	未说明	（2017）浙民再 88 号	前一年度资产评估报告
（2013）宁商终字第 1299 号	公司经营到期日	（2016）粤 20 民终 4064 号	未说明
（2008）大民初字第 2629 号	未说明	（2014）大民三终字第 487 号	营业期届满日

（三）不同诱因下的评估基准日确定探讨

股份回购价格的评估基准日确定的司法实践远比理论探讨要灵活与复杂，股份回购价格评估的司法实践常常不严格遵守评估基准日规定，但是这并不意味着没有理论探讨评估基准日的必要。评估基准日理论研究不仅仅在特定资产价格评估中发挥重要作用，而且也是司法实践最终确定评估基准日的重要参考。

本文认为从股份回购价格司法评估公平和效率原则的考量而言，可以参考日本的司法评估基准日制度，原则上以决议日为基准日，辅之以相乘效果制度并设置例外情况。具体而言，股份回购价格的司法评估原则上以决议日为基准日；在公司合并、分立或主要资产转让而产生正向相乘效果时，可以决议生效日为评估基准日，充分保障异议股东的股份回购价格能够获得两类相乘效果的分配。例外，当异议股东在请求期内大量增持股份而公司股份价格下跌情况下，应当以异议股东提出股份回购请求之日作为基准日。

这一制度设计通过联系相乘效果补偿和设置例外情况，能弥补单一评估基准日的不足，具有正当性且符合公平效率原则要求。首先，以决议日为合理价格评估基准日的合理性来自两方面。其一，自异议股东对重大决策的作出持异议时，决议便对异议股东造成损害。其二，自事项决议日起，异议股东享有在特定时间段内请求股份回购的权利，股份回购价格不应因异议股东在特定时间段内不同时间点请求股份回购而发生变化。其次，以决议日为合理价格评估基准日符合效率原则的要求。决议日是固定且明确的日期，以决议日为合理价格评估基准日可实现司法评估的程式化。最后，以决议日为合理价格评估基准日在辅助制度的矫正下可实现公平原则的要求。原则上以决议日为评估基准日，可避免公司在决议后的重大变化对异议股东产生影响。对因合并、分立和主要资产转让触发的股份回购事项，以决议生效日为基准日可保障异议股东在退出公司时得到公司价值增加部分的对价。而例外情况的设置不仅可以有效威慑异议股东恶意拉低公司价值的行为，而且能避免公司为异议股东投资策略的负面效果买单。

六、股份回购合理价格分类司法评估的架构

司法实务中对股份回购价格评估方法合理性判断应当从公司价值评估模型选择、相乘效果分配和评估基准日确定三大要点展开。股份回购价格司法评估中应当树立分类评估意识，依据公司类型、回购诱因和异议股东异议理由等因素考察不同情形下股份回购价格评估方法的合理性。具体而言，可对我国《公司法》下各类异议股东股份回购请求情形中股份回购价格评估方法合理性作如下考察。（参见下图 1）

首先，对公司价值评估的模型选择应当根据股份回购诱因和公司类型分类。根据股份回购事由，无需补偿异议股东公司持续经营价值时，可选择净资产价值法；需要补偿异议股东公司持续经营价值时，可选择市场法、现金流折现法等。

其中当诱因是公司合并、分立时，在充分竞争市场中通过公平谈判获得交易价格，可以作为确定合理价格的参考依据。根据公司类型，对上市公司估值，可使用市场价值法；对非上市公司可灵活选择可比法或现金流折现法。使用可比公司法和可比交易法时，对可比公司和可比交易的选择，股份回购事由和公司类型也是考量因素。交易相乘效果的分配应当根据异议股东对交易的反对理由分类。若股东反对交易行为，股份回购价格不应当包括相乘效果；若股东反对交易正当性时，股份回购价格应当包括相乘效果。反对理由不明时，原则上推定股东反对交易正当性。评估基准日的判断应当根据股份回购事由分类。根据股份回购事由，当不存在或不需考虑相乘效果时，可选择决议日为基准日；当存在且需要考虑相乘效果时，可选择决议生效日为基准日。

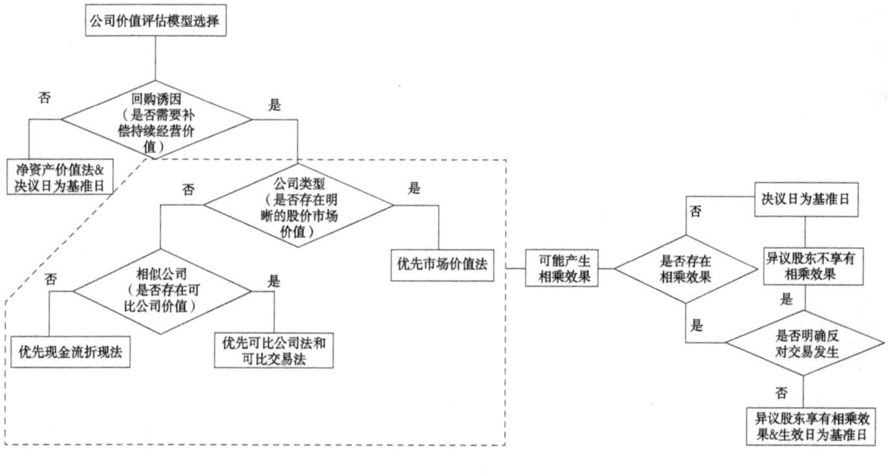

图 1　评估权中股份回购合理价格司法评估的分类判断思路

当然，股份回购价格的评估是一门技术性的艺术。实践中，面对纷繁复杂的股份回购争议和专家提供的大相径庭的评估报告，即便有程式化而不失灵活化的股份回购司法评估方法体系，法院也往往需要根据实际情况自由裁量。股份回购价格司法评估中价格合理性的判断最终要回归到基本依据即能否实现对异议股东退出公司行为的充分补偿。

（初审：吴倩莺）

法学论坛

股票质押式回购交易违约的司法救济研究

杨鹏飞*

内容提要：2018年修订的《股票质押式回购交易及登记结算业务办法》规定的违约处置程序仅适用于质押标的为无限售条件股份且缔约方对《业务协议》本身的效力没有争议的情形，并未要求缔约方在发生约定违约情形后将其作为提起司法救济的前置程序。股票质押式回购交易违约纠纷的司法争议焦点主要体现在证券公司作为融出方签订《业务协议》缺乏上位法依据、违约责任归属界定不明确、《承诺函》的性质和效力认定不一致、利息及违约金的计算标准不明晰四方面。通过剖析以证券公司作为融出方的股票质押式回购交易违约纠纷典型案件中我国法院的裁判观点，以期为融出方选择股票质押式回购交易违约司法救济予以可预见性的指导，为我国法院今后审判相关案件提供必要的参考。

关键词：股票质押式回购　场内交易违约　处置程序　司法救济

上海金融法院于2018年11月21日判决了自上海金融法院8月20日正式揭牌成立后受理的第1号案件——东方证券股份有限公司诉北京弘高中太投资有限公司质押式证券回购违约案。上海金融法院经审理后判决：弘高中太公司偿还东方证券公司融资款本息、违约金及律师费等合计1.2亿余元，并以出质的28 961 432股北京弘高创意建筑设计股份有限公司股票（证券代码：002504，以下简称“弘高创意”股票）承担质押担保责任。[1] 这一案件使得股票质押式回

* 杨鹏飞，上海对外经贸大学法学院2017级法学硕士研究生。

〔1〕 参见黄佩蕾：《上海金融法院首案落槌，投资公司被判赔1.2亿元》，载https：//mp. weixin. qq. com/s/JBDfginSuPhdScu9dQ-APA，最后访问日期：2018年12月20日。

购业务违约救济的司法认定再次回归公众视野。对于股票质押式回购交易的违约救济，守约方可选择交易所的场内交易违约处置机制，也可以选择直接向法院提起诉讼，追究违约方的违约责任。就前者而言，自2013年股票质押式回购交易正式进入场内交易以来，场内交易违约处置机制已发展得较为完备，因此后者一般来说只是作为前者的替补而不是守约方的第一选择，法院在处理时需要以缔约方之间签订的协议为基础，进行个案认定。对于如何认定股票质押式回购交易违约纠纷的实体问题，我国法院还存在争议，仍需进一步总结相关的司法经验。

一、我国股票质押式回购交易发展现状

（一）交易规模与模式

股票质押式回购交易是证券市场上一种重要的融资方式，依据《股票质押式回购交易及登记结算业务办法（试行）》第2条，股票质押回购是指符合条件的资金融入方（以下简称融入方）以所持有的股票或其他证券质押，向符合条件的资金融出方（以下简称融出方）融入资金，并约定在未来返还资金、解除质押的交易。融入方可根据自身的融资需求在不影响融入方控股地位的前提下自由决定融资期限和融资规模，并在经过简便的融资程序后快速得到所需的资金。以2018年为例，依据中国证券登记结算有限公司（以下简称“中国结算”）官网披露的有关股票质押式回购交易的相关数据，截止到2018年12月19日，Wind计算得出的市场质押股数为6358.22亿股，市场质押股数占总股本的9.92%，市场质押市值为44350.7亿元。具体如图1和图2所示[1]：

〔1〕 注1：截至指定日期（2018年12月19日），指定股票的质押股份余量。Wind根据中国证券登记结算公司官网披露的周频率数据计算。质押数量包括场内质押和场外质押，深市不包括场内股票质押式回购交易成功申报违约处置后对应交易的质押证券数量。注2：市场质押市值：为中国证券登记结算公司官网披露的质押股份数量与各自股价乘积后的合计。注3：以上数据计算结果、图表均来源于Wind数据库。

图 1　股票质押式回购交易市场质押股数

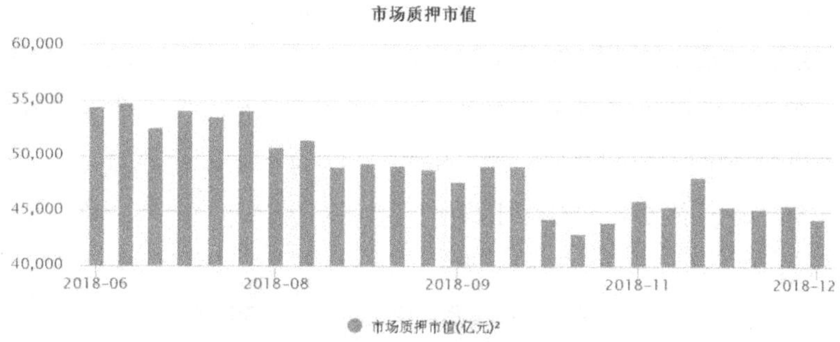

图 2　股票质押式回购交易市场质押市值

股票质押式回购交易包括场内交易和场外交易两种方式。场外交易中融入方和融出方的股票质押式回购交易不通过交易所系统进行，不在交易所内完成股票质押交收和直接处置，而是在融资过程中，由融入方直接到中国结算办理质押登记，为自己或第三方融资提供担保。场内交易则是由融出方和融入方委托证券公司在交易所的交易系统进行股票质押式回购交易业务申报，交易系统根据相关规则对证券公司申报的内容进行确认，并将确认结果发送给中国结算，由中国结算办理相应的股票质押登记和清算交收等业务。两者相比，场外交易的操作主体更加广泛，除了证券公司外还包括银行、保险公司等；场内股票质押式回购交易因为是在交易系统进行申报、确认并由中国结算办理相关证券质押登记和清算交收等业务，相较于场外交易的方式更加安全。此外，交易所还采取了适当性管理、违约申报等举措，使得场内股票质押式回购交易均在可视化的状态下运行，透明度较场外交易更高，更有助于维护融出方的权益。由于现在股票质押式回购交易通常采用场内交易的方式，所以下文提及的股票质押式回购交易仅指股票质押式回购场内交易。

（二）股票质押式回购的场内交易现状

1. 场内交易规模

2013年5月24日，上海证券交易所、深圳证券交易所（以下简称上交所、深交所）分别与中国结算联合发布了《股票质押式回购交易及登记结算业务办法（试行）》，这标志着股票质押式回购交易正式采用了场内交易的模式，即我国股票质押式回购业务正式在上交所、深交所开展。近年来我国股票质押式回购交易迅速发展使其日益成为我国A股市场的重要融资方式。截至2018年8月10日，我国开通交易权限证券公司的数量从2013年的86家增长为2017年的96家，股票质押式回购初始交易金额由2013年的904.8亿元增长为2017年的12135.87亿元，具体交易情况如下表1所示[1]：

表1　我国场内股票质押式回购交易情况概览

项目名称 / 年份	开通交易权限公司数量（家）	初始交易金额（亿元）	初始交易金额：已购回（亿元）	初始交易金额：待购回（亿元）
2013	86	904.80	60.11	846.21
2014	90	4854.81	1480.20	3374.61
2015	92	17402.38	10315.69	7086.69
2016	95	31060.40	18220.39	12840.01
2017	96	12135.87	8726.07	16249.80

2.《业务办法》对股票质押式回购场内交易的规制

上交所、深交所分别与中国结算制定了于2018年3月12日起实施的《股票

[1] 数据来源于中国证券业协会，载http://www.sac.net.cn.，最后访问日期：2018年12月19日。

质押式回购交易及登记结算业务办法（2018 年修订）》（以下简称《业务办法》）。《业务办法》是对股票质押式回购场内交易规制最基本和最核心的法律规范，它从证券公司交易权限管理、适当性管理、业务协议、交易、清算交收及质押登记、风险管理、违约处置与异常情况处理等方面对股票质押式回购交易进行了规制。两个交易所的《业务办法》实质内容基本一致，均从更加致力于服务实体经济、更加规范业务操作、更加注重风险防控三方面对股票质押式回购场内交易进行了适时性的变革，使交易更加规范、更能防范业务风险；两者的不同点主要表现在交易时间、申报主体、申报要素、清算与交收账户、违约资产处置程序、交易经手费方面。

开展股票质押式回购场内交易需在上交所、深交所择一进行，因此了解《业务办法》中关于初始交易的申报要素、申报程序的规定，以及违约处置的申报要素、申报程序的规定，是顺利进行股票质押式回购交易的基础。

二、股票质押式回购交易违约处置机制与司法救济

（一）有条件适用的股票质押式回购交易违约处置机制

《业务办法》要求证券公司应当与融出方、融入方签订《股票质押回购交易业务协议》（以下简称《业务协议》），《业务协议》是当事方开展股票质押式回购业务最基本的法律文件。在该文件中可能存在两类缔约主体：其一，若融出方为证券公司、证券公司管理的集合资产管理计划或定向资产管理客户的，证券公司应当与融入方签署《业务协议》；其二，若融出方为证券公司管理子公司的集合资产管理计划或定向资产管理客户的，证券公司应当与融入方、资产管理子公司签署《业务协议》。此外，《业务办法》还于附件《股票质押式回购交易业务协议必备条款》中明确了《业务协议》必备条款所要求的内容，并不得擅自修改或删除。《业务办法》在第七章中明确规定场内股票质押式回购业务中融入方违约的处置机制。相较而言，两个交易所的违约处置程序相同，但深交所设置了一个单独的质押特别交易单元，专门用于违约处置证券交易，即融出方若要进行质押标的证券的卖出处置，需通过证券公司向深交所申请该质押进入特别交易单元进行相关交易。

根据《业务协议》，当股票质押式回购交易融入方违约时，质押标的证券的

不同状态有着不同的处理方式：若质押标的证券为无限售条件股份，则证券公司应当按照《业务协议》的约定，申报交易所进行处置。具体操作为：由证券公司及时通知交易双方并报告交易所，T 日证券公司根据《业务协议》向交易所交易系统提交违约处置申报，申报处理成功后，T+1 日起证券公司即可根据《业务协议》的约定处置标的证券，卖出成交后，证券公司应当在当日根据中国结算上海分公司或者深圳分公司的要求提交申报数据，处置所得优先偿付融出方；证券公司应当根据《业务协议》的约定将偿付资金划付到融出方对应的账户。处置后，证券公司还应当向交易所提交终止购回申报，如果质押标的证券及其孳息还有剩余，则由中国结算上海分公司或者深圳分公司根据该申报解除该部分的质押登记。此外，证券公司在违约处置完成后还应当向交易所、中国结算上海分公司或深圳分公司和中国证券投资者保护基金有限责任公司提交违约处置结果报告。若质押标的证券为有限售条件股份，则证券公司应当按照《业务协议》的约定进行处理。

（二）司法救济路径对交易违约处置机制的补充及独立适用

1. 司法救济路径对交易违约处置机制的补充

在《业务办法》所规定的场内违约处置程序下，当融入方违约时，融出方可在质押状态下直接通过二级市场抛售标的证券，收回债权，而传统的质押业务若双方无法协商一致，须通过司法途径解决。[1] 也就是说，违约处置程序仅适用于交易各方对《业务协议》本身的效力没有争议且质押标的证券为无限售条件股份的情形。当质押标的证券为有限售条件股份或者因司法等机关冻结，标的证券不能处置时则仍需根据《业务协议》的约定来处理，此时当事方往往会基于《业务协议》选择向法院提起诉讼，请求确认《业务协议》的效力，并根据《业务协议》的约定要求违约方承担相应的责任。

2. 股票质押式回购交易违约司法救济路径的独立适用

由于《业务协议》是缔约方之间意思自治的约定，虽然《业务办法》的附件对《业务协议》作了设置一些必备条款的要求，但是否具体落实到《业务协

---

〔1〕 参见高伟生、许培源：《证券公司股票质押式回购业务的现状、问题及对策》，载《证券市场导报》2014 年第 7 期。

议》中还是各方选择的结果，交易所和中国结算不会对《业务协议》的内容和效力进行实质性审查，即使缔约方的约定不完备也不会影响股票质押式回购交易。在我国当前的司法实践中，由于缔约方的《业务协议》未明确规定具体如何处置质押的限售股票、未明确约定申请解除质押的时间及融出方是否可以单方面申请剩余质押标的解除质押等一系列细节性条款，往往会引发一系列的纠纷。此外，当交易各方对《业务协议》本身的效力存在争议或《业务协议》履行出现违约情形如融入方不能及时将股票予以质押时，则不能适用违约处置程序，只能选择向法院提起诉讼请求救济。

纵观上交所、深交所与中国结算分别制定的《业务办法》，并未要求缔约方在发生违约情形时选择违约处置程序作为解决违约纠纷的前置程序，当事交易方可以直接针对该违约纠纷向法院提起诉讼。此外，将因《业务协议》约定不明导致违约处置程序无法处理的纠纷直接交由法院进行审理认定这一处置程序同样也是处理缔约方纷争的重要通道。

三、股票质押式回购交易违约司法救济的审理难点

近年来，由于我国国内股市在一定时段持续低迷、股价下行、波动加大以及国际金融市场不稳定、中美贸易战爆发等因素的影响，融入方违约显著增加，股票质押式回购的司法案件数量正呈倍数增长。2019 年 1 月 24 日，在中国裁判文书网上以“股票质押式回购”为关键词进行检索，共有 137 条检索结果，其中 2014 年 3 条、2015 年 4 条、2016 年 17 条、2017 年 33 条，2018 年 80 条。137 份裁判文书主要包括股票质押式回购纠纷管辖民事裁定书、执行裁定书、申请实现担保物权特别程序民事裁定书、质押式股票回购纠纷判决书四种类型。从具体案由来看，因履行股票质押式回购合同而引发的纠纷，我国法院大多适用四级案由（质押式证券回购纠纷）予以处理。从法院受诉情况来看，往往是证券公司作为融出方，在融入方违约后，依据与融入方订立的《业务协议》《股票质押式回购交易协议书》（以下简称《交易协议书》）等直接向法院提起诉讼。

通过分析上述检索结果中的 54 份判决书的实质内容可以发现，股票质押式回购交易违约纠纷的司法争议焦点主要体现为程序方面的管辖问题以及证券公司作为融出方签订《业务协议》缺乏上位法依据、违约责任归属界定不明确、《承诺函》的性质和效力认定不一致、利息及违约金的计算标准不明晰等实体问题。

在司法实践中，法院审查程序方面的管辖问题主要基于当事方的意思自治，缔约方可以选择在《业务协议》中规定的与争议有实际联系地点的法院来处理相关的纠纷，也可以根据 1996 年 7 月 4 日《最高人民法院关于如何确定证券回购合同履行地问题的批复》（法复〔1996〕9 号）、《中华人民共和国民事诉讼法》第 34 条等法律依据进行处理，大多没有争议。但对于实体方面的问题，由于《业务协议》各方的约定千差万别、最高人民法院尚未出台相关的司法解释，我国法院还存在认定困境。下文将选取我国法院审判的以证券公司作为融出方的股票质押式回购交易违约纠纷典型案件，从股票质押式回购交易违约纠纷存在司法争议的实体四方面焦点问题进行分析，总结归纳我国司法审判的认定观点，以期为当事交易方选择股票质押式回购交易违约司法救济予以可预见性的指导，为我国法院今后审判相关案件提供必要的参考。

（一）证券公司作为融出方签订《业务协议》缺乏上位法依据

《业务办法》规定，若融出方为证券公司、证券公司管理的集合资产管理计划或定向资产管理客户的，证券公司应当与融入方签署《业务协议》。我国证券业协会颁布的于 2018 年 3 月 12 日起实施的《证券公司参与股票质押式回购交易风险管理指引》（以下简称《管理指引》）还对证券公司开展股票质押式回购交易在融入方准入管理、质押股票管理、后续管理、违约处置管理、内部控制与风险控制指标要求等方面进行了一些具体的指引。比如在处置违约方面，《管理指引》要求证券公司对融入方的违约应当建立股票质押式回购交易黑名单制度。《业务办法》和《管理指引》对证券公司开展股票质押式回购交易予以了授权，但两者之间的立场存在冲突，前者肯定了证券公司可作为融出方，而后者则是从证券公司作为交易操作服务方的角度进行约束。

现今我国尚未在法律层面对证券公司开展股票质押式回购交易予以明确授权，现行的《证券法》第 125 条所规定的证券公司经国务院证券监督管理机构核准证券经营机构的业务范围，并未包括股票质押式回购交易业务之类的信用交易类业务，这与我国证券公司已作为股票质押式回购交易的融出方或者代理方开展了相关业务的现实不相匹配。上述检索的案例大多都是证券公司作为融出方提起的诉讼，例如在海通证券股份有限公司与辽宁欣泰股份有限公司、刘桂文等质押式证券回购纠纷案、海通证券股份有限公司与辽宁欣泰股份有限公司、蔡虹等质押式证券回购纠纷案中，上海黄浦区法院均认为《业务协议》系双方真实的意思表示，合法有效，双方均应依约履行。关于认定《业务协议》的效力，法院认为只要《业务协议》如果系各方当事人的真实意思表示，其内容不违反法律、行政法规的强制性规定，均可以被认定为合法有效，对缔约当事人均具有法律效力——这从司法的角度对证券公司开展股票质押式回购交易的主体资格进行了确认，但是，法院却未对证券公司能否作为融出方作出合理的法理分析，也就是说，证券公司作为融出方与融入方签订的《业务协议》缺乏上位法依据，其能否作为融出方的资格仍存疑。

（二）违约责任归属界定不明确

当前的司法实践中，法院在裁判违约责任的归属时，对当事方的合同的定性存在两种认定观点，违约责任归属界定尚存争议。第一种是法院将当事方的合同界定为附质押条件的借款合同，如在长江证券（上海）资产管理有限公司与鼎立控股集团股份有限公司金融借款合同纠纷案中，湖北高院认为“现长证资产公司依据约定向鼎力控股公司支付了融资款项，而鼎力控股公司未能依约返还本金及支付利息，且存在涉及重大诉讼、财务状况恶化、不能偿还本金的情形，其行为已构成违约，应依法承担相应的违约责任。”[1] 在国金证券股份有限公司、刘德群质押式证券回购纠纷案中，成都中院认为“国金证券按照合同约定将3110万元划入刘德群证券账户，刘德群应按合同约定按季向国金证券指定银行账户支付资金利息。刘德群未按合同约定向国金证券支付利息，已经构成违约。”可见，法院是依据《合同法》关于借款合同的相关规定，在融入方未能按期归还相应的借款和利息等条件下，判定融入方违约。第二种是法院将当事方的合同界定为证券回购合同，在东方证券股份有限公司与贾跃民证券回购合同纠纷案中，上海二中院认为“原告将资金融给被告，被告将协议约定的9 690 000股深市股票‘乐视网’作为质押标的质押给原告，并且办理了质押登记手续。该股票后因乐视网转增股本，变更为19 380 000股，该变更不影响当事人之间的权利义务关系。被告未能按约购回，已构成违约，应依约承担相应民事责任。”[2] 在这种情

[1] 湖北高级人民法院（2017）鄂民初26号一审民事判决书。

[2] 上海市第二中级人民法院（2017）沪02民初505号一审民事判决书。

形中，法院是依据股票质押式回购交易的流程，从融入方是否如约质押相应股票、融出方是否如约提供相应资金，融入方是否如约回购相应质押股票并支付相应的利息等从而综合考量判定违约责任的归属。

第一种裁判思路还原了股票质押式回购交易的本质，但相较而言，第二种裁判思路更能有效地解决股票质押式回购违约纠纷，从交易流程入手，更能得出符合当事方预期的裁判结果。

（三）《承诺函》的性质和效力认定不一致

正确解决股票质押式回购交易违约纠纷有时需要对案涉《承诺函》的性质和效力进行清晰认定，因为《承诺函》可能会导致《业务协议》的变更，从而加快或延缓交易的进程。但目前司法实践中法院间仍存在分歧，一种裁判观点认为融入方出具的《承诺函》，若实际得以履行，即使是融出方的默示接受，也可以视为对《业务协议》的变更。例如在湘财证券股份有限公司与庄敏、余翠凤证券回购合同纠纷案中，“被告庄敏于2017年7月25日向原告出具《承诺函》承诺通过场外还款的方式提高履约保障比例，承诺于2017年8月10日前通过场外还款约3357万元以及由该期间产生的违约金，以提高履约保障比例至150%以上。2017年9月6日，被告庄敏向原告又出具《保千里股票质押式回购交易承诺函》。承诺于2017年9月20日前，提前偿还本金7600万元及相应利息，2017年10月20日前，提前偿还本金6800万元及相应利息，2017年11月20日前，提前偿还本金9000万元及相应利息，2017年12月17日偿还剩余本金1.65亿元及相应利息。”湖南高院认为：“在其用于质押担保的保千里股票跌破平仓线后，被告庄敏虽按照其于2017年7月25日向原告出具的《承诺函》中的约定将其托管在湘财证券公司的513万股作了补充质押，但在再次出现可能影响原告资金安全的情形后，庄敏未按照其于2017年9月6日向原告出具的《保千里股票质押式回购交易承诺函》中的约定分别于2017年9月20日前、2017年10月20日前、2017年11月20日前提前向原告偿还本金7600万元、6800万元、9000万元及相应利息，并在2017年12月17日偿还剩余本金1.65亿元及相应利息，被告庄敏的行为已构成根本违约，应按照上述《业务协议》、《交易协议》及《保千里股票质押式回购交易承诺函》中的约定承担偿还原告的融资本金及利息、违约金的义务。”〔1〕但另一种则认为《承诺函》是融入方的单方行为，若不是双方协商一致的结果，则不能视为是对《业务协议》的变更。例如在西藏翰澧电子科技和长江证券（上海）资产管理证券回购合同纠纷一案中，武汉江汉区法院认为：“同年10月28日，原告西藏瀚澧企业又向被告长江资管公司发送《承诺函》，称由于资金等原因，原告西藏瀚澧企业难以按照被告长江资管公司的要求在2016年10月28日偿还所有融资本息，并承诺将于同年10月31日17时前按协议足额偿还被告长江资管公司所有融资本息，同时还缴纳履约保证金300万元。原告西藏瀚澧企业向被告长江资管公司发送《履约保证金承诺函》的行为系原告西藏瀚澧企业的单方行为，主要内容系对其于同年10月31日17时前按协议足额偿还被告长江资管公司所有融资本息的承诺，该承诺函并不是双方协商一致的结果，且原告西藏瀚澧企业并未对被告长江资管公司同意其延期回购，且不追究其违约责任的事实举证，故原告西藏瀚澧企业认为被告长江资管公司同意其于同年10月31日履行购回协议是双方对协议的变更，理由不成立，本院不予支持。”〔2〕

（四）利息及违约金的计算标准不明晰

关于利息及违约金的计算问题，法院从交易当事方之间的《业务协议》入手审查，坚持弥补损失原则，以交易当事方在《业务协议》中约定的计算公式为基础，采取合并计算的方式，以约定的逾期利率、违约金等各项违约责任之和不能超过年利率24%为警戒线进行处理。例如在东方证券股份有限公司与贾跃民证券回购合同纠纷案中，原被告在《主协议》第63条约定了甲方（即被告）违约时“应付金额”的计算公式，应付金额=购回交易金额+延期利息+违约金金额。《主协议》其余条款使用数学公式来确定上述项目金额。其中，本金违约金=第i日尚未偿还的初始交易金额×本金违约金率；利息违约金=违约利息金额×利息违约金率；延期利息=第i日尚未偿还的初始交易金额×第i日利率/365；n3为违约起始日至相关交易了结日之间的自然天数。《从协议》在“购回价格”一栏中标明“购回价格（年利率）：7.3%”。“违约金率（日利率）”一栏标明

〔1〕重庆市高级人民法院（2017）渝民初175号一审民事判决书。
〔2〕武汉市江汉区人民法院（2017）鄂0103民初542号一审民事判决书。

"0.03%"。上海二中院认为，"由于当事人在协议中明确约定了违约时的各项金额的计算方法，系当事人的意思自治，应予以尊重。另外，基于本案的交易类型，可以参照《最高人民法院关于审理民间借贷案件适用法律若干问题的规定》第30条之原理对该问题加以认定。该案中，原告所主张的各项违约责任之和，总计未超过年利率24%，计算的起止日期亦符合常理，故对原告的违约责任金额计算方式予以认可，该计算方式不违反法律规定，不予调整。"〔1〕再如在招商证券股份有限公司与王利峰等股票回购合同纠纷案中，关于融资款项利息的计算与负担问题，北京东城区法院认为"股票质押式回购交易，简而言之，实为以股票质押进行借款。本案中，被告王利峰未按原告指定的期限备足资金提前购回标的证券即未按期偿还借款，其违约行为给原告造成了一定的损失，该损失主要为融资资金占用期间的利息损失。依据《合同法》第207条的规定，借款人未按约定期限返还借款的，应当按照约定或国家有关规定支付逾期利息。原被告双方未明确约定逾期购回的利息计算标准即逾期利率，现原告主张被告王利峰按协议约定的购回利率即借款资金年化利率支付融资资金占用期间的利息，并无不当，应予支持"。关于违约金的调整问题，北京东城区法院认为"结合被告王利峰违约造成的损失，兼顾合同的履行情况、当事人的过错程度以及预期利益等因素，本院根据公平原则、诚实信用原则依法对双方约定的违约金进行调整，对原告主张的逾期利息与违约金，折算后超过中国人民银行同期贷款利率4倍的部分，不予支持"。〔2〕

但是，具体到股票质押式回购交易而言，融出方往往会设置较高的违约金数额，目的在于当融入方出现违约情形时，促使融入方采取相应举措进行处理，及时弥补融出方的损失。同时，不同的交易方之间在《业务协议》中约定的违约金和利息的计算也各不相同。由此，我国法院一概以合并计算的方式，以请求总和未超过年利率24%为衡量标准来审查融出方的请求是否合理，还有待商榷。此外，由于范本合同中明确约定的回购款持续计息至实际回购日，因此，在违约后，约定的回购利率实际上仍在继续计算，回购款总额仍按日增加，此时，该回购利率以及逾期利率、违约金和复利之和是否能够超过24%的限制？浙江省高级

---

〔1〕参见上海市第二中级人民法院（2017）沪02民初505号一审民事判决书。

〔2〕参见北京市东城区人民法院（2015）东民（商）初字第11735号一审民事判决书。

人民法院（2018）浙民初4号案即持所有收益（含交易利息）和违约金之和不能超过24%的态度，但该等态度是否是司法机构的普遍态度，仍存有疑问。[1]

四、股票质押式回购交易违约救济司法路径的困境应对

（一）修改《证券法》第125条，为法院明确界定证券公司的主体资格提供依据

在司法实践中，若将证券公司仅视为《业务协议》的一方，则证券公司可以依据《业务协议》向法院提起诉讼，请求法院审查违约方未按期支付相应利息、违约金、融资款等事实，要求违约方承担相应的责任。但是，股票质押式回购交易的违约救济还应当考虑股票质押式回购交易特定的场所条件、主体条件等，以免对股票质押式回购交易市场产生不利影响。证券公司能否作为融出方需要《证券法》予以明确授权，建议修改《证券法》第125条，在证券公司经营业务范围条文增加一项“证券类信用交易”。此外，交易所的股票质押式回购交易业务批准机构并非证监会，建议将“经国务院证券监督管理机构批准”修改为“经国务院证券监督管理机构或者其授权机构批准或备案”，[2] 从而为我国法院明确界定证券公司的主体资格提供依据。

（二）综合考量判定违约责任的归属

对于违约责任的认定，法院可以基于违约方是否存在违约行为，违约行为是否给守约方造成损害，违约行为与损害之间是否存在因果关系，违约方是否有免责事由的原理，从当事交易方所订立的《业务协议》《交易协议书》等入手，基于提起诉讼的原因即合同不能继续履行的缘由，结合原被告所举证据综合考量融出方和融入方对《业务协议》的实际履行情况，重点审查融出方是否实际依约向融入方支付质押股票相应的资金，融入方是否依约及时赎回质押股票，是否向融出方支付相应的利息等，从而判定违约责任的归属。

---

〔1〕 参见吴俊：《上市公司股票质押回购纠纷的道与术三部曲：诉中》，载 https：//mp. weixin. qq. com/s/IulFPVuLfR6str6LyCpSjw，最后访问日期：2019年1月17日。

〔2〕 参见郭锋等：《中国证券法学研究会对〈证券法〉修改草案的意见》，载《金融服务法评论》2016年第00期。

（三）合理审查《承诺函》是否对《业务协议》进行变更

融入方向融出方单方面出具《股票质押式回购交易承诺函》是否属于对《业务协议》的变更，需要法院审查当事方是否对变更合同协商一致、融出方是否实际接受了融入方的承诺内容来进行认定。若双方达成同意变更融资期限的一致意见，则交易方可以按该约定变更履行。此时，如果融入方在《承诺函》约定的融资期限后未履行《业务协议》的相应回购及支付利息的义务，则融出方可以要求融入方承担在《承诺函》中约定的违约责任。如果融入方不仅对《业务协议》违约，同时还对《承诺函》违约的话，则融出方可以请求融入方承担《业务协议》《承诺函》项下的违约责任，若守约方所主张的利息及违约金的总额没有超过24%的年利率，法院可以依法予以支持。如果双方未对变更融资期限达成一致意见，则交易方只能按照《业务协议》中约定的融资期限履行，若融入方出现违约，则融出方只能按照《业务协议》中约定的融资期限计算利息及违约金，要求其承担相应的责任。

（四）分情况计算利息及违约金

若《业务协议》中有明确关于利息及违约金计算的约定，法院则应尊重当事方的意思自治，在明确违约责任后参照《最高人民法院关于审理民间借贷案件适用法律若干问题的规定》第30条之原理对该约定条款进行计算，且在守约方所主张的各项违约责任之和总计未超过年利率24%，计算的起止日期亦符合常理的情况下，可以支持守约方关于利息及违约金主张。若《业务协议》中未明确约定关于利息及违约金的计算，法院可将股票质押式回购交易行为定性为以股票质押进行借款行为，实属借款合同，即参照《合同法》关于借款合同利息和违约金的计算标准的规定进行计算，并结合违约方造成的实际损失，兼顾合同的履行情况、当事人的过错程度以及预期利益等因素，根据公平原则、诚实信用原则，且在守约方所主张的各项违约责任之和总计未超过年利率24%，计算的起止日期亦符合常理的情况下，支持守约方关于利息及违约金主张。至于是否必须坚持现有的24%裁判标准，法院可以进行个案认定，结合守约方所主张的各项违约责任之和、违约方造成的实际损失、审查合同的履行情况、当事人的过错程度以及预期利益等因素，根据公平原则、诚实信用原则，明确相应的金钱给付数额。

五、结语

2018年11月10日，司法部出台了《关于充分发挥职能作用为民营企业发展营造良好法治环境的意见》，在第二部分的“完善促进民营经济发展的法律法规制度”中明确指出要确立民营企业“法无禁止即可准入”原则，通过修改制定相关法律法规，保护民营企业股权等财产权。[1] 此外，最高检法律政策研究室梳理了11个问题，发布了《最高检明确规范办理涉民营企业案件执法司法标准》，通过“检答网”提供给各级检察院用于办案指导，其中就民营企业经营活动中的正当融资行为与非法集资犯罪进行准确区分提供了参照。[2] 这些意见的颁布是司法机关对于促进金融行业健康发展，保护投资者进行规范交易的重要举措，同时对指导司法机关审理有关股票质押式回购交易也具有重要意义。上述审判经验的总结，不仅对于今后法院审理相关案件具有借鉴意义，还应该成为股票质押式回购交易方在订立《业务协议》时的重要考量因素。

对于股票质押式回购交易的违约救济，缔约方不仅可以依《业务协议》由证券公司向交易所申报启动违约处置机制直接抛售股票，还可以直接就该违约纠纷向法院提起诉讼，要求违约方承担违约责任。受我国现今股市行情的影响，融出方认为仅启动违约处置机制抛售股票难以弥补自身的损失，从而选择向法院提起诉讼，要求违约方承担违约责任，承担法院认定的金钱数额的给付义务，这样融出方可获得本金+利息+违约金而不仅仅限于质押股票的市值。但是，在融出方与融入方商议开展股票质押式回购交易时，融出方势必要对融入方的股票走向、融入方的经营情况等进行合理的审查后才会融出资金，场内交易也是双方协商一致的选择。发生违约纠纷后，守约方选择向法院提起诉讼，让司法力量介入证券交易市场处理争端，不仅会对双方当事人的纠纷解决产生决定性作用，也会对股票质押式交易产生引导性影响。由此，法院在处理当事方的违约争端时，不仅需要考虑个案公平，还应当兼顾证券交易市场的稳定运作。法院可以提供股票

---

〔1〕 参见司法部政府网：《司法部关于充分发挥职能作用为民营企业发展营造良好法治环境的意见》，载 http：//www. moj. gov. cn/subject/content/2018-11/10/508_ 42846. html，最后访问日期：2018年12月29日。

〔2〕 参见王治国、徐日丹：《最高检明确规范办理涉民营企业案件执法司法标准》，载 http：//www. spp. gov. cn/spp/tt/201811/t20181115_ 399230. shtml，最后访问日期：2018年12月29日。

质押式回购违约救济的司法路径选择，但在涉及金融市场的监管时，必须保持审慎的态度，以合法合理的司法导向处理股票质押式回购违约纠纷，正确引导股票质押式回购交易的健康发展。

（初审：许洲馨）

“一带一路”建设下我国见索即付保函欺诈法律制度的检讨

朱嘉诚*

内容提要：《最高人民法院关于审理独立保函纠纷案件若干问题的规定》第12条将欺诈作为见索即付保函独立性原则的例外，但这种例外指的是在欺诈下保函开立人可以行使基础合同中的抗辩，不能因为存在欺诈的风险就从根本上否定保函独立性的制度价值。为了更好地发挥独立保函在“一带一路”战略下我国企业对外投资的作用，在欺诈的认定标准上不应要求证明受益人主观上存在欺诈之故意，通过单据证明债权人存在违反诚信义务、滥用索赔权的法定情形即可。同时，适用一审普通程序审理保函欺诈纠纷案件将导致诉讼过程冗长，独立保函快速担保的功能将付之东流，应当为保函欺诈纠纷设置特殊的审判程序，在程序设计上充分考虑独立保函的功能，客观化证据要求，缩短审限，力求将欺诈纠纷对独立保函的担保功能的损害降到最低。

关键词：一带一路　见索即付保函　保函欺诈　独立担保制度

一、问题的提出

见索即付保函[1]，在国际融资担保中属于信用保证，保证人（通常是银

* 朱嘉诚，上海交通大学凯原法学院 2017 级法学硕士研究生。

[1] 笔者认为本文尚不需要界定独立保函和见索即付保函概念上的区别，重点在于保函交易过程中的欺诈问题。因此，为了行文方便或流畅，下文所指代的独立保函与见索即付保函没有本质的区别，指主要由银行开具的、独立于基础交易合同、不具有从属性的信用保证。

行）以其信用作保证并应申请人的要求或指示对受益人允诺承担付款义务。不同于传统的从属性保证，见索即付保函在开出之后，只要受益人提供了满足银行要求的单据，保证人即应向其支付约定的金额。[1] 保证人不享有其在从属性保证中所享有的先诉抗辩权，也不可依据基础合同的内容来抗辩受益人的付款请求。因此，这种独立担保制度[2]带来了求偿时的方便快捷，见索即付保函能够在投资双方相距千里的国际融资担保中得到广泛运用。但是，这种独立于基础合同的纯单据交易也为受益人欺诈留下了风险的口子。《国际商会见索即付保函统一规则》（URDG758）在修订时未规定欺诈例外的认定规则，认为各国应视具体情况在国内立法、司法中认定保函欺诈，从而使得各国形成了松紧不一的独立保函欺诈法律制度。

随着我国“一带一路”建设的进一步深入，我国企业参与国际投资活动日益频繁，见索即付保函法律问题日益增多。为此，最高人民法院在2016年颁布了《最高人民法院关于审理独立保函纠纷案件若干问题的规定》（以下简称《独立保函司法解释》）。在该司法解释中，除明确规定了国内交易可以使用独立保函进行担保之外，最大的亮点就是从实体到程序建构起了一套独立保函欺诈法律制度。《独立保函司法解释》生效至今已超过两年，在实务中它对见索即付保函欺诈的审判起到了怎样的作用？是否要对我国见索即付保函法律制度进行检讨？

对此，笔者在“中国裁判文书网”上以“见索即付保函欺诈”为关键词进行检索，得到适用《独立保函司法解释》的判决书、裁定书共6份。[3] 判决书中明显有涉外因素，系国际融资担保的有3份[4]，认为存在欺诈从而判决止付

---

[1] 徐冬根：《国际金融法》，高等教育出版社2006年版，第301页。

[2] 对于独立保函guarantee的翻译，学界存在争议。笔者认为，guarantee在独立保函中应指的是担保制度下的保证，是一种银行的信用保证。但是，这种保证也是担保法律制度框架下的一种，在《中华人民共和国担保法》中也在担保合同项下分类了保证等内容。因此，由于学界已经有独立担保制度一说，笔者在此也使用“独立担保制度”这个概念，即独立保函是一种银行的信用保证，但它属于独立担保制度。

[3] 最后访问日期：2018年11月14日。这6份判决书、裁定书分别是：江苏省南京市中级人民法院（2014）宁商外初字第2号民事判决书、江苏省扬州市广陵区人民法院（2015）扬广商初字第692号民事判决书、四川省成都市中级人民法院（2016）川01民初1021号民事判决书、江苏省南通市中级人民法院（2016）苏06民终2779号民事判决书、河北省保定市中级人民法院（2017）冀06民终307号民事裁定书、四川省高级人民法院（2017）川民终72号民事判决书。

[4] 这3份判决书是江苏省南京市中级人民法院（2014）宁商外初字第2号民事判决书、江苏省南通市中级人民法院（2016）苏06民终2779号民事判决书、四川省高级人民法院（2017）川民终72号民事判决书。这些案例中或有合同的一方当事人存在涉外因素，或担保的项目合同履行地存在涉外因素。

的有1份[1]。不存在涉外因素、系国内融资担保的有3份，认为存在欺诈从而判决（裁定）止付的有2份。[2]在这6份判决或裁定中，法院在处理见索即付保函欺诈问题时应该作出判决还是裁定在认识上存在差异。[3]

3份判决止付的法院文书中，仅有保定市中级人民法院采用裁定的方式，其维持了一审裁定，终止支付了保函项下的款项。另外2份南通市中级人民法院、扬州市广陵区人民法院则都作出了终止止付的判决。结合《独立保函司法解释》第16条和第20条的规定[4]，不难得出这样的结论：第16条规定了一种类似于民事诉讼中的保全制度，将保函暂定为一种“中止支付”的状态，在保函欺诈纠纷解决前冻结保函项下的款项，以免继续支付可能会加大保函开立人的损失。此时，法院应当作出裁定。在第20条下，认定清楚是否存在欺诈情形之后，是否终止支付应当采用判决的方式。因而，中机新能源开发有限公司与保定天威保变电气股份有限公司信用证欺诈纠纷中一审、二审法院裁定终止支付，是存在错误的。

为什么法院在一审、二审过程中会犯这样的错误？本文认为，是因为独立保函域外规则都对见索即付保函欺诈的实体认定和程序作了相当特殊的规定（例如下文提到的英美法上的中间禁令），且在司法解释出台前，各地法院审理独立保函欺诈案件有着相当多的“土办法、土规则”。[5]一审法院和二审法院认为

[1] 河北省保定市中级人民法院（2017）冀06民终307号民事裁定书。

[2] 江苏省南通市中级人民法院（2016）苏06民终2779号民事判决书、江苏省扬州市广陵区人民法院（2015）扬广商初字第692号民事判决书。

[3] 当然，其他的认识差异也存在，例如案由的问题。这6份文书中的案由各不相同，有信用证欺诈纠纷、有建设工程施工合同纠纷、有保证合同纠纷等。学界还有主张应当是侵权纠纷的，限于篇幅，本文并不论述该问题。但至少信用证欺诈纠纷是错误的，独立保函不同于信用证，尽管其二在规则上有诸多相似之处，但信用证是国际支付手段，而独立保函是国际融资担保工具，其性质上有着本质差别。

[4] 《独立保函司法解释》第16条规定：“人民法院受理止付申请后，应当在48小时内作出书面裁定……裁定中止支付的，应当立即执行……”。第20条规定：“人民法院经审理独立保函欺诈纠纷案件，能够排除合理怀疑地认定构成独立保函欺诈，并且不存在本规定第14条第3款情形的，应当判决开立人终止支付独立保函项下被请求的款项。”

[5] 笔者就该问题咨询上海市一律所从事融资法律业务有着资深经营的合伙人时，合伙人直截了当地提出来，由于难以在规定48小时时间内作出裁定，法院在独立保函欺诈纠纷案件上还是会使用一些司法解释出台之前的“土办法、土规则”。笔者查阅司法解释生效之前的上网文书，发现在司法解释生效之前，不同地区的法院就独立保函欺诈纠纷的审判依据主要有：①URDG758未规定保函欺诈问题，故不存在保函欺诈问题；②使用《民法通则》《民通意见》《合同法》等法律对欺诈的认定方式去认定保函欺诈问题；③我国尚未建立起独立担保制度，独立保函无效或认为是从属性保证等。

《独立保函司法解释》第20条规定的是一种就保函欺诈问题单独的终局裁定，从而错误地运用了裁定而非判决。但问题并不在于法院对《独立保函司法解释》理解不透彻，而是《独立保函司法解释》在制定时，就对保函独立性原则态度模糊，既想最大程度地尊重保函的独立性，又害怕这种独立性原则会使得我国企业在融资担保中受到欺诈，从而采取了一种看似“中庸”的选择，但这种中庸之道似乎在实践中存在问题。

二、我国见索即付保函欺诈法律制度检讨：以司法解释第12条、第20条为中心

（一）保函欺诈审理程序特殊化的左与右

事实上，我国《独立保函司法解释》条文中是隐含着欺诈止付应当作为一个特殊的审理程序这一意图的，这一意图体现在该解释第21条第2款〔1〕的规定上，将之与第21条第1款〔2〕的规定进行比较可以发现，欲对独立保函欺诈纠纷进行协议管辖或以仲裁方式解决纠纷必须在独立保证合同中专门对保函欺诈纠纷的管辖或者仲裁进行约定，不可在独立保函的争议解决条款中笼统地进行约定。考虑到欺诈是见索即付保函独立性原则的唯一例外，独立保函欺诈纠纷的协议管辖和仲裁问题应当不同于基础合同纠纷和独立保函的其他纠纷，因而需要单独约定以便用特殊的程序审理。

但是，这种欲对欺诈审理程序特殊化的意图在司法解释中被其他条文否定了，最明显的就是第16条的“中止支付”只是第20条“终局判决”的保全措施。另外，第18条〔3〕赋予了法院在审理独立保函欺诈纠纷时对基础合同的审查权，这种对基础合同的审查权甚至可以伸入司法解释第16条规定的要求在48小时内审理裁定完成的中止支付程序中，这对法院来说无疑是十分困难的。国际投

---

〔1〕《独立保函司法解释》第21条第2款：“独立保函欺诈纠纷案件由被请求止付的独立保函的开立人住所地或被告住所地人民法院管辖，当事人书面协议由其他法院管辖或提交仲裁的除外。当事人主张根据基础交易合同或独立保函的争议解决条款确定管辖法院或提交仲裁的，人民法院不予支持。”

〔2〕《独立保函司法解释》第21条第1款：“受益人和开立人之间因独立保函而产生的纠纷案件，由开立人住所地或被告住所地人民法院管辖，独立保函载明由其他法院管辖或提交仲裁的除外。当事人主张根据基础交易合同争议解决条款确定管辖法院或提交仲裁的，人民法院不予支持。”

〔3〕《独立保函司法解释》第18条：人民法院审理独立保函欺诈纠纷案件或处理止付申请，可以就当事人主张的本规定第12条的具体情形，审查认定基础交易的相关事实。

融资合同内容繁多、专业性强，在48小时内结合基础合同判断是否中止支付，这样的要求加重了法院的负担。法院要么受审限压力仅根据单据的相关信息进行裁定，这样使得第18条规定的基础合同交易审查权流于形式；要么在48小时内得不出应当中止支付的结论，那么第16条规定的中止程序就发挥不出作用，可谓使法院陷入了一个两难境地。

对于这个两难境地，司法解释也在努力进行"回应"，这种"回应"体现在第14条第（1）项和第20条[1]两者对证据的不同要求，第14条第（1）项为"具有高度可能性"，而第20条要求为"能够排除合理怀疑"。区分"具有高度可能性"和"能够排除合理怀疑"两种不同的证明标准，似乎能够解决前述困境，但这就从侧面表明了第18条规定的只是一种终局判决的"中间程序"，真正涉及保函欺诈的认定还得通过一审普通程序，那么过长的审限将影响独立保函在国际融资担保中发挥快速担保的作用。况且，在两大法系民事诉讼证明标准体系中，排除合理怀疑实际就是通往内心确信的必经途径，关注的是裁判者的主观心理状态。而高度可能性则是一种客观角度的评价，属于盖然性推理领域，它关注的是证据材料的证明力所能达到的客观程度，这种字面上的区分在逻辑上是互通的。[2]

因而，我国司法解释并未对保函欺诈审理程序作出特殊化的规定，依然适用一审普通程序对基础合同进行审查，只不过特别规定了一种可以中止支付的保全措施以防止保函开立人的损失进一步扩大，实质的判断依然交给了一审普通程序。在一审普通程序中，保函处于冻结状态确实可以防止保函开立人损失的扩大，但过长的诉讼程序极有可能导致投资者资金链断裂。这本质上损害了见索即付保函快速担保的作用，对于我国国际投资的发展是不利的。这一问题的核心在于司法解释第20条"终止支付"的规定。

---

〔1〕《独立保函司法解释》第14条："人民法院裁定中止支付独立保函项下的款项，必须同时具备下列条件：（一）止付申请人提交的证据材料证明本规定第12条情形的存在具有高度可能性"；第20条："人民法院经审理独立保函欺诈纠纷案件，能够排除合理怀疑地认定构成独立保函欺诈，并且不存在本规定第14条第3款情形的，应当判决开立人终止支付独立保函项下被请求的款项。"

〔2〕参见阎巍：《对我国民事诉讼证明标准的再审视》，载《人民司法》（应用）2016年第31期。

（二）第20条“终止支付”之合理性探讨

1. 第20条“终止支付”性质的界定

《独立保函司法解释》第13至19条的规定均围绕“中止支付”展开，从体系解释的角度可知条文中的“止付”指的是“中止支付”而非“终止支付”。然而第20条直接规定了法院判决保函开立人终止支付保函项下款项的终局判决，且作为条件之一的“不存在本规定第14条第3款情形的”，该款规定中“裁定”“止付”表明了该款是对中止支付的规定。尽管中止支付的条件当然也可以适用于终止支付的终局判决，但难免给人以混淆之嫌。

事实上，在《独立保函司法解释》征求意见时，征求意见稿的第29条就对终局判决列明了两种不同的意见，其中第二种意见即为建议删除该条，[1] 然而最终规定出台时保留了该条文。可见，该问题确实是存在争议的。笔者认为，要论证“终止支付”的合理性，先要对终止支付的性质进行界定，个人认为这是一种合同的终止。

合同权利义务的终止，又称合同的消灭，是指由于一定的法律事实的发生，使合同所设定的债权债务关系在客观上已不再存在。[2] 考察第20条的规定是否构成独立保证合同的终止，就要考察该条的规定是否将这种独立保证合同下的权利义务终止。答案是肯定的，见索即付保函下受益人的最主要权利就是凭着保函向银行请求其支付保函项下的款项，开立人的最主要义务就是委托银行在符合单据要求的情况下支付这笔担保。现判决开立人终止支付保函项下的款项，这种终止是具有向后的终局意义的——对于受益人之后的付款请求，开立人不可再委托银行进行支付。因而，保函开立人、银行和受益人的保证合同权利义务已经终止，第20条规定的“终止支付”是一种合同的终止。

2. 第20条“终止支付”之合理性商榷

上述论证表明保函开立人终止支付独立保函项下被请求的款项是独立保证合

---

〔1〕《最高人民法院关于审理独立保函纠纷案件若干问题的规定（征求意见稿）》第29条：“人民法院通过对独立保函欺诈纠纷的审理，认定存在本规定第18条规定的情形的，应当判决担保人或反担保人终止支付保函项下被请求的款项。”

〔2〕参见马俊驹、余延满：《民法原论》（第4版），法律出版社2005年版，第603页。

同的保函受益人权利终止的情形，笔者认为是一种将独立保证合同终止的规定。[1]《中华人民共和国合同法》（以下简称《合同法》）第91条规定了合同终止的情形[2]，《独立保函司法解释》第12条第（4）项前半段规定的："受益人确认基础交易债务已得到完全履行"可以用《合同法》第91条第（1）项进行解释，此时基础合同已经履行完毕，债务已经按照约定履行，保函项下的担保额为零，故独立保证合同终止。但是第12条[3]其他的几项规定则存有疑问，例如"（一）受益人与保函申请人或其他人串通，虚构基础交易的"，一方面，完全可以用《合同法》第52条规定的恶意串通损害第三人利益使基础交易合同无效，又因为保函欺诈是保函独立性原则的例外，此时要突破保函独立性认定从合同（独立保证合同）亦无效；另一方面，该条难以用合同解除的第（1）到第（6）项的情形解释。关于独立保函欺诈的性质，学界存在两种不同的观点，一种观点认为是在保证合同中的欺诈，另外一种观点认为是在基础法律关系中的欺诈，实际上是一种侵权行为。[4] 按第一种观点，欺诈系保证合同中受益人不当行使请求权，此时保证人和开立人应当行使抗辩[5]，这种抗辩是请求银行拒绝支付或请求法院判决拒绝支付，这也是欺诈突破保函独立性原则的体现，但这种抗辩不包括终止合同的权利；按第二种观点，合同一方的侵权行为又怎会导致合

---

〔1〕 实际上，由于学界对保函欺诈究竟属于侵权行为还是合同中的不当履行行为依然有争议，就合同中的不当履行行为，也有人持非终止而是撤销的观点："终止支付"仅仅是描述性语言，即开立人不再需要支付，并不代表"合同终止"，可能是法院撤销了受欺诈而订立的合同，这样在撤销之后，合同溯及无效，开立人自然不用履行义务。笔者忠于文义以及为了突出"终止"和"中止"的区别还是将之解释为一种合同的终止，也欢迎后续进一步探讨，以作抛砖引玉之用。

〔2〕《合同法》第91条：有下列情形之一的，合同的权利义务终止：①债务已经按照约定履行；②合同解除；③债务相互抵销；④债务人依法将标的物提存；⑤债权人免除债务；⑥债权债务同归于一人；⑦法律规定或者当事人约定终止的其他情形。

〔3〕《独立保函司法解释》第12条：具有下列情形之一的，人民法院应当认定构成独立保函欺诈：①受益人与保函申请人或其他人串通，虚构基础交易的；②受益人提交的第三方单据系伪造或内容虚假的；③法院判决或仲裁裁决认定基础交易债务人没有付款或赔偿责任的；④受益人确认基础交易债务已得到完全履行或者确认独立保函载明的付款到期事件并未发生的；⑤受益人明知其没有付款请求权仍滥用该权利的其他情形。

〔4〕 Nelson Enonschong, The Independence Principles of Letters of Credit and Demand Guarantees 71 (2011).

〔5〕 需要声明的是，这种抗辩并非传统大陆法系民法理论的抗辩权，更准确来讲，这是一种拒绝付款的"抗辩"。这种抗辩只是一种"暂时的"，由于申请付款的请求具有欺诈情形，银行出于自身权益的考虑而拒绝付款的"抗辩"，本节中下文的"抗辩"意义相同。

同的终止呢？因而，因欺诈导致保函受益人权利终止，只能解释为法律规定的其他情形。笔者揣测是司法解释在规定时认为我国投资市场乱象较多，对见索即付保函欺诈问题进行首次规定时需要一种严格的监管。“一带一路”背景下，我国“走出去”的企业较多，一般会作为保函的开立方，为了防止保函受益人的欺诈导致银行被“掏空”、损害我国企业利益等一系列不良后果，司法解释对欺诈规定了受益人权利终止这一十分严格的惩罚规定。这是一种在金融领域从公权力（司法审判权）角度对受益人欺诈的干预，甚至欲起到震慑作用。

问题在于，司法解释第11条〔1〕规定了权利义务终止的情形。第12条规定的欺诈与之确实存在重合，例如第12条第（3）项、第（4）项前半段都是独立保函的金额已减额至零的情形，只不过第12条规定的是受益人明知这种情形依旧索赔就构成保函欺诈，但对这种欺诈的结果也就是使得独立保证合同终止，根本起不到惩罚、震慑的作用。〔2〕真正能起到惩罚、震慑作用结果的也只有第（2）项受益人伪造单据的情形，司法解释告诫受益人伪造单据将导致索赔请求权消灭、独立保证合同终止的严重后果，须“三思而后行”。

征诸外立法及判例，对于保函欺诈的抗辩机制，无论是法院对银行还是对受益人开出的临时禁令，这种禁令都是一种中间性禁令。中间性禁令并不旨在保护已经确立的权利，而是保护诉讼当事人不会因法律救济的延迟而失去其通过诉讼实现的成果。〔3〕对于受益人欺诈的惩罚，国外仅规定了受益人违反中间性禁令

---

〔1〕《独立保函司法解释》第11条：独立保函具有下列情形之一，当事人主张独立保函权利义务终止的，人民法院应予支持：①独立保函载明的到期日或到期事件届至，受益人未提交符合独立保函要求的单据；②独立保函项下的应付款项已经全部支付；③独立保函的金额已减额至零；④开立人收到受益人出具的免除独立保函项下付款义务的文件；⑤法律规定或者当事人约定终止的其他情形。独立保函具有前款权利义务终止的情形，受益人以其持有独立保函文本为由主张享有付款请求权的，人民法院不予支持。

〔2〕笔者在此作一定解释，作为私法规范的《合同法》，因意思自治原则的贯彻，一定少有惩罚、震慑的作用（典型的惩罚、震慑作用的例子为《最高人民法院关于审理商品房买卖合同纠纷案件适用法律若干问题的解释》第8、9条关于惩罚性赔偿的规定）。《独立保函司法解释》就基础的交易、保证关系而言其是民商法规范，而保函欺诈涉及国家金融稳定的考量（尤其在一带一路对外投资下，融资担保金额较大，如果遭遇欺诈问题很有可能导致整个银行资金周转稳定性），体现出金融法、甚至行政法的色彩。又由于对外投资的关系，必然会有国际私法法律适用、管辖、判决和仲裁的执行问题。其综合的特点导致了很难用传统的民法理论去解释（事实上，独立保函是商人意思自治、风险自担创造出的一种融资担保产品，规则上体现出了较多的商事惯例成文法的色彩）。尽管合同关系或侵权关系都有损害赔偿，但是由于国际融资担保这种高风险金融担保行为很有可能影响整个银行的资金正常流转，甚至影响整个国家的金融稳定，因此必须寻求公法规范来进行震慑。

〔3〕参见李燕：《独立担保法律制度》，中国检察出版社2004年版，第174页。

的惩罚，德国法规定了受益人可被判罚最高50万马克的罚金，而英国则规定受益人会因蔑视法庭被判罚金或监禁，[1] 但没有欺诈后导致受益人索赔权利就此终止的规定。

因而，第20条"终止支付"的规定不具有合理性。本文认为司法解释规定时的意图是：若确实存在保函欺诈情形，应当判决支持开立人拒绝支付独立保函项下被请求的款项。但考虑到"拒绝"一词与"中止"区别不大，且拒绝是一种抗辩而非终局裁决，故采用了"终止"一词，但"终止"一词将此规定变为独立保证合同的终止是存在问题的。

（三）问题的根源：司法解释中"主观故意"要件之检讨

1. 保函欺诈需要有"主观故意"

保函欺诈法律制度存在诸多问题，根源在于第12条对保函欺诈认定的规定。检讨之，最大的问题在于我国司法解释规定保函欺诈的构成要件需要受益人主观上的故意。

事实上，在《独立保函司法解释》征求意见时，学界对于认定见索即付保函欺诈在构成上是否需要受益人的主观故意就存在着争议。有学者认为："就欺诈行为的构成要件而言，民法上不但要求存在欺诈行为，还要求当事人具有欺诈的主观故意，但对于坚持客观主义理念的商事立法而言，独立担保项下的欺诈并不强调主观上的故意。这样的解释态度非常具有国际性和前瞻性。"[2] 有学者认为，"《独立保函司法解释》毕竟不是法律，尚不能与上位法关于欺诈构成的既有规则相冲突。而在《民法通则》和《合同法》之下，欺诈本以行为人故意为其构成要件，该司法解释是否改变了上述法律关于欺诈构成的规定，尚存疑问。"[3] 也有学者认为："在不区分欺诈和权利滥用的情形下，可以采用滥用权利的客观标准，只要举证证明债权人存在违反诚信义务、滥用索赔权的法定情形即可……不需要达到排除合理怀疑的举证高度，亦无需举证证明欺诈人主观上有

---

〔1〕 *See* Werner Blau&Joachim Jedzig, Bank Guarantees to Pay upon First Written Demand in German Courts, 23 *Int'l L.* 725, 736 (1989).

〔2〕 刘斌：《独立担保欺诈例外的类型化——兼评我国独立保函司法解释征求意见稿》，载《比较法研究》2014年第5期。

〔3〕 高圣平、何颖来：《论独立保证中保证人的权利保护体系——兼评独立保函司法解释征求意见稿》，载《社会科学》2016年第4期。

欺诈的故意。"[1]

针对这一争论，笔者认为《独立保函司法解释》生效后，确立了我国法院认定保函欺诈在构成要件上需要主观故意这一标准。其理由在于：尽管司法解释并未直接明文规定欺诈需要有主观上的故意，但司法解释第12条第（5）项这一兜底条款中的"受益人明知……仍滥用……"的措辞事实上就表明了构成保函欺诈需要有受益人主观上的故意，这种欺诈的故意是一种明知自己没有索赔的权利依然索赔的故意。根据法律解释的一般方法，兜底条款与前面所列举的条款应该进行同类解释，条文之间的性质、特征应一致。因此，《独立保函司法解释》第12条所列举的认定保函的情形在构成要件上都需要受益人有明知不可索赔而前往银行进行索赔的故意。

2. "主观故意"要求之合理性商榷

从理论上来说，保证合同是以从合同为原则，独立保函为例外，保函欺诈为例外之例外，即保证人在受益人欺诈时可以行使基础合同的抗辩权进行抗辩。这种"例外之例外"体现在保证人突破保函独立性，将受益人在基础合同中的相对方即保函开立人加入进来就基础合同履行情况进行说明并行使相应的抗辩权。尽管就实然法的规定而言，欺诈在认定上确实需要主观的故意，[2] 但这种故意与保函的独立性、单据化特征相矛盾。可能有人会说，发生欺诈风险时保函独立性是第二位的，更值得保护的是交易的安全以及银行的金融秩序。但依然存在这样一种可能，受益人并非是故意提起欺诈索赔，开立人提供了一定数量的担保向法院要求中止支付，但该担保依然不足以保证融资的进一步开展。法院耗时耗力通过对基础合同的审查最终判决受益人主观上不存在故意，只不过其不满足索赔的条件，未来满足条件依然可以请求银行支付。然而，耗费过多的时间成本进行诉讼已经使得工程项目难以进行，独立保证合同纠纷影响到了基础合同的履行，与独立担保制度的初衷相违背。

《独立保函司法解释》第12条的规定明显参考了《美国统一商法典》《联合

---

[1] 付荣、麻锦亮：《独立保函若干问题研究》，载《判解研究》2014年第4辑，人民法院出版社2015年版，第68-69页。

[2] 《最高人民法院关于贯彻执行〈中华人民共和国民法通则〉若干问题的意见》第68条规定：一方当事人故意告知对方虚假情况，或者故意隐瞒真实情况，诱使对方当事人作出错误意思表示的，可以认定为欺诈行为。

国独立担保和备用信用证公约》等规定,[1] 也参照了《最高人民法院关于审理信用证纠纷案件若干问题的规定》的相关规则。[2] 但这些规定主要是围绕信用证进行规定的，尽管实践操作中两者步骤相似，且信用证起初就是美国银行为了规避法律规定银行不能为他人提供担保的产物，一开始带有担保的功能。但如今信用证和独立担保是两种完全不同的制度，归根到底，信用证是一种国际支付手段，而独立保函是一种国际融资担保手段。独立担保制度的最大价值就在于防范从属性担保发生纠纷后旷日持久的诉讼导致基础合同项下标的物价值降低的风险，达到快速担保以便于国际投资的进一步开展。《独立保函司法解释》第6条[3]肯定了独立保函审单时的表面相符原则，其第2款的规定不是在欺诈认定过程中否定了表面相符原则，而是由于欺诈是独立保函独立性之例外，赋予开立人行使基础合同的抗辩。无论是欺诈纠纷还是其他纠纷，均不能以此根本上突破保函独立性的价值。不能因为独立保函可能会受到欺诈的风险，就从根本上否定独立保函独立性、单据化的特征以及它所带来的快速担保的制度价值。英国的Kerr法官将独立保函视为国际商业生命的血液，法院应尽可能促进其流通而非堵塞。只有在证据确凿的少数情况下法院才进行干涉，受到欺诈亦是使用独立保函本身需要考虑到的风险[4]，即如果保函开立人担心遭受欺诈，其完全可以选择从属性保证进行规避。既然开立人选择了独立保函以促成投资，其也要为此承担可能受到欺诈的风险。

尽管大陆法系国家以成文法为原则，但是对独立保函欺诈的相关规定则散见于各个判例之中。德国判例指出保函欺诈案件，应当由主张存在欺诈的人提交证据，并且证据是明显且没有疑问的，“显然有一种欺诈事项”的存在，但这种证明是客观的证明，不需要证明主观上存在故意。[5] 而法国法院重点在基础合同

---

〔1〕 刘斌：《独立担保欺诈例外的类型化——兼评我国独立保函司法解释征求意见稿》，载《比较法研究》2014年第5期。

〔2〕 高圣平、何颖来：《论独立保证中保证人的权利保护体系——兼评独立保函司法解释征求意见稿》，载《社会科学》2016年第4期。

〔3〕《独立保函司法解释》第6条：受益人提交的单据与独立保函条款之间、单据与单据之间表面相符，受益人请求开立人依据独立保函承担付款责任的，人民法院应予支持。开立人以基础交易关系或独立保函申请关系对付款义务提出抗辩的，人民法院不予支持，但有本规定第12条情形的除外。

〔4〕 *See* R. D. Harbottle (Mercantile) Ltd v. National Westminster Bank [1978] Q. B. 146 per Kerr J.

〔5〕 陆璐：《保函欺诈例外：一例国际商事规则的中国式创新诠释》，载《河南师范大学学报》（哲学社会科学版）2018年第1期；李燕：《独立担保法律制度》，中国检察出版社2004年版，第175页。

的审查，证据应当来自受益人提供的相关信息或者来自于独立第三方。这种独立于第三方的信息也强调明显、客观，一切都为快速解决争议服务。[1]

商事交易以客观性为原则，讲究效率优先。然而，我国对保函欺诈认定上要求有主观上的故意，就给司法认定带来了困难。法院不得不审查基础合同，这与独立保函独立性、单据化的特征相违背，无法最大程度地发挥独立保证制度的价值。笔者赞同付荣、麻锦亮老师的观点，即采用滥用权利的客观标准，无须证明欺诈人主观上有欺诈的故意。

3. 受益人的不当索赔因"主观故意"要件受损

受益人的不当索赔包括两种情况：其一，受益人提呈的据以索赔的文件不合格；其二，提呈的文件虽然合格，但证据显示：基础合同违反公共秩序；受益人索赔系明显欺诈；滥用法律。[2] 通说观点认为区分受益人欺诈和滥用法律是不现实且存在困难的。[3] 因而第二种情况可以笼统地认为需要受益人主观上存在欺诈故意的不当索赔，其与前者的区别在于前者受益人主观上并无欺诈的故意，只是向银行索赔的单据不符合"单单相符"的标准。此时银行可以直接拒付，但在拿捏不准交由人民法院进行裁判时，人民法院也可能根据需要对基础合同进行审查、判断受益人主观上是否存在故意。且从结果的角度前已证成，就《独立保函司法解释》的规定而言，非欺诈下的不当索赔与欺诈的结果差异是欺诈将导致受益人索赔权利的终止，而这种终止的合理性存在问题，实质上仍然是一种拒付。那么，区分欺诈与非欺诈下受益人的不当索赔的意义就付之阙如。既然区分两者没有意义，为何还要区分主观上存在故意的欺诈和客观上的不当索赔呢？这也从一个角度说明第 12 条认定欺诈需要主观上存在故意的规定并没有同其他规定进行匹配，反而使得案件审理费时费力，存在问题。

（四）问题的后果：不利于我国对外投资的开展

在前述 6 个案件中，法院判决止付的比例高达 50%，尽管该数据存在着样本

---

〔1〕 陆璐：《保函欺诈例外：一例国际商事规则的中国式创新诠释》，载《河南师范大学学报》（哲学社会科学版）2018 年第 1 期。李燕：《独立担保法律制度》，中国检察出版社 2004 年版，第 178 页。

〔2〕 彭锡华：《见索即付保函若干法律问题研究》，载《理论月刊》2001 年第 11 期。

〔3〕 李燕：《独立担保法律制度》，中国检察出版社 2004 年版，第 180-183 页；刘应民、张亮：《独立担保法律制度研究——以见索即付保函与备用信用证为视角》，中国社会科学出版社 2017 年版，第 196-197 页。

数量不足的缺陷，但也从一定程度上说明了法院在适用《独立保函司法解释》时较易认定存在保函欺诈的情况。一次欺诈的认定就是一次对独立保函制度价值的损害，法院在认定时应当持谨慎态度。在“一带一路”战略部署下，我国企业对外投资必然加大。在这种趋势下，融资担保法律制度若不能发挥应有的制度价值促进我国对外投资的开展，将是一种遗憾。

正是在这种背景下，《独立保函司法解释》应运而生。然而，面对独立保函欺诈问题，我国司法解释意图保护我国“走出去”的企业避免被欺诈的风险，赋予法院以基础合同的审查权考察受益人主观状态欲以还原事实真相，对欺诈人规定了终止行使索赔权这一十分严格的“惩罚措施”，意图找到独立保函独立性这把双刃剑的平衡点——既充分发挥独立担保快速担保的优越性促进投资，又避免我国企业在对外融资担保中因受益人欺诈而受到损失。但事实上前文已论证，这种审查在没有特殊化的程序配套下，只会导致保函欺诈纠纷更加耗时耗力，难以发挥独立保函本身的作用。在“一带一路”的背景下，这对我国对外贸易发展是非常不利的。我国企业在“走出去”过程中花费了大量的金钱与时间，如果最终因为保证合同影响到了基础合同的履行甚至项目失败，是得不偿失的。过多的止付令也将损害到我国银行的信誉，不利于我国银行融资业务的开展。

三、结论

综上所述，尽管欺诈是见索即付保函独立性原则之例外，但这种例外指的是在欺诈下保函开立人可以行使基础合同中的抗辩，不能因为存在欺诈的风险就从根本上否定保函独立性的制度价值。为了更好地发挥独立保函在“一带一路”战略下对我国企业对外投资的作用，在欺诈的认定标准上不应要求证明受益人主观上存在欺诈之故意，通过单据证明债权人存在违反诚信义务、滥用索赔权的法定情形即可。同时，诉讼程序也应当简化，适用一审普通程序审理保函欺诈纠纷案件将导致诉讼过程冗长，独立保函快速担保的功能将付之东流。《独立保函司法解释》第 21 条第 2 款反映了最高人民法院在制定该司法解释时考虑过为保函欺诈纠纷设置一种特殊的审判程序，这是值得肯定的。应当为保函欺诈纠纷设置特殊的审判程序，程序设计上充分考虑独立保函的功能，客观化证据要求，缩短审限，力求将欺诈纠纷对独立保函的担保功能的损害降到最低。另外，司法解释第 20 条“终止支付”的措辞应当再商榷，是否有必要对欺诈纠纷案件设置终局判决，笔者持怀疑态度。

在没有司法解释的长期时间里，各地法院在保函欺诈纠纷上根据自己对欺诈的认知进行审判；在司法解释出台后依然有法院对欺诈的认定标准捉摸不透。最高人民法院应当进一步颁布一批指导案例，以帮助各级法院更好地把握对欺诈的认定以及相关证据标准、审判程序。考虑到司法解释整体比较简略，也难以在其中细致规定审判标准。那么，指导案例就可以发挥说理性强的优势，使得各级法院从一批指导案例中总结出具体的规律；充分发挥其针对性强、易于把握的特点，可以在“从抽象到具体”的法律适用中，增加一个“从具体到具体”的参照。[1] 即便是大陆法系国家，诸如德国、法国，对保函欺诈的认定标准也散见于各个判例之中，通过较长时间的判例总结出了一套适合该国司法实践的认定标准。事实上，独立保函背后有一个更为深远的问题：即如何把商事惯例引入成文法规范之中。国际商事惯例因其自身的实用性和专业性，在国际商事领域有着极为广泛的应用。独立保函也不例外，事实上，URDG 就是国际商会对普遍适用性的国际商事惯例汇编而成的成文性文件。[2] 惯例或者判例强调个案衡平，而成文法规范强调的是统一的、普遍的适用。笔者认为，既然目前我国法院适用《独立保函司法解释》是存在一定压力的，不如继续发挥惯例、判例的作用，以案说法，强调指导案例的说理性，将惯例以判例的方式固定下来，待到时机成熟之后再转化成成文法规范。

在指导案例中，应加强对认证层面的说理性，结合证据对是否存在欺诈进行严格界定。保函欺诈最本质的特点在于对基础交易的当事人合法利益、交易目的的实现都有着实质性的影响，影响合同根本目的的实现。[3] 通过认证层面的说理，总结在我国《独立保函司法解释》出台前司法实践中好的经验，也可以使得各级法院更好地理解该司法解释。

总之，我国见索即付保函欺诈法律制度应当充分考虑我国加大对外投资的现实，以保函的独立性为原则，充分发挥独立保函的功能和优势，为“一带一路”

---

〔1〕 周强：《充分发挥案例指导作用促进法律统一正确实施》，载《人民法院报》2015 年 1 月 4 日。

〔2〕 参见刘瑛、孙冰：《从〈独立保函司法解释〉看中国国际商事惯例适用规则的发展》，载《国际贸易法论丛》2018 年第 8 期。

〔3〕 参见陈晓云：《基于中国实践的独立保函欺诈例外研究》，东南大学 2016 年硕士学位论文，第 29 页。

建设服务。一方面，做好风险防范；另一方面，也要加强国际合作，力求实现互利共赢。

（初审：袁炜娜）

PPP 项目政府担保之必要性与路径选择

王艺玶*

内容提要：实践中，政府担保对解决 PPP 项目面临的融资难具有重要意义。然而，由于政府担保与现行法律规定相冲突，且担保本身也易产生道德风险、财政风险，导致理论研究就政府担保的必要性以及担保的具体类型存在争议。从政府担保在保障社会资本方参与的积极作用看，政府有必要对 PPP 项目提供担保，但在政府担保的适用类型上应进行斟酌选择，直接担保违反法律规定，风险防范难度较大，不宜作为政府担保方式；间接担保在吸引投资方投融资方面具有局限性，同样也不宜作为政府担保的方式；而使用量担保不属于“负面清单”中规定的内容，且可能存在的道德风险可以通过合理确定担保的使用量的方式予以防范，因此，使用量担保的方式是实现政府担保的最佳路径。

关键词：PPP 项目　政府担保风险　使用量担保

一、问题的提出

我国政府与社会资本合作模式（以下简称“PPP 模式”）正处于蓬勃发展阶段，但是 PPP 项目的落地率〔1〕依然较低，已落地项目数仅占管理库项目总数

---

* 王艺玶，中央财经大学法学院 2017 级法学硕士研究生。

〔1〕 PPP 项目的落地率是指执行阶段项目数与准备、采购、执行等三个阶段项目数总和的比值。参见财政部政府与社会资本合作中心：《全国 PPP 综合信息平台及项目库热点问题解答》，载 http://www.cpppc.org/zh/ppphytz/3147.jhtml，最后访问日期：2018 年 12 月 7 日。

的 49.3%[1]。其中，项目融资困难成为主要原因，以成都市路桥工程股份有限公司（以下简称“成都路桥公司”）案为例。2017 年 8 月成都路桥公司及其全资子公司四川宜威高速公路有限公司因项目融资发生困难，自动放弃了总投资为 80 亿元的四川宜威高速公路项目，与宜宾市政府解除《宜威高速项目投资协议》，并承担 500 万元的违约金。PPP 项目协议的解除给社会资本方带来了损失，也致使政府公共设施建设项目落空，政府前期准备也付之东流。PPP 项目的落空，无论是对政府抑或对社会资本方而言都是巨大损失。因此，PPP 项目融资难问题的有效解决对实现政府与社会资本方互利共赢具有重要意义。现阶段，PPP 项目主要通过向银行等金融机构贷款等方式融资，而采取这种间接融资方式的原因在于现阶段我国缺乏完善的直接融资体系。在此种情形下，由政府提供担保有利于社会资本方融资，为项目的成功实施增信。Gilberto 提出：“政府担保是用来减少或消除那些影响私人部门参与公共基础设施项目融资、建设、运营和维护积极性风险因素的有效途径。”[2] 政府担保在极大程度上决定了 PPP 项目是否能够顺利有效完成。

然而，2017 年以来，PPP 进入理性规范的一年，党中央、国务院将防范和化解重大风险放在了重要的位置；国务院各部门也进一步规范地方政府的举债融资行为。依据我国现行《担保法》和部门规章的相关规定，政府提供担保可能存在违法性风险。政府因提供担保而承担的或有债务有可能演变为显性债务，用纳税人的钱提供担保还具有较大的财政风险。[3] 此外，政府担保的适用还可能引发道德风险，可能诱发项目公司选择危险项目策略，不利于 PPP 项目的有效完成。

政府担保的必要性与政府担保的现存问题之间的矛盾，致使理论研究中就公共部门在 PPP 项目中是否应该提供担保，以及提供担保的具体类型争议不断。本文试图通过对政府担保必要性的分析，为 PPP 项目中的政府担保提供合理性

---

〔1〕 参见财政部政府与社会资本合作中心：《全国 PPP 综合信息平台项目管理库 2018 年三季度报》，载 http://www.cpppc.org/zh/pppjb/7450.jhtml，最后访问日期：2018 年 12 月 3 日。

〔2〕 Gilberto M. L., Ma CGS. Government Guarantees in Infrastructure Projects: A Second, Third Look at the Policy, 11 *PHI D. S.* 1, 9 (1997)，转引自王乐等：《论政府担保在基础项目 PPP 融资模式中的金融支持作用》，载《科学管理研究》2008 年第 3 期。

〔3〕 *See* Nestor M. Davidson, Values and Value Creation in Public-private Transactions, 94 *Iowa L. Rev.* 937, 937 (2009).

基础；通过对政府担保面临的诸多问题的梳理，为进一步明确政府担保具体类型奠基；通过对政府担保现有三种模式的风险分析，以找寻在政府提供担保的前提下风险最小的解决方案。

二、政府担保的必要性分析

对于政府担保必要性的分析应建立在现实需求的基础之上。实现政府与社会资本的合作，需要以社会资本方的积极参与为前提。在保证社会资本方积极参与的同时，还应解决 PPP 项目的融资问题，以促进项目的成功落地。通过政府提供担保的方式，由政府针对投资者无法通过市场行为应对的诸多风险提供担保[1]，一方面能够吸引社会资本方参与 PPP 项目建设，另一方面能够为金融机构向社会资本方提供贷款增强信心。政府担保在保障社会资本方积极参与，解决 PPP 项目融资难题方面具有举足轻重的作用，无论是对社会资本方投资而言，还是对金融机构提供贷款而言均具有重要的意义。

（一）政府担保对社会资本方投资的重要意义

PPP 项目按照全生命周期可以分为识别、准备、采购、执行和移交五个阶段[2]，由此可见，PPP 项目具有长周期性的特点。周期性较长伴随而来的就有不确定因素多等问题，因此 PPP 项目运行过程中面临的风险较多。

社会资本方参与 PPP 项目建设的目的在于实现自身经济利益，这源于社会资本方的逐利性。PPP 项目打破了政府与社会资本方在基础设施建设方面的界限，为社会资本方提供分享基础设施建设收益的机会。在政府与社会资本合作的过程中，社会资本方运用其自身在项目管理、技术革新、市场风险防范方面的优势，还可以在项目开展过程中进一步获益。成都路桥公司在与宜宾市人民政府签订了一系列合同后，就在其官网发布公告称："此合同金额约占公司 2013 年年度经审计营业收入的 192%。根据项目的推进情况，预计将对公司本年度及以后年

---

〔1〕 参见王乐等：《论政府担保在基础项目 PPP 融资模式中的金融支持作用》，载《科学管理研究》2008 年第 3 期。

〔2〕 参见姚明来等：《基于全生命周期理论的公共基础设施 PPP 项目风险动态评价》，载《工程管理学报》2017 年第 4 期。

度经营业绩产生积极影响。”[1] 足见，PPP 项目对社会资本方而言是有利可图的。然而，实践中 PPP 项目具有的风险性仍然会使得社会资本方产生较大的风险顾虑，对项目建设望而却步。

由于 PPP 项目特许经营期限较长，特许权协议中对未来可能发生的事项并不能做出准确的预判，协议本身具有不完全性的特点。[2] 而协议自身的不完全性会导致，在履约的过程中，社会资本方需要在出现了协议中未作约定或者约定不明确的情形时，再次与政府进行谈判，以进一步明确在特定情形下的权利义务关系问题。而在再谈判的过程中，对社会资本方投资 PPP 项目的预期收益产生影响的不确定因素仍有很多，例如市场变化的商业风险、政府换届的政治风险等都会对预期收益产生不可预见的影响，致使项目的盈利缺乏稳定性，而这会增加社会资本方承担的风险。在 PPP 项目长周期性运营的过程中，社会资本方将面临较大的预期收益变动风险。而通过采用政府担保的形式，能够有效地降低预期收益变动风险。以政府对基础设施的使用量担保为例，政府对使用量的担保实际上是对 PPP 项目完成后使用量差额的保证，在未达约定的使用量时由政府予以补贴，可以有效地降低因 PPP 项目的长周期性带来的预期收益变动的风险。

从本质来看，PPP 项目属于准公共产品的公私合作；从其目的来看，PPP 模式的广泛适用是为了减少政府债务，通过公共部门与私人部门的通力合作，完成基础设施建设。吸引社会资本方的参与是 PPP 项目成功的前提，但如果私主体在项目建设中无利可图，则难以调动社会资本方参与 PPP 项目建设的积极性。对预期收益产生较大影响的因素既有商业风险又有政治风险，这些风险都是公私主体在订立合同时所难以预见的，也是公私主体所不能控制的。预期收益变动风险的有效控制只能由政府以政府担保的形式提供助力。

（二）政府担保对金融机构提供贷款的重要意义

理论研究中虽然已有学者提出了通过资产证券化的方式解决 PPP 项目的融资难题，但是该种融资模式仍然存在着“PPP 项目与资产证券化的期限难以匹

---

〔1〕 成都市路桥工程股份有限公司：《成都市路桥工程股份有限公司重大合同公告》，载 http://www.cdlq.com/news/561.shtml，最后访问日期：2018 年 6 月 18 日。

〔2〕 参见张禄等：《PPP 项目政府担保对项目效率影响研究》，载《中国管理科学》2017 年第 8 期。

配、未实现真正的破产隔离、资产证券化产品流通性不畅、增信主体单一、法律支撑体系不完善”[1] 等诸多问题。对于前述问题的解决尚处于积极的探索阶段。所以，目前绝大多数 PPP 项目首选的融资渠道仍是通过金融机构进行融资。其原因在于，金融机构提供的贷款额度大、期限长、信用好、资金到位及时。[2]

如前文所述，我国 PPP 项目融资主要采用向金融机构贷款的间接融资方式，促使金融机构提供贷款对 PPP 项目融资难题的解决具有重要意义。然而，现阶段金融机构对于向社会资本方放贷存有较大的顾虑。

国务院于 2015 年对固定资产投资项目资本金制度进行调整和完善，将各行业固定资产投资项目的最低资本金比例的最小值定为 20%。[3] 这也就意味着，PPP 项目资金中至少由社会资本方承担 20%的资本金，其余 80%的部分需通过向金融机构贷款等方式获取。PPP 项目多涉及能源、交通运输、市政工程等领域，项目投资额较大，金融机构往往需要在 PPP 项目中承担较重的资金提供责任。[4] 此外，项目公司往往以 PPP 项目建成后的收益作为偿还贷款的来源，致使债务清偿与否往往与 PPP 项目的收益情况挂钩。在无担保的情况下，由于 PPP 项目贷款数额较大，承担有限责任的项目公司一旦破产，其股东不承担或只承担有限的还债义务，[5] 金融机构将因此遭受重大损失。而由于项目长周期性的特点，PPP 项目贷款的贷款期限较长，发生坏账的风险也要高于贷款期限短的情形。所以，PPP 项目的高贷款额度、无担保贷款、长贷款期限皆会致使金融机构承担较大的坏账风险。

金融机构经营讲求安全性、流动性、收益性的平衡，坏账风险较高将不利于金融机构积极放贷。而在政府以财政提供担保的前提下，则能够有效解决上述问题。首先，政府的参与能够实现对社会资本方的成功增信，满足金融机构对社会资本方贷款高额度、长期限而产生的较高征信要求；其次，政府的参与打破债务

---

〔1〕 颜晓燕、董芳颖：《我国 PPP 项目资产证券化融资问题及对策研究》，载《南昌大学学报》（人文社会科学版）2018 年第 5 期。

〔2〕 参见柳正权等编：《公私合营模式（PPP）理论与实务》，武汉大学出版社 2016 年版，第 224 页。

〔3〕 参见《国务院关于调整和完善固定资产投资项目资本金制度的通知》，国发〔2015〕51 号，2015 年 9 月 9 日。

〔4〕 以成都路桥公司案为例，该项目预计总投资额约 82 亿元，按照国务院的相关规定，可能近 66 亿元需要通过金融机构贷款的方式实现。

〔5〕 参见张禄等：《PPP 项目政府担保对项目效率影响研究》，载《中国管理科学》2017 年第 8 期。

清偿与收益挂钩的单一格局，为金融机构及时收回贷款提供保障；最后，政府的担保往往以项目的实际有效建成为前提，政府参与能够督促社会资本方按照合同约定完成相关项目建设，最终有效降低金融机构的坏账风险，为金融机构打一针强心剂，为金融机构的积极放贷提供助力。此外，政府对社会资本方的成功增信也有利于提高金融机构资金的流动性。保持适度的流动性是金融机构流动性管理追求的目标，政府的成功增信有利于提高社会资本方的信誉度，为金融机构债权的有效实现提供保障，从而方便金融机构盘活资产存量，将欠流通性的贷款有效转变为可流通的资本市场的证券，提高资金的流动性，实现安全性、收益性、流动性的三性平衡，进一步促进金融机构积极放贷。

诚然，增加金融机构收回贷款的可能性并非只能通过政府担保的方式予以实现，设定抵押、质押、由第三人提供担保的方式也是可以尝试的路径。但是，如前文所述，PPP 项目贷款额度较大，如果仅单独采用设定抵押的方式，金融机构在社会资本方不履行债务时以其提供的抵押物折价、拍卖、变卖所得价款优先受偿。在此种情形下，为保证债权的有效实现，金融机构往往按照一定的抵押率要求借款人提供价值高于贷款额度的抵押物。由于 PPP 项目的贷款额度较大，由项目公司提供相应的抵押物显然是不现实的。仅采用质押的模式也存在同样的问题。如果仅采用第三人提供担保的方式，若由第三人提供物保，则面临与抵押贷款一样的困境；若由自然人提供人保，以个人之力承担对 PPP 项目贷款金额还本付息的保证责任，金融机构所要承担的风险并不会降低，此种方式显然也是不现实的。

因此，上述三种方式在 PPP 模式下都缺乏适用可行性，唯有政府担保能够以政府信誉为项目公司成功增信，有效降低金融机构的坏账风险，提高金融机构资金的流动性，为金融机构积极放贷提供助力。政府担保对金融机构提供贷款具有重要意义，进而能够有效降低 PPP 项目的融资风险。

（三）政府担保对公共利益实现的重要意义

市场失灵是政府为 PPP 项目提供担保的主要原因。[1] 公众对待公共物品或

〔1〕 *See* Gilberto M. L., Managing Government Guarantees and Contingent Liabilities, 17 *PHI D. S.* 1, 3 (2000)，转引自王乐等：《论政府担保在基础项目 PPP 融资模式中的金融支持作用》，载《科学管理研究》2008 年第 3 期。

服务往往存在搭便车的心理，因此在市场失灵的前提下，往往会出现公共产品供给不足的情况，此种情形下，则需要由政府以财政为基础提供公共产品予以支持，但政府干预有时也会因为自然人的有限性而出现政府失灵的情况。

政府担保不同于政府干预，可以使政府在不需要立即发生支出的前提下，引入社会资本建设运营基础设施，“充分发挥社会资本的专业技能和创新进取精神”[1]，有效地避免公共部门的无效率运转[2]。此外，PPP 项目内容多为与公共利益息息相关的公共设施的建设，例如生态、水利等基础设施建设。这些建设项目与民众日常生活密切相关，一旦项目中断或中止将会导致社会公共利益的较大损失。如前文所述，政府担保对社会资本投资及金融机构提供贷款均具有重要意义。政府担保能够有效降低银行承担的风险，激励银行在 PPP 项目建设过程中持续为项目提供贷款，从而保证 PPP 项目提供基础设施服务的稳定性。政府担保对投融资的保障有利于 PPP 项目的顺利进行，有效防止 PPP 项目因费用问题而中止或中断。

政府担保既有利于社会资本建设运营经验的吸收，同时也对避免公共部门的无效率运转具有重要意义。在政府担保下最终会实现公共利益与私人利益的双赢。政府担保能够防范 PPP 项目因费用风险而导致的中止或中断，有效减少对公共利益的损害。

三、政府担保现存风险分析

政府提供担保对激励社会资本方投资、鼓励金融机构提供贷款、促进公共利益的实现等方面均具有重要意义。然而，政府担保也存有较多的弊端。政府提供担保可能与现行政策法规相违背，政府担保也易使政府承担较重的财政风险，可能使政府承担经营等应由社会资本方管控的风险，甚至可能诱发社会资本方选择危险性较大的项目策略。本文试图通过对 PPP 项目中政府担保现存问题的分析，明确政府担保可能面对的诸多风险，以期为下文的模式选择奠定基础。

---

〔1〕［新西兰］蒂莫西·欧文：《基础设施 PPP 项目政府风险担保：分配与估值》，财政部政府和社会资本合作中心编译，中国商务出版社 2016 年版，第 1 页。

〔2〕参见［新西兰］蒂莫西·欧文：《基础设施 PPP 项目政府风险担保：分配与估值》，财政部政府和社会资本合作中心编译，中国商务出版社 2016 年版，第 1 页。

（一）违法风险

政府提供担保可能与我国现行规范性法律文件及政策相违背，政府担保的合法性缺乏法律保障。[1] 现阶段，政府提供担保存在违法风险。

通过对现有法律法规、政策规定的梳理可知，我国现行的《担保法》第 8 条[2]否定了政府在 PPP 项目中作为直接担保人的可行性，从主体层面禁止政府作为保证人；《最高人民法院关于适用〈中华人民共和国担保法〉若干问题的解释》第 3 条[3]明确规定政府违法提供担保的，担保合同无效；《国家发展改革委办公厅关于简化企业债券审报程序加强风险防范和改革监管方式的意见》[4] 中也明确严禁政府的担保及变相担保行为。《担保法》及司法解释禁止政府承担《担保法》意义上的保证责任；国家发改委办公厅的意见也主要针对企业债券等方面的问题。此外，我国还在《基础设施和公共事业特许经营管理办法》第 21 条[5]中明确禁止了固定回报承诺在 PPP 项目中的适用；并在《关于进一步规范地方政府举债融资行为的通知》[6] 《关于规范政府和社会资本合作（PPP）综合信息平台项目库管理的通知》[7] 对违法违规举债担保的情形予以进一步细化。

因此，从现有法律法规及政策规定上看，政府直接作为担保人，就项目公司的贷款提供担保责任，具有主体上的不合法性。政府提供担保法意义上的担保具有违法风险，政府的违法违规举债担保同样不符合政策规定。

---

[1] 参见邢会强：《PPP 模式中的政府定位》，载《法学》2015 年第 11 期。

[2] 《中华人民共和国担保法》第 8 条规定：“国家机关不得为保证人，但经国务院批准为使用外国政府或者国际经济组织贷款进行转贷的除外。”

[3] 《最高人民法院关于适用〈中华人民共和国担保法〉若干问题的解释》第 3 条规定：“国家机关和以公益为目的的事业单位、社会团体违反法律规定提供担保的，担保合同无效。因此给债权人造成损失的，应当根据担保法第 5 条第 2 款的规定处理。”

[4] 参见《国家发展改革委办公厅关于简化企业债券审报程序加强风险防范和改革监管方式的意见》，发改办财金［2015］3127 号，2015 年 11 月 30 日。

[5] 《基础设施和公共事业特许经营管理办法》第 21 条：“政府可以在特许经营协议中就防止不必要的同类竞争性项目建设、必要合理的财政补贴、有关配套公共服务和基础设施的提供等内容作出承诺，但不得承诺固定投资回报和其他法律、行政法规禁止的事项。”

[6] 参见《关于进一步规范地方政府举债融资行为的通知》，财预［2017］50 号，2017 年 4 月 26 日。

[7] 参见《关于规范政府和社会资本合作（PPP）综合信息平台项目库管理的通知》，财办金［2017］92 号，2017 年 11 月 10 日。

（二）道德风险

如前文所述，社会资本方参与 PPP 项目建设是为了实现自身经济利益。PPP 模式是希望通过引入社会资本的同时，引进社会资本的基本运营模式、专业技能、创新精神，以最少的投入换取最优质的基础设施建设，最终实现财政支付项目的物有所值。由此可见，在一定程度上，社会资本方与公共部门的最终目标并不能完全契合。公共部门承担担保责任的大小，将会直接影响到社会资本方的行为。

从阿根廷的首例政府担保中即可见一斑。1862 年，阿根廷政府为阿根廷中央铁路公司修建的铁路提供风险担保，保证投资者获得每年 7%的投资回报且每公里不超过 6400 英镑。[1] 可见，阿根廷政府给予了社会资本方相当慷慨的回报，这一担保确实吸引了大量的投资者，但这一担保也致使投资方依赖政府的担保获利而非通过对铁路的合理经营获利。政府较大额度的风险担保，弱化了社会资本方降低成本、增加运营收益的积极性，致使私人部门懈于规避本应妥善管理的风险。

政府担保除了可能导致社会资本方的消极不作为，还有可能诱发项目公司选择危险项目策略，降低项目公司采用社会最优的投资策略的可能性。[2] 究其缘由，在于政府的担保为金融机构提供贷款的行为提供了保障。在没有政府担保的情形下，金融机构会采用一系列的方法明确社会资本方在特定项目下的还款能力，通过对贷款目的的考核具体确定贷款风险。银行能够根据项目公司采用的项目策略设置不同大小的还债额，这一设置会抑制社会资本方选择较高风险项目。社会资本方作为理性经济人，其逐利性决定了私人部门为了实现自身利益的最大化，更愿意选取还款额较低、自身风险较低的安全项目，而非还款额度较高、自身风险较大的危险项目。在政府担保的前提下，金融机构向项目公司提供贷款的风险显著降低，金融机构也会相应地降低贷款利率，减轻项目公司的还款压力，缩小投资者选择风险程度不同项目的还款额度，削弱金融机构对社会资本方选择高风险项目的抑制作用。

---

〔1〕 参见［新西兰］蒂莫西·欧文：《基础设施 PPP 项目政府风险担保：分配与估值》，财政部政府和社会资本合作中心编译，中国商务出版社 2016 年版，第 21 页。

〔2〕 参见张禄等：《PPP 项目政府担保对项目效率影响研究》，载《中国管理科学》2017 年第 8 期。

因此，政府担保吸引投资者的同时可能诱发社会资本方的消极不作为，为金融机构提供保障的同时还可能致使社会资本方的不理性选择。不合理的政府担保具有较大的道德风险，变相要求政府承担本应由项目公司承担的经营风险。

（三）财政风险

政府担保作为一种或有债务，具有转变为显性债务的可能性。因此，政府担保具有较大财政风险。此外，政府以财政资金为 PPP 项目提供担保，也易使纳税人、消费者的权益受损。

以马来西亚南北高速公路案为例，在该案件中，马来西亚政府提供了援助性贷款、最低营业收入担保、外汇担保与贷款利率担保等多种政府担保方式，政府担保规模之大可见一斑。[1] 因政府提供担保，在 1996 年及 1997 年间，政府共向项目经营者补偿了 1.61 亿马来亚元，在 1998 年共补偿了 1.45 亿马来亚元。[2] 足见，PPP 项目政府担保形成的或有债务确有可能转变为实实在在的财政负担。为避免直接由政府承担较重的支付责任，在我国 PPP 项目的实践中，出现由国有企业提供担保的替代性方案。虽然此种替代性方案在实践中适用普遍，但是该方案并不能解决 PPP 项目政府担保中财政风险较大的问题。由国有企业提供担保，看似政府无需承担保证责任，一旦或有债务转变为显性债务，国有企业需要就其担保行为承担保证义务。如此，基于 PPP 所涉项目金额较大的特点，国有企业本身必然会遭受巨大损失，甚至可能因无力偿还而面临破产的风险。无论是国有企业偿债能力的降低，还是最终走向破产，都会使国有企业债权人的利益遭受较大损失。债权人为维护债权的有效实现，极有可能会通过刺破公司面纱的方式，援引《公司法》第 20 条第 3 款[3]的规定，要求追溯公司独立性及股东有限责任背后的实际情况，要求滥用权利的股东就债务承担连带责任。如此，提出担保要求的政府仍然需要承担责任，因担保而产生的财政风险依然没有降低。即使

---

〔1〕 参见宋浩平主编：《国际信贷》（第 4 版），首都经济贸易大学出版社 2016 年版，第 176 页。

〔2〕 *See* Andreas W. , Valuing Guarantees in A BOT Infrastructure Project, 11 *Eng. Constr. Archit. Manage.* 395, 396 (2004).

〔3〕《公司法》第 20 条第 3 款规定："公司股东滥用公司法人独立地位和股东有限责任，逃避债务，严重损害公司债权人利益的，应当对公司债务承担连带责任。"

债权人不追究滥用公司独立性股东的责任，政府预算中的国有资本经营预算[1]针对的就是国有企业，一旦国有企业因债务的显性化而承担担保责任，仍然会使政府的财政受损。

从法律形式上看，国有企业属于法律意义上的公司，政府属于机关法人，国有企业承担担保责任似乎与政府没有任何关系；但从实质意义上看，由国有企业提供担保的替代性方案并不能转移政府财政风险，政府依然是最终的责任承担者。所以，无论是政府提供担保还是替代性的由国有企业提供担保，担保产生的或有债务的最终承担者均为政府。政府提供担保易使其承担较重的财政风险，致使纳税人及消费者的权益受损。

综上所述，政府提供担保在吸引投资者投资、鼓励金融机构提供贷款，实现公共福祉方面具有无可替代的优势，但同时政府提供担保也会带来违法、效率丧失、财政等风险。2017 年以来，国务院各部委出台一系列的规章政策以进一步规范政府行为，预防各种风险的产生，避免 PPP 项目沦为新型融资工具。为实现稳中有活，对具体政府担保类型的选择也必须着眼于对风险的防控。

四、PPP 项目政府担保适用类型的确定

政府提供担保对投资者投融资，实现社会公共利益具有重要意义，PPP 项目中政府提供担保具有必要性，但是政府不适当地担保也存在违反法律规定、易引发道德风险、财政风险较大等问题。

政府担保具体包括三种类型，即政府的直接担保、政府的间接担保、政府对收益或使用量的担保。政府的直接担保，指政府提供的建立在担保法基础上的担保形式，是一种政府作为，也是担保者直接向受益者或债权人做出的在担保受益者违约时支付的承诺。在债务人因履行不能发生债务违约时，则由政府代替债务人向债权人承担担保责任，清偿债务。[2] 政府的间接担保所指代的是政府通过与金融机构达成协议，表明和确认已正式、合法地聘用有关的承包商从事本项目的建设，同时保证在项目移交政府后，将按照特许权协议支付，从而偿还承包商

〔1〕《预算法》第 5 条第 1 款规定：“预算包括一般公共预算、政府性基金预算、国有资本经营预算、社会保险基金预算。”

〔2〕参见卢文鹏、尹晨：《隐性担保、补偿替代与政府债务——兼论我国的财政风险问题》，载《财贸经济》2004 年第 1 期。

为建设项目所贷的款项。[1] 政府对于收益的担保指代的是政府向社会资本方做出的收益承诺，无论项目发生多少亏损，在实际收益不足时，由政府对收益差额予以补贴。政府对收益的担保常表现为固定回报承诺。政府对使用量的担保指代的是政府与社会资本方约定在一定的特许期限内对项目设置使用量下限，在项目完成后对于使用量差额部分给予补贴。[2]

政府担保的具体类型不同，政府所处的法律地位不同，所承担的风险类型及大小也不尽相同。政府担保具体类型的确定应考量不同类型下的风险大小，以及规避控制相应风险的难易程度。

（一）直接担保

政府提供直接担保的方式违背现行法律的规定。我国《担保法》及司法解释、发改委出台的相关意见等文件均禁止国家机关直接作为担保人承担担保责任。政府就项目公司的贷款直接提供担保具有违法风险。任何制度的设计都应具有合法性，在 PPP 项目中适用政府担保也应避免与现有规范性法律文件相冲突。由于我国明确禁止了政府的直接担保，对于违法风险的规避则只能通过修改《担保法》等法律法规的方式实现。法律应具备稳定性，在《担保法》中对国家机关的权力予以限制具有必要性。“财政的目的是为了满足公共欲望，实现公共需要。”[3] 实现公共利益应该是政府取得、使用、管理资财等活动的唯一目的。政府担保在一定程度上会由或有债务转变为显性债务，政府使用地方财政直接就项目公司贷款提供担保，以财政支付担保债务，与财政的目的相违背。此外，将政府直接担保予以解禁，易导致权力的滥用，造成纳税人权利受损。因此，规避直接担保违法风险的难度较大，需要耗费大量的人力、物力、资源及时间成本，不利于法律的稳定性，也不利于对纳税人权益的保护。

在政府直接担保中，地方政府属于社会资本方的保证人，金融机构作为债权人有权在社会资本方不清偿贷款时，要求政府基于保证合同承担保证责任；而政

---

〔1〕 参见曹君丽：《金融支持城镇化建设模式研究——基于公私合营（PPP \ PFI）项目融资的视角》，载《技术经济与管理研究》2013 年第 1 期。

〔2〕 *See* Martins J., Marques R. C., Cruz C. O., Maximizing The Value for Money of PPP Arrangements Through Flexibility: An Application To Airports, 39 *J. Air Transp. Manage.* 72, 74 (2014).

〔3〕 张守文：《经济法学》（第 6 版），北京大学出版社 2015 年版，第 110 页。

府仅享有在承担保证责任后向社会资本方追偿的权利。政府直接担保除了具有违法风险外，还会产生较大的道德风险与财政风险。由于政府直接对项目公司债务担保，在项目公司不能清偿债务时，由政府承担担保责任，易使项目公司选择高风险项目，并在较大程度上抑制项目公司妥善管理的积极性，从而产生道德风险；而项目公司道德风险的加大，政府的或有债务转变为显性债务的可能性就会增强，政府承担的财政风险也就随之增加。

政府提供直接担保具有主体上的违法性，规避违法风险的难度较大，且此种担保方式易面临较大道德及财政风险，因此，不宜采用直接担保的方式。PPP 项目中政府提供的担保应避免采用《担保法》意义上的担保方式，避免就项目公司的贷款直接承担担保责任。

（二）间接担保

间接担保借助政府出具的“安慰函”向金融机构提供保证，是由政府基于公共支付权的担保，此种担保方式不属于担保法意义上的担保，采用该种方式不存在违反《担保法》的风险。在此种担保中，承包商对贷款负全责，具有较重的责任，因而有效避免了承包商消极不作为，采用此种方式不可能产生道德风险。此种担保方式中，政府仅就金融机构一定能够收回贷款提供保证[1]，在项目移交政府之后，政府将按照特许权协议支付，用以偿还承包商为建设项目形成的债务，在此种政府担保模式中，政府并未参与到社会资本方融资、建设、运营的过程中，无需承担实质性的责任。因此，此种担保方式并不涉及政府对社会资本方收回本金、最低收益的承诺，基于此种担保方式的 PPP 项目不存在因违背现有政策而可能被清库的风险，政府在此种担保方式中也无需承担额外的财政风险。

虽然间接担保的方式能够有效地规避现阶段政府担保可能存在的主要风险，但是间接担保不同于传统的担保形式。采用该种担保形式固然能够规避违法风险、道德风险、财政风险，但是由于间接担保中政府仅就金融机构收回贷款提供了信心保证书，而不承担实质性的责任，致使该种担保方式较之其他两种方式在

---

〔1〕参见欧亚 PPP 联络网：《欧亚基础设施建设公私合作（PPP）案例分析》，王守清等译，辽宁科学技术出版社 2010 年版，第 60 页。

调动社会资本投资与金融机构贷款积极性方面存在较大不足：此种担保模式下，社会资本方的预期收益变动风险仍然较大；信心保证书也不具有降低金融机构坏账风险的实质意义。社会资本方投资积极性的不足，不利于 PPP 模式在我国的进一步发展，而金融机构贷款积极性的缺失，则会使 PPP 项目再次陷入融资难的泥沼。

因此，间接担保方式较之其他两种担保方式在调动私人部门积极性方面存在缺陷，与引入 PPP 模式的目的相悖。采用间接担保的方式固然能够防控诸多风险，但同时，这一模式也会减损政府担保的优势。是以，采用间接担保并不合适。

（三）使用量担保

如前文所述，财办金［2017］92 号文对“政府违法违规举债的”的情形予以具体化，固定回报承诺、最低收益担保、回购投资本金、承担投资本金损失、对项目债务的担保均已明确列入负面清单。根据现有政策文件，收益担保存在违法性风险。如前文所述，违法风险的规避难度较大，采用收益担保的模式并不合适，但使用量担保并不属于“负面清单”中规定的情形。

使用量担保不同于项目债务担保，也不属于对投资本金的回购。根据使用量担保的定义，使用量担保的担保对象并不是项目债务，使用量担保的行为也并不涉及对投资本金的回购行为。是以，使用量担保不属于前述类型。同时，使用量担保也不同于收益担保。社会资本方能否获得收益应取决于其自身的建设、运营、管理的能力，而在 PPP 项目中设置收益率的担保方式，究其根本，是由政府直接承担部分的商业运营风险。有关部门对政府担保行为的规范，其目的在于避免 PPP 项目成为官商勾结骗取政府财政的融资工具，在于减少政府负债，在于合理分配项目风险[1]。收益担保，特别是固定回报承诺，与政府的规范目的背道而驰，目前已被明令禁止。而在使用量担保中，政府仅就使用量的差额予以保证，是政府在社会资本方按照约定完成项目后就使用量差额提供的政府补贴。政府提供的使用量担保带有政府采购合同的性质，是政府购买产品或者服务的预先承诺，在合同条件成就时，由政府提供使用量差额补贴。在此种政府担保模式

---

［1］《关于推广运用政府和社会资本合作模式有关问题的通知》（财政部［2014］76 号）中明确提出“按照‘风险由最适宜的一方来承担’的原则，合理分配项目风险”。参见《关于推广运用政府和社会资本合作模式有关问题的通知》，财政部［2014］76 号，2014 年 9 月 23 日。

下，政府并未参与社会资本方的融资、建设、运营过程，但政府的差额补贴有利于打消社会资本方的顾虑，鼓励社会资本方投资。此外，由于政府承担使用量担保责任的前提是PPP项目的完成，使用量担保的存在将督促社会资本方按照约定完成项目，项目的按约完成与政府补贴同样会为金融机构打一针“强心剂”。在使用量担保中并不涉及政府对于收益的承诺，PPP项目的建设、运营等风险仍然由社会资本方承担。是以，使用量担保与收益担保存在本质差异。此外，使用量担保也不是对投资本金损失的承担。投资本金损失的承担仍然是将项目运营、维护风险转嫁给政府的一种方式。政府承担社会资本方的投资本金损失，即意味着政府需要保证PPP项目持续盈利，以使社会资本方最终所获收益大于投入成本。从本质上看，对投资本金损失的承担是对PPP项目高收益少支出的担保，无论是项目收益的减损，抑或项目支出的增加均可能导致政府负债。如前文所述，使用量担保仅仅只是对政府预购商品服务的预先量化承诺，并不涉及对收益或者支出的担保，而“使用量的量化”本身也是建立在科学分析的基础上的。

政府对使用量的适量担保是防控道德风险与财政风险的重要手段。政府对使用量提供过量担保，可能会抑制项目公司通过削减成本、提高收入的积极性，还可能诱发项目公司选择高危项目。道德风险发生的根源在于，政府的不适当担保使投资者过度受益，当政府提供的担保超过一定的额度，致使政府担保为投资者带来的收益高于投资者经营所得时，项目公司就会怠于管理；当政府提供的担保超过一定的额度，而又缺乏相应的限制性条件时，项目公司会因其逐利性而选择高风险项目。

政府使用量担保的合理量化除了需要对政府使用量担保数额予以合理的限制外，同时，还需考虑政府担保额度对投资者投资及向金融机构融资的积极作用，避免顾此失彼。在理论研究中，控制道德风险及财政风险往往通过数据建模的方式明确在不同情况下政府担保的最优范围，通过对政府提供担保的使用量额度予以限定，以避免诱发项目公司的不妥善选择。

为规避可能产生的道德风险，除了采用限定政府担保额度的方式外，还可以借助看跌、看涨期权属性的模式[1]作为辅助手段，平衡政府补贴与政府收益。

---

〔1〕 参见刘阿倩等:《基于贝叶斯网络的高铁PPP项目政府担保研究》，载《工程经济》2018年第2期。

具言之，政府与社会资本方可以在预先签订的合同中明确将特许经营期限划分为多个阶段，并在不同的运营阶段测算实际使用量。在实际使用量低于约定的使用量时，由政府基于差额提供补贴；在实际使用量高于约定的使用量时，由政府与社会资本方按照一定比例共享超额收益。在项目运营的不同阶段项目使用量必然有所差异，采用该种方式予以辅助，可以有效平衡政府提供的补贴与政府获得的收益，也能够在一定程度上降低财政风险。

综上所述，政府使用量担保不属于政府违法违规举债的形式。通过对政府担保额度的合理限定，可以在不损害投资者积极性的前提下有效地控制道德风险，进而防止财政风险的扩大。因此，选用政府使用量担保更为合适。

五、结语

政府担保降低了社会资本方的融资风险，能够保障社会资本方预期收益的实现，在吸引私人部门投资方面具有重要意义；政府担保为项目公司偿还债务提供财政保障，增强金融机构提供贷款的信心，在方便私人部门融资方面具有重要意义；政府担保能够避免公共部门无效率运转，避免基础建设项目的中止中断，在实现公共福祉方面具有重要意义。因此，不能“一刀切”地禁止政府担保行为。但现阶段，政府担保仍然具有三种主要风险，即与现行规范性法律文件冲突的违法风险；诱使私人部门选择高风险项目、不妥善管理的道德风险；特定情况下转化为显性风险而使政府负担债务的财政风险。政府担保虽然具有三种主要的类型，但是直接担保违反法律规定，风险防范难度较大，不宜作为政府担保方式；间接担保在吸引投资方投融资方面具有局限性，不宜作为政府担保的方式；使用量担保不属于“负面清单”中规定的内容，且可能存在的道德风险可以通过合理确定担保的使用量的方式予以防范。因此，政府担保采取使用量担保的方式更为合理。

（初审：张文越）

法系融合背景下我国代理制度的完善
——以《民法总则》第162条为切入点

文　慧*

内容提要：《民法总则》第162条没有改变《民法通则》仅规定直接代理的现状。以我国立法现状和立法惯性为基点，代理制度的大框架仍以直接代理和间接代理作区分。与此同时，在法系融合背景下的代理制度也有必要顺应“显名缓和”的立法趋势，引入英美法的隐名代理和不公开本人身份的代理。此外，为考虑某些商事领域的特殊性，应保留行纪的独立性。在代理制度的体系安排上，为保持《民法总则》立法的稳定性，建议扩大“以被代理人名义”的解释，以寻求适用隐名代理的可能。合同编则可以间接代理统筹不公开本人身份的代理和行纪，以不公开本人身份的代理为一般适用，行纪制度为特殊适用。

关键词：隐名代理　间接代理　商事代理　显名缓和　民法典合同编

《民法总则》的颁布为我国民法典的编撰提供了总体性指导，就代理制度而言，突破以“代理名义”确定法律后果的《合同法》第402条没有被纳入代理制度的一般规定中。《民法总则》现行第162条的规定仍然强调代理人须以“被代理人的名义”实施法律行为才对被代理人发生归属效力。就此，《民法总则》的制定没有给《民法通则》第63条确立的直接代理制度带来实质性的变化，《民法典分编（草案）·合同编》（以下简称《合同编（草案）》）委托合同一章也没有就《合同法》第402条和第403条作出修改，代理制度仍然存在混乱之

* 文慧，武汉大学法学院2016级硕士研究生。

处。本文将以立法现状为基点，从现行代理制度的立法困境谈起，在代理制度法系融合的大背景下对代理制度进行取舍分析，以期为民法典编撰中的代理制度的形式和体系位置安排提出建议。

一、现行代理制度立法之困

《民法通则》第63条确立了以被代理人名义实施法律行为的直接代理制度，然而在我国外贸代理中既可以是直接代理也可以是间接代理，金融机构也允许实施委托贷款行为，商事生活中的证券商、期货商也都是间接代理人〔1〕。《民法通则》确立的直接代理未能满足商事交易的多样需要，一般认为为缓解直接代理的单一性，《合同法》在第402条和第403条引入了英美法系中的隐名代理和不公开本人身份的代理类型〔2〕。但也有学者认为《合同法》关于代理制度的规定本身就存在些许矛盾〔3〕。

（一）合同法有越位之嫌

《民法通则》第63条和《民法总则》第162条确立的直接代理强调代理的显名性，即代理人只有以被代理人名义实施法律行为时才对被代理人发生效力。而《合同法》第402条和第403条的规定不以代理的名义来确定合同效力的归属，其以第三人“知道”代理关系与否作区分，在第三人知道代理关系时，合同直接约束被代理人和第三人（有除外条件）；当第三人不知道代理关系时，委托人（被代理人）和第三人可以有条件地行使介入权和选择权，并同时拥有抗辩权。《合同法》的规定突破了代理的显名原则，虽出于商事交易便捷性和外贸代理的需要，但《合同法》“跳脱”直接代理的规定，违背了《民法通则》的“总则性”指导。两部法律虽同样由全国人民代表大会通过，但《合同法》仍不

---

〔1〕不同法系的代理制度发展融合使得代理概念界定模糊，此处所讲的间接代理是指传统大陆法上的间接代理概念，非《合同法》第403条下的代理概念指称，下文将详细论述。

〔2〕参见王艳、王海龙：《关于间接代理制度的立法思考》，载《当代法学》2002年第7期；张玉卿：《摆正位置——新合同法为推行外贸代理制提供法律保障》，载《国际贸易》1999年第5期；尹飞：《代理：体系整合与概念梳理——以公开原则为中心》，载《法学家》2011年第2期。

〔3〕参见冉飞、李霄敏：《比较法视野下的商事代理制度》，载《人民司法》2013年第23期；方新军：《对我国〈合同法〉第402、403条的评说——关于两大法系代理理论差异的再思考》，载《北大法律评论》2001年第2期。

免有“分则违背总则”之嫌。现行《民法总则》关于代理的一般规定仍然没有解决这一旧有矛盾。

（二）委托与代理区分不明

由于《民法通则》没有关于直接代理之外的代理规定，《合同法》在委托合同一章引入了英美法的隐名代理和不公开本人身份的代理。委托和代理虽然具有千丝万缕的联系，但两者是不同的法律概念，各自侧重点不同。委托主要关注委托人和受托人之间的关系，即关注委任的正当性。代理则涉及三方关系，就我国目前的代理制度设计理念而言，其更侧重关注代理的外部效果，即代理人与第三人之间的交易保护和法律后果的归属问题。在无因说理论下，委任与代理授权相互区分，两者相互独立、互不影响，前者无效、撤销、不成立不影响后者的法律效力，因而两者的区分适用就显得尤为重要。一个完整的三方代理关系，除了考察委任的正当性，还要求代理名义的显示化。因而，把适用广泛且侧重点不同的代理规定到委托合同中容易混淆两者的区别，束缚代理制度的发展与适用。

（三）行纪与间接代理法条适用交叉

简单地以代理名义作区分，当代理人以自己的名义为被代理人的利益实施法律行为时则构成间接代理制度，因此就有学者认为《合同法》第 402 条和第 403 条是我国间接代理的表现形式[1]。第 402、403 条和规定行纪法律后果的第 421 条都是以代理人的名义实施法律行为，然而在法律后果的归属上却不尽相同。当第三人知道代理关系时，合同直接约束被代理人（委托人）和第三人；第三人不知道代理关系的，被代理人仍可以有条件的“加入”代理人和第三人签订的合同中，即第 402 条和第 403 条的规定使得被代理人有条件的承担了合同的法律后果。而在第 421 条的规定中，行纪人与第三人订立合同的，行纪人对该合同直接享有权利、承担义务。同样是以代理人的名义从事某种行为时，当论及法律效果的归属时究竟是适用《合同法》第 402 条、第 403 条还是第 421 条难以判断。

---

〔1〕 参见王利明：《论间接代理》，法律出版社 2003 年版，第 171 页；彭万林：《民法学》，中国政法大学出版社 1999 年版，第 164-165 页。

（四）以“代理名义”为区分标准存在制度漏洞

《民法通则》和《民法总则》的代理立法突出了大陆法系对交易中第三人的保护理念。与一般“亲力亲为”的法律行为不同，当行为人委托他人代为民事法律行为时，为遵守合同的相对性原则，保护交易中第三人的交易安全，法律要求披露真正的权利义务人，即代理人要以被代理人的名义从事相关行为，以达到传统法律行为“亲力亲为”的状态。《合同法》第402条、第403条虽放宽了被代理人承担合同后果的条件，但法律适用的出发点仍是以代理名义作严格区分，即当代理人以自己名义从事对外交易时，才进行第三人对代理关系的知悉状态判断，最后确定法律效力的约束主体。但当代理人未明确代理名义时，即在代理活动中既未明确以被代理人的名义也未明确以代理人自己的名义时，此时法律后果的归属似乎无法可依。

（五）不同法系代理概念混同

传统大陆法系以代理名义和法律效果的归属不同把代理分为直接代理和间接代理。《民法通则》和《民法总则》吸收了大陆法系关于代理分类的思路，以“总则部分”的规定承认了直接代理，对间接代理却未予提及。事实上，大陆法系也不承认间接代理属于代理，间接代理多是一个学术上的概念[1]。英美法系以被代理人对第三人公开的程度不同，把代理划分为显名代理、隐名代理和不公开本人身份的代理[2]。我国《合同法》第402条和第403条在代理人以自己的名义行为时恰是以第三人知道代理关系与否来决定代理行为的法律效果。我国立法吸收了大陆法系、英美法系以及国际条约中适应我国实际需要的法律规定，形成了独具我国特色的代理制度。不同法系的代理制度为了适应交易活动的发展，也在立法或司法判例中进行了相应的调整，但不同法系制度的混合使用容易造成制度设计的逻辑混乱，因而在学界和司法实践中，对代理的概念界定一直都颇有争议。例如，最高人民法院在2013年一起商品房买卖合同纠纷案中用《合同法》

---

〔1〕 参见倪万英：《论隐名代理制度》，载《政治与法律》2005年第3期；方新军：《〈民法总则〉162条的体系意义和规范意义》，载《法治研究》2017年第3期。

〔2〕 *See* The American Law Institute, *Restatement* (*Third*) *of Agency*, §1.04；参见［英］施米托夫：《国际贸易法文选》，赵秀文译，中国大百科全书出版社1993年版，第393页。

第402条来分析当事人的买卖行为时直接使用了“隐名代理”的概念[1]，而在2015年另一起买卖合同纠纷案中却使用了“不构成《合同法》第402条规定的间接代理的认定正确，本院予以确认”的表述。[2] 应该说不同法系的制度设计差异及融合趋势增添了代理制度的复杂性，也使得我国代理制度的立法状况更为混乱。

二、法系融合背景下的代理制度取舍

不同法系的代理制度是基于本土法律文化和交易实践发展出来的产物，各有考虑也各有优劣。我国源于自身法律实践的需要吸收了各法系和国际条约的法律成果，在事实上形成了法系融合且兼具本国特色的代理制度，在《民法通则》和《合同法》颁布以来，在交易领域中的适用也未发生太大纰漏。为更好地促进代理制度的结构化与精细性，在制度体系上和具体条文的安排上仍可斟酌。

（一）不同法系代理制度的融合

建立在不同理论基础和区分标准上的两大法系，在代理类型和制度设计方面存在当然差异。

德国法学家保罗·拉班德提出区分论，把委任（mandate，即作为内部关系的委托人与代理人之间的合同）与授权（authority，即作为外部关系的代理人代表委托人与第三人缔约的权力）的概念严格区别开来[3]。缪勒-佛雷恩斯对委任与授权的区别作了通俗的描述：如果在本人与代理人之间的合同中规定了对代理人授权的限制，也不过是向代理人发出“你不应该”的指令，但这并不等于“你不能”[4]。因此，建立在以区分论为理论基础的大陆法系里，其更关注事物外部（即代理人以谁的名义与第三人交易），注重对第三人的保护。但严谨稳定的大陆法代理不能满足交易中便捷、高效的需要，因而也就出现了对直接代理的

[1] 最高人民法院（2012）民抗字第24号民事判决书。

[2] 最高人民法院（2015）民申字第961号民事判决书。

[3] 徐海燕：《论我国代理制度的完善》，载《长江大学学报》（社会科学版）2005年第2期。

[4] 参见［英］施米托夫：《国际贸易法文选》，赵秀文译，中国大百科全书出版社1993年版，第372页。

缓和趋势。有学者把此缓和现象称为大陆法系的隐名代理[1]，笔者认为这也是造成对隐名代理概念难以界定的原因之一。

英美法以等同论作为理论基础，等同论可以表述为“通过他人去做的行为视同自己亲自做的一样”（qui facit per alterum facit per se）[2]。因而英美法更关注事物的内部（即代理人是否有授权），注重对本人（被代理人）的保护。但灵活的英美法代理制度也存在稳定性不足，对交易安全保护不够的问题，因而在英美国家的判例、立法中也出现了对代理人特别责任的规定[3]。为更好地了解不同法系代理制度的设计理念，为我国代理制度的构建提供借鉴，可以两大法系原本的代理概念区分为基点，先对相关代理概念的本质进行对比理解。

第一，直接代理与显名代理两者可以基本等同。直接代理和显名代理是不同法系关于代理类型的概念。早期学者仅以代理人以何人名义为代理行为，把代理区分为直接代理和间接代理。因而就简单地把直接代理和显名代理的概念直接混同[4]。直接代理强调以被代理人的名义，法律效果直接归属于被代理人。其与间接代理区分的重要意义在于法律效果的归属不同。而显名代理源于英美法系，被代理人授权代理人行为，代理人的行为就视为被代理人的行为，代理的成立不需要特意界定效力如何归属，以被代理人的公开程度划分类型即可。虽然直接代理和显名代理的概念源于不同法系，设计思路有所不同，但从代理行为构成“以被代理人的名义”和代理后果归属“直接由被代理人承担”来看，两者可以基本等同适用。

第二，隐名代理与间接代理在构成要件和法律后果上都不相同。关于隐名代理和间接代理的关系，学者意见不一。有学者认为“隐名代理并不意味着以代理人名义所签订的契约就当然等同于本人与第三人签订的契约，而是通过赋予本人

〔1〕 参见王泽鉴：《民法总则》，北京大学出版社 2009 年版，第 357 页；尹飞：《代理：体系整合与概念梳理——以公开原则为中心》，载《法学家》2011 年第 2 期。

〔2〕 参见［英］施米托夫：《国际贸易法文选》，赵秀文译，中国大百科全书出版社 1993 年版，第 381 页。

〔3〕 参见范力军：《论我国合同法确认隐名代理的必要性》，载《中国农业大学学报》（社会科学版）2002 年第 2 期；方新军：《〈民法总则〉162 条的体系意义和规范意义》，载《法治研究》2017 年第 3 期。

〔4〕 参见李模：《民法总则之理论与实用》，台湾 1992 年自版，第 207 页；史尚宽：《民法总论》，中国政法大学出版社 2000 年版，第 517 页。

介入权、第三人选择权来平衡双方利益，维护交易安全”；[1] 也有相当一部分学者将隐名代理作为间接代理来看待；[2] 更有学者认为，大陆法上理解隐名代理应包括“本人身份不公开的代理”和“本人身份公开但本人姓名不公开的代理”。[3] 从上文论述可知，因大陆法系存有显名原则缓和的趋向，多国不再严格要求代理人以被代理人的名义从事代理行为。因而也有学者认为大陆法系存在隐名代理制度，隐名代理的概念变得混乱，相应的与其他代理类型的区分和界定愈发众说纷纭。笔者认为，从代理类型的划分逻辑来看，隐名代理是源于英美法的概念。大陆法系所谓“隐名代理”是显名原则缓和的结果，并没有一个相对成熟的隐名代理概念。英美法中的隐名代理包括以代理人自己的名义和不明示以谁的名义为被代理人的利益从事法律行为两种大的情况，由等同论可知，无论隐名代理为何种情况，此时法律效果都应直接约束被代理人。而间接代理是大陆法学说的代理分类，以“代理人的名义”从事法律行为时，法律后果先由代理人承担，最后由代理人依据内部关系转移给被代理人承担。虽然最后法律后果仍由被代理人承受，但就第三人而言，合同的承受是当然归属于代理人（合同相对人）的。因而无论从代理的构成要件还是法律后果的承受来看，两者都有质的区别。

第三，不公开本人身份的代理相比于间接代理有突破合同相对性的可能。有学者认为不公开本人身份的代理与间接代理等同[4]。不公开本人身份的代理与间接代理确有相同之处，二者都强调代理人以自己的名义从事法律行为，当第三人不知道也不可能知道被代理人的存在时，可以当然认为代理人就是本人。但两个概念也有实质的不同之处，法系来源的不同使得两者在法律后果归属上有所不同。按照大陆法的规定，间接代理中的委托人不能直接介入代理人和第三人形成的法律关系之中，其后果的承受有赖于代理人的转移。而按照英美法不公开本人身份的代理规定，被代理人可以行使介入权，第三人也可以行使选择权来突破合同的相对性，在被代理人与第三人之间直接建立法律关系。

第四，行纪是典型的间接代理。关于行纪与间接代理的关系，学者也有不同

---

〔1〕 参见冉飞、李霄敏：《比较法视野下的商事代理制度》，载《人民司法》2013年第23期。

〔2〕 参见张平华、刘耀东：《间接代理制度研究》，载《北方法学》2009年第4期。

〔3〕 参见江帆：《代理法律制度研究》，中国法制出版社2000年版，第122页。

〔4〕 参见王利明：《民商法研究》（第5辑），法律出版社2013年版，第44页。

看法：有学者认为，现今的行纪合同与间接代理几无区别〔1〕；亦有学者认为间接代理在大陆法传统上称为行纪，而不称为代理〔2〕；也有学者未将间接代理和行纪作细致区分，认为其称为代理的类似制度〔3〕；更有学者认为间接代理的适用应区分与行纪的关系〔4〕。大陆法多数学者认为行纪为典型的间接代理，如德国学者拉伦茨就认为，作为间接代理人的主要是行纪人〔5〕。我国台湾地区学者也大多持此见解〔6〕，笔者亦倾向此观点。行纪与间接代理的条件构成、法律后果具有相似性，行纪是间接代理学说的立法体现，但行纪是更为特殊的间接代理形式。其一，行纪比一般间接代理的要求更为严格，行纪人从事行纪行为必须具备特定资格，即需要满足法律的特殊准入要求，而间接代理的严格性主要体现在代理名义和法律后果归属的相对性上，对代理人本身并未设置准入门槛；其二，行纪关系是有偿的，行纪人以从事行纪行为获得收益，而代理既可以是有偿的也可以是无偿的，这完全取决于委托合同的约定；其三，与是否有偿相关，行纪行为发生在专业性更高的商事领域，而间接代理也可以发生在民事关系中〔7〕。

（二）隐名代理是立法的必然选择

据考察，隐名代理制度起源于 18 世纪的英国雇佣代理商的实践，在当时，商品贸易不发达，第三人只关注代理人，对于被代理人的身份并不关心。而到了 19 世纪，随着贸易活动的日益频繁，商品流转加快、信用交易增多，商业代理人承受越来越大的商业风险，商业代理人陷入破产极为普遍。因而在最早的法院判例中，被代理人被允许在代理人破产时行使介入权〔8〕。隐名代理经过发展，厘清其概念颇为困难。我国台湾地区判例和学说把隐名代理界定为“代理人虽未以本人之名义为法律行为，而实际上有代理之意思且为相对人所明知或可得而知

〔1〕 参见徐海燕：《论我国代理制度的完善》，载《长江大学学报》（社会科学版）2005 年第 2 期。

〔2〕 参见郑自文：《国际代理法研究》，法律出版社 1998 年版，第 3 页。

〔3〕 参见王泽鉴：《民法总则》，北京大学出版社 2009 年版，第 357 页。

〔4〕 参见王利明：《民商法研究》（第 5 辑），法律出版社 2013 年版，第 68-73 页。

〔5〕 参见［德］卡尔·拉伦茨：《德国民法通论》（下册），王晓晔等译，法律出版社 2013 年版，第 820 页。

〔6〕 参见林诚二：《民法债编各论》（中），中国人民大学出版社 2004 年版，第 225 页。

〔7〕 参见孔祥俊：《民商法热点、难点及前沿问题》，人民法院出版社 1996 年版，第 7-15 页。

〔8〕 参见倪万英：《论隐名代理制度》，载《政治与法律》2005 年第 3 期。

者，亦得发生代理的效果”[1]。英美法上没有对隐名代理界定具体概念，仅定义隐名被代理人为“代理人与第三人磋商时，第三人知道代理人是为被代理人行为，但不知被代理人的具体身份”的被代理人[2]。暂不讨论第三人对被代理人的身份应当是“知道”还是“应当（可能）知道”，考察目前英美法、大陆法以及国际条约关于隐名代理制度的规定，以“不明确代理名义，第三人知道代理事实时，法律效果直接归属于被代理人的代理制度”居多。当然，各国法典和国际条约在条文表述和认可限制方面有所差异[3]。隐名代理经过发展，应该说无论在理论上还是实践上都已较为成熟，理应为我国法律所认可，规定在“总则部分”，对代理行为进行原则性指导。

首先，隐名代理纳入总则部分不存在理论上的困境。反对意见认为，在德国法中，代理是法律行为的特殊形式，大陆法之所以采纳公开原则，根本原因在于代理与法律行为制度是联系在一起的[4]。更有学者认为，引入隐名代理，否定显名主义是“以牺牲民法的法律行为制度的体系为代价”[5]。事实上，隐名代理并未否定显名主义，也不存在被法律行为理论框定的困境。其一，法律行为理论要求自己的表示是表意人受表意效果约束的原因，隐名代理虽未明确以被代理人的名义，但隐名代理设定了第三人知道或应当知道本人存在的前提，此时业已达到了显名主义同样的效果。其二，在第三人与谁交易无关紧要时，法律实无必要规定代理人必须明确以被代理人的名义[6]。其三，《民法通则》第四章把“民事法律行为和代理”并为一章，此举虽暗示二者存有密切联系，但终未把代理从属在法律行为之下。新的《民法总则》更是把法律行为与代理分别成章，这两者的联系就更为弱化一些。

其次，《合同法》第402条满足司法实践的需要。《合同法》第402条是具有我国特色的隐名代理制度，在《合同法》颁布适用以来该条的适用未发生大的纰漏。统计《合同法》第402条在司法实践中的适用，自2004年以来共有

[1] 王泽鉴：《民法总则》，北京大学出版社2009年版，第357页。
[2] *See* The American Law Institute, *Restatement* (*Third*) *of Agency*, 2006, §1.04.
[3] 此系笔者考察30余部民法典及代表性国际条约所得结论，具体将在下文介绍。
[4] 参见王利明：《民法总则研究》，中国人民大学出版社2003年版，第614页。
[5] 孔祥俊：《民商法热点、难点及前沿问题》，人民法院出版社1996年版，第13页。
[6] 参见张俊浩：《民法学原理》，中国政法大学出版社1997年版，第304页。

6000多件民事案例。从可统计的2004年开始，案件逐年增多[1]，第402条在司法实践中的援引适用数量可观。以最高院审结的86例案件为样本，第402条广泛适用于公司间买卖合同纠纷、个人代公司借款合同纠纷、建设工程纠纷、委托贷款纠纷、货运代理合同纠纷等，其中尤以买卖合同纠纷、借贷纠纷居多。《合同法分编（草案）》中仍保留《合同法》第402条的规定，一定程度上反应该条在《合同法》颁行适用以来颇受认可。

最后，显名缓和是国际立法趋势。统计30余部国家和地区的民法典，严格要求显名主义的民法典与显名缓和的民法典数量相差无几。其中显名缓和（15)：《德国民法典》164条；《日本民法典》第100条；《荷兰民法典》第67条；《瑞士债务法》32条；我国台湾地区判例；《欧洲民法典共同参考框架草案》；《阿尔及利亚民法典》第74、75、571条；《韩国民法典》第115条；《土库曼斯坦民法典》第129条第1-3款；《泰王国民商法典》第806条；《菲律宾民法典》第1883、1897条；《法国民法典》第1984条；《西班牙民法典》（委托合同）第1717条；《路易斯安那民法典》第3016-3023条；《魁北克民法典》第2157-2165条。[2] 严格的显名主义（12)：《意大利民法典》第1705条、第1401-1405条；《埃塞俄比亚民法典》第2180、2187、2189、2197、2212条；《澳门民法典》第1106条；《朝鲜民法》第33条；《越南社会主义共和国民法典》第139条；《葡萄牙民法典》第258、1180条；《奥地利普通民法典》第1002条；《马耳他民法典》第1871条；《巴西新民法典》第116、118、119、663

[1] 以"《合同法》第402条"为关键词在中国裁判文书网上进行搜索，在2012年及以前，案件数缓步增长且都在100以内。2013年以后，增长较为迅速（这亦可能受裁判文书上网时间的影响）。2013年有166件、2014年746件、2015年897件、2016年1247件、2017年1476件、2018年2054件，此数据截至更新于最后搜索时间：2019年1月4日。

[2] 参见《德国民法典（第2版）》，陈卫佐译注，法律出版社2006年版，第54页；《最新日本民法》，渠涛编译，法律出版社2006年版，第27页；《荷兰民法典》，王卫国主译，中国政法大学出版社2006年版，第67页；《瑞士债务法》，戴永盛译，中国政法大学出版社2016年版，第12-13页；《阿尔及利亚民法典》，尹田译，厦门大学出版社2013年版，第10、78页；《韩国民法典朝鲜民法典》，金玉珍译，北京大学出版社2009年版，第19页；《土库曼斯坦民法典》，魏磊杰等译，厦门大学出版社2016年版，第30页；《泰王国民商法典》，周喜梅译，中国法制出版社2013年版，第142页；《菲律宾民法典》，蒋军洲译，厦门大学出版社2011年版，第259-260页；《法国民法典（下册）》，罗结珍译，法律出版社2005年版，第1438页；《西班牙民法典》，潘灯等译，中国政法大学出版社2013年版，第427页；《路易斯安娜民法典》，娄爱华等译，厦门大学出版社2009年版，第345-346页；《魁北克民法典》，孙建江等译，中国人民大学出版社2005年版，第264-265页。

条；我国台湾地区“民法”；《阿根廷共和国民法典》第1869、1929条；《智利共和国民法典》第2151条。[1] 原则上不承认隐名代理，但有例外情形（3）：《俄罗斯联邦民法典》第182条；《独联体成员国示范民法典》第181条；《纽约州民法典草案》第991、1002、1006条。[2] 现有英美法规定不强调代理名义，隐名代理直接约束被代理人和第三人，不公开本人身份的代理中被代理人和第三人可以通过介入权和选择权介入代理人和第三人签订的合同中[3]；国际条约则大多吸收英美法的做法，规定了隐名代理和不公开本人身份的代理[4]。因而从现有国际立法来看，显名缓和是立法的大趋势，无论从国际贸易接轨还是自身立法需要来看，隐名代理制度都是必不可少的法律规制。

此外，显名缓和也是学界的通说。《民法总则（草案）》（四审稿）第166条的规定认可“代理人以自己的名义与第三人实施民事法律行为，第三人知道代理关系的，该民事法律行为直接约束被代理人和第三人”。值得注意的是，从《民法总则（草案）》到《民法总则（草案）》（四审稿）的四次修改中，除了条文数字的变化，关于该条的规定从头到尾没有改动的保存了下来，然而在最后表决通过的《民法总则》中删除了该条规定，回归直接代理的“显名”之路。四次审议稿突显学界关于显名缓和的共识。无独有偶，中国民法学会提交的专家

---

[1] 参见《意大利民法典》，陈国柱译，中国人民大学出版社2010年版，第255-256、300页；《埃塞俄比亚民法典》，薛军译，厦门大学出版社2013年版，第306-308、311页；《澳门民法典》，中国人民大学出版社1999年版，第268-269页；《韩国民法典朝鲜民法典》，金玉珍译，北京大学出版社2009年版，第200页；《越南社会主义共和国民法典》（2005年版），吴远富编译，厦门大学出版社2007年版，第34页；《葡萄牙民法典》，唐晓晴等译，北京大学出版社2009年版，第47、203页；《奥地利普通民法典》（2012年7月25日修改），周友军等译，清华大学出版社2013年版，第165页；《马耳他民法典》，李飞译，厦门大学出版社2012年版，第381页；《巴西新民法典》，齐云译，中国法制出版社2009年版，第21、94页；《最新阿根廷共和国民法典》，徐涤宇译注，法律出版社2007年版，第410、420页；《智利共和国民法典》，徐涤宇译，北京大学出版社2014年版，第340页。

[2] 参见《俄罗斯联邦民法典》，黄道秀译，北京大学出版社2007年版，第103页；《独联体成员国示范民法典》，张建文译，法律出版社2014年版，第52页；戴维·达德利·菲尔德：《纽约州民法典草案》，田甜译，中国大百科全书出版社2007年版，第189、191-192页。

[3] *See* The American Law Institute, *Restatement* (*Third*) *of Agency*, 2006. § 1. 04.

[4] 《国际货物销售代理公约》第12条、第13条；《商事合同通则》2.2.3条、2.2.4条。参见张玉卿主编：《国际统一私法协会国际商事合同通则2010》，中国商务出版社2012年版，第205-212页；《欧洲合同法原则》3：102条。参见汪渊智：《比较法视野下的代理法律制度》，法律出版社2012年版，第125页；《欧洲私法原则、定义与示范规则》第二编第6：105条。*See* Christian Von Bar & Eric Clive, Principles, Definitions and Model Rules of European Private Law: Draft Common Frame of Reference 427 (2009). 除此之外本文谈到国际条约的规定皆以这四个条约为研究对象。

意见稿第151条的规定相比于四次审议稿的内容则更为宽松，其只强调了代理人具有“代理权限”即对被代理人发生效力，并不区分强调代理人是否要以被代理人的名义实施法律行为。可见，我国大多数学者至少对显名缓和是持肯定立场的。

（三）间接代理制度的缓和

传统大陆法上的间接代理没有突破合同的相对性，代理人与第三人订立的合同严格依照合同相对性原则，只约束签订的双方，被代理人只能通过结果的转移承受最后的法律后果。间接代理与不公开本人身份的代理隶属于不同法系，制度设计方面当有不同，但就本质区别而言，间接代理严守合同相对性原则，而不公开本人身份的代理允许有条件的突破合同相对性，其进一步弱化了对代理名义的要求。就法律发展和实践需求来看，对间接代理的缓和应是制度设计的发展方向。

首先，间接代理不一定能最大限度地保护第三人的利益。间接代理的设计初衷是以明示被代理人的名义，来为第三人明确交易的实质对象，从而保障交易双方预测交易风险的环境，使合同相对人能做出更为客观的判断，最后达到稳定市场交易的效果。但间接代理的成立也意味着合同风险的分担者首先是代理人和第三人，实质上享有合同权利义务的被代理人不对第三人承担合同责任，当代理人破产或有其他资不抵债的情况时，此时第三人的利益实际上是得不到充分满足的。以保护第三人利益为出发点的间接代理，严守代理的显名主义要求，使第三人在特定情况下承担了更大的交易风险。可见，交易安全和第三人利益的保护并不一定要以“显名”为标准和条件，这样的制度设计也可能使最初的设计目的落空。

其次，合同相对性的突破，并不意味着违反了交易公平。我国《合同法》第403条实际上是不公开本人身份的代理，通说认为《合同法》第403条系借鉴自《国际货物销售代理公约》第13条[1]。我国《合同法》第403条赋予委托人介入权和第三人选择权的前提是第三人违约或委托人违约，通过代理人的披露

〔1〕 参见尹飞：《代理：体系整合与概念梳理——以公开原则为中心》，载《法学家》2011年第2期。

义务，在因第三人原因违约时附加第三人一个不利益，简化纠纷解决程序，直接使签订的合同约束委托人和第三人；在因委托人原因违约时，第三人可以选择对自己更有利的委托人（法律规定的不利益）或者代理人（合同相对性）来追究责任。因此在介入权和选择权突破合同相对性时，不但对交易的稳定没有造成破坏，反而更有利于督促各方遵守契约精神。

最后，我国《合同法》第403条也较好地适应了司法实践。从2001年始（2002年到2004年无数据记载），适用《合同法》第403条的案件数量呈增长趋势，其中尤以2014年之后的适用为多[1]。分析第403条在司法实践中的运用，此条文广泛适用在买卖合同纠纷、建设工程纠纷、借贷纠纷、委托合同纠纷、对外贸易等领域（与第402条适用的领域大同小异），其中买卖合同纠纷和借贷纠纷占总案件量的46.9%[2]。以上统计数据显示，我国特色的“不公开本人身份代理”在实践中适用状况良好，其较好地解决了交易领域中产生的诸多纠纷，为交易的稳定与便捷提供了有利的法律支撑。《合同编（草案）》亦保留了《合同法》第403条的规定，立法与学说对该条的适用给予了一定的认可。

（四）行纪独立存在的必要性

行纪与间接代理有着密切的联系，行纪是间接代理的典型形式。行纪与间接代理虽有一定区别，但作为间接代理的下属概念，为何《合同法》要用单独一章来规定行纪制度，而不用间接代理来统一规制相关法律关系呢？笔者认为，行纪制度有其独立存在的必要性。

一方面，行纪独立是商事行为的特殊要求。行纪人有资格准入的审查，行纪适用领域为专业化比较强、限制监管比较多的商事领域，例如委托拍卖、委托贷款、期货经纪等，因而相比于民事行为和不需要资格审查的一般交易行为，行纪的准入门槛和专业化程度相对就要高一些。我国立法虽是秉持民商合一的立法模式，但商事领域的特殊性仍不容忽视。行纪作为商事领域的“代理规制”，很好

---

〔1〕以“《合同法》第403条”为关键词在中国裁判文书网上搜索，共有4482个结果，其中民事案件有4269件。逐年增多的趋势，在2015年有所下降，但就基数来说还是相对较大的。搜索结果截至2019年1月4日。

〔2〕统计样本4482个案例中有用到《合同法》第403条，以“《合同法》第403条”和“买卖合同纠纷”为关键词在中国裁判文书网上搜索，买卖合同纠纷有1358件，以“《合同法》第403条”和“借贷”搜索借贷案件有745件，约占样本总数的46.9%。统计样本数据截止到2019年1月4日。

地体现了商事领域的特殊性，用间接代理进行一统化规定恐不能满足商事交易的差别化需要；除此之外，商事交易不同于民事行为，商人一定程度上追求的就是“风险利益”，对风险理应有更高的注意义务和判断力，无差别化的对待民事行为和商事行为，可能又过多地干涉了商事交易。

另一方面，行纪制度具有国际认可基础。行纪作为一项特殊的制度以10个条文在我国《合同法》中单列一章。除了我国对行纪如此重视之外，大多数国家除了在行纪“位置”的编排上有不同做法，大多承认了行纪的独立性[1]。有国家把行纪规定在统一的民法典中，例如，《俄罗斯联邦民法典》在债编下单列一章“行纪”予以了详细规定[2]、《土库曼斯坦民法典》以一节商事行纪人与商事代理人并列进行了罗列[3]、《泰王国民商法典》则把行纪放在代理下作为一节来进行规定[4]；有的国家则把行纪规定在商法典中，如《法国商法典》第一卷第三编第二章就以“行纪商”区分规定了行纪[5]；从国际条约的规定上看，《国际货物销售代理公约》吸收了大陆法的规定，亦明确了行纪的特殊性。因而明确行纪的独立性既是我国商事交易的需要，也是接轨国际，便捷对外交易的需要。

综上，行纪作为特殊的商事领域的间接代理制度，在实践中发挥着重要的作用，无论从制度设计本身还是从国际认可来看，行纪制度都应区别于一般间接代理对其进行独立的规定和适用。

三、民法典编撰中代理制度的建构设想

我国现行代理制度被分置于两部分进行规定，总则部分（《民法总则》和《民法通则》）规定直接代理，分则部分的《合同法》则在委托合同和行纪合同两章分别规定了隐名代理、不公开本人身份的代理和行纪。在《民法总则》颁行之后，为进一步完善我国代理制度，以下笔者将从代理制度的体系设计和具体改进两个方面来进行分析。

---

[1] 以前文所示民法典为主要参考。

[2] 参见《俄罗斯联邦民法典》，黄道秀译，北京大学出版社2007年版，第337页。

[3] 参见《土库曼斯坦民法典》，魏磊杰等译，厦门大学出版社2016年版，第140页。

[4] 参见《泰王国民商法典》，周喜梅译，中国法制出版社2013年版，第6页。

[5] 参见《法国商法典》（上册），罗结珍等译，北京大学出版社2015年版，第57-65页。

（一）代理制度的存在形式

1.《民法总则》的解释论选择

关于代理制度的建构，学者们众说纷纭，大体有以下三种建议：一是全面吸收英美法系的做法，规定显名代理、隐名代理和不公开本人身份的代理[1]。二是坚持大陆法的立法与学理传统，让间接代理和直接代理在《民法总则》中并列而行，以适应外贸代理等领域的实际需要[2]。三是吸收结合大陆法和英美法的成果。例如有学者就建议应以直接代理和间接代理为大框架，把隐名代理置于直接代理之下，以间接原则约束代理人和第三人，被代理人可以通过“介入”和“被选择”加入到合同关系，形成缓和，但与此同时不承认行纪独立存在的必要性[3]。在全球交流融合的大趋势下，地区分采取大陆法和英美法的规定似乎不甚可行，从我国现有立法来看，我国事实上趋向于融合大陆法和英美法的做法。

除此之外，各国立法关于代理制度的体系构建也是各有特点。统计近 30 个国家和地区的民法典关于代理制度的建构，其一，代理的大部分规定都放在了与法律行为密切相关的章节或者委任（合同）之下[4]；巴西和葡萄牙两个国家比较特殊，在法律行为和委任中都有关于代理的规定；其二，也有不少国家的代理制度被放在债（债编或债法）下予以规定[5]。此外，在部分国家的商法典中也能找到关于代理的规定[6]。

考察综上学者观点和各国立法实践，笔者认为，总则部分的一般规定应结合直接代理与隐名代理的特点，即“只要在代理权限内，不强制规定代理要明确以谁的名义（被代理人名义或代理人名义）进行，只要第三人知道或可能知道代理人与被代理人之间的代理关系的，该民事法律行为直接约束被代理人和第三

---

〔1〕 参见冉飞、李霄敏：《比较法视野下的商事代理制度》，载《人民司法》2013 年第 23 期。

〔2〕 参见孟勤国、戴欣悦：《变革性与前瞻性：民法典的现代化使命——〈民法总则〉的现代性缺失》，载《江汉论坛》2017 年第 4 期。

〔3〕 徐海燕：《论我国代理制度的完善》，载《长江大学学报》（社会科学版）2005 年第 2 期。

〔4〕 代理规定的位置安排与法律行为密切相关的有：德国、日本、韩国、朝鲜、葡萄牙、中国澳门、巴西；独联体成员国示范民法典、俄罗斯、土库曼斯坦、中国；放在委托（合同）下的有：法国、西班牙、奥地利、魁北克、路易斯安那、马耳他、阿尔及利亚、阿根廷、智利、巴西、泰国。

〔5〕 具体有瑞士、荷兰、意大利、埃塞俄比亚、菲律宾以及纽约州民法典草案。

〔6〕 例如《日本商法典》《法国商法典》《西班牙商法典》。

人”。然而，《民法总则》并未吸纳《民法总则（草案）》（四审稿）关于隐名代理纳入总则的规定，代理制度仍然面临着《民法总则》颁布前一样的困境，《合同编（草案）》也趋向于保留《合同法》第402条和第403条的规定，难免隐名代理仍会置于合同分编之下。本文以为，为保持《民法总则》的统一性、适用性可采用解释论的做法，有学者也提出《民法总则》第162条确立的显名主义原则应有例外，需做进一步解释〔1〕，在显名主义外应承认非显名的代理〔2〕，或认为显名代理包含了默示的显名代理（《合同法》第402条规定的情形）〔3〕。为解决分则与总则的冲突，适应交易活动的需要，需首先对《民法总则》第162条“以被代理人的名义”实施民事法律行为进行扩大解释，使其可以容扩非显名的情形。本文以为，只要第三人知道或应当知道代理人与被代理人之间的代理关系的，就可以认定为是“以被代理人的名义”实施民事法律行为，即在司法实践中，不再对“以被代理人的名义”采取形式化的判断标准，而采取客观与主观的双重标准去判断第三人对代理人与被代理人间的代理关系是否知悉。只要第三人对代理关系是知悉的，无论代理人客观上是以自己的名义还是未明确代理的名义，合同的效力都直接约束被代理人和第三人。这样的扩大解释不仅可以较好地缓和分则与总则规定上的冲突，也可以在实际上弥补以名义判定法律效果归属的法律漏洞。

2. 合同分编的立法进路

一方面，以间接代理统辖规定不公开本人身份的代理和行纪。以合同分编来规定间接代理制度，主要是考虑间接代理制度（不公开本人身份的代理和行纪）的适用主要集中在商事领域，在民事行为中的使用率相对较少，其不具有总则部分的抽象性、普遍性和一般适用性，将其放在合同分编部分更具有逻辑性和适用针对性。以间接代理制度作统辖规定，是建立在我国立法传统及立法惯性的基础之上，既以直接代理和间接代理为大框架，又充分吸收了英美法和国际条约的成果。且间接代理、不公开本人身份的代理以及行纪制度三者之间的联系密切，完

〔1〕参见方新军：《〈民法总则〉第七章“代理”制度的成功与不足》，载《华东政法大学学报》2017年第3期。

〔2〕参见龙翼飞、高一寒：《代理显名主义的例外》，载《湖南大学学报（社会科学版）》2018年第5期。

〔3〕参见杨代雄：《〈民法总则〉中的代理制度重大争议问题》，载《学术月刊》2017年第12期。

全可以做到一般性与特殊性的适用整合。同时，传统学理上的间接代理制度并不是典型的代理形式，且不公开本人身份的代理能对间接代理制度形成缓和，扩大其适用的领域，焕发其新的生命力。此外，行纪作为传统间接代理的典型形式既为特殊经济行业的需要提供了指导，又保留了传统间接代理的特点。

另一方面，明确行纪制度排除适用隐名代理和不公开本人身份的代理规定。如前文所述，我国《合同法》第421条和第402条、第403条存在适用交叉的问题。在形式要件上当代理人不以自己的名义行为时，使用不同的法条，不但法律后果会大相径庭，当事人的风险分担、利益分配也会有所不同。因此，在确立行纪制度的保留时，应明确行纪的适用标准，如行纪人准入资格的审查、适用领域的限定（如委托贷款、证券、期货交易等），以明确排除特定商事领域适用隐名代理和不公开本人身份的代理，保留行纪制度规制领域的特殊性，避免法律适用的混乱。

综上，合同编的立法路径重构以不公开本人身份的代理为原则，行纪保留为例外的间接代理制度，即以间接代理统筹不公开本人身份的代理和行纪制度，同时又明确行纪排除适用隐名代理和不公开本人身份的代理。在尊重我国大陆法立法传统，以不对现有《合同法》规定做大修改的前提下，对代理制度进行相对体系化的规定，以求明确代理的适用和法律逻辑关系。

（二）具体改进建议

1. 隐名代理的适用条件

以前述民法典为研究样本，在规定了显名原则缓和的民法典中，其关于显名缓和的条件要求和范围限制上都有些许不同。譬如，《德国民法典》只要求“情况表明为被代理人意思即可”[1]；《荷兰民法典》要求“要在合理期间披露本人（被代理人）的名称”[2]；《日本民法典》《韩国民法典》《欧洲民法典共同参考

[1] 《德国民法典》第164条。参见《德国民法典（第2版）》，陈卫佐译注，法律出版社2006年版，第54页。

[2] 《荷兰民法典》第67条。参见《荷兰民法典》，王卫国主译，中国政法大学出版社2006年版，第67页。

框架草案》强调“知道或可能（应当）知道为本人即可”[1]；我国台湾地区判例则强调“行为时”明知或可得而知为被代理人即可[2]。除此之外，《阿尔及利亚民法典》《土库曼斯坦民法典》还多了一项“合同效力归属对第三人无关紧要时的”认可[3]。国际条约对于隐名代理的规定适用认可了英美法系的做法，以“第三人知道或应当知道代理人的代理身份”为条件。有学者则认为基于大陆法传统和现行立法，应对《合同法》第402条和第403条进行严格的限缩解释，以免《民法总则》第162条虚化和行纪合同架空[4]。《合同编（草案）》则保留了《合同法》第402条和第403条的规定，基本上认可了隐名代理的适用空间。

综合各国和各国际条约显名缓和的条件限制，以及我国现有立法特点：其一，我国现行《合同法》的规定要求第三人在“订立合同时”知道代理关系的存在，这与我国台湾地区的做法相类似，都要求第三人的知悉时间须在订立合同时，但台湾地区的规定比大陆要更为宽松，即不仅在知道的情况下可以适用，在可得而知的情况下也可以适用。笔者认为，对第三人知悉时间的判断不应无限延长，以“合同签订时”为节点来判断第三人是否知情更为适宜，这能在一定程度上维护合同的相对性，对第三人的行为判断也有可预期性和归责性。其二，至于第三人知悉状态的判定是知道、可能知道还是应当知道，笔者认为，可能知道和应当知道没有实质性的区别，可不作区分。而我国对第三人知悉情况的判断可以比照国际通行做法，扩大现行立法“知道”的规定，以“知道或应当知道”来进行判断，限制解释“知道”不符合日益开放、活跃的交易需要。其三，对披露义务的合理期间要求可以附加给代理人。在代理的三方主体中，代理人掌握的信息最为全面，适当地附加给代理人在合理期间内的披露义务，能更好地督促

---

〔1〕《日本民法典》第100条，参见《最新日本民法》，渠涛编译，法律出版社2006年版，第27页；《韩国民法典》115条，参见《韩国民法典朝鲜民法典》，金玉珍译，北京大学出版社2009年版，第19页；《欧洲私法原则、定义与示范规则》第二编第6：105条。*See* Christian Von Bar & Eric Clive, Principles, Definitions and Model Rules of European Private Law: Draft Common Frame of Reference 427 (2009) 427.

〔2〕参见黄立：《民法总则》，中国政法大学出版社2002年版，第405页；参见杨与龄：《民法总则实例问题分析》，清华大学出版社2004年版，第294-295页。

〔3〕参见《阿尔及利亚民法典》第74、75、571条，参见《阿尔及利亚民法典》，尹田译，厦门大学出版社2013年版，第10、78页；《土库曼斯坦民法典》第129条第1-3款，参见《土库曼斯坦民法典》，魏磊杰等译，厦门大学出版社2016年版，第30页。

〔4〕参见方新军：《〈民法总则〉第162条的体系意义和规范意义》，载《法治研究》2017年第3期。

代理人履行职责。除此之外，当合同效力归属对第三人无关紧要时，可当然地由被代理人来承担法律后果。这是简化纠纷解决程序，经济高效的做法，但何为“无关紧要时”还需要司法实践的进一步解释。

2. 介入权、选择权的适用条件

我国《合同法》第403条关于介入权与选择权的规定被认为是来源于《国际货物销售代理公约》的第13条。对比我国《合同法》和《国际货物销售代理公约》关于介入权和选择权的规定，我国委托人的介入（此仅讨论第403条）以因第三人的原因导致不履行为前提，第三人的选择权则相对的在因委托人的原因导致不履行义务时方可行使。《国际货物销售代理公约》规定的介入权除了因第三人不履行义务之外，当代理人因其他理由未履行或无法履行时委托人也可以行使介入权。相应地，《国际货物销售代理公约》中第三人选择权的行使条件也更为宽松，其不具体讨论代理人是因何原因未履行义务，只要代理人对第三人未履行或无法履行时，第三人就可以选择对本人（被代理人）行使权利。相比《国际货物销售代理公约》的规定，我国《合同法》关于介入权和选择权的规定相对保守，责任的承担仍以合同相对性为原则，责任承担的可归责性为例外。笔者认为，在制度发展更为成熟时，可以考虑对责任承担的原因范围进行扩大。

四、结语

《合同编（草案）》保留了《合同法》第402条和第403条且未有修改，我国代理制度的格局目前仍然保持了大陆法和英美法融合的特点，概念使用、制度适用存有混乱。为适应司法实践和立法趋势，保持体系解释的统一性和完整性，有必要顺应显名缓和的潮流对《民法总则》第162条的“显名”要求进行扩大解释，合同分编也需重新梳理《合同法》第402条、第403条以及行纪之间的关系，释清适用难题，进行制度适用的再构建。从比较法层面观察，《合同法》第402条和第403条在保留的前提下仍可做适当的扩大修改，第三人在订立合同时知道或应当知道代理关系的，合同直接约束委托人和第三人。此外，在司法实践和制度发展更为成熟之时可以考虑进一步扩大介入权和选择权的行使原因范围。

（初审：谭书卿）

信托法制

信托财产的法律主体性研究

张　钰*

内容提要：信托财产存在的实质主体性不能被无视。在英美法视角下，信托法符合组织法的各项要素，是一种组织法规范。移植信托法制的大陆法系国家（如日本）在实证法中一定程度上承认了信托财产的主体地位，这为承认信托财产的法律主体性提供了有力的依据。依托中国信托登记有限公司的登记平台，可以将产品登记的服务改造为赋予信托财产一定法律主体地位的程序机制，但是需要注意信托财产的法律主体化定位的灵活性和当事人的意思自治。

关键词：信托财产主体性　法律人格　商事信托　登记程序

随着2001年我国《信托法》的生效，信托行业正式走入有法可依的时代。但是，信托制度是一种在英美法系发展起来的制度，面对大陆法系的水土，出现了很多冲突。从英美法来看，信托被作为一种和公司、合伙并行的组织形式，是商业活动中一种重要的组织形式。尤其是在商业活动中，信托财产的组织性特征更为明显，不承认其实质上所具有的主体性地位，反而给实践造成了很多困惑。

一、赋予信托财产法律主体性的实践意义

（一）实践中的困惑

法律上不承认信托财产实质上存在的主体性，这给实践带来了很多困惑。

第一，信托突破了现有的物权变动规则。按照货币占有即所有的规则，当委

* 张钰，华东政法大学经济法学院2016级法学硕士研究生。

托人将资金转移给受托人，受托人就拥有了该资金的所有权。[1] 但是从《集合资金信托计划管理办法》第3条的规定来看，信托创设了一种和一般物权变动不同的规则，即使资金被作为信托财产转移给受托人，该资金也并不属于受托人，但同时也不属于委托人。在这样的情况下，如果不理解成信托财产自己拥有了自己，很难解释为什么资金被转移给受托人，受托人却没有取得资金的所有权。

第二，信托财产何以成为一个会计主体？财政部在2005年颁布的《信贷资产证券化试点会计处理规定》中第11条的规定特定目的信托可以被当作会计核算主体。按照我国《会计法》的规定，被统称为国家机关、社会团体、公司、企业、事业单位和其他组织必须依照会计法办理会计事务。会计主体指的是会计核算反应和控制的空间范围，或会计为之服务的特定单位。[2] 在会计学上，主体假设是财务会计基本假设的前提，决定了财务会计所应处理的交易、事项的空间范围，从而决定了财务报告的内容与边界。[3] 我国《信贷资产证券化试点会计处理规定》第11条规定信托财产作为一个独立的核算主体之外，还规定了特定目的信托的会计要素，且要求特殊目的信托应当单独记账、单独核算、单独编制财务会计报告。虽然成为会计意义上的主体并不需要达到法人的程度，但是很明显，信托财产是被当作会计上的主体来对待的。[4]

第三，信托财产何以自己对外活动？我国的基金是可以作为上市公司的股东的，《证券投资基金法》还规定基金份额持有人大会有权决定基金的重大事项，并且受托人管理基金所获得的收益归于基金，同时基金还要以自身的财产承担责任。这似乎可以认为在立法上其实上已经承认了信托作为一个主体的地位，它既可以以基金本身的财产对外承担责任，又可以以自己的名义成为其他公司的股东。如果信托财产不具备主体地位就无法解释这一系列事项。

---

〔1〕 参见《信托公司集合资金信托计划管理办法》（以下简称《集合资金信托计划管理办法》）第2条：信托公司集合资金信托计划是指由信托公司担任受托人，按照委托人的意愿，为受益人的利益，将两个以上（含两个）委托人交付的资金进行集中管理、运用或处分的资金信托业务活动。

〔2〕 参见赵保卿：《企业会计制度解读》，中华工商联出版社2001年版，第10页。

〔3〕 参见葛家澍：《关于财务会计基本假设的重新思考》，载《会计研究》2002年第1期。

〔4〕 参见于朝印：《特定目的信托法律研究》，西南政法大学2012年博士学位论文，第201-202页。

（二）对信托业发展的推动作用

1. 破解双重所有权难题

信托财产获得相对的法主体资格可以破解双重所有权的难题。在信托移植过程中，英美法系的双重所有权被认为是最大的障碍。一般认为，英美法系中的信托受托人和受益人都享有“所有权”。而在一物一权的大陆法系，不存在可以分割的所有权，因此无法引入英美式的信托制度。即使是通过功能主义，采用实质性作用的替代来完成信托制度的移植，也会因为信托的样态和功能的多样化遭遇障碍。另外，所有权是财产制度和交易模式法律设计的原点，如果不能捋清这一问题，将会给实践带来很多困难。在现在的《信托法》特意模糊了信托财产的所有权归属的情况下，如果信托财产的主体性得到承认，双重所有权的矛盾就可以被消解，也可以省却不必要的争论。在破解双重所有权难题之后，同时也有利于实现信托财产的独立性。现在并不存在单独的信托登记制度，分别记账和分别管理并不能保障信托的完整独立性。如果能给予信托财产一个主体地位，同时通过登记制度的配套实施，才可以实现信托财产真正的独立。〔1〕

2. 优化信托治理

如果信托被法律认可成为一个准主体或者主体，在目前《信托法》未能担当起规制信托制度的上位法的重任下，有关信托可以被放入其他组织法的框架，以最小的立法成本达到信托治理的效果。信托治理的前提是信托具备组织法的特征，商事信托至少在以下两个方面超越了传统信托和合同的辐射范围。其一，商事信托从二维的法律关系走向多维度法律关系，商事信托中存在委托人、受托人、受益人三种身份的交叉和重叠，是一种多维度法律关系。其二，在信托财产的资产端，以资金对外投资时，会形成股权、债权相结合的资产池，内部资产的多样化会要求商事信托本身作为一个主体对外进行交易活动。〔2〕在这种特点下，就会产生信托的治理问题。

将信托财产作为一个主体，一方面，可以满足商事信托作为一个商事组织设立与退出的需求。日本在2006年《信托法》中确立了信托合并、分立制度，具

〔1〕参见于朝印：《特定目的信托法律研究》，西南政法大学2012年博士学位论文，第118页。

〔2〕参见楼建波、刘燕：《企业并购中的资管计划——以SPV为中心的法律分析框架》，载《清华法学》2016年第6期。

体操作规则参照《公司法》的规定。[1] 如信托的合并，现代信托的优势在于可以集合小额大量的资金交由专业的受托人从事投资等活动，如果允许信托可以合并，就意味着受托人可以将其管理的不同信托财产进行合并，就可以达到集合资金的作用。而具体规则参照《公司法》的规定，就可以在不对《信托法》大修大改的基础上，提供一整套关于信托合并的规则，达到保护债权人和受益人的目的。另外，当信托被认为是一个法律主体，就可以为信托提供一套破产规则，这样就能真正确立起受托人的“有限责任”。我国《信托法》第 37 条只是提到受托人为处理信托事务产生的债务由信托财产承担，并没有明确当信托的价值低于其对外债务时，受托人的固有财产是否需要对信托财产的债权人承担责任。如果能引入信托的破产制度，则可以真正确立起受托人的有限责任。这对于融资、投资信托来说，确立起受托人的有限责任可以提高受托人的积极性，有利于信托行业的发展。另一方面，在现代商业社会，信托的运用一般是结构性融资，其基本特征是存在多数受益人，且存在标准化的信托受益权凭证。能够发行受益权凭证的能力对于一个组织来说是十分重要的，我国把信托作为资产证券化的唯一形式，在资产证券化中，需要发行受益凭证。如果商事信托不被认可为一个法律上的主体，逻辑上就无法发行受益凭证。如果由受托人发行受益凭证，那么受托人就要承担发行的所有责任，而受托人并非发行行为的直接获益者，对于受托人来说权利和义务并不匹配，就有可能减损受托人在商业活动中的积极性。

3. 实现穿透监管

承认信托财产的主体地位，可以使监管更加透明。利用信托形式组建的金融产品，如大量信托集合资金计划和资产管理计划[2]作为“三类股东”是新三板上市公司的股东。这种三类股东多为委托管理结构的金融产品，在股权机构、投资决策、收益分配机制等信息披露不透明，其背后的投资人数量不明晰，如果存在多层嵌套的情况，更容易产生突击入股、股份代持、关联方隐藏持股、规避限

---

〔1〕 参见［日］新井诚：《信托法》，刘华译，中国政法大学出版社 2017 年版，第 311-318、343-347 页。

〔2〕 资产管理计划究竟是不是信托，存在争议。但是笔者认为目前的资产管理计划实质是运用信托原理设立和运行的信托，具体原因参见季奎明：《论金融理财产品法律规范的统一适用》，载《环球法律评论》2016 年第 6 期。

售、短期交易，甚至利益输送等问题。[1] 将信托计划登记为股东，并公开披露信托计划的投资者（受益人），有助于实现穿透监管，这与监管机构的政策也是相符的。

在明确了承认信托财产享有一定主体地位对信托业发展的推动作用之下，接下来需要从理论的角度，对信托财产是否享有一定主体地位进行论证。下文将从英美法的法经济学角度和日本实证法角度分别论述。

二、信托财产法律主体性的理论证成

（一）英美法系法经济学的视角：信托法作为组织法

组织法的贡献在于：其一，为各类组织体提供了组织治理的信义法规则，这些规则规定了管理者的权限和受益人的权利；其二，提供了一套财产性的有关资产分割的规则，这一套规则使组织的财产与管理者、受益人和其他的组织内部人的资产相区别，实现了资产的分割。[2] 组织法提供了设立一个组织使其拥有自己的财产的规则，并且建立起一套规则使与组织交易的债权人可以对该组织所拥有的财产主张权利，而该组织的管理者及其他内部人的个人债权人不能对组织的财产主张权利。[3] 信托法与公司法一样提供了组织治理的信义法规则，同时信托法也和公司法一样提供了一套资产分割的规则，使信托财产变成了一种区别于管理人、委托人和受益人的财产。传统上最常见的组织有公司（corporation）、合伙（partnership）、合作企业（cooperatives）、非营利组织（nonprofit organization）、婚姻（marriage）、商事信托（business trust）。[4] 信托成为一个可以和公司等其他商业组织并列的商事组织，是历史和实践共同选择的结果，信托在特定

〔1〕 参见王佳：《新三板“三类股东”IPO问题研究》，上海交易所研究报告，载 http：//www.sse.com.cn/aboutus/research/report/c/4445408.pdf，最后访问日期：2018年12月20日。

〔2〕 *See* Robert H. Sitkoff, Trust Law as Fiduciary Governance Plus Asset Partitioning in the Worlds of the Trust 31 (L. Smith, ED., 2013).

〔3〕 *See* Henry Hansmann & Reinier Kraakman, Organizational Law as Asset Partitioning, 44 *European Economic Review* 807, 810 (2000).

〔4〕 *See* Henry Hansmann & Reinier Kraakman, Organizational Law as Asset Partitioning, 44 *European Economic Review* 807, 810 (2000).

领域可以成为公司的替代，也正是说明了信托具备成为一个组织的特征。[1] 成为一个组织需要具备两个自然特征，其一，必须存在做出决定的机关，也就是说需要存在管理者（manager）能够代表这一组织对外缔约。其二，必须存在可以确定的资产池——担保组织履行的财产。[2] 后者作为一个组织的经济特征，就是所称的“资产分割”功能。信托之所以可以从组织法视角进行评价，是因为信托的构造刚好符合组织的特征。

信托的构造符合作为一个实体组织所需的各项要素（authority）。信托一般认为是一个三方结构，存在委托人、受托人和受益人。

第一，管理人要素。受托人作为三方关系中的核心部分，掌握着信托财产的管理和处分的职能。虽然各个国家对于信托财产的归属问题具有一定争议，但对于受托人享有管理权这一点基本不存在争议，有的甚至将管理权等同于控制权，在受托人不享有控制权的情形下，否认信托的效力。[3] 信托结构中受托人有权管理、处分信托财产，但是受托人处理信托事务却要受到信托目的的限制。结合上述特点，与其说受托人是信托财产的归属主体，不如说受托人是信托财产的管理者，更接近于组织法上的做出决定的机关。

第二，信托提供了“资产分割”的功能。资产分割是指某笔资产与持有人分离开来。资产分割分为两种，第一种是“防御式资产分割”（defensive asset partitioning），是指将组织的财产和组织所有者（shareholder）股东或者其他受益人（beneficiary）的个人财产进行区分，组织的债权人是否能就对组织的债权向所有人和其他受益人行使权力是有限制的。第二种是“积极资产分割”（affirmative asset partitioning），这是对有限责任的反向表述，是说所有人或者受益人的个人债权人无法通过对属于组织的财产求偿满足自己的债权。[4] 通过“积极资产

---

〔1〕 关于信托和公司和合伙的竞争，参见李清池：《商事组织的法律结构》，法律出版社 2008 年版，第 209-213 页。

〔2〕 *See* Henry Hansmann & Reinier Kraakman, Organizational Law as Asset Partitioning, 44 *European Economic Review* 807, 809 (2000).

〔3〕 参见《关于信托的法律适用及其承认的公约》第 2 条，当财产为受益人的利益或为了特定目的而置于受托人的控制之下时，“信托”这一术语系指财产授予人设定的在其生前或身后发生效力的法律关系。这里便是采用了控制权标准。

〔4〕 *See* Henry Hansmann & Reinier Kraakman, The Essential Role of Organizational Law, 110 *Yale L. J.* 387, 390-91 (2000).

分割”实际上给予了债权人一个在清算时优先于组织所有人的地位（priority with liquidation protection），不仅是将组织的财产作为一种向其债权人履行债务的担保财产，更重要的是当组织的所有人如公司的股东陷入破产清算时，股东的债权人不能要求公司清算满足他的债权。信托制度最重要的特点是可以创造出独立于受托人、委托人与受益人个人财产的独立财产。信托制度均明确作为信托财产所有权人的受托人或委托人的个人债权人均不能对信托财产行使权利，受益人的个人债权人也无法通过对信托财产的执行来满足自己的债权。[1] 在完成了资产分割的要求之后，也在一定程度上实现了向有限责任的过渡，由此信托也就具备了成为一个独立商事组织的条件。[2]

上述组织法的视角揭示了信托法作为一种组织法提供了信义义务的治理规则和资产分割的财产性规则，也说明了信托具备成为一个实体组织的条件。接下来需要论证的问题是作为一个财团的信托是否可以成为一个法律上的实体，也就是成为法律认可其主体资格的主体？其一，财团作为一个主体并不是一件不可想象之事，如我国立法上予以承认的财团法人——基金会，就是一个以财产为集合的法人。财团法人是财产的集合，其团体性质来自于其独立的财产。[3] 财团法人由设立人的捐助行为设立，设立人并非财团的成员。和基金会一样，信托具有独立的财产，是一个由财产集合构成的团体。其二，有学者通过对英美法、混合法系和东亚地区等法域进行考察后得出结论，可以将信托界定为一个独立的目的财团。[4] “财团”这一概念可以在英美法系和大陆法系找到相应的法律概念，分别对应 fund、asset 和 patrimony。最早提出信托是财团的是法国学者 Pierre Lepaulle。Lepaulle 认为信托是由“目的”和“财产”构成的。[5] 信托财产既不再是委托人的财产，作为“名义上”的所有权人的受托人也只不过是管理者的身份而已，信托不再属于任何人。信托关系不是委托人、受托人或受益人之间的关

[1] 参见日本《信托法》(2006) 第 22 条。

[2] 参见季奎明：《组织法视角下的商事信托法律问题研究》，法律出版社 2014 年版，第 92-93 页。

[3] 参见朱庆育：《民法总论》，北京大学出版社 2013 年版，第 418 页。

[4] 参见李清池：《商事组织的法律结构》，法律出版社 2008 年版，第 119 页。

[5] *See* Pierre Lepaulle, Trusts and the Civil Law, 15 *Journal of Comparative & International Law* 18, 34 (1933).

系，而是委托人、受托人和受益人与信托财产的关系。[1] 在这种视角下，这也并非不可想象，比较法上已经有国家依据财团这一概念构建了信托制度，如魁北克。《魁北克民法典》第1260条使用了patrimony这一法律概念，信托是由委托人将本属于他的财团中的财产按照一个特定目的转移给受托人，受托人接受之后有权持有和管理该特别财团。[2] 但需要指出的是，财团（patrimony）和人格（personality）并不是一回事，但也不是完全分裂的两个概念。人格意味着拥有财团，但是一个特别财团可能表明具有人格（personality）或者准人格（quasi-personality）。[3]

（二）大陆法系法教义学的视角：信托财产的实质法主体性理论

日本学者四宫和夫教授提出了“信托财产实质性法主体性”学说，该学说虽然一直不被日本学界所承认而没有成为日本的通说，但是“其内容却充分表明它们是该学者进行殚精竭虑的思考的结果，对于这一思考所具有的明显的创造性，应当给予较高的评价。”[4] 四宫和夫教授从三个方面展开论述。

第一，信托财产是从信托关系当事人中独立出来的财产，该财产受到信托目的的拘束，具有内部的统一性和独立性。信托目的独立于委托人、受托人和受益人，所以信托财产不属于受托人、委托人和受益人，也就是说，信托财产一方面排除了委托人和受益人的完全所有权（完全権）。另一方面，信托财产也独立于法律上的所有权人固有财产。[5] 换言之，首先，信托目的的存在使信托财产成为了一个事实上不归属于任何人的财产——目的财产。具体而言，日本旧《信托法》第14条承认了信托财产的物上代位性，这是信托目的统合个别财产，信托财产具有统一性的体现。其次，信托目的还赋予了信托财产独立性。信托目的是按照委托人的意思设定的，但是却不是为了委托人的利益，而是指向受益人的利益。四宫和夫教授还用公益信托举例，在公益信托终了时，如果信托财产没有归

---

〔1〕 参见李清池：《商事组织的法律结构》，法律出版社2008年版，第121页。*See* George G. Gretton, Trusts without Equity, 49 *International & Comparative Law Quarterly* 557, 610 (2000).

〔2〕 *See* Civil Code of Quebec (1991) § 1260.

〔3〕 *See* George G. Gretton, Trusts without Equity, 49 *International & Comparative Law Quarterly* 557, 602-17 (2000).

〔4〕 张淳：《信托法哲学初论》，法律出版社2014年版，第244页。

〔5〕 参见日本《信托法》(1921) 第15条、16条、17条、18条、22条、30条、31条。

属人，主管机关可以按照近似目的原则将财产转移给其他公益信托。这一近似目的原则（可及的近似の原則）即体现了信托关系发生后信托目的并非必须依附于委托人的意思，而是完全独立的。但是，虽然信托目的指向受益人的权益，但并非是无条件地以受益人的利益为基准，而是以委托人已做出的意思表示为基础。最后，尽管《日本信托法》赋予受托人信托财产的名义上的归属权，但是信托目的却对受托人的行为作出了限制，受托人不能将信托财产用于自己的一般生活目的。这三点都说明了信托财产只属于目的，而不属于委托人、受托人或者受益人。

第二，四宫和夫教授提出信托财产可以与其他主体建立法律关系，说明了信托财产具有超越个人的因素。一方面，信托法规定了受托人的求偿权和赔偿责任，[1] 这意味着事实上认可了信托财产和受托人之间的关系，尤其是在旧《日本信托法》第30条中受托人的人格是分裂的：作为信托财产所有者的受托人和作为固有财产所有人的“受托人”。作为信托财产归属主体的受托人的独立性实际上只是作为客体的信托财产独立性向主体方向的体现而已，因此受托人人格分裂的拟制其实就是信托财产能够成为事实上的法律关系的一方。如此一来，在受益者不特定或者尚未存在时，受托人的义务也就能更为清楚地说明。另一方面，从受益人角度来看，旧日本《信托法》第9条规定受托人对受益人所承担的给付义务以信托财产为限。[2] 受托人无需用自己的固有财产清偿信托财产产生的债务，在受托人更换的情况下，由信托行为产生的针对受益人的给付义务由新的受托人继承[3]，与其说受托人对受益人负有给付义务，不如说因为受托人是信托财产的名义上的管理人，这个债务不过是受托人的“名义义务”，真正承担该义务的是信托财产本身，而受托人只是负有作为管理者的履行该义务的义务而已。

第三，信托财产若想要发挥其机能，必须具备现实的活动能力，也就是说让信托财产可以适用自然人以外法主体活动的法律规则。受托人不是信托财产的“机关”，而是作为信托财产的“代表”，把受托人的行为看成是为了达成信托目的信托财产的行为。首先，在法律行为的场合，如果信托财产对第三人产生债

---

[1] 参见日本《信托法》(1921) 第27条、29条、36-38条。

[2] 参见日本《信托法》(1921) 第9条。

[3] 参见日本《信托法》(1921) 第52条。

务，法律虽然将受托人作为第三人的债务人来对待[1]，但此时受托人的债务行为并没有对信托财产产生拘束。而且因信托事务的处理产生的义务，第三人可以针对信托财产申请强制执行。[2] 在受托人更换的情况下，信托财产的债务由新的受托人承受。由此可见，受托人的债务是一种对第三人的外部关系，用于补强信托财产的信用能力。事实上发生的法律关系其实是在第三人与信托财产之间。其次，旧日本《信托法》第31条规定，违反信托本旨所做的对财产的处分结果先是被认定为有效的，但是登记或者应当登记的财产却没有完成登记时，交易相对人只有在具有恶意或者重大过失的情况下，受益人才可以取消该交易。[3] 然而受益人的取消权只是受托人超越权限行为法律结果的一种而已，而不能说受益人是信托财产的所有人。信托财产自身具备不完全的法主体性。[4]

为了说明信托财产可以成为一个被法律承认的法主体，日本学者四宫和夫教授在《日本民法总则》一书中将团体需要获得法律人格的条件概括为三个“契机”，具体指实体性契机、价值性契机和技术性契机。[5] 实体性契机是指事实上是否存在“团体”，成为一个团体需要有独立的财产和独立的意思表示机关。如上所述，信托已经具备这一条件。价值性契机是指法律赋予团体以人格是否能达到社会功效，也就是作为一个团体出现是否优于个人从事经济活动，组织优于个人主要体现在经济效率上，团体作为交易的相对人可以很大程度上减少交易的成本，同时由于团体具有自己独立的财产，也便于交易时第三人的信赖保护和责任追究。“技术性契机”是指在法律技术上如何承认该团体的形式标准，如公司有一套登记技术。在美国很多州已经突破了这一技术性障碍，如美国《堪萨斯州商事信托法》就突破了这一技术障碍，认为商事信托是未组建为公司社团法人的商业联合体。[6] 在我国，信托能否成为一个被法律承认的主体的最大限制来自

---

〔1〕 参见日本《信托法》（1921）第25条、第36条。

〔2〕 参见日本《信托法》（1921）第16条。

〔3〕 参见日本《信托法》（1921）第31条。

〔4〕 参见四宫和夫：《信托法》（有斐阁1986年版）第69-74页。

〔5〕 参见四宫和夫：《日本民法总则》（有斐阁2014年版）第75-76页。

〔6〕 See Kansas Business Trust Act § 2 (1961). 商事信托是一种未组建为公司社团法人的商业联合体，通常被称为普通法信托、商事信托或马州信托，以信托文件为设立依据，信托财产由受托人为了可转让收益凭证的持有人而保有、管理、经营、控制、投资、再投资或者运营，受益凭证持有人如同营利性公司的股东一样受有限责任的保护。

"技术性契机"，目前法律还没有为信托提供一套如同成为公司的登记程序，所以还不能成为一个具备实质要件和形式要件的法主体。

三、信托财产法律主体化程度的厘定

（一）需要澄清的概念：法律人格与法律主体地位

商主体法律人格要素在于独立财产与独立意思，公司、合伙、个人独资企业在法主体人格要素上并无本质区别，只是在组织形式、责任承担方面具有差别。[1] 独立财产既是商主体从事经营活动的物质保证，同时也是对外开展经济活动的履约保证。独立意思是该主体对外从事经营活动订立契约的工具，也体现了对外交往的能力。独立意思在组织体中的实现依靠的是组织体内部的意思形成机制，这可能是多数人按照一定的规则产生的意思，这与自然人是不同的。特别需要说明的是，这种独立意思分为静态意思和动态意思。静态意思是指设立时的目的意思，比如在设立财团时就已经决定了财团运作的目的，这决定了财团执行人的行为边界，执行人不得随意改变财团的目的。动态意思是指在运行过程中需要根据经营活动而进行不断调整的意思表示，比如在公司的运作中，按照商业世界的运作逻辑，经营活动是一个变化的过程，因此需要根据实际的经营状况做出调整，此时组织法就要提供一套独立意思形成的规则。只要同时具备了独立财产和独立意思就可以认为该组织具有了一定的主体性，但是并非所有具备主体性的组织体都获得了法律人格。接下来将以我国法律上所承认的三种法律主体进行说明。

我国法律上承认了个人独资企业、合伙企业和公司制企业三种类型的企业。这三种类型的企业均具有法律主体的地位，唯一的差别在于三者的出资方式和责任形式不同。企业则位于两者之间。个人独资企业虽然带有更强的自然人色彩，

---

[1] 参见范健、王建文：《商法总论》，法律出版社 2011 年版，第 200 页。

但是实际上相对于企业主，独资企业拥有自己的主体地位。[1] 合伙企业最大的特征在于人合性。在合伙企业发展的过程中，早期的欧洲大陆殖民强国葡萄牙和西班牙在其法律中规定，合伙与公司一样具有法律人格，这种资格来源于组成人员的人格和商法本身，无需主权者授予。[2] 后来的《法国商法典》明确了商事合伙是一种独立的企业形态，具体表现为合股公司与普通两合公司。虽然法国、德国等主要欧洲大陆国家拘泥于法人理论的认识，没有在立法上明确赋予商事合伙以独立的人格。但是现代各国基本上都以不同方式承认了合伙企业的主体地位。[3] 公司制的企业应当是最典型的企业形态，享有和自然人相当程度的权利能力和行为能力。公司的财产和股东的财产区分开来，股东享有有限责任的保护，而公司自己也有独立的人格，并不是股东意志的行使工具。

通过提取公因式，可以发现上述三种组织体所具备的相同要素在于：组织拥有自己财产以及具有意思表示的机构。其核心区别在于，组织的财产与出资人的财产之间的区分程度。换言之，主体性的差异体现在资产分割的程度上，法律人格的完整实现要求该主体真正为自己的行为承担责任，且阻断了组织财产与投资人、管理人、受益人的固有财产的关系。不具备法律人格的个人独资企业和合伙企业先以企业的财产对外承担责任，而企业主又对企业的债务承担无限连带责任，这其实类似于一种法定的信用担保。因为合伙企业和个人独资企业的组织形式比较简单，通常企业主就是内部人，因此内部人通常掌握了企业的所有权利，对于交易相对人来说，只有监督每个内部人才能保证企业的财产不会被企业主侵害。这样的交易成本相对就较高，因此要求企业主为企业提供无限连带责任以保

---

〔1〕 我国《个人独资企业法》第2条将个人独资企业界定为“经营实体”，从而与企业主进行了区别，且在第8条又规定了设立个人独资企业所要具备的条件，由此可见，个人独资企业是一种独立于企业主的组织体。按照《个人独资企业法》的规定，个人独资企业有权使用自己的名义对外签订雇佣合同，有权申请贷款，有权取得土地使用权，同时还要按照法律的要求设置会计账簿，进行会计核算。结合《民事诉讼法司法解释》第52条明确了“其他组织”是合法成立、有一定的组织机构和财产，但又不具备法人资格的组织，包括个人独资企业，因此个人独资企业也拥有成为诉讼上当事人的能力。

〔2〕 参见马强：《合伙法律制度研究》，人民法院出版社2000年版，第27页。

〔3〕 参见范健、王建文：《商法总论》，法律出版社2011年版，第199页。按照我国《合伙企业法》的规定，合伙企业可以拥有自己的财产，并且合伙人不可以随意请求分割合伙企业的财产，合伙企业的债务先由合伙企业的财产进行清偿，按照《民事诉讼法司法解释》的规定也可以作为诉讼上的当事人。可见，合伙企业可以以自己的名义参与对外交流的活动，同时也可以自己承担责任。我国《中外合作经营企业法》规定了中外合作经营企业符合条件时可以取得法人资格，没有取得法人资格的中外合作企业仍可以以合伙形式存在。

护债权人的利益，这类似一种节约交易成本而设置的“法定担保”。而公司的组织形式保证了它在运行过程中可以保持独立于股东、经理人的意志（理想状态下），因此有限责任的保护并不会过分损害交易相对人的利益。

我们可以得出一个结论：法主体性不等于法律人格，法主体性体现为一种灵活的配置地位，当事人可以自己自由选择不同的组织方式从事相应的市场活动。选择什么样的组织形式，这取决于具体的生产经营要求和投资人的风险偏好和经营特点。法律所要做的并不是禁止尚未被承认法律人格的组织体进入市场，而是应该为不同的商事主体提供可以自由选择配置主体地位的可能性。

（二）信托财产的主体化程度与合伙和公司的比较

信托究竟是不是一种商业组织，美国法院也在这个问题上彷徨了很久，法院的态度在很长一段时间处于摇摆的状态。一会儿将信托认定为合伙，有时又会将信托认定为公司。在这种摇摆的过程中，一方面说明信托和合伙与公司之间的相似性，三者之间并没有不可消弭的差异，另一方面，在合伙与公司之间也可以对信托进行定位。

无论是英国还是美国，最开始的时候司法判例都不可避免地将信托认定成了合伙。因此，在早期的信托实践中，英美法系一般认为在合伙和公司之间没有中间形态的组织形式。而当时的信托受益人很有可能还保留信托财产的控制权，所以很容易被认为符合合伙的特征而被认定为合伙。[1] 法院在后来的司法实践中开始对合伙进行区分，先后提出了“受益人联合与受益人控制权的双重检验标准”与“受益人控制权单一标准”。受益人联合是指受益凭证持有人能够通过类似股东会这样的形式对管理财产的行为做出有拘束力的指示，所以受益人被看成是受托人所持有财产的真正所有人，或者说受益人是本人，受托人只是受益人的代理人。[2] 但是受益人大会机构的存在并不意味着受益人必然对受托人管理财产的行为可以作出指示，在存在多数受益人的情况下，受益人也需要对信托的存续、对受托人的监督、对信托的终止做出一些决定，但这些决定并不会对受托人管理权形成拘束。后来法院也认识到受益人之间的联合只是一种形式上的表现，

---

〔1〕 *See* Ricker v. American Loan Loan & Tr. Co., 5 N. E. 284, 285 (Mass. 1885).

〔2〕 参见季奎明：《组织法视角下的商事信托法律问题研究》，法律出版社2014年版，第71页。

而不是将其认定为合伙的本质标准。法院从 Crocker v. Malley 案开始以受益人控制权单一标准对信托和合伙进行区分。“受益人联合”标准开始被排除在信托与合伙的认定标准之外。因此，控制权是属于受托人还是属于受益人或者委托人会是决定其被认定为合伙还是信托的关键。抛开组织形式不谈，是合伙还是信托最主要的区别还是在于委托人或受益人是否要对信托财产自身的债务承担责任，换言之也就是委托人或受益人个人的资产是否要对信托财产的债务承担责任。因此，认定为合伙还是信托本质上是不重要的，即使是受益人或者委托人保留了对信托财产的控制，但是也可以将其认定为信托，只是此时保留了控制权的受益人或者委托人应当对信托财产的债务承担与控制权相当的责任。

如果说信托和合伙的区分结果还会影响到商业组织事实上的不同，比如认定为商业信托可以发行受益证券，而合伙则不可以发行证券。那么认定为公司和信托在某些场合就没那么重要了。信托可以提供与公司同等的资产分割程度，也可以提供与公司一样的有限责任的保护。在美国的投资基金中信托和公司是两种可以替代的选择，公司和信托之间并没有无法消弭的差异。

一般认为公司是具有法人格的主体，而合伙、信托则不具备法人格。虽然具有法人资格的价值在于拥有自主权和独立性，以及组织和股东责任的有限性，但这不是法人格的特有功能。法律人格本身是法律上承认法律关系的技术手段，这种方法最大程度地尊重了法人的独特性。拥有法人格的组织拥有其自身的权利能力，这意味着它代表自己参与各种民事诉讼活动，并且当该组织成为一个法人组织时，就会获得一个独立的人格和代表该组织的名称。组织的存续不受成员死亡、退出和破产等因素的影响。通过这种方式，法人组织和参与其他交易活动可以使法律关系得到简化，交易成本也会降低。〔1〕信托财产是否可以被法律认可更多的是一个价值判断和法技术的问题，不存在实质性的障碍。

将信托认定为一种组织，对于市场参与者来说，增加一种可供选择的商业组织形式，其本质是为了适应不同商业活动的需求。如合伙组织优势在于人合性强，意思自治的自由更大，且设立程序简单，不需要双重征税，劣势在于无法完全切断设立者与合伙企业的风险。这些特征决定了更适合从事规模较小，管理权和所有权紧密相联系的行业。与合伙相比，信托最大的优势在于可以维持信托的

〔1〕参见朱慈蕴：《公司法人格否认法理研究》，法律出版社 1998 年版，第 41-42 页。

存续性，合伙人的死亡或者退伙会造成合伙的终止，而信托中设立人或者受益人的死亡并不会造成信托的当然终止。[1] 而公司的设立必须具备完整的组织机构，公司意思的形成必须遵守相应的程式规范，并且公权力还会有较大程度介入，要求其接受年检等制度。这是因为股东受到有限责任的保护，所以公司的持续经营必须有相当程度的信息公开以保障债权人的利益。此时由于公司和信托在运作方式的差异，可以在不同场合发挥各自的优势。根据现行的情况来看，最适合从公司转变为商事信托的业务是那些产生稳定现金流且不要求进行大量资本再投资的企业。[2] 公司是一种动态的经营，不只是财产的集合，人的因素也扮演了很重要的角色，生产的扩张需要进行再投资。在这个动态的经营过程中，债权人的利益的保护就成为了公司法所要调整的重要部分。与此相对，信托更接近于静态的经营。比如在资产证券化中，当可以在未来产生稳定现金流的财产被转让给特殊目的信托，信托本身不需要进行经营，收益的支付依靠的是未来债权的收取情况，而非受托人的管理。对于市场主体来说，根据自身的经营情况、经营目的，在不同的组织形式之间进行选择，是改善市场整体经营水平的方式，法律一方面为经营者提供了选项，另一方面可以节省因为程序产生的不必要成本。

（三）商事信托与民事信托财产法律主体性之比较

信托制度因其灵活性，可以在很多领域发挥出不同的功能。以运用方法的不同进行分类，信托可以分为民事信托和商事信托。民事信托以长期的财产管理为目的，其功能主要是为了家族代继之间的财产传承与财产管理。委托人向受托人无偿转移财产，受托人为了受益人的利益进行财产的管理。民事信托建立在委托人、受托人和受益人三者的关系中，大多数情况下委托人和受益人并非同一人。[3] 商事信托与民事信托不同，财产的转让通常伴随对价的支付，委托人将所有的财产转移给受托人，并且以自己为受益人设定信托。现代商事信托已经完成了管理个人财产向形成个人财产的功能转换。[4] 在商事信托中，虽然委托人、

〔1〕 参见刘正峰：《美国商业信托法研究》，中国政法大学出版社 2009 年版，第 20 页。

〔2〕 参见新加坡商事信托法起草过程中的咨询和说明文件：Public Consultation on Regulation of Business Trusts，2003 年 12 月 10 日，载 http：//www. mas. gov. sg，最后访问日期：2018 年 12 月 20 日。

〔3〕 参见神田秀树、折原诚：《信托法讲义》，弘文堂 2014 年版，第 5 页。

〔4〕 参见沈四宝：《商事信托制度的现代发展》，载《甘肃政法学院学报》2005 年第 7 期。

受托人和受益人的三方结构并没有被打破，但是通常情况下，委托人与受益人为同一人。随着经济社会生活的发展，信托制度所拥有的组织功能和转换功能成为了信托的主要功能。[1] 信托因为拥有组织功能与转换功能，可以被运用于以融资为目的的金融活动和以资产管理为目的的投资活动中，最具代表性的是以信托方式进行的资产证券化和投资信托。

讨论商事信托与民事信托的区别事实上是一个很困难的话题，[2] 一般有以下几种标准对民事信托和商事信托进行分类：①受托人是否收取报酬；②受益人享有受益权是否支付对价；③受托人的行为是否是营业行为；④信托业者是否提供连续性、反复性的信托业务；⑤受益人是否是多数存在；⑥从信托类型看是否发行受益证券或者限定责任；⑦信托目的是否以盈利为目的；⑧关注受托人的作用或者信托本身的功能。[3] 日本学者神作裕之从三个层面提炼了区分商事信托和民事信托的方法，首先，以信托自身的目的，可以分为营利信托和非营利性信托；其次，从实现信托目的信托计划本身及受托人发挥的作用；最后，是否存在受益权及受益权内容。[4] 基于上述三个不同维度的区分，可以对民事信托和商事信托进行一定区分，信托自身目的是营利性的，受托人的作用超越了传统受托人被动管理和处分信托财产的权限，在信托设立后存在多数的受益人且可能存在流通的标准性的受益权凭证，具备上述三个特征的为商事信托。上述三个特征也决定了商事信托与民事信托在信托财产、受托人的权利义务以及信托的组织性程度方面存在区别。

基于上述三个方面民事信托和商事信托存在巨大的差别，尤其是核心要素信托财产这一环节，功能导向的差异显得特别明显。其一，由于信托目的限制了受

---

[1] 参见神田秀树、折原诚：《信托法讲义》，弘文堂2014年版，第4页。

[2] 国内对商事信托和营业信托有混用的现象，但商事信托和营业信托实属不同角度的信托分类，不能混为一谈。具体参见季奎明：《组织法视角下的商事信托法律问题研究》，法律出版社2014年版，第4-5页。另，商事信托所对应的英文分别有 business trust 和 commercial trust，business trust 是指狭义上的商事信托，特指一种与公司、合伙相对应的一种商事组织，而 commercial trust 则是一种广义上的商事信托，泛指在商业、金融及其他交易中的应用的信托，有多重具体信托构成。参见季奎明：《组织法视角下的商事信托法律问题研究》，法律出版社2014年版，第6页。国内存在一定的混用现象，本文讨论的是一种广泛意义上的商事信托，也就是在商业领域的具体应用信托。

[3] 参见［日］神作裕之：《日本信托法及信托相关法律的最新发展与课题》，杨林凯译，载《中国政法大学学报》2012年第5期。

[4] 参见［日］神作裕之：《日本信托法及信托相关法律的最新发展与课题》，杨林凯译，载《中国政法大学学报》2012年第5期。

托人管理处分财产的方式，在以营利为目的的商事信托中，并不是以传统的“trust”为基础，而是一种基于专业性的信任，受托人通常有特殊的才能和技术，并且极有可能同时被托付了若干事业。在这样的情况下，便会产生代理成本，受托人内外均面临着利益冲突的问题。因此，如何保证信托财产真正独立于受托人的固有财产且与受托人管理的其他信托财产相区别，便是重要的课题。其二，商事信托中，受托人通常享有更大的权力（powers），因为在商事信托中受托人需要对信托财产进行积极主动的管理，极有可能从事较传统信托风险更高的投资活动，如将委托人转移给受托人的金钱进行证券投资、发放贷款等投资活动。在这样的情况下，信托财产就被暴露在较大的风险中，如果不能一定程度上限缩受托人的个人责任，换言之，受托人的固有财产是否需要对信托财产承担责任，这将极大地影响受托人在商事信托中的管理积极性，甚至会影响整个行业的发展。其三，在商事信托中受益人通常是多数存在的，并且会发行标准化的流通受益权凭证。受益人通常扮演着监督受托人行为的角色，是可以强制执行信托的人，如果存在大量的受益人且受益权是可以自由流通的，那么受益人可能也会像上市公司的股东一样选择“用脚投票”或者选择“搭便车”等待其他受益人行使这一权利。那么就会出现一个问题：谁来监督受托人是否按照信托目的行事呢？在我国语境下，虽然委托人保留了很大的权限[1]，但是在商事信托中委托人与受益人同为一人时，上述问题反而被加剧。由于缺乏信托关系中的监督，受托人便有可能滥用其职权，做出违背信义义务的行为，危害到信托财产的安全。

为了解决上述三个问题，一方面，可以通过强化受托人的信义义务达到信托财产独立性的实现，另一方面，通过承认信托财产的相对主体性也可以解决这一问题。强化受托人的义务不是本文的讨论重点，本文将重点讨论对信托财产作出的特殊安排。如果信托成为一个“自己拥有自己”的主体，受托人作为信托财产的执行机关，一方面，实现了信托财产独立于受托人固有财产的要求，并且也理顺了受托人对信托财产负责的逻辑，使受托人受到有限责任的保护；另一方面，对于没有衡平法土壤的大陆法系来说，不必受英美法系“双重所有权”的迷惑，在不破坏本国法律体系的情况下使信托制度服大陆法系的水土。

---

〔1〕 我国《信托法》第20条规定了委托人有权行使对受托人的监督权；第22条在受托人违反信托目的或违背管理职责、处理信托事务使信托财产受到损失的，可以要求受托人赔偿，还可以撤销受托人的处分行为；第23条委托人有权按照信托文件解任受托人或者请求法院解任受托人。

（四）当事人选择对信托财产主体化程度的影响

民事信托和商事信托存在的巨大差异会导致信托财产的主体性安排存在一定的差异。而商事信托内部因其功能不同，在承认信托财产具有一定主体性的前提下，主体性也存在差异。如果我们把目光集中于商事信托内部，通过分析商事信托内部的区别，也可以发现在信托财产主体性这一问题上，不同的交易模型交易架构当事人通常会有不同的安排。

下面将以证券公司理财计划为例，从受托人义务的角度分析信托财产的主体性程度。讨论这一问题，首先需要明确的前提是纷繁多样的资管计划是否属于信托法律关系。对于这一问题，学界形成了较为一致的共识，市场上大多数冠以资管产品之名的“理财产品”几乎都是利用信托原理构造出的信托交易架构。虽然我国市场上的产品存在刻意规避使用信托这一名称的情况，但是究其本质并没有跳出信托法律框架。认定为信托的关键在于是否可以界分出范围明确的特殊目的信托财产，并在此基础上规范委托人、受托人和受益人之间的关系，同时也要处理好信托财产在交易中与第三人之间的关系。从这一角度出发，市场上纷繁的理财产品均可落入信托的范畴。[1] 其次，为什么选择证券公司的理财计划作为分析的样本，是因为券商系理财产品最具代表性，贯穿了投融资链条，产品最为丰富，银行理财产品和信托公司产品都没有超出券商系理财产品的范畴。[2] 最后，为什么选择从受托人角度分析信托财产的主体性程度。受托人在信托关系中承担着管理信托财产的义务，参与了信托的设立、存续直到终止整个过程。受托人的权限的反面是委托人或受益人对信托财产控制权的保留程度，而这两方面受托人的权限和委托人或受益人对信托财产控制权的保留程度对于会计主体的认定、信托财产的归属具有重要的影响。另外，受托人的义务内容可以体现信托交易结构和信托目的的区别。

券商系资管计划可以分为：定向资管计划、集合资管计划、优先—劣后的结构化资管计划、特定目的的专项资管计划（资产证券化）。证券公司资产管理的范围涵盖了从结构融资到受托投资管理的各类活动，发挥了资产管理、融资借

---

〔1〕 参见季奎明：《论金融理财产品法律规范的统一适用》，载《环球法律评论》2016年第6期。

〔2〕 参见刘燕：《资管计划的结构、功能与法律性质——以券商系资管计划为样本》，载《投资者》2018年第3辑。

贷、融资担保等不同功能。[1]

定向资管计划是指证券公司通过单一资产管理计划，通过合同约定权利义务关系，使用专门账户管理客户委托资产的活动。[2] 在定向资管计划中，只存在一个委托人，且受托人将按照合同的约定管理被委托的财产。在这种交易架构中，受托人享有最大程度的管理权，但委托人还是可以通过事前的合同约定限制受托人的行为。

集合资管计划是指专业受托人接受多数委托人的委托，将其委托资金汇集在一起进行投资的活动。由于证券监管规则明确要求集合资金计划不能做通道业务，因此受托人必须履行主动管理的职责。另外，由于该交易架构中，信托计划是由受托人发起的，且存在多数的委托人（受益人），事实上决定了受托人必须履行主动管理的职责，集合资管计划才能顺利运作。

结构化的资管计划属于集合资管计划的变形，在基本的交易架构中，委托人和受益人均为投资者，受托人接受投资者的资金，以投资者为自益人发行受益证券，融资人通常是被排除在信托的交易结构中的。在结构化的资管计划中，通常存在两个委托人或者称为两种受益人，其中一个是优先受益人，另一个为劣后受益人。优先受益人一般是银行理财产品，劣后受益人一般是发起信托的真正融资人。这种优先—劣后安排的实质，是劣后受益人向优先受益人融资，融资所得用于购入证券市场的股票。在这一架构中，受托人按照劣后受益人的要求购入股票，并且持有该股票。为保障优先受益人的权益，受托人在股票价值下跌时，会强制平仓。也就是说，所购买的股票其实是劣后受益人融资的担保品而已。受托人在这里所需要履行的职务主要是持有该融资的担保品。[3]

特定目的的专项资管计划是指资产证券化。通过使用 SPV 架构，向受益人发行受益证券，通过购买能够产生稳定现金流的基础资产，将收益分配给受益人的资产管理业务。[4] 这里存在两个问题。其一，证券公司主导的资产证券化是

[1] 参见刘燕：《资管计划的结构、功能与法律性质——以券商系资管计划为样本》，载《投资者》2018 年第 3 辑。

[2] 参见《证券公司定向资产管理业务实施细则》第 2 条。

[3] 参见刘燕：《资管计划的结构、功能与法律性质——以券商系资管计划为样本》，载《投资者》2018 年第 3 辑。

[4] 参见《证券公司企业资产证券化业务试点指引（试行）》第 2 条。

从投资者视角进行描述的，该架构似乎认为投资者是委托人，并且以自己为受益人设立的一个信托用于购买基础资产。那么该交易结构与集合资金计划有何区别？其二，按照法律规定[1]融资人被认为是委托人，而受益人是投资者，形成了“他益有偿信托”的扭曲结构。[2] 从美国经验来看，典型的资产证券化应当是以融资人为中心，以融资人为发起人和委托人将基础资产转让受托人，并以自己为受益人设立信托，由受托人对受益证券进行结构分级，由融资人保留劣后级的受益证券，将优先级证券转让给市场上的投资者。在这种架构下，融资人占据了整个交易的主导地位，受托人更像是履行辅助义务的执行人。虽然我国的资产证券化存在逻辑上不能自洽的问题，但是在这种结构性融资交易架构中，劣后的融资人仍旧对融资活动实施控制，受托人并没有事实上独享主动管理权，至少可以说管理权是与委托人（融资人）分享的。

通过上述分析，受托人的角色在不同的交易结构中是不同的：

（1）在定向资管计划中，由于其权限取决于合同的约定，既有可能是主动管理，也可能是事务管理，甚至有可能只是通道。[3]

（2）在集合资管计划中，在存在多数投资人的交易结构中，通常情况下受托人享有主动管理的职责。

（3）在结构化的资管计划中，交易的本质是劣后级受益人向优先级受益人融资从事相关投资活动，优先受益人通常是取得类似股东的回报（本质更像债权人，但是由于优先受益人的回报取决于信托是否有盈利，回报原则上应当是不固定的），所以实质是担保融资。在这种交易结构中，受托人的任务主要是职务性的管理工作。

（4）在典型资产证券化中，由于存在结构性安排，受托人的角色也更接近事务管理者的身份，主要工作是负责监督 SPV 现金流流向投资人。

上述分析可以初步得出一个结论：存在结构性安排的交易结构中，受托人的

---

[1] 参见《信贷资产证券化试点管理办法》第 2 条的规定，资产证券化是指银行业金融机构作为发起机构，将信贷资产信托给受托机构，由受托机构以资产支持证券的形式向投资机构发行受益证券，以该财产所产生的现金支付资产支持证券收益的结构性融资活动。

[2] 参见楼建波、刘燕：《论信托型资产证券化的基本法律逻辑》，载《北京大学学报》2006 年第 4 期。

[3] 参见刘燕：《资管计划的结构、功能与法律性质——以券商系资管计划为样本》，载《投资者》2018 年第 3 辑。

角色更接近于一个事务管理者。而单层的交易结构中，由于存在多数的平级投资者，受托人的角色更接近主动管理者。换言之，在以融资为目的的交易安排中，由于作为委托人（受益人）主导了融资的过程，且因为结构性的安排不能真正实现信托制度所要求的控制权的转移，因此在这样的情况下，信托财产其实并没有完全实现独立的要求，即使是在商事领域，信托财产的主体性因为无法满足完全独立性的要求而有所欠缺。而在受托人履行主动管理的交易结构中，由于多数委托人（受益人）在事实上并不能控制受托人的管理活动，也就不能控制信托财产，因此信托财产事实上与委托人（受益人）的财产区分开，信托财产的主体性特征更为明显。需要强调的是，即使委托人（受益人）保留了一定程度的控制权，也不意味着信托财产不存在主体性，而是这种主体性呈现出一种梯度化的差异。

四、赋予信托财产主体性的法律实现路径

（一）金融领域的实践和比较法经验

目前实践中也开始承认信托财产的主体地位，尤其是在金融领域，信托财产被当作一种特殊机构投资者，不同程度获得了主体地位。[1] 具体而言，在证券市场，中国证券登记有限公司在《特殊机构及产品证券账户业务指南》中明确规定证券公司可以为资产管理计划开设账户，证监会也认可了资管计划作为上市公司股东的资格；在银行间市场，中国银登中心也为信托计划或理财计划提供了备案，将上述两种计划认定为投资者[2]；2016年央行8号文件将资管计划、理财计划等视为非法人合格机构投资者。[3]

以上实践虽然尚未将信托财产作为一个等同于公司或者合伙的法律组织，但是在交易领域不完全地承认了信托财产主体性地位。得益于中证登、银登中心、基金业协会所提供的登记场所和程序，使得信托财产至少在金融领域获得了对外

〔1〕 参见楼建波、刘燕：《企业并购中的资管计划——以SPV为中心的法律分析框架》，载《清华法学》2016年第6期。

〔2〕 参见《银行业信贷资产登记流转中心信贷资产收益权转让业务规则（试行）》所提供的备案报告内容，明确了投资者包括机构、银行理财计划、非法人产品和个人四大类。

〔3〕 参见楼建波、刘燕：《企业并购中的资管计划——以SPV为中心的法律分析框架》，载《清华法学》2016年第6期。

进行交易的能力。

从我国金融市场的实践来看，其具有两个特点：其一，赋予信托财产主体性是分阶段、分层次的。对于商事信托来说，最为重要的是获得经营能力和对外进行交易的能力，应当先承认信托财产在交易活动中的主体地位。然后承认其具有适格的诉讼主体地位。最终就是赋予信托财产拥有完整法人格的主体地位。其二，赋予信托财产主体性依托于登记备案的平台。无论是资管计划可以作为上市公司的股东，还是可以作为投资者，均需要一定的平台进行资格的确认。最后，赋予信托财产主体性依据的是现有金融基础设施的规范文件，体现的是市场主体的意思自治。

关于承认信托主体资格的立法例主要有两种。一种是“信托法默示规范主义”，另一种是“公司法默示规范主义”。前者如最早出现的马萨诸塞州制定法，商事信托可以作为市场交易的主体，并且可以成为诉讼中的相对人，但商事信托不能独立承担责任，外部关系仍要遵循普通法的规范。特拉华州则引领了另外一种立法趋势，即确定商事信托拥有类似公司的完整的主体地位，既可以独立承担民事责任，真正实现了受益人、受托人有限责任。后者如蒙大拿州、亚利桑那州，也将信托看作是具备独立主体资格的商业组织，并且赋予其缔约、诉讼和承担责任的全面能力。[1] 制定法信托有两个突出的特点：一是制定法信托需要遵循成文法关于设立法律主体的实体要件和程序要件，通常要求其经过登记才能设立；二是虽然制定法商事信托在成文法规定的范围内取得了相应的主体地位，但是各州所承认的主体地位并不完全相同，主要体现在是否可以独立承担责任这一点上。[2]

有学者比较了美国《统一成文信托实体法》、《特拉华州成文信托法》和《康涅狄格州成文法商业信托法》，这三部典型的信托成文法都是通过向州主管机关提交登记文件后才能设立。综合来看，设立一个成文法商业信托需要具备以下条件：①信托证书；②受益人的出资；③成文法商业信托的名称；④送达程序代理人。[3] 下面将对设立过程针对上述三部成文法做一些总结：

第一，设立成文法商业信托需要向登记机关提交信托证书。信托证书一般需

---

〔1〕 刘正峰：《美国商业信托法研究》，中国政法大学出版社 2009 年版，第 55-61 页。

〔2〕 季奎明：《组织法视角下的商事信托法律问题研究》，法律出版社 2014 年版，第 170 页。

〔3〕 于朝印：《特定目的信托法律研究》，西南政法大学 2012 年博士学位论文，第 62-70 页。

要包含下列内容：①成文法信托的名称；②受托人的姓名（或名称）及受托人的地址；③如果信托文件不是在递交的时候就生效的话，就需要包含证书将来生效的时间；④成文法信托的主要营业地址；⑤送达程序代理人的代理人；⑥受托人选择登记的信息。〔1〕前5项一般属于必要登记事项，第6项属于受托人可以任意选择登记的事项。与公司章程相比较，体现出了较大的选择性和自由性。信托证书的递交或者信托证书中所规定的生效的时间是成文法信托成立的时间，另外在特拉华州信托证书还可以作为成文法信托是独立法律实体的证明。〔2〕

第二，受益权人的出资。〔3〕除非信托文件有特别的约定，受益人的出资是一项必要条件。

第三，成文法商业信托的名称。《特拉华州成文法信托法》规定：①成文法信托的名称应当与州务卿办公室保留的、登记了的公司、合伙、有限合伙、成文法信托或有限责任公司的名字相区别，且与在本州从事经营或登记为外国的公司、合伙、有限合伙、成文法信托或有限责任公司的名称相区别；②成文法信托在其名称中应当包含一个受益者的名字，一个受托人的名字和其他人的名字；③成文法信托名称应当包含可以指示组织类型的字眼，包括公司、社团、俱乐部、基金会、基金、机构、财团、信托等，但是不可以包含有关银行及银行相关的字眼，除非该机构接受监管机构的监管。

第四，送达程序代理人。每个成文法信托都必须有程序代理人。一般程序送达代理人可以是成文法信托设立州的居民、公司、在本州从事活动的其他组织等。《统一成文法信托实体法》对程序代理人的限制更为严格，必须是本州居民或者在本州拥有办公地点且进行经营活动的法人组织。〔4〕

在未履行登记的情形下，制定法信托不成立，只是普通法信托，不享有作为制定法信托所享有经营能力、诉讼能力和交易能力。通过登记带来的直接法律效

---

〔1〕See Delaware Code Title 12 Chapter 38 § 3810 (2019). See Connecticut General Statutes Title 34 Chapter 616 § 34-305 (2012). See The Uniform Statutory Trust Entity Act § 102 (2009).

〔2〕See Delaware Code Title 12 Chapter 38 § 3810 (2019).

〔3〕See Delaware Code Title 12 Chapter 38 § 3802. See Connecticut General Statutes Title 34 Chapter 616 § 34-515 (2012). See The Uniform Statutory Trust Entity Act § 603 (2009). 受益权人向成文法信托的出资形式可以是现金、财产或提供的服务，或者是本票或者其他应当提供现金或财产的义务或提供服务的义务。

〔4〕See The Uniform Statutory Trust Entity Act § 209 (2009).

果是信托的主体资格被承认，此外登记可以作为信息披露的一个环节，这有利于交易安全的保护。正如上文所分析的那样，信托本身的资产分割程度是有区分的，不同的交易架构有不同的资产分割要求，在这种情况下，将登记作为实现主体性的手段可以使交易相对人了解到进行交易的信托的资产分割程度如何，究竟是否存在保留控制权的受益人，更好地对交易安全作出判断。同时，对于信托当事人来说登记也为他们提供了一个做出相反约定的制度，如果受益人对信托财产的债务不承担责任，那么通过在登记中明确的约定，可以实现受益人的有限责任。

（二）赋予信托财产法律主体性的中国路径

1. 信托财产的属性定位：从《民法总则》的“非法人组织”切入

在尚未专门为商事信托进行立法的背景下，首先可以以《民法总则》中的“非法人组织”概念切入，将信托财产认定为“非法人组织”，同时结合登记的程序，普遍赋予信托财产对外进行商业活动和成为诉讼中的主体的能力。

《民法总则》第102条规定了“非法人组织”。[1]《民法总则》要求这些非法人组织在设立时必须登记，并无其他相关的定义。我国《民事诉讼法》规定了“其他组织”。[2]“其他组织”视为与自然人、法人相并列的民事主体，并且具有诉讼和被诉的权利。[3]最高人民法院也在《民诉意见》中明确了“其他组织”的范围。[4]

从我国立法和司法的取向来看，成为“非法人组织”或“其他组织”的特征是：①依法成立，且通过登记获得了法律的认可；②有一定的组织机构，可以

---

〔1〕《民法总则》中的“非法人组织”是指规定了非法人组织不具有法人资格，但是能够依法以自己的名义从事民事活动的组织，包括个人独资企业、合伙企业、不具有法人资格的专业服务机构等。

〔2〕参见最高人民法院在《关于适用〈中华人民共和国民事诉讼法〉若干问题的意见》（下称《民诉法解释》）第52条：其他组织是指拥有财产，也具备一定的组织机构，但是不具备法人格的组织。

〔3〕参见《民事诉讼法》第48条：公民、法人和其他组织可以作为民事诉讼的当事人。法人由其法定代表人进行诉讼。其他组织由其主要负责人进行诉讼。

〔4〕参见《民诉法解释》第52条规定了“其他组织”的范围，包括：①依法登记领取营业执照的私营独资企业、合伙组织；②依法登记领取营业执照的合伙型联营企业；③依法登记领取我国营业执照的中外合作经营企业、外资企业；④经民政部门核准登记领取社会团体登记证的社会团体；⑤法人依法设立并领取营业执照的分支机构；⑥中国人民银行、各专业银行设在各地的分支机构；⑦中国人民保险公司设在各地的分支机构；⑧经核准登记领取营业执照的乡镇、街道、村办企业；⑨符合本条规定条件的其他组织。

保证正常的生产经营活动；③有一定的财产，财产和组织机构一样是为了保障日常的经营活动；④法律明文规定“其他组织”或“非法人组织”没有法律上的人格地位。“有法律上的人格地位”指的是像法人和自然人一样的主体，既可以让拥有名称对外缔约，也可以以主体自己所拥有的财产对外承担责任，最为重要的是“有法律上的人格地位”切断了这一主体与其他相关主体的财产关系。在自然人的场合，自然人自己的债务不会要求自然人的家属承担，公司法人的债权人也无权要求股东承担公司的债务，除非此时存在刺破的情形。②和③两点体现了成为一个组织的必要条件，①是一个法律技术的问题，而④则是一个政策判断的问题（在现在的法律环境下），④与其说是成为“其他组织”的条件，不如说是成为了“其他组织”的法律效果。因此，成为《民法总则》和《民事诉讼法》上的“非法人组织”或“其他组织”需要满足的条件仅为两个，第一个是存在独立对外承担责任的财产；第二个是拥有保证正常经营的组织机构。由此观之，商事信托既具备独立的财产，也具备为达成信托目的而存在的管理机构，完全满足成为《民法总则》和《民事诉讼法》上的“非法人组织”或“其他组织”的要求。

2. 信托财产取得法律主体地位的程序依托：以中国信托登记有限公司（下简称“中国信登”）为中心

第一，通过中国信登可以实现从客体登记转变为主体登记的功能。中国信登设立之后的主要工作是负责信托产品的登记。[1] 信托产品的登记意味着中国信登并不只是负责提供信托财产的登记，同时也包含着信托财产的相关要素，具体

---

〔1〕 根据中国银监会发布、实施的《中国信托登记监督管理办法》第 6 条规定，对于法律未做登记要求的其他财产，中国信登可以提供登记服务；第 7 条规定了中国信登具体的职能范围。《中国信登监督管理办法》第 7 条：经银监会授权或批准，信托登记公司依法履行以下职能：①集合信托计划发行公示；②信托产品及其信托受益权登记，包括：预登记、初始登记、变更登记、终止登记、更正登记等；③信托产品发行、交易、转让、结算等服务；④信托受益权账户的设立和管理；⑤信托产品及其权益的估值、评价、查询、咨询等相关服务；⑥信托产品权属纠纷的查询和举证；⑦提供其他不需要办理法定权属登记的信托财产的登记服务；⑧国务院银行业监督管理机构批准的其他业务。根据银监会《中国信托登记管理办法》第 2 条以及第 5 条的规定和定位，信托登记是指中国信登对信托机构的信托产品及其受益权信息、银监会规定的其他信息及其变动情况予以“记录”的行为。参见《中国信托登记管理办法》第 16-21 条。信托公司在集合资金信托计划发行日五个工作日前或者在单一资金信托和财产权信托成立日两个工作日前申请办理信托产品预登记（简称信托预登记），并在信托登记公司取得唯一产品编码。然后在信托成立或生效之后十个工作日内办理信托初始登记和受益权登记。在运营过程中，如果信托登记事项发生重大改变，需要进行变更登记包括信托更改登记和受益权更改登记。

而言包括《信托登记管理办法》中第9条所规定的要素，信托产品登记由信托机构提出申请，信托登记的信息包括信托产品名称、信托类别、信托目的、信托期限、信托当事人、信托财产、信托利益分配等信托产品及其受益权信息和变动情况等信息，这些信息涵盖了信托的基本要素，与法律主体登记的要素几乎相同。

通过与我国其他法律主体登记事项的比较，以及与国外比较法登记事项的比较可以看出，信托产品的登记事实上满足了登记为一个法律组织所必须具备的各项要素。中国信登通过提供信托产品登记的方式可以实现将信托财产作为客体登记转变为信托财产主体登记的功能。中国信登可以作为一个统一的登记平台，为“信托产品”提供一个登记，使经过登记的信托产品获得更高的主体化程度。

此外，中国信登登记可以成为信托组织成立和获得独立法律主体地位的证明。比较法上通过信托的登记实现的一般是两种效力：一是确认了信托组织的成立时间，意味着登记了信托主体可以作为一个市场主体以自己的名义从事商业活动。二是作为独立法律主体的证明效力，这是在登记生效时候对外产生的公示效力。如果信托没有经过登记，那么它就只是普通法信托。不享有成文法信托有限责任的保护，原则上受托人还是需要对信托产生的债务承担连带责任。在处理对外的交易关系时，应当遵循外观主义的原则，将作为当事人的受托人对信托财产的债务承担无限责任作为默示规则。登记后的信托财产获得类似于合伙和公司的法律主体地位，尊重当事人的意思自治。

中国信托所负责的信托财产登记的登记效力目前在立法上尚未澄清。中国信登提供的信托产品的登记是一种“记录行为”。由于《信托登记管理办法》使用了“记录”一词，究竟是确权登记还是证权登记，登记的效力并不明确。此外，《信托登记管理办法》将信托产品的登记分为预登记和初始登记，而没有规定设立登记。该办法第10条规定了信托的预登记，第11条规定了信托产品的初始登记。那么也就是说，办理初始登记时信托应该是已经成立，那么中国信登的登记应当只是对信托成立的事实确认。从“记录”和“初始登记”的行为表述来看，中国信登目前还只是对信托成立事实的一种确认而已，尚不能通过登记把信托财产从客体变为主体。若要实现中国信登主体登记的职能，需要对该登记模式进行一定的完善。笔者建议应当将信托产品登记的效力确定为商事组织正式成立的时间，以及登记之后才可以获得作为一个法律组织活动所具备的权利能力。

第二，理清预登记和初始登记效力的问题。中国信登采用了预登记加初始登记的方式，在预登记和初始登记之间为信托正式成立生效的时间。因此需要对预登记和初始登记的效力进行一定的区分处理。首先，对于已经成立生效的信托，在中国信托登记，应该将其认为是主动寻求法律主体性的意思表示。在获得了中国信托的登记之后，登记的时间就是信托财产成为一种法律主体的时间，在尚未取得登记之前只能作为一种普通的信托存在，不能够被认定为“非法人组织”和“其他组织”，无法享有作为一个法律主体所享有的权利，包括诉讼和被诉的权利，以自己的名义对外签订合同的权利等。一旦获得了中国信登的登记，就可以享有上述作为法律主体的权能。这也是信托主体登记自愿性原则的体现。其次，对于尚未成立的信托产品，由于存在预登记和初始登记两个环节，同时还包括变更登记、终止登记。中国信登应当明确预登记和初始登记环节登记之后产生的法律效力为何。对于预登记，从法条的表述来看，更像是一种信托产品信息的公布，与信托成立生效无关。初始登记是在信托成立后的登记，因此在初始登记和信托成立之间存在时间差，为了使信托成立后获得初始登记，应当使初始登记具有溯及效力。进行了预登记之后并成功设立了信托，在此之后又获得了初始登记，信托财产获得主体性的时间应当确立为信托设立之时。

五、结语

信托财产的法律主体性是实质存在的，如果能在立法上给予信托财产一个法律主体的地位，将会给信托的发展带来许多便利。以中国信托登记有限公司成立为契机，给信托财产一个登记平台，在尊重当事人意思自治的前提下，使信托财产获得一定主体定位，是解决目前实践中困惑的可行路径。

（初审：蔡卓瞳）

担保信托法律构造的解析与释疑

孙全富*

内容提要：以担保债权实现为目的而创设的担保信托作为信托的一种，既具有信托财产独立、受托人严格履行信义义务的信托共性，又具有信托财产权转移而优于抵押、质押、留置等传统担保方式的特性。我国在引入担保信托过程中，面临着受托人选择不明确、对信托担保关系解释不统一的困境。结合我国《信托法》，受托人既可是债权人，也可以是第三人。受托人选择的不同，三方主体间法律关系构成则略有差异。应在明晰担保信托法律结构的基础上确定财产所有权的归属，同时完善与担保信托相适应的信托登记制度，从而发挥担保信托保护债权实现以及维护交易安全的制度优势。

关键词：担保信托　所有权移转　信托登记

关于担保信托的讨论一直停留于理论层面，细究缘由，盖因我国财产所有权制度所限。以让与担保为例，尽管具有明显的制度优势，因不容于我国确定的单一所有权制度，而为制度设计所摒弃。事实上，我国《信托法》以信托法律关系当事人的权利义务为中心构建我国的信托制度，放弃了确定信托财产所有权归属的努力，从而造成了信托财产所有权无所依归的局面。[1] 囿于我国信托财产所有权移转的限制，担保信托仅能在现有法律罅隙中寻找解释空间。这种夹缝中求生存的样态严重阻碍了制度的适用与发展。

---

* 孙全富，五矿矿业控股有限公司职员，中央财经大学经济法学硕士。

〔1〕 参见温世扬、冯兴俊：《论信托财产所有权——兼论我国相关立法的完善》，载《武汉大学学报（哲学社会科学版）》2005年第2期。

由此，学者的主要关注点仅集中于担保信托的定义、构成、制度优势等担保信托的制度性介绍。[1] 同时，因认识的差异，导致担保信托与让与担保的概念混同，二者等同互换的表述也时有发生。[2] 对担保信托法律关系的梳理，学者的研究尚未倾注过多的关注。随着担保信托实践应用对担保信托法律关系的不断叩问，担保信托性质确定、担保信托法律关系中三方主体关系的梳理应当得到制度研究的重点关注。

一、担保信托概述

（一）担保信托定义：以担保为目的的信托型构造

提及信托，多数人认为起源于英国。与之不同的是，法国学界则认为信托技术发端于罗马法时代。[3] 以担保债务履行为目的的“担保信托”（fiduciacum-creditors）、以管理财产为目的的“管理信托”（fiduciacumamico）以及以转让财产为目的的“转给信托”（fideicommis）共同构成了罗马法体系下的信托模式。[4] 对担保信托概念的认定，学界现有的认识大体相近。通说认为，所谓担保信托[5]是指，在商品交易往来中，为担保某特定债务，维护交易安全，基于对受托人的信赖，委托人将其财产所有权转移给受托人，而受托人出于受益人利益保护之目的，以自己的名义对受托财产进行管理和处分。上述定义简要揭示了担保信托的构建框架，需注意的是，在这一结构中委托人主要为债务人，而受托人则既可以是债权人也可以是第三人，受益人则处于动态变化之中。依照合同约

---

〔1〕 参见李世刚：《论〈法国民法典〉对罗马法信托概念的引入》，载《中国社会科学》2009 年第 4 期；唐义虎：《论信托型担保》，载《云南大学学报（法学版）》2005 年第 5 期。

〔2〕 例如：“法国信托立法意味着全面承认‘担保信托’，即‘让与担保’”的表述，实质上是担保信托与让与担保的等同。参见李世刚：《论〈法国民法典〉对罗马法信托概念的引入》，载《中国社会科学》2009 年第 4 期。

〔3〕 参见李世刚：《论〈法国民法典〉对罗马法信托概念的引入》，载《中国社会科学》2009 年第 4 期。

〔4〕 另外两种形式分别是以管理财产为目的的“管理信托”（fiducia cum amico）以及以转让财产为目的的“转给信托”（fideicommis）。参见李世刚：《论〈法国民法典〉对罗马法信托概念的引入》，载《中国社会科学》2009 年第 4 期。

〔5〕 学者胡卫萍将之称为信托型担保，李世刚将之称为让与担保型信托，为使表述的同一性，本文采担保信托之说法。参见胡卫萍：《信托型担保的基本原理及其效能分析》，载《老区建设》2014 年第 4 期；李世刚：《法国担保法改革》，法律出版社 2011 年版，第 194 页。

定，当债务人完全履行债务，则信托关系中的委托人（债务人）作为受益人，接受信托财产的返还；但债务未履行或未完全履行之时，受益人为债权人，受托人得将等值于债务的受托财产进行折价或变价处理，或直接将受托财产所有权完全移转，用以偿还委托人（债务人）所欠之债务，不足偿还部分，尚需通过其他方式履行剩余债务。

（二）担保信托性质：名为担保，实为信托

担保信托创设之初，便以信托的结构担保债务人之债务。随着实践判例及理论探讨的不断深入，担保信托的法律构造日趋完善和成熟，对担保信托的性质认定也逐渐清晰。作为信托的一种形式，担保信托建立在“债权人之托”的基础之上，其目的是确保债权人债权的实现。因此，本质上担保信托仍属于信托，确保债权实现是目的，设定信托则属于实现特定目的的手段，对其规制还需要诉诸《信托法》。同时，在这一实施机制下，一旦债务人不能履行或不能完全履行债务，则触发担保机制。类似于保证人担保，受托人需作为担保人以信托财产为限承担担保责任，责任承担方式则是将担保物所有权移转给债权人。由此可知，在担保信托的担保方案设计中，既有担保人的担保，又有担保物的担保，同时也有所有权转移加以补充。担保信托本质上是信托，并在制度设计上又弥补了诸如抵押、质押、保证等单一担保方式所存在的不足[1]，是多种担保方式的集合。[2]

（三）担保信托特征：有效保障债权人利益，权利实现程序简洁

缘起于信托财产独立性的特点，信托财产的完整性不受受托人破产影响，从而债权人的权利得到最大的保障。财产独立性有利于保障委托人及债权人的合法权益，确保财产利益的实现。在担保信托中，当债务人未能如期完全清偿到期债务而触及信托担保的成就条件时，债权人可依据信托合同约定，取得信托财产所有权。在此过程中，无须经过诉讼便可确保担保债权实现。相比之下，抵押、质押等担保形式皆需要司法机关的介入。拍卖、变卖等形式实现债权增加了债权人

---

〔1〕 关于保证、抵押、质押等单一担保方式所面临困境的详细论述，参见马新彦：《现实担保的救济——来自美国信托担保制度的启示》，载《法制与社会发展》2000年第1期。

〔2〕 参见马新彦：《现实担保的救济——来自美国信托担保制度的启示》，载《法制与社会发展》2000年第1期。

的讼累，同时发起诉讼所需花费的时间、金钱，也提高了债权实现的成本。因而相比传统担保形式，担保信托具有不可比拟的程序优势。

（四）担保信托与让与担保关系之辨

承前所述，引入类似概念比较的讨论对全面认识担保信托的目的尤为重要。以往的论述中，常将担保信托与让与担保等同。事实上，二者各有侧重，制度设计存在较大差异。以对二者的认识为例，英美法与德国、日本的认识存在较大差异。英美法实践从所有权转移角度出发，并不认同让与担保即为信托，其通说认为让与担保是抵押人将财产的权利证书交付给债权人，但并不转移财产占有所作出的债权担保。[1] 从法律行为出发，德国、日本既有的判例及理论认识则认为让与担保即为信托。[2] 在法国法中，“所有权让与担保”更直接被称为“担保信托”（fiducie-sureté，也被译成“信托担保”）。[3] 担保信托与让与担保的模糊性认识对研究的深入造成了理论困扰，并给实务运用带来了操作难题。为此，对二者的区分，可以从下述四个方面加以考虑：

第一，担保权人的选择。让与担保，又称信托让与担保，[4] 意指债务人或第三人为担保债务清偿，将担保标的物所有权移转至担保权人用以担保其债权。标的物的返还以债务清偿为前提，否则担保权人有权就该标的物的价值受偿。[5] 作为权利移转型担保，担保条件的成就以权利移转为前提。虽然同样是借鉴信托的法律构造，但在权利主体的确定上，让与担保的定义表明，委托人是债务人或保证人，受托人为唯一权利人，即债权人。担保信托显然并未将受托人严格限定为债权人，而是把具有信托财产专业管理能力的第三人确定为受托人。让其参与信托财产的经营管理，既能有力地保证信托财产的保值增值，维护债权人的利益；也能降低信托财产价值减损的风险，避免债权人对信托财产的侵吞，有效维护债务人的合法权益。因而，担保信托受托人选择范围大于让与担保。

〔1〕 参见唐义虎：《论信托型担保》，载《云南大学学报（法学版）》2005年第5期。

〔2〕 参见唐义虎：《论信托型担保》，载《云南大学学报（法学版）》2005年第5期。

〔3〕 参见李世刚：《论〈法国民法典〉对罗马法信托概念的引入》，载《中国社会科学》2009年第4期。

〔4〕 参见余涛：《我国融资融券担保制度信托构造再解释》，载《证券法苑》2014年第11卷，法律出版社2014年版，第73页。

〔5〕 参见魏振瀛等主编：《北京大学法学百科全书》，北京大学出版社2004年版，第769页。

第二，是否转移直接占有。在担保信托中，信托财产权需移转至受托人，由受托人对信托财产进行管理和处分，信托财产由受托人直接占有。相比担保信托，让与担保虽移转所有权，但并非事实占有。信托财产一般为债务人或担保人（委托人）占有、管理和使用，故属于债务人或委托人直接占有信托财产。而债权人虽享有所有权，但属于间接占有，并不承担担保物的管理职责。因此，是否转移直接占有成为区分担保信托和让与担保的重要依据。

第三，从属性方面的限制。在性质认定上，让与担保通常被认为是从属于主债权的担保物权。当主债权消灭，则让与担保同样消灭。担保信托则以自己对财产的所有权的形式保证债权实现，突破了从属性的限制。[1] 作为单独构造的法律关系，担保信托虽以担保债权的实现为目的，但因其独立性，而不受原债权关系的拘束。当原债权债务关系消灭，担保信托关系并不直接归于消灭。对于信托关系的终止，则需要信托法律规定或信托合同中具体条款设计的明确约束。

第四，所有权与担保权混同。区别于担保信托，让与担保存在所有权与担保权混同的弊端。担保期间，担保权人享有的权利在所有权与担保权之间摇摆不定，致使当事人内部之间、当事人与债权人之间关系错综复杂。此问题根源在于，所有权的移转被用于担保功能，本质上变成了所有权与担保权的综合。但现实中所有权与担保权本应属于一组平行概念，二者混同实际上造成了逻辑上的混乱。既使得所有权权利形态发生扭曲，也致使所有权设定形同虚设。为此有学者引出担保信托的概念，即通过宣言信托把特定的财产设定为信托财产。债务人自己作受托人，受益人为债权人，受益权暂时不予实现，将担保期间形成的收益累计至信托财产。[2] 基于担保信托的架构设计，信托财产所有权移转至受托人，以满足担保目的。通过所有权形式保证债权实现，有效弥补了让与担保中所有权与担保权混同的不足。

二、国外担保信托制度比较及借鉴

诚如前述，信托制度的起源，学界并未形成统一的意见，但基本共识是最早的信托关系成形于罗马法的“遗产信托”。其后，11 世纪在“用益”（use）制度

〔1〕 参见庄加园：《教义学视角下私法领域的德国通说》，载《北大法律评论》2011 年第 2 期。

〔2〕 参见宋刚：《信托财产独立性及其担保功能》，北京师范大学出版社 2012 年版，第 185 页。

的基础上，英国发展起了本国信托制度，随后衡平法的兴起为英国信托制度创设了良好的制度环境。19世纪以后，国会相继颁布诸多法律、条例和法令，使其信托法日渐从习惯法走向制定法，并开始向系统化方向迈进。与此同时，伴随着殖民地的扩张，英国信托法被传播至世界各地。信托制度起源并兴盛于西方世界，对国外经验的有益借鉴有利于深入掌握并进一步完善我国的信托法律制度。

（一）英美法系担保信托的实践

英美法信托特殊之处在于确立了资产剥离及所有权分立模式。所谓资产剥离是指“自有资产”与“信托资产”相分离，所有权分立则是指“名义所有权”与“实益所有权”共存。美国法对信托的约束较为宽松，凡不违反法律及公共政策，为当事人所接受的信托条款皆不为法律所禁止，其担保信托因具有适用范围广、领域宽、担保效果好的特点，在信托实践中展现出鲜活的生命力。依照标的物种类及适用范围的不同，美国信托法将担保信托分为动产信托（Chattle Trust）、信托契书（Trust Deed）、设备信托（Equipment Trust）及信托收据（Trust Receipt）。[1] 同时，美国信托法创设了名义所有权及实质所有权概念以实现担保信托所有权移转的适法性。名义所有权是指信托财产一经交付，受托人即取得的财产法定所有权。而实质所有权是指受益人享有的衡平法上的所有权。[2] 当委托人（债务人）发生履行不能的情形，受托人则以享有名义所有权的信托财产担保债权人债权的实现。如前所述，在英美法视域下，信托财产的权利被一分为二，虽权利内容并非完全一致，但信托受托人和受益人均享有信托财产所有权。英美法系双重所有权构造构成了与大陆法系担保信托制度的重要区别。

（二）大陆法系担保信托的实践

在德国信托理论下，信托通常被理解为：某人受委托为他人利益或客观目的而处分物或权利。依据信托设立目的的不同，信托被分为管理信托（Verwaltung-

---

〔1〕 参见马新彦：《现实担保的救济——来自美国信托担保制度的启示》，载《法制与社会发展》2000年第1期。

〔2〕 具体表述为：在担保信托中“所有权的某些属性及法律上的所有权属于受托管理人，而另一些属性即衡平法所有权属于受益人”。参见周小明：《信托制度比较法研究》，法律出版社1996年版，第44页。

streuhand）和担保信托（Sicherungstreuhand）。其中担保信托是为了担保受托人债权而设立的信托，具体包括担保让与、所有权担保转让、担保土地债务等。[1]鉴于担保信托并未在民法典中被调整，在德国法实践中，通常通过最高法院大法庭的判例形成的习惯法和银行实践予以确定。[2]日本法中将担保信托定义为"用于确保对某债权人的优先偿还权的计划的信托"，"也应将其称为作为担保权的信托"。[3]类似地，在更早时期，依照担保信托设立的目的，有学者将"受益人所欲达之目的在乎担保"的信托定义为担保信托。[4]法国信托法则将以要式买卖和拟诉弃权方式移转所有权的罗马法信托制度完整继受，[5]并引入英美法"资产剥离"加以改良，用以弥补罗马法中存在的资产混同的弊端。[6]碍于英美法信托中的双重所有权理论与法国传统所有权理论不相适应，法国信托法选择了信托债权化的道路。在此理论之下，信托设立的基础是合同的成立并生效。在立法实践上，法国信托法的成文化路径值得大陆法系国家学习借鉴。[7]

由此可知，英美法信托制度下，信托财产作为独立的财产，其所有权在财产移转中被拆分成名义所有权（legal ownership）和实益所有权（beneficial ownership），即资产的管理与受益相区分，分属于两个不同主体。[8]在此区分所有权的基础上，英美法的担保信托成为受托人之外的其他人的管理工具。受托人和受益人无法为同一人，二者的身份在担保信托中相互冲突。大陆法系因坚持所有权

---

〔1〕参见孙静：《德国信托法探析》，载《比较法研究》2004年第1期。

〔2〕参见庄加园：《教义学视角下私法领域的德国通说》，载《北大法律评论》2011年第2期。

〔3〕参见［日］新井诚：《信托法》（第四版），刘华译，中国政法大学出版社2017年版，第396页。

〔4〕参见［日］细矢佐治：《信托及信托公司论》，资耀华译，商务印书馆1928年版，第17页。

〔5〕参见史志磊：《论罗马法中的信托担保的结构和保护模式》，载《暨南学报（哲学社会科学版）》2015年第1期。

〔6〕参见李世刚：《论〈法国民法典〉对罗马法信托概念的引入》，载《中国社会科学》2009年第4期。

〔7〕法国民法典中没有信托制度，自1989年法国进行信托立法尝试以来，信托法定化道路总是徘徊不前。2007年2月通过的《信托法案》是信托立法的一大进步，自此，法国走上了信托立法成文化道路。但由于该法案中设定的限制较多，诸多制度尚未落地，饱受学者诟病。随后，法国通过制定新法的方式对原《信托法案》存在的不足进行修订和增补，以弥补其存在的漏洞。2007年《信托法案》中首次确立了担保信托的法律地位，2009年的《关于信托措施的法令》中专章加入了"担保信托"的内容，并将其放置于《民法典》第四卷《担保》中。参见叶朋：《法国信托法近年来的修改及对我国的启示》，载《安徽大学学报（哲学社会科学版）》2014年第1期。

〔8〕需要注意的是名义所有权（legal ownership）属于英国普通法上的所有权，实益所有权（beneficial ownership）为衡平法上的所有权。

绝对移转理论，并不承认相对所有权概念，故而在其制度构建中并未明确将受托人与受益人完全分离。德国的立法例尤为明显，日本担保信托虽对所有权限制有所松动，但仍坚持所有权绝对原则。法国法的担保信托制度改良略微激进，通过资产剥离实际上走上了信托债权化道路。因所有权制度的限制，英美法与大陆法对担保信托的法律构建在此处分野。大陆法系下，担保信托所有权移转的约束仅属于债权性约束，而非物权性约束。我国深受大陆法系的影响，在制度设计中，以精密的理论构建为前提，将英美法中采实用主义为要的方式移植至我国，或可能产生水土不服的效果。因此，对于英美法的借鉴应当采取谨慎的态度。

（三）国外担保信托实践经验的借鉴

客观而言，受所有权绝对的限制，国外担保信托制度的借鉴意义有限，所有权基础的差异致使各国担保信托结构出现差异化特征。基于大陆法系对所有权绝对理念的共识，我国担保信托实践应当从大陆法系国家的担保信托实践中寻找支持。鉴于此，法国担保信托实践较为成熟和完善，最早走上成文法道路，其担保信托实践能为我国担保信托法制化路径所借鉴。

立法实践上，法国信托法通过立法方式否定“直接取得信托财产所有权”，对原来的信托担保结构提出了重大挑战。同时，为防止担保信托条款出现流质条款的效力，《信托法案》规定被列入信托财产的担保物应当对其价值进行客观评估，信托财产仅在担保债权的份额内承担担保责任，超出的价值应当返还给委托人（债务人）。由此使得债务人不会因债权债务关系中的不利地位，而致使合法权益遭受侵害。〔1〕同时，为契合担保信托的结构特点，在对所有权规制问题上，法国较以往的绝对限制采取了灵活的态度。我国既延续了大陆法系的一贯主张，坚持所有权绝对的观点属于应有之义。为此，法国担保信托制度在坚持原所有权绝对的基础上另辟蹊径为担保信托的制度架构开辟空间的做法，可为我国提供必要借鉴。

---

〔1〕参见叶朋：《法国信托法近年来的修改及对我国的启示》，载《安徽大学学报（哲学社会科学版）》2014年第1期。

三、我国担保信托的法律结构详述

早在我国《信托法》颁布之前便已有学者关注国外信托法中的担保功能,[1] 时隔近20年，对担保信托的关注点仍大多集中于担保信托的制度优势分析及国外实践经验的介绍。在我国《信托法》框架下，对于担保信托的法律构造问题，目前学界尚未倾注过多精力研究。将严密的理论设想付诸实践是理论创造的最终归宿，因此在借鉴英美法和大陆法担保信托学术理论及立法经验基础上，应将担保信托放于我国《信托法》框架下，进行分析比较。从而发现适用中存在的不足，并为之找寻合理化解释路径，助益我国担保信托制度的完善。

在我国现行《信托法》框架下，为了实现担保债权，委托人与受托人以书面形式签订信托合同。合同约定设立以担保债权人之债权为内容的信托，同时转移信托财产，由受托人依据信托目的对信托财产进行管理、处分。担保信托的实现形式主要分为两种情形：其一，当债务人到期完全履行债务，则信托目的得以实现。按照信托合同约定，信托终止，受托人将信托财产返还给委托人。其二，当债务人到期无法清偿全部债务，则债权人依据信托合同的约定，处分信托财产，用以偿还其债权。具体的法律结构如下图所示：

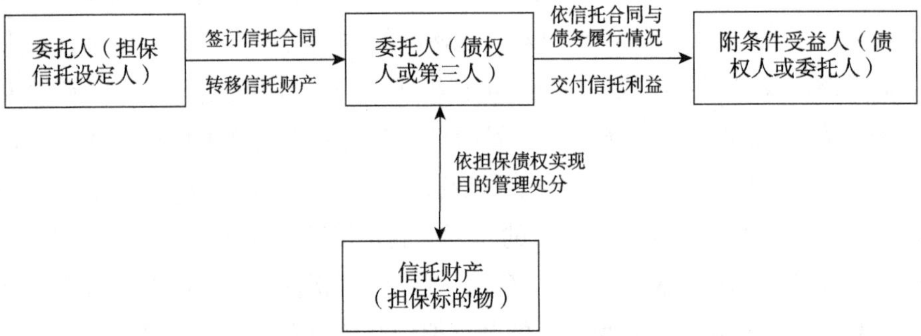

图1　担保信托的基本法律构造

前已述及，担保信托法律构造，主要涉及三个主体的权利义务关系，即委托人、受托人、受益人。明确主体法律关系及法律实施机制是法律适用的前提。依

---

〔1〕参见马新彦：《现实担保的救济——来自美国信托担保制度的启示》，载《法制与社会发展》2000年第1期。

照我国信托法律体系，担保信托的法律构造需从三个维度进一步明确：三方主体身份确定、合同形式的选择、财产所有权移转限制。

（一）三方主体身份确定

按照《信托法》的规定，担保信托中，委托人的选择，除民事行为能力要求外，并无更多的限制。虽前已述及，委托人主要为债务人，但并不排除债务人与作为担保人的第三人达成协议，委托担保人作为担保信托的委托人，以担保其债务。这是因为在委托人选择问题上，本身缺乏法律规定的明确限制，同时，实施限制行为将导致债务人自由履行债务方式受阻，不利于促成委托人与受托人信托担保关系的达成。因而，可以肯定的是，担保信托的委托人既可以是债务人，也可以是第三人。与委托人选择相类似，在受托人的选择上，《信托法》同样仅对民事行为能力作出要求，此外别无其他资格限制〔1〕。由此，可以合理推定受托人既可以是债权人，也可以是对信托财产具有专业管理资格的第三人。信托管理事务涉及分别记账、信托财产的管理处分等，具有一定专业性。委托专业信托管理人能够更为有效地保障信托财产的完整性，进一步也可以促使其财产的保值增值。而受益人身份的确定，虽有信托合同进行约定，但最终受益人则受债权实现结果的影响。当债务人履行到期债务，按照信托合同约定，担保信托受益人则为委托人。否则，担保信托受益人则为债权人。

（二）合同形式选择

担保信托合同形式应当依循《信托法》的规定，采用书面形式签订。根据《信托法》规定，信托的设立应采取信托合同、遗嘱等书面形式〔2〕并载明委托人、受益人、信托财产、信托目的等事项。〔3〕 对于未按照法律规定采取书面形

〔1〕《信托法》第24条规定：“受托人应当是具有完全民事行为能力的自然人、法人。法律、行政法规对受托人的条件另有规定的，从其规定。”

〔2〕《信托法》第8条规定：“设立信托，应当采取书面形式。书面形式包括信托合同、遗嘱或者法律、行政法规规定的其他书面文件等。采取信托合同形式设立信托的，信托合同签订时，信托成立。采取其他书面形式设立信托的，受托人承诺信托时，信托成立。”

〔3〕《信托法》第9条规定：“设立信托，其书面文件应当载明下列事项：（一）信托目的；（二）委托人、受托人的姓名或者名称、住所；（三）受益人或者受益人范围；（四）信托财产的范围、种类及状况；（五）受益人取得信托利益的形式、方法。”“除前款所列事项外，可以载明信托期限、信托财产的管理方法、受托人的报酬、新受托人的选任方式、信托终止事由等事项。”

式订立合同，或按照书面形式订立信托，但未完全载明《信托法》规定之事项，信托合同是否当然无效，此问题值得商榷。依照《合同法》第36条规定，应当采用书面形式订立合同，而未订立的，当事人一方已经履行主要义务，而为对方接受的，合同成立。[1]《信托法》作为规范信托行为的特别法，涉及信托合同的内容能否当然适用《合同法》尚存在解释空间，其效力性认定需待进一步的研究加以明确。为保证法的安定性、确定性，本文认为信托合同承载的内容虽为信托，但其外在形式仍为合同，《合同法》对之具有约束力。按照合同法解释规则：合同法分则中未明确列明的合同形式，适用总则之规定。在《信托法》未能完全顾及的情形之下，适用《合同法》总则的规定并无不妥。但《信托法》规定的信托合同应以书面形式确定，或可能出于信托合同履行期限较长，涉及多方主体之利益考虑，为避免日后之纠纷，应以书面合同形式将合同内容加以固定，规定本身具有合理性。因此，未能采用书面形式订立信托合同的，对其合同效力的解释应采用较为严格的适用标准加以明确。

（三）财产所有权移转限制

囿于我国物权法体系中“一物一权”的基本结构，信托财产移转的权利归属尚存诸多争议，理论界对此认识并不一致。有学者在借鉴英美法信托财产所有权移转的基础上，认为我国信托财产所有权分为名义所有权和实质所有权，并由此确定名义所有权由受托人享有，实质所有权由受益人享有。[2]也有观点认为信托财产所有权为单一所有权并确认为受托人所享有。[3]与之相对，更有学者认为按照我国《信托法》的规定，信托财产所有权仍然归委托人所有。[4]在信托关系中，所有权归属的不统一，成为适用《信托法》法律解释的重要障碍，进而使得所有权转移成为担保信托无法回避的难题。对这一问题的解释，也有学

[1]《合同法》第36条规定：“法律、行政法规规定或者当事人约定采用书面形式订立合同，当事人未采用书面形式但一方已经履行主要义务，对方接受的，该合同成立。”

[2] 参见王清、郭策主编：《中华人民共和国信托法条文诠释》，中国法制出版社2001年版，第6页；霍玉芬：《信托法要论》，中国政法大学出版社2003年版，第93页；何宝玉：《信托法原理研究》，中国政法大学出版社2005年版，第3页。

[3] 持此观点的有施天涛、余文然，参见《信托法》，人民法院出版社1999年版，第56页。

[4] 参见张淳：《我国信托财产所有权归属的态度及其法理审视》，载《甘肃政法学院学报》2007年第5期。

者认为是否移转取决于信托合同要求，表现出了一种任意性。[1] 循此思路，信托财产所有权移转问题似乎迎刃而解。事实上，信托合同约定成为确定所有权归属的依据，从而发生所有权转移的实际效果，实际上陷入了“物债不分”的误区。对此，出于解决担保信托适用性问题的目的，有观点主张可以暂且搁置讨论。从满足市场主体担保需要及司法裁判的确定性出发，按照信托的一般理论进行处理，待理论构建成熟之后再另做论述。[2] 采折中方式在现有法律体系下，具有一定合理性。与此相类似，也有学者在谈及信托财产移转之时，直接选取模糊化处理方式，并未对该问题深入讨论。[3] 这与先搁置问题，待条件成熟再另做讨论异曲同工。

依照《信托法》的规定，信托财产的转移，法律规定需要登记的，应当办理登记手续，未办理且未补办登记手续的，信托不发生效力。[4] 担保信托中信托财产依据信托合同转移至受托人，由受托人进行管理处分。因涉及担保财产移转，按照我国《物权法》的规定，所有权发生变动除几种特殊情形外[5]，均需完成不动产登记手续或是动产交付手续才能发生物权变动。未完成不动产登记或动产交付手续的不发生物权效力，也即所有权不移转至受托人。信托财产未发生移转，信托是否发生效力则由法律具体约定。对此，《信托法》表明，按照法律规定，应当办理登记手续的，应依法办理，未办理信托登记且未补办的，信托不发生效力。不同于不动产登记，信托登记的适用范围不局限于不动产，法律、行政法规规定需要完成信托登记的，均需进行登记。信托登记是信托财产移转、信托发生效力的必要条件之一，完善该制度对我国信托业的发展必不可少。

---

〔1〕 参见李文莉、魏晨：《信贷资产证券化法理基础与法律控制》，载《法律适用》2017 年第 13 期。

〔2〕 参见杨祥：《让与担保合法化之信托路径》，载《西部法学评论》2014 年第 5 期。

〔3〕 例如，“根据担保信托制度，债务人将信托标的物向债权人转让，受托人为了债权人的利益而持有信托标的物。”参见董新义：《论融资融券交易担保机制的信托化构造》，载《金融服务法评论》（第七卷），法律出版社 2015 年版，第 389 页。

〔4〕《信托法》第 10 条规定：“设立信托，对于信托财产，有关法律、行政法规规定应当办理登记手续的，应当依法办理信托登记。未依照前款规定办理信托登记的，应当补办登记手续；不补办的，该信托不产生效力。”

〔5〕 发生物权变动的特殊情形主要包括：因特殊原因导致物权设立、变更、转让或者消灭的规定；因继承或者遗赠等而取得物权；因事实行为而设立或者消灭物权等。

四、担保信托在我国的适用路径选择

当前我国信托业发展形势呈现出发展速度向慢、发展质量向好的趋势。《2017年度中国信托业发展评析》[1] 及《2018年2季度中国信托业发展评析》[2] 均指出，信托业应当以回归信托本源为指向，不断拓展新业务，为信托业注入新的发展动力。

事实上，囿于我国单一所有权制度的现实，构建担保信托制度将不可避免地面临“债权担保和信托这两种建立在不同所有权概念基础上的截然不同的法律关系被奇怪地绞结在一起，出现法律概念之间令人费解的嫁接或搭配”的问题。[3] 同时，担保信托交易结构的复杂性致使部分法律关系并不明确，这些问题毫无疑问地构成了实践操作中制度适用的障碍。为此，重申相关认识、明确适用条件，为担保信托的落地找寻出路，迫在眉睫。

（一）明晰担保信托法律结构

如前文所述，我国信托法并未对担保信托的法律结构做出过分限制。为扩展担保信托的适用空间，可以选择开放的态度对担保信托结构作出解释，即允许本人或者第三人担任信托委托人。对信托受托人的选择同样不作强制性规定，由债务人与债权人协商确定。同时，作为独立的法律关系，信托法律关系并不从属于主债权债务关系。债权债务关系消灭，担保信托法律关系并不随之消失。循此思路，即使原债权关系消灭，信托当事人之间仍可依照信托合同约定使得信托关系存续、转换或消灭。信托当事人间发生纠纷，不受主债权关系的影响，可以直接提起诉讼。面对当前担保信托的法律适用环境，实践中对该法律结构的解释，不应施加较为严格的限制条件。

明确担保信托法律结构，以扩展担保信托的适用空间，在理论层面上为其应用廓清障碍系讨论担保信托的应有之义。在我国的法域空间里，本文建议将担保

[1] 内容参见中国信托业协会，载 http：//www.xtxh.net/xtxh/statistics/44152.htm，最后访问日期：2018年9月14日。

[2] 内容参见中国信托业协会，载 http：//www.xtxh.net/xtxh/statistics/44632.htm，最后访问日期：2018年9月14日。

[3] 参见王亚楠：《融资融券交易担保制度的法律构建——基于让与担保制度和信托模式的思考》，载北京大学金融法研究中心组编：《金融法苑》（总第83辑），中国金融出版社2011年版，第76页。

信托的法律结构通过银保监会出台相关指导意见加以确立，在指导意见中可以明确担保信托的法律结构，进而指导担保信托的实施。我国《信托法》具有较大的解释空间，法律上的缺位可以通过解释进行补强，但具体制度的设计和实施，则需要指导意见的进一步强化。短期内出台司法解释以使担保信托合法化，既不现实也非完全必要。通过银保监会出台指导意见以确立担保信托的合法性，既肯定了银保监会对我国信托业的监督管理职能，又能对担保信托的实施提出明确具体的意见。通过指导意见对适用条件进行详细解读，为担保信托的落地提供政策支持。此外，较出台司法解释而言，银保监会出台指导意见程序显然更为简捷，从现实可行性角度进行考量，该路径也更为可靠。因而，以银保监会出台指导意见明确担保信托的法律结构，在我国当前的实践背景下具有较强的现实意义。

（二）确定担保信托中财产所有权归属

在对信托财产所有权的态度上，我国信托法并不认同英美法中的“双重所有权”观念，一以贯之地坚持单一财产所有权，并在此基础上认为信托财产所有权为委托人所享有。[1] 进而，信托财产独立性脱胎于信托财产单一所有权，并为维护委托人财产权益发挥着重要制度优势，由此造就了信托业在我国的勃兴。受国外信托法实践的影响，将双重所有权理论适当引入我国的论述逐渐被关注。诚然，双重所有权理论能够更为清晰地解释信托结构，该方案具有一定合理性，但与我国制度环境不相契合。过分强调财产所有权移转问题容易使得担保信托结构陷于理论分析与实际运用脱节，无法与现有条件相容的困境。相反地，在坚持我国现有单一所有权基本认识上，寻求新的解释路径才为可取之法。脱离实际的理论构造，宛如空中楼阁，很难被实践所接受。易言之，前文中所提及的搁置有争议的讨论，去重视确定性的判决的做法具有现实合理性。

因而，在担保信托的解释中，建议不要过分纠结信托财产所有权移转问题。我国《信托法》明确规定了信托财产由委托人“委托给”受托人，[2] 为受托人

---

〔1〕 参见张淳：《我国信托财产所有权归属的态度及其法理审视》，载《甘肃政法学院学报》2007 年第 5 期。

〔2〕《信托法》第 2 条规定：“本法所称信托，是指委托人基于对受托人的信任，将其财产权委托给受托人，由受托人按委托人的意愿以自己的名义，为受益人的利益或者特定目的，进行管理或者处分的行为。”

依信托目的管理信托财产确立了正当基础。[1] 过去的信托实践中，虽减少了财产所有权移转的讨论，实践面临的难题同样得以妥善解决。相反地，过分强调财产所有权问题，仅勾画详尽的理论愿景，很难将之付诸实践。当前，破解理论困境固然重要，制度的落实同样不容忽视。理论的完善与实践的检验，恰如鸟之两翼，车之两轮，过分偏重于一隅，均非理性且务实的选择。故而，鉴于学界对信托财产所有权的讨论不绝于耳、未至定论，不妨依照《信托法》所确立的规则，通过文义解释，确定信托财产移转至受托人，为担保信托的适用开辟空间。

（三）完善与担保信托相适应的信托登记制度

为规范信托活动，银监会发布了《信托登记管理办法》（以下简称“办法”）就《信托法》要求的信托登记作了全面具体的规范，以期实现维护交易安全的目的。[2] “办法”的出台填补了信托登记制度的空白，但其中多数规范内容主要适用于资金信托，致使担保信托中存在的困境难以得到有效解决。如碍于担保信托的结构特点，在受益人尚未明确的情形下如何登记受益人，“办法”并未给出明确答复。针对不同的信托财产、信托类型，公示规则是否需要相应调整有待回应。

为消弭上述不足，以应对迫切的实践需要，完善与担保信托相适应的信托登记制度亟须重视。信托登记在于表明信托财产的完整且可转让性，是信托财产独立性的延续。事实上，登记的性质在于宣示，而非设权，[3] 其目的在于从维护交易相对人对信托财产的信赖利益出发，对信托财产的完整权属进行公示，体现的是公示公信效力。前文已述及，关于信托登记，我国《信托法》明确规定依照法律、行政法规需要办理信托登记，未办理且未补办的，信托行为不发生效力。“办法”虽然对登记程序、登记材料等做了程序性规定，然而对于哪些财产需要办理登记，无论是《信托法》还是《信托登记管理办法》均未进一步说明。

---

[1] 参见季奎明：《论金融理财产品法律规范的统一适用》，载《环球法律评论》2016年第6期。

[2] 我国银监会于2017年8月25日发布《信托登记管理办法》，总计7章47条。内容涵盖总则、信托登记申请、办理、信托受益权账户管理、登记信息管理和使用、监督管理等，全面系统地规范了信托登记行为。

[3] 参见杨立新、李怡雯：《让与担保的权利受让人对受让权利支配的限制》，载《中国应用法学》2018年第4期。

因此，在肯定《信托登记管理办法》的基础上，建议明确哪些财产需要进行信托登记，根据具体的信托类型设置不同的公示规则。以登记信托受益人为例，依照“办法”规定，需要明确登记受益人。前文分析可知，担保信托设立之初缺少明确的信托受益人，对此，如若不进行登记，受益人的合法权益难以保障，且不符合本“办法”的规定。若采用预登记方式予以解决，则未来实际受益人与登记受益人不一致时产生的冲突将难以调和。考虑到担保信托的特殊性，建议“办法”中强制性登记采取柔性处理方式，即在初始登记中详细记录不确定信息，并附加相关信托协议。至信托受益人确定另作变更登记为止，从而确保信托登记的完整性。结合上述讨论，因担保信托的结构，对《信托登记管理办法》进行适当修正是破解担保信托在我国适用难题的必要路径。

五、结语

因信托财产所有权转移和信托财产独立性的制度优势，信托在民商事活动中已经被广泛运用。公益信托、家族信托、担保信托等信托模式日渐被公众所熟识并适用于日常的业务当中。伴随着经济的发展，各经济实体的业务往来和资金融通更加丰富。在复杂的债权债务关系中，担保信托在保护债权实现以及维护交易安全等方面发挥着重要作用。

如前所述，担保信托具有保护债权实现以及维护交易安全等优势，故担保信托本应在市场经济中充分发挥作用。但因我国并不承认双重所有权，致使其合法性需要在我国信托法律制度下重新解释，从而为担保信托的应用开辟适用空间。需明确的是，我国对担保信托的规制仍应以《信托法》为主。为此，坚持信托财产单一所有权应当是当前理解适用担保信托的基本态度。未来对于担保信托的合法性解释，仍然有待所有权理论的进一步发展，继而对该问题作更为周延的阐释。诚如一株幼小的树苗，担保信托在我国的适用仍处于尝试阶段，长成参天巨木尚需时间及养料的供给。所谓养料的供给，无非是配套制度的改善，为担保信托的发轫创造条件。伴随着民商事交易活动对新的担保形式的呼唤，担保信托的制度功能将日渐受到重视，并在实践的检验中日渐完善。

（初审：何明辉）

域外视窗

公司治理高管：公司秘书角色变革之国际比较*

［英］约瑟夫·李著** 应元中译***

内容提要：公司秘书从单纯的行政服务人员演变为上市公司治理高管，其治理价值得到了英国、中国等普通法系和大陆法系法域的认可。如同审计师和律师，公司秘书可以作为独立的公司看门人，发挥监督功能，促进基于透明和董事会独立、由投资者引领的公司治理。基于软法进行规制，强调披露公司政策，同时设置正式的任免程序，将使公司秘书在董事会和公司中的独立性得到提升。外部专业服务企业能够作为公司秘书，提供提升公司治理的服务，但必须采取措施规制市场竞争下的利益冲突，同时，应当对现行法律进行修改，明确专业服务企业担任公司秘书时的责任归属。在跨国背景下，公司秘书还可以建立联合的子公司治理框架，从而产生跨国治理的协同效应。赋予公司秘书通讯特权将进一步提升公司秘书在治理事项方面提供指导的能力。

关键词：公司秘书 董事会秘书 公司治理看门人

---

* Joseph Lee, The Corporate Governance Officer as a Transformed Role of the Company Secretary: An International Comparison, 14 *S. C. J. Int'l L. & Bus.* 107 (2018).

** ［英］约瑟夫·李（Joseph Lee），伦敦大学博士，英国埃克塞特大学法学高级讲师；感谢政治大学方嘉麟教授、台湾大学曾宛如教授、清华大学朱慈蕴教授、新加坡管理大学教授 Christopher Chen 以及注册秘书和行政管理员机构（ICSA）对本文的宝贵反馈。本文所有文责均由作者自负。

*** 应元中，华东政法大学国际金融法律学院 2017 级法学硕士研究生。本文的翻译已取得授权。

一、导言

全球各大市场的公司丑闻已促使监管机构重新思考治理专业人员的角色及其与公司的关系。包括中国这一世界第二大经济体在内的亚洲新兴市场已经认可，公司治理专业人员不仅能够强化监管规范，支持资本市场持续发展，而且能够给公司带来价值。上市公司需要设置公司治理高管，以提升公司治理实施的水平。笔者将在本文中探讨英国公司秘书如何演变为公司治理高管，这一新角色及建议的运作方式一旦被其他法域所采纳，还可以创造跨国治理的协同效应。

公司秘书是英国公司的发明，这一职位持续提升了公司透明度，促进了董事会的独立性。《2006 年公司法》废除了要求私人公司任命公司秘书的规定，为更集中地聚焦这一拥有 108 年历史、承担越来越多公司治理职责的公司职位创造了机会。[1] 英国的这一发明最初只被移植到中国香港和新加坡等其他普通法法域。然而，作为一个大陆法系国家，中国内地自 1993 年起也将这一法定高管移植到了他的公司架构中。[2] 2016 年，中国台湾也引入了要求所有上市公司设置公司秘书的法律。[3] 尽管设置了这一法定职位，但公司秘书作为公司看门人的角色却未像审计师、合规高管和律师那样被广泛讨论，[4][5] 无论在英国还是在跨国层面［如欧盟（EU）或经济合作发展组织（OECD）］均是如此。[6] 本文的目

---

〔1〕 *See* Companies Act 2006, c. 46, § 270 (U. K.)（虽然背景思想是基于“优先考虑小公司”以减少对小公司的繁文缛节，它产生了更强调公众公司治理的效果）；*See* Dep't of Trade and Industry, *Company Law Reform*, § 4, at 29-55 (Mar. 2005) (U. K.).

〔2〕 见《中华人民共和国公司法》（1993 年 12 月 29 日全国人民代表大会常务委员会颁布）。

〔3〕 *See* Executive Yuan, Encouraging new businesses and accelerating investment with amendments to the Company Act (Jan. 2, 2018), https://english.ey.gov.tw/NewsHot Topic.aspx? n=1C42D5D2493FC43F&sms=BC35F9E560578584.

〔4〕 *See* John Coffee, Gatekeepers: The Role of the Professions in Corporate Governance (2006); *see also* Reinier Kraakman, Gatekeepers: The Anatomy of a Third-party Enforcement Strategy, 2 *J. L. ECON. & ORG.* 53-104 (1986); *See also* Dalvinder Singh, Role of External Auditors in Bank Supervision: A Supervisory Gatekeeper, 47 *INT'LL.* 65-98 (2013).

〔5〕 在相同的国家，公共监管者也履行着公司看门人的重要角色。在此意义上，公司专业人士是私人公司的看门人。*See* David Freeman Engstrom, Agencies as Litigation Gatekeepers, 123 *YALE L. J.* 616 (2013); *see also* Julia Black, *Enrolling Actors in Regulatory Systems: Examples from U. K Financial Services Regulation* PUB. L. 63-91 (2003).

〔6〕 个别国家有这一角色，如爱尔兰。美国许多（即特拉华州和纽约州）和澳大利亚许多州也要求公司设置公司秘书。

的是探求公司秘书作为公司专业人员和公司治理高管，如何能够发挥监督功能，以提升公司治理的质量。

本文认为，公司秘书可以作为公司看门人，促进基于透明和董事会独立、由投资者引领的公司治理。独立是一项必须被监管的重要品质。自资本市场设立以来，专业服务企业即提供公司看门人服务，所以他们有能力履行独立的角色。因此，公司秘书被划分为内部人员还是外部人员并不重要。由于英国、美国和许多亚洲国家，尤其是中国，都引入了公司秘书的职位，我们可以从中找到一些共同之处，以创造治理空间和协同效应。[1] 因此，在国际层面，跨国公司的公司秘书有潜力塑造新的全球治理，因为他们管理着日益增多的联合执法行动。欧盟和其他跨国监管者不应当忽视这一公司治理高管与监管者及其他公司专业人员共同作为公司看门人以弥合治理差距的能力。

本文第一部分审视了公司秘书由单纯的服务人员发展为公司治理高管的角色演进，以及这一职位与其他治理专业人员（如审计师和律师），如何共同持续在投资者引领（透明度和董事独立性是投资决策的主要因素）的公司生态系统中演进。第二部分考量了公司秘书是否应该成为等同于审计师、律师和合规高管的角色。如是，如何监管其独立性，以最好地促进公司价值。第三部分讨论了作为公司外部人的专业服务企业，如何在增进内部治理价值上发挥作用，又如何在面临市场竞争时保持独立性，尤其是对那些提供多项公司服务的企业。第三部分还讨论了企业归责领域中一个鲜有探讨的问题——公司秘书作为内部公司高管的责任归责于专业服务企业的方式。为避免对现行法的解释存疑，该部分还指出了需要立法特别注意的领域。这一讨论也可以为其他国家提供一个模型。第四部分以跨国公司作为案例研究，探求公司秘书在跨国背景下的角色，以及可能产生治理协同效应的方式。

〔1〕 *See* Terry McNulty & Abigail Stewart, Developing the Governance Space: A Study of the Role and Potential of the Company Secretary in and around the Board of Directors, 36 *Organisational Stud.* 513 (2015).

二、公司秘书的角色演进

（一）历史发展

虽然一直作为公司内部高管，但公司秘书的角色是如何随着投资者引领的治理演进的？最初只是在公司事务的行政管理中扮演重要角色的高管，而如今已与其他负责公司看门的公司专业人员相当[1]——公司秘书已经从公司的服务人员转变为承担管理职能（如主席的首席幕僚或董事会顾问）的法定高管。公司秘书的历史比公司审计师——另一个公司看门人——的历史要短，直到《1855年公司法》首次引入有限责任原则，公司秘书才被纳入英国公司法的范畴。[2] 有限责任原则在该法中被引入后不久，在 Barnnett, Hoares & Co. v. South London Tramways Co. 案中，Lord Esher M. R. 认为，"秘书仅仅是一名服务人员；他的职位就是做任何被告知去做的事，没有人可以假设他有代表任何事务的职权。"[3] 虽然 Lord Esher 处理的是公司职权的问题，但需要注意的重要问题是，1887年没有法律要求设置公司秘书，这也是为何 Lord Esher 认为这一非法定角色的作用仅仅是一名服务人员的原因。直到1900年代早期，公司秘书才得到官方头衔，当时英国证券交易所变得愈加国际化，并在海外募集英国公司的股份。[4] 彼时的《1908年公司法》[5] 要求每一家公司任命一位公司秘书，而最后的《1929年公司法》[6] 规定了该职位的义务和责任。该法定公司高管的创设最终导致司法认可公司秘书有权使公司受第三人约束，而这一职权通常仅授予董事。在 Panorama Developments（Guildford）Ltd. v. Fidelis Furnishing Fabrics Ltd. 案中，法庭认可公司秘书作为公司高管有权使公司受第三人约束。[7] 在判决意见中，Salmon 法官

---

〔1〕 *See* Panorama Developments（Guildford）Ltd. v. Fidelis Furnishing Fabrics Ltd.（1971）2 QB 711（CA）（U. K.）.

〔2〕 *See An Act for Limiting the Liability of Members of Certain Joint Stock Companies*, 1855, 18 & 19 Vict., c. 133（U. K）.

〔3〕 Barnnett, Hoares & Co. v. South London Tramways Co.（1887）18 Q. E. D. 815（U. K.）.

〔4〕 *See* Ranald C. Michie, The London Stock Exchange: A Histor 70-142（1999）.

〔5〕 *See* Companies（Consolidation）Act 1908, 8 Edw. 7 c. 69（U. K.）.

〔6〕 *See* Companies Act 1929, 19 & 20 Geo. 5 c. 23（U. K.）.

〔7〕 *See* Panorama Developments（Guildford）Ltd. v. Fidelis Furnishing Fabrics Ltd.（1971）2 QB 711（CA）.

将公司秘书描述为公司的首席行政高管，但对于公司秘书是否享有公司商业管理相关职权的问题却未予明确回答。[1] 自此，公司秘书功能的重点已经转移到了法律合规上。

（二）保持公司透明度和董事会独立性的现代功能

如今，资本市场要求两项营造投资者金融参与信心的关键措施：透明度[2]和董事会独立性。[3] 对透明度的要求已经导致了法律和法规的变迁，它们要求向不同机构提交文件，通过受认可渠道及时公告，以进行信息披露。[4] 董事会独立性已经使得董事会中非执行董事的数量增加，并作为公司管理的制约平衡因素开展行动。公司秘书的传统角色是作为公司的首席行政高管向公司注册处提交文件，且这一角色延续至今。由于提交文件和及时公告的要求日益增多，在基于规则的市场经济中这一行政职位对公司运营已经变得必不可少。[5] 因此，公司秘书的作用在英国变得比最初设想的更加重要，尤其是对需要遵守法律和政策以减少法律和声誉风险敞口的上市公司。职责的加重并非法律直接对公司秘书施加义务的结果，与其他高管相比，法律也未直接赋予公司秘书更多可行使的法定权

[1] *See* Panorama Developments (Guildford) Ltd v. Fidelis Furnishing Fabrics Ltd (1971) 2 QB 711 (CA)

[2] *See* Louis Lowenstein, Financial Transparency and Corporate Governance: You Manage What You Measure, 96 *Colum. L. Rev.* 1335, 1361-62 (1996); *see also* Rafael La Porta et al., Legal Determinants of External Finance, 52 *J. FIN.* 1131 (1997); *see also* Rafael La Porta et al., Investor Protection and Corporate Valuation, 62 *J. FIN.* 1147 (2002).

[3] *See* Michael Jensen & William Meckling, Theory of the Firm: Managerial Behavior, Agency Costs, and Ownership Structure, 3 *J. Fin. Econ.*, 305 (1976); *see also* Derek Higgs, *Review of the Role and Effectiveness of Non-executive Directors*, Dep't of Trade & Industry (2003); *see also* Kevin Corley, Examining the Non-executive Director's Role from a Non-agency Theory Perspective: Implications Arising from the Higgs Report, 16 *British J. Mgmt.*, 1-4 (2005); *see also* EU Commission on the Role of Non-executive or Supervisory Directors of Listed Companies and on the Committees of the (Supervisory) Board, Commission Recommendation, 2005/162/EC; *see also* Jeffrey Gordon, The Rise of Independent Directors in the United States, 1950-2005: Of Shareholder Value and Stock Market Prices, 59 *Stan. L. Rev.*, 1465 (2007).

[4] *See* Regulatory News Service (RNS) of the London Stock Exchange, http://www.londonstockexchange.com/products-and-services/rns/about/rns-remove.htm (last visited Mar. 12, 2018).

[5] *See* Modern Slavery Act, 2015, c. 30 (U.K.) [要求一些在英国提供商品或服务以及营业的大型组织（无论注册地）每年发布奴隶和贩卖人口声明（"MSA 声明"），描述前一年采取的确保在其全球供应链中不发生奴隶和贩卖人口的措施]。此外，在欧盟，一些大型公司也被要求披露关于环境问题、社会和雇员问题、尊重人权问题、反腐败和贿赂问题、董事会多样性等方面的政策、风险和结果。*See* Council Directive 14/95, 2014 O.J. (L 330)。

力，但法律的变迁要求更高的透明度，同时通过内部制衡进行更精确的治理，这是使得公司秘书重要性得以增加的推动力。这些法律变迁包括分离董事会主席和CEO的角色，增加非执行董事的数量，以及通过当前法律和政策合规要求而贯穿集团公司中的更高的社会责任要求。[1]

（三）公司秘书与董事会独立性

作为一部以“遵守或解释”的方式运行的软法[2]，英国《公司治理准则》用一种以去法律化为标志的方法增强了公司秘书在促进董事会独立性方面的作用。[3] 由于独立董事在公司治理中所发挥的作用日益增长，[4] 公司秘书可以通过参加董事会和其他委员会会议紧密地参与董事会工作，从而成为董事会和股东会之间的接口，例如在资深独立董事和少数股东之间进行沟通。在权力日益下放的治理体系中，独立委员会发挥作用的主要目的是消除董事的利益冲突，公司秘书可以作为委员会和董事会主席（独立角色）之间的接口向投资者传递信心。例如，由于公司秘书通常负责筹备委员会会议，委员会会议上发现的风险可以通过公司秘书传递给董事会主席。[5]

公司秘书提供的服务能够提升治理体系中独立董事的有效性。[6] 在非执行董事的挑选和任命中为非执行董事提供协助并且为新董事提供引导和培训项

---

〔1〕 *See* Samuel Idowu, *Corporate Social Responsibility from the Perspective of Corporate Secretaries* in Professionals' Perspectives of Corporate Social Responsibility 49-70 (S. Idowu & W. Filho eds., Springer-Verlage Berlin Heiderlberg 2009).

〔2〕 UK Corporate Governance Code, 2016, Fin. Reporting Council [但对于在伦敦证券交易所上市的优等上市公司（premium listed companies）具有约束力]。

〔3〕 *See* Kevin Keasey et al., *The Development of Corporate Governance Codes in the U. K*, Corporate Governance: Accountability, Enterprise And International Comparisons 21-42 (K. Keasey, S. Thompson & M. Wright eds., John Wiley & Sons: Chichester 2005)（指出中国香港、新加坡、中国台湾和日本等均采用了类似的并非法律的公司治理准则）。

〔4〕 *See* Derek Higgs, Review of the Role and Effectiveness of Non-executive Directors, *Dep't of Trade & Industry* (2003), at 31.

〔5〕 秘书往往比董事服务的时间更长，因此可以从公司传统的角度为董事会和投资者提供一个历史的视角。

〔6〕 UK Corporate Governance Code, 2016, Fin. Reporting Council, at 14（《公司治理准则》原则 A. 5. 3 规定，公司秘书应当“确保董事会程序合规，且在此事项上对董事会负责”）。

目[1]，向非执行董事提供建议，协助非执行董事进行董事会评估（《公司治理准则》对上市公司的监管要求），公司秘书的上述服务给投资者尤其是零售投资者带来了信心。[2] 这些职责可能提升投资者信心，从而降低筹集资本的成本。[3] 资本成本的降低可以为公司创造价值。[4][5] 这些例子展现了作为催化剂的非法定准则如何能够促进对公司有价值的公司秘书服务，从而使得投资者和利益相关者均得以受益。中国香港和新加坡采用了类似的上市公司准则，[6] 而中国台湾和中国大陆亦通过公司法以外的方式规制公司秘书。通过非法定规则发展该职位有更多现实的原因，本文随后将讨论这一问题。

（四）透过《最佳实践准则》聚焦上市公司

虽然英国《2006年公司法》取消了私人公司任命公司秘书的要求，并允许其在公司章程中规定是否需要该职位，但公众公司仍然被要求任命该职位。[7] 这与中国大陆和中国台湾采取的路径相似，即认为在面向公众筹集资本的公司中

---

〔1〕 *See* ICSA, ICSA Guidance on Induction of Directors, 4 (2012), https: //www. icsa. org. uk/assets/files/pdfs/guidance/Guidance%20notes%202012/Induction%20oP/20directors. pdf.

〔2〕 正如回想到的，该准则是基于“遵守或解释”运行的软法机制。

〔3〕 *See* Kevin Chen et al. , Legal Protection of Investors, Corporate Governance, and the Cost of Equity Capital, 15 *J. Corp. Fin.* 273 (2009); *see also* Romilda Mazzotta & Stefania Veltri, The Relationship betweenCorporate Governance and the Cost of Equity Capital. Evidence from the Italian Stock Exchange, 18 *J. MGMT. Gov.* 419 (2014).

〔4〕 Hannah Langworth, *In Good Company*, The Gateway, http: //thegatewayonline. com/corporates/types-of-work/icsa-in-goodcompany (last visited Mar. 27 2018)（关于2007-2009年的金融崩盘，该文认为“有时金融机构的董事被要求考虑的问题如此复杂，以至于许多非执行董事不理解正在寻求建议的事项，因此对他们而言质疑任何事项都变得困难”）。

〔5〕 在这样的情形下，公司秘书可以作为过滤器审查相关文件，并决定正确类型的信息是否已经提供给根据定义不参与公司日常经营的董事。

〔6〕 *See* H. K. Exchanges & Clearing, Corporate Governance Code and Corporate Governance Report, 2016, http: //en-rules. hkex. com. hk/net filestore/newrulebooks/h/k/HKEX4476_ 3828_ VER1O. pdf, [hereinafter HKEX]; *see also* Monetary Authority of Sing. , Code of Corporate Governance, 2012, http: //www. mas. gov. sg/-/media/resource/fmndevelopment/corporategovernance/CGCRevisedCodeofCorporateGovernance3May2012. pdf [hereinafter MAS].

〔7〕 *See* Companies Act 2006, c. 46, § 270 (U. K.)（规定如果为私人公司，不要求设置公司秘书，如果为公众公司，必须任命公司秘书）；The Companies Act, § 171 (2012) (Sing.)（在新加坡，法律对公众公司和私人公司均要求设置公司秘书）。

设置治理高管是必要的。[1] 因此，它们的最佳实践准则——类似于英国的《公司治理准则》——比公司法发挥着更重要的作用。由于私人公司（以及在某种程度上的公众公司）不向公众筹集资本，对它们而言公司治理可能有不同的目标。[2] 为了讨论公司秘书在其他法域，尤其是非普通法法域，以及为了寻找发展最佳治理实践准则的共同理由，聚焦上市公司是明智的。董事会独立性对私人公司和非上市公众公司而言是一件更微小的事情，因此，《公司治理准则》不适用于私人或非上市公众公司，因为遵从政策以减小风险损害敞口主要与上市公司有关。

许多私人公司在其母国之外的法域没有运营子公司，因此对子公司治理的关注更少。[3] 此外，对于私人公司或公众公司的界分在非普通法法域（如中国大陆和中国台湾）和英国、新加坡及中国香港等普通法法域之间也许无法比较。出于这些原因，下述讨论将集中于公司秘书如何给上市公司带来价值，又如何得以演变为公司治理高管。[4] 正如所发生的事实，在讨论涉及的所有法域中，公司监管者们并没有发展出任何关于上市公司中公司秘书角色的规则。在英国，是财务报告委员会发展出了规则，而非商业、能源和工业战略部（BEIS）。在中国台湾，证券和期货局通过了公司秘书的规则，而非经济事务部。[5] 在新加坡，是新加坡金融管理局而非会计和公司监管局（ACRA）。[6] 在中国，是中国证券监督管理委员会（CSRC）而非国家工商行政管理总局（SAIC）。[7] 在中国香港，

---

〔1〕 *See* Rules Governing the Listing of Stocks on Shanghai Stock Exchange, 2008; *see also* Shenzhen Stock Exchange Listing Rules, 2012; Taiwan Stock Exchange Corporate Governance Best Practice Principles, 2016.

〔2〕 *See* David Milman, *The Regulation of Private Companies in U. K. Law: Current Policy Developments and Recent Judicial Rulings*, 257 Sweet & Maxwell's Co. L. Newsletter 1 (2009)（英国对私人公司这一要求的改变是为了简化法律规定的私人公司行政负担，导致对私人公司提交文件和报告的要求减少）。

〔3〕 *See* Bryan Christansen & Harish C. Chandan, Handbook of Research on Human Factors in Contemporary Workforce Development, 2001（述及一些私人公司是子公司在海外运营的控股公司，但大多数大型跨国公司是公众公司）。

〔4〕 *See* Jill Collis, *Directors' View on Accounting and Auditing Requirements for SMES* (Apr. 2008)（主张私人公司可以在公司章程中决定是否使用该职位来达到组织目标。根据公司给出的数据，2008 年 4 月 6 日以后未设置公司秘书的公司注册数量大幅增长）。

〔5〕 *See* Securities and Futures Bureau, Financial Supervisory Commission, R. O. C., https://www.sfb.gov.tw/en/ (last visited on Mar. 27, 2018) (Taiwan).

〔6〕 *See* Monetary Authority of Sing., Code of CorporateGovernance, 2012, http://www.mas.gov.sg/-/media/resource/fmndevelopment/corporategovernance/CGCRevisedCodeofCorporateGovernance3May2012.pdf.

〔7〕 *See* Chinese Securities and Regulatory Commission, http://www.csrc.gov.cn/pub/csrcen/.

是香港证券交易所有限公司（SEHK）。[1] 这些监管者集中关注上市公司，因此共同的路径更容易被采用。

三、作为独立看门人的公司秘书

（一）独立属性

如果公司秘书要履行公司治理高管的角色，承担确保公司透明度和促进董事会独立性的职责，那么他们应当如同其他看门人（如审计师、律师和合规高管）保持关键的独立属性。然而，为了最佳地实现治理目标，这一独立属性应当受到规制。公司秘书在行使专业判断时应当独立，就像律师、审计师和其他治理专业人员一样。在与公司及董事会成员的关系上，他们也应当保持独立，如同独立董事一样。

（二）合规高管与公司秘书：行使独立判断的相似性

如上所述，透明度是现代公司治理必不可缺的要素，而且透明度已经被细化为提交文件、法律和政策合规要求的报告以及及时公告等多项要求。作为公司高管，公司董事和公司秘书在不同法律要求下承担提交文件的义务。这些提交文件、报告和公告的要求涉及将要行使的独立判断。例如，遵守会计规则；[2] 遵守为保护股东设计的特定规则（即优先权机制）；[3] 理解被提名公司的运营以确定正确的投资者；[4] 运用委托代理征集规则以增进股东参与；[5] 积极发展治

---

〔1〕 *See* H. K. Exchanges & Clearing, Corporate Governance Code and Corporate Governance Report, 2016, http：//en-rules. hkex. com. hk/net filestore/newrulebooks/h/k/HKEX4476_ 3828_ VER1O. pdf.

〔2〕 *See* Tamer Elshandidy & Ahmed Hassanein, Do IFRS and Board of Directors' Independence Affect Accounting Conservatism?, 24 *Applied Fin. Econ.* 1091（2014）（指出公司秘书必须确保按照公司法规定的形式准备公司会计记录。公司治理结构也会影响会计决策）。

〔3〕 *See* Companies Act 2006, pt. 17, ch. 3（U. K.）（解释了股东的优先权）。

〔4〕 *See* Richard Nolan, Indirect Investors：A Greater Say in the Company?, 3 *J. Corp. L. Stud.* 73（2003）（讨论了公司治理中投资者间接执行的政策）。

〔5〕 *See* Tsjalle van der Burg & Aloys Prinz, Empowering Small Shareholders：A Comparison of Three Instruments, 14 *Corp. Governance* 406（2006）; *see also* Paolo Santella et al., Legal Obstacles to Institutional Investor Activism in the EU and in the U. S., 23 *Eur. Bus. L. Rev.* 257（2012）.

理协议以对冲源自子公司的运营风险，[1][2] 所有这些都需要娴熟的治理高管。将来，如果公司从事被界定为公共服务的行为，公司可能会被要求在《信息自由法》下进行披露。[3] 因此，需要通过独立判断来决定涉及披露要求的事项。

此外，还有旨在消除董事利益冲突和避免自我交易的其他法规。在公司内部，执行这些法规的义务落在了公司秘书身上，他保护公司免受内部人不当行为的危害。根据英国《2000 年金融服务和市场法》，[4] 上市公司董事应当遵守模范准则关于股份交易的程序，而公司秘书在这些程序的执行和沟通上也发挥着重要作用。为了防止董事的内幕交易，[5] 来自非执行董事的事前报告和澄清应当传达给公司秘书，这样才能够留存所有的通讯记录。

在一些公司中，公司秘书还作为防止非法政治捐赠的看门人发挥作用。[6] 英国《2006 年公司法》禁止英国注册公司及最终由英国公司控股的子公司进行政治捐赠，除非它们在股东大会上得到股东决议的授权。[7] 公司秘书需要对海内外子公司[8]的运营都很熟悉，以设计一个有效的报告线路，使其能够及时取得股东决议[9]和达到披露要求。[10] 例如，一个大型跨国集团要求集团内公司每年向控股公司的秘书交还证书，说明未作出任何捐赠支付或提供的捐赠支付发生的细节。公司秘书就是那个“去做”的人，他监督着子公司的报告义务。这些

---

〔1〕 *See* Geoffrey Kiel et al., Corporate Governance Options for the Local Subsidiaries of Multinational Enterprises, 14 *Corp. Gvernance* 568 (2006).

〔2〕 2017 年 3 月，OECD 也发布了“机构投资者负责任的商业行为”以帮助机构投资者实施 OECD《跨国企业指南》中建议的应有的审慎，防止或解决其投资组合中与人权和劳工权、环境、腐败相关的不利影响。

〔3〕 *See* Simone Mezzacapo, The Right of Access to Public Bodies' Records in Italy and UK: Actio Ad Exhibendum and Freedom of Information, Risks and Opportunities for Private Sector Companies, 17 *Eur. Bus. L. Rev.* 959 (2006).

〔4〕 *See* The Financial Services and Markets Act §96B (2000).

〔5〕 *See* Simeon Djankov et al., The Law and Economics of Self-dealing, 88 *J. Fin. Econ.* 430 (2008).

〔6〕 *See* Jack Davies, From Gentlemanly Expectations to Regulatory Principles: A History of Insider Dealing in the U. K: Part1, 36 *Co. Law.* 132 (2015).

〔7〕 *See generally* Richard Williams, Regulating Political Donations by Companies: Challenges and Misconceptions, 75 *Mod. L. Rev.* 951 (2012).

〔8〕 *See* Companies Act 2006, c. 46, § 270 (U. K.), pt. 14（允许控股公司通过一份批准决议，寻求对控股公司自身及一个或以上子公司的捐赠和支出授权）。

〔9〕 *See* Companies Act 2006, c. 46.

〔10〕 *See* Large and Medium-sized Companies and Groups (Accounts and Reports) Regulations 2008, SI 2008/410, sched. 7 (U. K.)（董事报告必须披露任何相关的政治捐赠或支出）。

成果随后每年报告给公司审计委员会，同时出现在提供给独立董事委员会的临时报告中,[1] 这一体系可以通过内部公司治理协议或子公司的章程得到实施。[2]

（三）独立主席的首席幕僚

在上市公司中——类似于董事获得更高独立性的情形——一旦公司秘书能够发挥作用，提升非执行董事的监督和建议功能，投资者信心也会得到提升。[3] 公司秘书向谁报告将会影响公司秘书独立性的质量。但在本文讨论的法域中，没有一条共同的路径。中国香港[4]和新加坡[5]虽然很大程度遵循着英国《公司治理准则》的路径,[6] 但在公司秘书是否作为主席的首席幕僚上规定却不清晰。中国香港和新加坡的准则都未建议设置独立的非执行主席。中国大陆仅要求公司秘书隶属于董事会。[7] 中国台湾没有明确该职位应当设置在执行董事还是独立董事之下。[8]

在英国，公司秘书的职位通常设置在非执行主席之下——作为主席的首席幕僚。[9] 这与主席的一些监督功能是一致的，包括进行董事会评估的职责。[10] 当公司秘书不在执行高管的控制下工作时，公司秘书在关系上的独立提升了非执行董事的作用，因为非执行董事的主要角色是消除执行董事的利益冲突。由于审计师和内部或外部律师都不一定参加董事会会议，而且没有直接途径与主席或其他非执行董事接触，公司秘书享有独特的看门人角色。

---

〔1〕 *See Standards of Business Conduct*, British American Tobacco（2017）, http：//www. bat. com/sobc（目前实践要求所有捐赠得到公司董事会的授权，且完整记录在公司簿记中）。

〔2〕 *See Standards of Business Conduct*, British American Tobacco（2017）, http：//www. bat. com/sobc.

〔3〕 *See* Rafel Crespi-Cladera & Bartolom6 Pascual-Fuster, Does the Independence of Independent Directors Matter?, 28 *J. Corp. Fin.* 116（2014）.

〔4〕 *See, e. g.*, H. K. Exchanges & Clearing, Corporate Governance Code and Corporate Governance Report, 2016, http：//en-rules. hkex. com. hk/net filestore/newrulebooks/h/k/HKEX4476_ 3828_ VER1O. pdf.

〔5〕 *See, e. g.*, Monetary Authority of Sing., Code of Corporate Governance, 2012, http：//www. mas. gov. sg/-/media/resource/fmndevelopment/corporategovernance/CGCRevisedCodeofCorporateGovernance3May2012. pdf. .

〔6〕 *See* UK Corporate Governance Code, 2016, Fin. Reporting Council.

〔7〕 见《中华人民共和国公司法》（1993 年 12 月 29 日全国人民代表大会常务委员会颁布）。

〔8〕 *See* Corporate Governance Roadmap, 2013,（promulgated by the Fin. Supervisory Commission）,（Taiwan）.

〔9〕 *See* Caroline Newsholme, *FRC Guidance on Board Effectiveness*, 35 Co. Secretary's Rev. 14（2011）.

〔10〕 UK Corporate Governance Code, 2016, Fin. Reporting Council, at § B. 6.

这一角色早在1993年的Cadbury报告中就已经得到认可，该报告建议公司秘书应当对董事会关于董事成员的职责提供指导。[1] 董事会成员应当有途径向公司秘书获取该指导和建议。尤其是主席，作为负责董事会运行的人，应当从公司秘书处获得强有力的支持。如果董事会会议仅仅是一个管理层探讨的论坛，而没有确保制衡到位以支撑投资者信心的目标，那么公司秘书的独立属性也不会变得那么重要。

结合法律和政策合规的角色，公司秘书处在这样一个位置上——他通过一个有效的报告体系发现内部人的不当行为，并且能够将内部人的不当行为秘密告知主席。[2]

（四）独立性的执行

1. 基于法定义务还是基于原则

作为看门人和高管，公司秘书应当承担何种独立性义务？他们是否应当如同董事一样履行独立判断的义务，又如何保持其独立性的质量？在上述论及的法域中，没有任何一个像对待董事一样，对公司秘书施加独立判断的法定义务。

对公司秘书施加法定的独立义务有实际上的困难。作为一项通常义务，英国法要求董事通过行使自由判断独立行事。[3] 然而，公司秘书与公司董事不同，他不进行业务、管理和执行决策。如同一些治理准则建议的那样，他们根据主席的指令行事。[4] 想要界定行使独立判断和在主席指令下行事的界线是有困难的。

该义务是否应当法定施加于公司秘书取决于他们相较于董事会（他们是否还进行执行决策）、组织目标（委托给他们的是何种职责）以及公司治理安排（他们是否有管理公司合规项目的任务）的作用。公司秘书可能像下述情形这样工

[1] *See* Adrian Cadbury, The Financial Aspects of Corporate Governance at 4. 25 (Dec. 1992), https: //www. icaew. com/-/media/corporate/files/library/subjects/corporate - governance/financialaspects - of - corporate - governance. ashx? la=en.

[2] *See* Indira Carr & David Lewis, Combating Corruption through Employment Law and Whistleblower Protection, 39 *Indus. L. J.* 52 (2010); Peter Yeoh, Whistleblowing: Motivations, Corporate Self-regulation, and the Law, 56 *Int'l J. L. & Mgmt.* 459 (2014).

[3] *See* Companies Act 2006 (U. K.), at § 173, pt. 10.

[4] *See* UK Corporate Governance Code, 2016, Fin. Reporting Council; *see also* MAS, Monetary Authority of Sing., Code of CorporateGovernance, 2012, http: //www. mas. gov. sg/-/media/resource/fmndevelopment/corporategovernance/CGCRevisedCodeofCorporateGovernance3May2012. pdf.

作：非执行主席的首席幕僚；董事会顾问；董事会成员作用的关键评估者；主席—CEO 关系之间的第三人；董事会和股东之间的接口；或者是公司治理的看门人。[1] 如果这些角色对组织创新开放，则无需通过法律规定独立义务。这一路径将允许公司自由设计该工作的描述，无需被不必要的严格法律规定困扰。[2]

因此，对“独立”采取场景式方法的行为准则——像 2016 年《公司治理准则》对独立董事一样，采取负面标准——可以用来定义关系的独立性。[3] 此外，还可以设置确保独立性质量的体系和过程，尤其是关于职位的任命和罢免。[4] 专业准则可以提供指导，并且为律师和审计师的独立判断提供了相关规定。[5]

2. 任命与罢免

如果公司秘书被期待成为和审计师一样的公司看门人，那么审计师的任命和罢免程序可以提供一个对等的路径。因此，由于单个董事无法单方解雇一名被任命的审计师，单个董事也不应当有权罢免公司秘书，只有董事会有任命和罢免的权力。[6] 由于法律对公司审计师的任命和罢免施加了更大的控制以提振更多消费者信心，审计师轮换、审计师薪酬控制、限制审计师对公司责任的程序控制以及股东在任命和罢免过程中的参与，都有助于确保审计师的独立性。虽然在英国没有硬法有效规制公司秘书的独立性，但英国《公司治理准则》建议只有董事会才有权任命和罢免公司秘书；单个董事不应当有权单方作出这样的决定。[7] 这也是新加坡、中国香港、中国台湾和中国大陆采用的路径，但对于单个董事能否在董事会职权委托下单方解雇公司秘书却没有清晰的指引。[8] 中国台湾进一

---

〔1〕 *See* UK Corporate Governance Code, 2016, Fin. Reporting Council, at 13.

〔2〕 *See* Julia Black et al., Making a Success of Principles-based Regulation, 1 *L. & Fin. Mkt.'s Rev.* 191, 193 (2007)（解释为可以考虑基于原则的监管）。

〔3〕 *See* UK Corporate Governance Code, 2016, Fin. Reporting Council, at 9.

〔4〕 *See* Reiner Quick, *EC Green Paper Proposals and Audit Quality*, 9 Acct. Eur. 17 (2012)（解释为可以从审计师的任命和罢免以保持审计独立性中学到一些经验教训）。

〔5〕 *See* APB Ethical Standard 1 (Revised) Integrity, Objectivity and Independence, Fin. Reporting Council, 2008 (U.K.), https://www.frc.org.uk/getattachment/6dc8ccb6-lb3c-47fc-b9d-0780121fe82b/ES-1-(Revised)-Integrity, -objectivity-and-independ.pdf.

〔6〕 *See* UK Corporate Governance Code, 2016, Fin. Reporting Council, at 14.

〔7〕 *See* UK Corporate Governance Code, 2016, Fin. Reporting Council.

〔8〕 *See* H.K. Exchanges & Clearing, Corporate Governance Code and Corporate Governance Report, 2016, http://en-rules.hkex.com.hk/net filestore/newrulebooks/h/k/HKEX4476_3828_VER10.pdf,; *see also* Monetary Authority of Sing., Code of Corporate Governance, 2012, http://www.mas.gov.sg/-/media/resource/fmndevelopment/corporategovernance/CGCRevisedCodeofCorporateGovernance3May2012.pdf.

步明确了提名委员会应当参与公司秘书的任命。

3. 股东同意

股东是否应当在治理高管的任命和罢免上有话语权呢？公司秘书可以是公司的永久雇员，而上市公司的审计师（合同承包制）或公司董事的任期通常基于有期限的服务合同。如果公司秘书也受制于类似的控制，将扰乱公司的行政运行，包括法律要求的严格的文件提交和报告义务。如果公司秘书的罢免和任命需要股东在股东大会上同意，一旦发现公司秘书未能守法或遵守对公司的契约或其他义务，董事会将无法快速停止其职务。[1] 在过渡期内，该公司可能需要紧急履行其文件提交义务，而召集会议取得公司股东的同意可能导致错过文件提交的截止日期，从而违反法律，导致董事们可能因此承担责任。[2]

我们可以从审计师的模式中汲取规制公司秘书独立性的经验。审计师有权向表决是否罢免审计师的股东们作出陈述。[3] 对公司秘书的罢免也可以采取类似的安排。在对他们的罢免得到同意之前，他们应当有权向董事会作出书面或口头陈述。由于对他们的罢免并非通过股东一般决议作出，因此向股东大会作出的陈述不具有正当性。但是，《公司治理准则》应当要求在公司年度报告中包含该陈述，这将使得罢免程序更透明。

用软法的方式来规制公司秘书的角色，强调披露公司政策，并且设置任命和罢免的正式程序，将使其在董事会和公司中的独立性得到提升。

四、临时性服务企业的前景和法律挑战

（一）外部专业服务企业行为的正当性

永久雇员（内部高管）与合同承包制专业企业（外部合同承包商）孰者承担看门人的角色更好，仍然值得讨论。一方面，与外部顾问相比，作为雇员的公司秘书与董事会和公司更紧密，也更能融入董事会和公司。因为他与股东有更密切的联系，所以作为董事会的代言人与股东沟通也更为恰当。此外，作为雇员的公司秘书可能比执行董事的任期更长，并且经历过美妙与糟糕的时期，这能更好

---

〔1〕 *See* UK Corporate Governance Code, 2016, Fin. Reporting Council, at 18.

〔2〕 *See* Companies Act 2006, c. 46, at § 541 (U. K.).

〔3〕 *See* Companies Act 2006, c. 46. at §511.

地储存公司记忆，其向董事会提供的指导十分宝贵。[1]

而另一方面，外部人可能相对更独立于管理层，可以采取更加客观的视角。事实上，许多公司看门人的功能目前由作为合同承包商的外部专业企业发挥，他们能提供公司秘书的服务。一些上市公司长期以来使用专业服务企业来完成他们的法定要求。这包括任命专业服务企业为公司秘书，外包部分工作给这些企业或者雇佣他们提供后台支持。[2] 除中国台湾和中国大陆外，这也是本文所讨论法域的现实情形。

与新加坡、中国大陆和中国台湾不同，中国香港或英国法均未要求公司秘书是全职雇员或者是个人。[3]

提供秘书服务的法人团体可以被任命为公司秘书。拥有法人型公司秘书的好处是它可以通过更多的人代表公司，从而拥有更宽广的知识基础，提供更多的灵活性。类似地，合伙企业或有限合伙企业形式的专业企业也能够提供该等服务。专业服务企业可能拥有更多的专业知识以及特定领域的治理知识，例如股票交易所的上市和合规要求。公司无需全职雇佣某个人来负责这一职位，而可以将其外包给专业企业，这更具有成本效益。如果公司需要专门化的知识——例如，金融法方面的知识——则律师事务所可以提供这样的服务，公司就可以聘请律师承担公司秘书的职位。这些聘任受到律所的欢迎，因为这使得律所变得更熟悉公司，并且与其塑造良好的商业关系。在此情形下，公司可以自由设计自己的专属工作描述，而专业服务企业能够提供量身定做的秘书服务。企业间的市场竞争使得公司能够获得具有成本效益的秘书服务。[4]

---

〔1〕 *See* ICSA：The Governance Inst.，The Company Secretary：Building Trust Through Governance（2014）.

〔2〕 在公司秘书活动的高峰期，如年底，尤为如此。

〔3〕 *See* H. K. Exchanges & Clearing，Corporate Governance Code and Corporate Governance Report，2016，http：//en-rules. hkex. com. hk/net filestore/newrulebooks/h/k/HKEX4476_ 3828_ VER1O. pdf; *see also* Monetary Authority of Sing.，Code of Corporate Governance，2012，http：//www. mas. gov. sg/-/media/resource/fmndevelopment/corporategovernance/CGCRevisedCodeofCorporateGovernance3May2012. pdf.，at 25（解释为香港也允许法人团体作为公司秘书）。

〔4〕 *See* Christopher Humphrey et al.，Regulating Audit Beyond the Crisis：A Critical Discussion of the EU Green Paper，20 *Eur. Acct. Rev.* 431（2011）.

（二）独立性与责任的问题

讨论至此，两大重要议题得以产生。首先，审计企业的市场竞争被认为是带来创新的推动力，但也可能使得独立性这一对看门人服务至关重要的因素弱化。[1] 公司秘书的独立性对公司的价值创造是基础性的。然而，如果提供服务受制于市场竞争，秘书服务的质量如何能够得到保持和提高呢？其次，公司秘书的行为和责任应当如何归属，这一责任是否由提供服务的公司或企业承担，无论其为公司、普通合伙企业还是有限合伙企业？与财产有限的个人相比，拥有潜在资产的专业服务企业[2]更可能成为赔偿的来源。自 2005 年 4 月始，英国公司可以自由地为秘书提供它们认为合适的补偿。[3] 如果这能够适用于专业服务企业，则应当设置控制措施来确保服务质量不会受到不当弱化。

（三）保持独立性

1. 低价揽客问题与披露

许多专业服务企业提供广泛的公司服务，包括审计、管理、税务、秘书和法律服务。当审计师作为外部看门人，以“低价揽客”的战略取得其他非审计业务时，审计师的独立性问题就产生了。[4] 这些市场竞争对服务创新非常关键，但是它可能弱化保持良好公司治理和创造公司价值的一些关键要求。当一名独立的审计师妥协时，市场竞争不仅无法作为创新的引擎传递价值，而且无法作为质量控制的替代性监管工具。在公司秘书这一特定背景下，本文调查的这些国家无疑提供了解决方案。

当专业服务企业涉及提供秘书服务时，有许多方式可以规制利益冲突。公司秘书服务和其他管理咨询服务更可能成为审计师低价揽客的额外业务。因此，议题应当是如何确保提供的秘书服务并非是“附随”审计服务的产物。对于该议

---

〔1〕 *See* Sharad Asthana, et. al, Fee Competition among Big 4 Auditors and Audit Quality, 50 *Rev. of Quantitative Fin. & Acct.* (2018), available at https: //doi. org/10. 1007/s 1156-018-0714-9.

〔2〕 公司可以向公司高管（即公司董事）提供补偿。审计师也可以与被审计企业签订赔偿限制协议，以控制它们的财务（而不是声誉）风险。

〔3〕 *See* Companies (Audit, Investigations and Community Enterprise) Act 2004, c. 27 (U. K).

〔4〕 *See* Patrick Velte & Carl-Christian Freidank, The Link Between in and External Rotation of the Auditor and the Quality of Financial Accounting and External Audit, 40 *Eur. J. of L. & Econ.* 225 (2012).

题，可以通过公司披露控制潜在的冲突，例如附随关系。一旦附随关系得到披露，应当要求取得股东同意以进一步检查潜在的利益冲突和向公司提供的价值。类似批准只对提供广泛服务的专业服务企业才有必要。此外，如果引入强制轮换，将使得公司和专业服务企业保持更大的距离。轮换还能提升独立性，因为在此情形下公司秘书对管理层队伍的依附更少，从而培育出保持一定距离的关系。最后，英国泄密者保护法律还适用于合同承包商，[1] 该法律进一步强化了专业服务企业保持独立性质量的能力。

2. 客户冲突与防火墙

关于服务企业利益冲突的责任还有一个更深入的议题。正如此前一部分所述，如果通过合同承包约定公司秘书提供的增值服务（例如非执行董事的任命，设计一个具有成本效益的报告体系，或者建立一个合规监管项目），那么同时为竞争企业提供相同秘书服务的专业服务企业可能会产生利益冲突问题。因为当这些专业服务企业参加董事会会议时，可以接触到敏感的商业秘密，也可以通过治理协议或子公司章程获得子公司的信息。[2] 对于合伙企业，可能需要创设内部防火墙来解决潜在的冲突。这一“防火墙”在管理审计师和秘书部门之间的冲突风险上可能更加有效。但这一防火墙在秘书部门内部是否有效仍然值得质疑。此外，企业的冲突披露和客户同意是否足以免除责任？如果秘书服务纯粹是行政性的，企业的披露和客户同意可能免除这一冲突，但如果其工作包括营业方面的服务，例如涉及非执行董事的招聘，这样的冲突无法轻易消除。当聘用律所来作为公司秘书，并且承担监督公司合规项目的任务时，如果该律所也被竞争企业聘用，则可能产生冲突。

在讨论的所有法域中，只有英国在某种程度上处理了这一问题。根据《2006年公司法》第1214（2）条，公司审计师不能同时担任公司秘书。[3] 然而，这并未完全解决潜在的利益冲突。如果公司任命一家特定服务企业的某一人员为审计师，这无法阻止同一服务企业的其他人成为公司秘书。

---

〔1〕 Public Interest Disclosure Act 1998, c. 23, § 43K.

〔2〕 *See* Ben Walther, *Bylaw Governance*, 20 Fordham J. of Corp. & Fin. L. 399 (2015).

〔3〕 *See* Companies Act 2006, c. 46, at § 1214 (2).

（四）专业企业责任的归属

明确专业企业的潜在责任对治理服务行业评估风险至关重要。既然在所有调查的法域，公司秘书都被认为是公司高管，那么他们的责任如何归属于专业企业呢？调查的法域中无一拥有令人满意的模型，即使在拥有更发达服务行业的英国也是如此。除英国和中国香港之外，所有其他法域都要求公司秘书为个人。[1] 英国和中国香港是唯一允许法人团体作为公司秘书的两个法域。[2] 这引发了许多法律上的不确定性，阻碍了其他法域的跟进。

《英国2006年公司法》对公司秘书施加了刑事责任。[3] 因此，如果缺乏认定责任承担者的清晰路径，将使刑事制裁的威慑失效。至于民事责任，能否明确正确的责任承担者会影响受损方能够获得的救济。

1. 刑事责任

秘书服务可以通过专业企业提供，该专业企业可以是法人团体，包括有限合伙企业或合伙企业。[4] 根据法律规定，公司高管可能承担民事和刑事责任。[5] 当公司聘用合伙企业（即作为独立于成员的法律实体的有限合伙企业）提供服务时，在事实上和法律上，被任命负责公司秘书职位的是谁呢？

在英国，法人团体可以承担刑事责任。[6] 但是，《2006年公司法》条款的措辞存在一些疑义。根据该法规定，公司为另一家公司高管的，除非本公司高管违反义务，否则该公司不构成犯罪。[7] 该条款可以理解为，虽然提供秘书服务的公司负责公司秘书的职位，但除非专业服务企业的董事被认定为违反义务授权、允许、参与或未能采取合理步骤阻止违反义务行为的高管，提供秘书服务的

---

〔1〕 *See* Companies Act 2006, c. 46, §1205.

〔2〕 *See* Companies Act 2006, c. 46 §§254-55; *see also* H. K. Exchanges & Clearing, Corporate Governance Code andCorporate Governance Report, 2016, http://en-rules. hkex. com. hk/net filestore/newrulebooks/h/k/HKEX4476_ 3828_ VER1O. pdf.

〔3〕 *See* Companies Act 2006 c. 46, , at §§26 (3), 32 (3), 425, 451.

〔4〕 *See* Limited Liability Partnerships Act, 2000, c. 12, §1 (2) (U. K.)（解释为法人团体包括有限合伙企业）。

〔5〕 *See* Limited Liability Partnerships Act, 2000, c. 12.

〔6〕 *See* Criminal Justice Act, 1993, c. 36, §52 (U. K.); *see also* Enterprise Act 2002 c. 40, §188 (U. K.).

〔7〕 *See* Companies Act 2006, c. 46（所涉条款具体为 Companies Act 2006 第1122条）。

公司不承担刑事责任。然而，专业服务企业的董事可能没有亲自提供服务，在这种情形下，董事的企业将不会承担刑事责任，该法目前的条款将使得归责规则的应用令人困惑。

当服务企业为合伙企业或有限合伙企业时，企业的个人成员将作为公司秘书提供服务，并且该个人而非企业将因此承担刑事责任。然而，由于有限合伙企业享有独立法人实体地位，如果公司聘用该服务企业而非企业中的个人，类似的问题同样会产生，该成文法和判例法均未考虑到这一情形。因此，我们应当引入一个清晰的法律框架，将个人行为或责任归责于该专业服务企业实体或社团。

2. 民事责任

至于民事责任，公司或其股东可以通过派生诉讼向提供服务的企业或企业中的个人追索赔偿或利润。[1] 如果该专业服务企业是法人团体，例如公司，则可以针对该公司提起诉讼。[2] 如果该企业是非法人实体，根据契约或侵权提起的赔偿诉讼将取决于企业的组织形式——由个人承担责任或者可以起诉合伙企业的所有成员。如果有限合伙企业被聘为公司秘书，则缔约双方是公司和有限合伙企业，而有限合伙企业在英国法下是法人团体，[3] 因此应当针对有限合伙企业提起损害赔偿诉讼。双方签订的契约中可能有补偿条款。此外，公司也可以针对提供服务的个人提起侵权诉讼。[4]

由于其他法域对专业服务企业使用不同的商业形式，发展出一个共同的模型也许并非易事。这也解释了为什么除英国以外的其他法域对公司秘书均有能力——只能是自然人——和住所的要求。[5] 这些要求消除了无法使个人承担赔偿和无法针对受有限责任保护的企业提起赔偿诉讼的风险。

---

〔1〕 *See* Companies Act 2006, c. 46, § 210.

〔2〕 *See* Companies Act 2006, c. 46,

〔3〕 *See* Limited Liabilities Partnership Act, 2000, c. 1, § 1 (U. K.).

〔4〕 *See* Companies Act 2006, c. 46, at 563.

〔5〕 *See* Dezan Shira, *Nationality and Residency Requirements for Directors across ASEAN-Part One*, Asean Briefing (Nov. 26, 2015), https://www.aseanbriefmg.com/news/2015/11/26/nationality-residencyrequirements-directors-across-asean-part-one.html.

五、跨国治理及与总法律顾问职位的结合

（一）跨国治理与协同效应

许多法律均要求公司任命公司秘书。[1] 随着跨国企业成为商品和服务的主要提供者，公司秘书的任务是设计一个有效的子公司治理框架，以减少危害，创造治理协同。这些协同可以通过实际或潜在的跨国公司联合执法行动取得。在实际的联合执法中，公司秘书是回应跨法域监管和执行问询的第一个联系点。在潜在的联合执法行动中，他们的角色是确保措施（例如子公司治理框架[2]）到位，避免跨国企业遭受执法行动，或者以执法行动延迟协议的方式延缓执法行动。[3]

（二）总法律顾问与公司秘书

在跨国公司内，如果总法律顾问同时作为公司秘书，则这一法定职位可以包含在不同法域设立的子公司的公司秘书。许多英国公司将公司秘书和公司法律顾问的职位结合。[4] 在子公司治理框架下，子公司秘书可以向母公司的总法律顾问提供必要的信息（如公司捐赠证书），并且可以协助总法律顾问在子公司实施法律要求的程序（例如反贿赂）。[5] 这一治理架构可以使母公司秘书通过报告线路监督子公司秘书，从而确保有效提升团体组织之间的信息分享。[6]

---

〔1〕 Ireland, Australia (only for public companies), New Zealand, Taiwan, Hong Kong, Singapore, China, and the U. S. A. (*see* Del. Code Ann. tit. 8, § 142 (a) (1998)).

〔2〕 *See* Federico Mazzacuva, Justifications and Purposes of Negotiated Justice for Corporate Offenders: Deferred and Non-Prosecution Agreements in the U. K. and U. S. Systems of Criminal Justice, 78 *J. of Crim. L.* 249, 249-62 (2014).

〔3〕 公司秘书还可能是被指定监督推迟声明计划的人。

〔4〕 *See* Ian Maurice, *General Counsel and Company Secretary: To Combine or Not to Combine*, Egon Zehnder (July 31, 2011), https: //www. egonzehnder. com/functions/human resources/insights/generalcounsel-and-company-secretary-to-combine-or-not-to-combine.

〔5〕 *See* Subsidiary Governance: An Unappreciated Risk, Price Waterhouse Coopers LLP, (2013), https: //dpe. pwc. com/content/dam/pwc/gx/en/legal/entity - governance - compliance/publications/assets/subsidiary-governance. pdf.

〔6〕 *See* Subsidiary Governance: An Unappreciated Risk, Price Waterhouse Coopers LLP, (2013), https: //dpe. pwc. com/content/dam/pwc/gx/en/legal/entity-governance-compliance/publications/assets/.

在跨法域执法机构日益增多的联合执法中，附有改革计划的全球和解协议对违规企业来说是一个节约成本的策略。这两个职位的结合能够使得被监督的母公司更容易对其他集团关联公司进行尽职调查。[1] 然而，虽然许多大型公司和跨国公司都有总法律顾问的职位或管理公司法律事务的法律部门，但英国和其他许多法域并不要求设置总法律顾问或法律高管[2]。如果总法律顾问或法律高管不是组织内的法定高管，他可能无权通过法律途径获得公司信息。在法律上，总法律顾问无权接触董事会会议，[3] 但通过成为公司秘书可以获得法律途径。[4] 因此，总法律顾问可能要求子公司的内部法律顾问提供信息，但后者没有获取公司信息的法定权力。然而，作为公司高管的公司秘书有这样的权力，且获取公司信息例如记录或销售数据无需取得执行董事——总法律顾问附属于他们的批准。[5]

英国的诸多法律要求英国公司实施内部程序来保护公司利益相关者和公众的利益。[6] 公司被要求拥有到位的健康和安全程序以保护雇员和在组织内（包括在其他法域设立的子公司）实施反腐败体系。[7] 公司秘书在总法律顾问的职位上参与这些程序的设计和实施，并与同一集团内其他公司的秘书合作，将确保母公司的规范有效地在子公司中扩散。这些程序机制不仅仅创造了安全港——当雇员、公司代理人或子公司出现不当行为时——而且监管者也可能要求将此作为延迟起诉的条件。[8] 由于调查的法域中有一些要求公司秘书在主席领导下运作，母公司的公司秘书能否直接指示子公司的公司秘书仍然存有疑问。

（三）头戴两项帽子的难题

当同时作为同一个公司的总法律顾问和公司秘书时，很难在两个职位的功能

---

〔1〕 *See* Subsidiary Governance: An Unappreciated Risk, Price Waterhouse Coopers LLP, (2013), https://dpe.pwc.com/content/dam/pwc/gx/en/legal/entity-governance-compliance/publications/assets/.

〔2〕 *See* Companies Act 2006, c. 46, (U.K.).

〔3〕 *See* Companies Act 2006, c. 46, (U.K.).

〔4〕 *See* Companies Act 2006, c. 46, § 210（将秘书的职位描述为董事会的职位及其义务和职权）。

〔5〕 *See* Companies Act 2006, c. 46, (U.K.).

〔6〕 *See* Companies Act 2006, c. 46, (U.K.).

〔7〕 *See* Companies Act 2006, c. 46, (U.K.).

〔8〕 *See* Jessica Dijlani, The British Importation of American Corporate Compliance, 76 *Brookings L. Rev.* 303, (2011).

和角色上进行精确划分。英国法要求公司任命秘书，却未要求设置总法律顾问。[1] 但是，总法律顾问作为公司的独立法律顾问行事，且其向公司提供的法律建议受到披露特权的保护。[2] 然而，公司秘书是公司的高管而非独立的法律顾问，即使其提供的是法律建议，也不受法定特权规则的保护。[3] 法定特权规则保护公司内部通讯的披露，否则第三方可以要求获取。[4] 公司秘书有义务向监管者报告，并且可能必须就公司或公司内部人的不当行为向监管者作出公共利益披露，且受到保护。[5] 但是，总法律顾问没有这一义务，也无需进行公共利益披露。[6] 因此，可以理解为什么总法律顾问可能被任命为公司秘书，即使并非所有与董事会或单个公司高管的内部通讯都能被界定为法律建议。公司任命具有法律资格的人（如律师）作为公司秘书显然有优势。因此，公司总法律顾问可以轻而易举地承担该职位。但这排除了其他治理专业人员，例如为公司提供不同组合的治理技能的审计师。

（四）赋予公司秘书披露通讯的特权

应当赋予公司秘书披露通讯的特权——没有法律资格（如并非律师）的公司秘书目前在英国法律上无法获得通讯特权——以平衡现状。在其他法域，这一保护也能鼓励董事会与其公司治理高管进行沟通。

英国、新加坡、中国香港和中国台湾的公司治理准则都明确了董事会成员应当可以从公司秘书处获得建议。[7] 那么，向非执行董事提供的关于其权利义务

---

〔1〕 *See* Companies Act 2006, c. 46 (U. K).

〔2〕 *See* Three Rivers Dist. Council v. Bank of Eng. [200] UKHL 48, [2005] 1 AC 610; *see also* Three Rivers Dist. Council v. Bank of Eng. [2003] EWCA Civ 474, [2003] 5 QB 1556.

〔3〕 *See* Three Rivers Dist. Council v. Bank of Eng. [200] UKHL 48, [2005] 1 AC 610.

〔4〕 *See* Three Rivers Dist. Council v. Bank of Eng. [200] UKHL 48, [2005] 1 AC 610. .

〔5〕 *See* The Public Interest Disclosure Act, 1998, c. 1 (U. K).

〔6〕 *See* Three Rivers Dist. Council v. Bank of Eng. [200] UKHL 48, [2005] 1 AC 610. .

〔7〕 *See* UK Corporate Governance Code, 2016, Fin. Reporting Council; *see also* Monetary Authority of Sing. , Code of Corporate Governance, 2012, http: //www. mas. gov. sg/~/media/resource/fmndevelopment/corporategovernance/CGCRevisedCodeofCorporateGovernance3May2012. pdf ; *see also* Taiwan Stock Exchange, Taiwan Stock Exchange Corporation Rules Governing the Preparation and Filing ofCorporate Social Responsibility Reports by TWSE Listed Companies (2015), http: //twse - regulation. twse. com. tw/ENG/EN/aw/DATO201 . aspx? FLCODE=FL075209; See also H. K. Exchanges & Clearing, Corporate Governance Code andCorporate Governance Report, 2016, http: //en-rules. hkex. com. hk/net filestore/newrulebooks/h/k/HKEX4476_ 3828_ VER1O. pdf.

的建议是否构成法律建议？这样的保护可以鼓励非执行董事向总法律顾问或外部顾问就某一问题寻求建议。基于这一建议，非执行董事可以在知悉法律信息的基础上作出决策。如果没有这样的法定特权保护，董事会成员不仅会更不情愿使用公司秘书提供内部治理建议，而且更不情愿与他们分享信息。

特权保护是否应当包含（法律未赋予该权利的）公司秘书和公司或单个董事之间的内部通讯，以此提升公司价值？在上市公司的公司秘书进行的所有工作中，他们必须在提供服务时将法律视角[1]考虑在内，无论是制作治理协议或构建报告体系来提升治理标准还是评估治理策略和最佳实践。此外，他们还作为董事和管理层之间的联络员。没有这样的保护，可能会阻止高管向并非律师的公司秘书寻求建议。如果其他高管不向公司秘书寻求内部建议，这将降低公司秘书对治理事项提供建议的能力。尤其是，如果公司秘书作为主席的首席幕僚并且作为执行董事与非执行董事与主席之间的接口，赋予他们通讯保护可以在这一层面提升更多的信息分享。这一保护可以为没有法律资格的公司秘书创造一个平等竞争的环境，因为与通常附属于 CEO 的总法律顾问相比，他们可以提供更高水平的治理。

六、结语

许多普通法和非普通法法域均承认公司秘书作为上市公司治理高管的治理价值。本文展现了基于软法的公司治理有潜力提升公司秘书的看门人作用，促进法律和政策合规下的公司透明度。他还可以通过协助非执行董事的监督提升董事会的独立性。公司秘书的独立属性——包括判断以及与公司和董事会成员之间关系的独立性——将受益于基于软法的监管路径。我们可以通过发展专业人员行为准则，针对独立性提供特定指导。公司治理准则可以纳入任命和罢免公司秘书的机制，包括公司秘书被罢免后董事会的代表权，以及在任命专业服务企业为公司秘书时可能产生的利益冲突。我们应当引入更多关于公司民事和刑事责任归责方面的明确规则，以增强专业服务企业提供看门人服务的作用。作为在提供治理服务方面领先的国家，英国有潜力提供指导，然而，英国应当对《2006 年公司法》

[1] *See* Three Rivers Dist. Council v. Bank of Eng. [200] UKHL 48, [2005] 1 AC 610（细化了 Lord Roger 发展出的测试）。

现有条款进行一些修改，以避免令人困惑的解读。在跨国层面上，创造联合的子公司治理框架可以产生治理协同。虽然在协调应对跨国联合执法行动方面，总法律顾问同时担任公司秘书可以产生协同效应，但不具备法律资格（并非律师）的秘书也能在协助治理项目方面带来一系列不同的技能。对公司秘书与董事会成员之间的通讯提供保护，能够提升公司秘书在治理事项方面提供指导的能力。

（初审：蔡卓瞳）

论系统重要性金融机构的“生前遗嘱”制度

——美国的经验与启示

杜雨林*

内容提要：金融危机后，美国《多德-弗兰克法案》要求系统重要性金融机构制定恢复与处置计划（又称“生前遗嘱”），以期通过“监管否决”的方式解决“大而不倒”问题。美国“生前遗嘱”规则强调差异化监管思路，建立了完善的信息传导机制，并与其他传统监管工具共同构成美国金融机构监管体系。这一制度能够有效降低金融市场中的系统性风险与道德风险，但同时也受到缺乏跨境合作、损害股东权利、成本过高等质疑。目前，中国版“生前遗嘱”方兴未艾，美国的实践经验对于我国规则设计具有重要的借鉴意义。

关键词：多德-弗兰克法案　恢复与处置计划　系统性风险　道德风险

“系统重要性金融机构”指发生危机时可能大范围破坏金融市场稳定，以致对实体经济产生实质性威胁的金融机构。[1] 2008 年全球金融危机中，此类机构的“大而不倒”问题引发了严重的系统性风险与道德风险（以下简称“两类风险”）。“生前遗嘱”（即恢复与处置计划）即为监管机构用于降低以上两类风险的手段之一，旨在促使系统重要性金融机构“未雨绸缪”，为风险管理与危机应对做好充分准备，以期在面临经营困境时迅速采取有效措施，尽可能降低对金融市场的不利影响。

---

* 杜雨林，北京大学法学院 2015 级本科生。

〔1〕 *See* Ben S. Bernanke, Monitoring the Financial System, available at https: //www.federalreserve.gov/newsevents/speech/bernanke20130510a.html, last reviewed on March 13, 2019.

系统重要性金融机构的“两类风险”问题同样引起了我国监管者的注意。2018 年 11 月，人民银行、银保监会、证监会联合颁布《关于完善系统重要性金融机构监管的指导意见》（“指导意见”）[1]，首次要求系统性金融机构制定并按年度更新“生前遗嘱”。但目前为止，如何推动这一制度具体实施，仍待监管者进一步明确。[2]

与我国不同，“生前遗嘱”在美国已有近十年的制度实践。自《多德-弗兰克法案》（Dodd-Frank Act）开始[3]，美联储与联邦存款保险公司（“FDIC”）逐步探索出切实可行的“生前遗嘱”申报、审议与反馈制度。与此同时，这一制度也面临着来自立法机构、专家学者与社会媒体的争议，特别是其对于金融市场稳定性的实际效用，向来是学术界讨论的焦点。美国的监管经验对我国进行中的“生前遗嘱”规则建构具有重要的参考意义，值得加以探究。

本文希望通过对美国制度实践与理论争议的介绍，探析“生前遗嘱”制度如何能够降低系统性风险与道德风险，反思“生前遗嘱”在后危机时代所实际发挥的效用，进而为我国的制度建构提供一些本土语境下的思考与建议。

一、引入“生前遗嘱”的制度背景

（一）“大而不倒”的负外部性

由于巨大的规模体量、高度复杂的组织架构与难以替代的信用中介功能，大型金融机构在宏观金融体系中扮演着举足轻重的角色，一旦陷入经营危机，往往

[1] 参见《关于完善系统重要性金融机构监管的指导意见》，银发［2018］301 号，2018 年 11 月 27 日。

[2] 参见《中国人民银行有关负责人就〈关于完善系统重要性金融机构监管的指导意见〉答记者问》，载 http：//www. gov. cn/zhengce/2018－11/27/content_ 5343836. htm，最后访问日期：2019 年 3 月 13 日。

[3] 12 C. F. R. § 381. 2 (f).

会触发波及市场整体的系统性风险。[1] 一方面，基于金融市场的网络效应[2]，交叉违约、资产成本上涨与流动性紧缺将导致单一机构的风险在市场内迅速“传染”[3]；另一方面，市场恐慌与银行挤兑将使债权人对市场失去信心，大范围抛售金融资产，以致宏观金融体系遭受冲击。具有如上特征的金融机构，一般称为系统重要性金融机构。[4]

为削减以上系统性风险，监管机构面临两种选择：提供政府救助（bailout），调用财政资金为问题银行注入资本；或者放任其进入破产清算程序，“清仓甩卖”剩余资产（fire sale）。[5] 若选择后者，低价处置将直接导致相似金融资产的价值减损，并刺激其他债权人争相抛售。随之而来的是巨大的市场恐慌与不确定性，并可能造成金融系统的全面溃败。[6] 为避免这一后果，监管机构往往倾向于向危机中的金融机构提供资金救助[7]，此即“大而不倒”原则。[8]

政府救助并非没有代价。系统重要性金融机构的股东与管理者相信，即便风险承担超出正常限度，只要保持自身对于金融系统稳定性的重要意义，在面临危机时政府便会伸出援手，为冒险行为买单。基于政府的“隐形担保”与金融机

〔1〕 系统性风险指在金融危机中，由于投资者在金融市场无法获得足够信息，以正确认识危机的潜在风险，因此其将选择撤出资金，致使市场流动性紧缩，最终可能导致金融体系崩溃并危及实体经济的风险。*See* George G. Kaufman & Kenneth E. Scott, What Is Systemic Risk, and Do Bank Regulators Retard or Contribute to It?, 6 *Indep. Rev.* 371, 372 (2003). 有关金融市场中系统性风险的触发因素，*See* Steven L. Schwarcz, Systemic Risk, 97 *Geo. L. J.*, 193, 198 (2008).

〔2〕 *See* Andrew G. Haldane, Rethinking the Financial Network, available at http://bfi.uchicago.edu/sites/default/files/file_uploads/speech386.pdf, last reviewed on March 13, 2019.

〔3〕 金融监管中常用“传染”（contagion）一词形象地指代金融机构间的危机扩散现象，参见管斌：《我国系统重要性金融机构改革监管研究》，载《经济法研究》2014年第1期。

〔4〕 有关系统重要性金融机构认定的详细讨论，见本文第三部分。

〔5〕 *See* US Department of Housing and Urban Affairs, Implementing the Dodd-Frank Wall Street Reform and Consumer Protection Act: Hearing Before the S. Comm. on Banking, available at https://files.stlouisfed.org/files/htdocs/publications/review/10/11/Gorton.pdf, last reviewed on March 13, 2019.

〔6〕 有关“折价清算”及其负外部性的研究，*See* Andrew Metrick & Gary G. Gorton, *Haircuts* available at https://files.stlouisfed.org/files/htdocs/publications/review/10/11/Gorton.pdf , last reviewed on March 13, 2019; Andrei Shleifer & Robert W. Vishny, Fire Sales in Finance and Macroeconomics, 25 *Journal of Economic Perspectives*, 39, 41 (2011).

〔7〕 可以证明，在多数情形下政府救助的社会总成本低于折价破产清算。*See* Randall D. Guynn, Are Bailouts Inevitable, 29 *Yale Jon Reg.*, 127-129 (2012).

〔8〕 有关“大而不倒”现象的详细解释，参见黎四奇：《后危机时代“太大而不能倒”金融机构监管法律问题研究》，载《中国法学》2012年第5期。

构对自身经营状况的独家信息，“大而不倒”最终将导致严重的道德风险。[1]

银行债权人同样可能成为道德风险的来源。为防止债权人挤兑造成的系统性风险，政府倾向于保护债权人利益。这使得债权人缺乏监督银行风险的动力，并接受以更低的利率出借资金。[2] 这同样会引发系统重要性金融机构的道德风险。

（二）传统监管工具的缺陷

监管机构通常借助事前与事后两类监管工具规制金融行业。事前监管主要为审慎性监管，主要针对金融机构准入门槛与业务范围、资本充足率、资产负债比例、流动性等指标；事后监管则主要指破产清算。种种经验证明，尽管以上两种监管手段在稳定金融市场中发挥了一定作用，但其在规制系统性金融机构时存在缺陷，无法有效削减“大而不倒”引发的系统性风险与道德风险。

就事前监管而言，首先，审慎监管存在社会成本，监管者往往面临权衡取舍。例如，期限转换与流动性转换是银行实现信用中介功能的主要手段。但在吸收流动性较好的短期存款、发放流动性较差的长期贷款的同时，银行需承受利率上升而资产价值贬损的风险，并可能因此发生流动性危机。若对银行的资产负债表施以更严格的监管标准，尽管系统性风险发生的概率由此降低，但银行转换期限、流动性的能力同样不可避免地下降，实体经济所得的信贷量与资金成本均将因此上升。

即使审慎性监管在成本收益考量中占据上风，监管者也往往难以制定出有效的审慎性标准。其一，监管者与金融机构间存在信息不对称。以经营范围限制为例，在金融机构实际开展某一新业务前，其开展这一业务的实际能力与潜在风险，对金融行业仅存一般认知的监管者往往无从得知。其二，审慎性监管对系统重要性金融机构缺乏针对性。“一刀切”式的监管方式一直以来都是困扰美国银行监管者的难题。[3] 其三，更严格的审慎性监管标准致使风险转移至更为隐蔽的影子银行。例如，金融危机中贝尔斯登的资本与流动性完全符合美国证监会的

〔1〕 *See* Gary H. Stern & Ron J. Feldman, Too Big to Fail: The Hazards of Bank Bailouts 72 (2004).

〔2〕 12 C. F. R. § 381.2 (f).

〔3〕 *See* Peter J. Wallion, Why Do We Regulate Banks, 28 *Regulation* 14, 19 (2008).

监管要求[1]，但这是其运用信贷工具改善资产负债表、大量参与 MBS 等表外项目的结果。另外，在制定审慎性标准时，监管机构更易被系统重要性金融机构“捕获”[2]，从而呈现危机过后即放松监管的“监管正弦曲线”。[3]

事后监管同样不是削减系统性风险的最优路径。金融危机中，为防止市场恐慌与市场崩盘，金融机构的处置往往需要在一个周末内完成[4]，而破产法下的有序破产程序需要复杂的过程与一定的时间。危机中金融机构的首要目标是稳定随时可能“逃跑”的短期债权人，但破产法禁止依期限优先偿付，无疑会极大地提高维护流动性的成本。

（三）监管否决与“生前遗嘱”

基于以上背景，有学者提出，引入新的监管工具规制系统重要性金融机构，即“监管否决”（regulatory veto）。与传统的事前或事后监管不同，监管否决要求个体金融机构就某些具体事项向监管者定期申报，监管者对此加以实时审查，并有权批准、修正、否决抑或终止金融机构的相关活动。[5]

某种程度上，监管否决是事前监管与事后监管的统一。一方面，通过对特定机构行为的针对性审查，监管者有机会获取更多有利于监管决策的信息，针对金融机构的具体行为“量体裁衣”；另一方面，通过对金融机构活动的实时监控，监管否决更有可能及时发现问题，在出现经营危机并引发系统性风险前做出反馈，防患于未然。当然，相比于传统监管工具，监管否决往往需要更高的监管成本。但如果这一手段能够有效抑制金融机构的“两类风险”，并因此减少金融危机带来的经济损失与政府救助导致的财政支出，那么特定范围内（即针对系统重要性金融机构）的监管否决无疑是值得的。

---

〔1〕 *See* David H. Kotz, Audit of SEC's Oversight of Bear Stearns and Related Entities: The Consolidated Supervised Entity Program, available at https: //www. sec. gov/files/446-a. pdf, last reviewed on March 13, 2019.

〔2〕 有关银行规模与监管者被俘获的关系，参见刘江会、刘兴堂：《银行规模、俘获行为与监管者声誉研究》，载《江西财经大学学报》2011 年第 5 期。

〔3〕 *See* John C. Coffee, Jr., Systemic Risk After Dodd-Frank: Contingent Capital and the Need for Regulatory Strategies Beyond Oversight, 111 *Colum. L. Rev.* 795, 847 (2011).

〔4〕 即美国市场周五闭市后，亚洲市场周一开市前。

〔5〕 *See* Todd Henderson & James C. Spindler, Taking Systematic Risk Seriously in Financial Regulation, 92 *Ind. L. J.*, 1560, 1582 (2017).

“生前遗嘱”是监管否决的具体手段之一。系统重要性金融机构每年度向美联储与FDIC提交文本，依照规定提供大量内部信息，并就潜在威胁制定恢复与处置计划；监管者对此作出书面审查，并就每一个体机构提出反馈与指引；若监管者认定“生前遗嘱”存在瑕疵，此时其具有广泛而灵活的权力，可以要求金融机构修改或重新提交计划，或施加更严格的限制，甚至分拆金融机构实体。这与监管否决“申报—审查—反馈”的流程相一致，能够体现监管否决在金融监管手段中的独特优势。

Henderson教授与Spindler教授还指出，监管否决可被视作金融机构与监管者间的最后通牒与博弈，其中金融机构享有先行优势。由于金融机构并不会因被监管者否决而付出额外成本，其将给出“听凭取舍”的出价。出于社会成本收益的考量，监管者将选择不去否决金融机构的高风险行为，而这会导致监管否决的失效。〔1〕

但“生前遗嘱”能够规避这一缺陷。通过设立明确的限制规则和处罚措施，“生前遗嘱”能够降低监管者终止金融机构高风险活动的监管成本，而提高金融机构“听凭取舍”的成本。如果金融机构相信监管者必然对高风险活动“零容忍”，那么它们就不会率先进行尝试。通过设定“生前遗嘱”，监管者实际上向金融机构明示：政府可以接受金融机构破产而不会被迫施以救助，这正构成了监管机构在博弈中的可置信威胁。

二、美国“生前遗嘱”制度的实践与特点

（一）多头监管下的差异化对待

多头监管指多个监管机构划定各自权限，共同对某一金融行业或产品施加监管的金融监管模式。与双峰监管、综合监管等模式相对，多头监管往往基于分业经营而建立，长期以来一直为美国、法国、中国等国家所适用。〔2〕就系统重要性金融机构的监管而言，美国同样采取了多头监管的一贯模式，由美联储与FDIC分别主导，并对不同体量、系统重要性的金融机构“量体裁衣”，力求增强

---

〔1〕 *See* Todd Henderson & James C. Spindler, Taking Systematic Risk Seriously in Financial Regulation, 92 *Ind. L. J.*, 1560, 1585 (2017).

〔2〕 参见巴曙松：《不同的金融监管模式及其特点》，载《经济研究参考》2016年第18期。

监管的针对性与灵活度。

《多德-弗兰克法案》第165（d）项确立了针对“银行控股公司、外国银行机构及非银行金融机构”的Title I计划。具体适用范围包括①总资产超过500亿美元的银行机构；②金融稳定监管委员会（FSOC）认定可能威胁美国金融稳定的非银行金融机构。美联储与FDIC对于“生前遗嘱”均享有审查权，但仅在二者均认为方案不具有可接受性时，才可向金融机构提出修改要求或施以必要措施。[1]

就金融机构首次提交“生前遗嘱”的时点，监管机构依据资产规模设计了“三步走”的时间表。[2] 分批申报对于各方都是一个学习的过程。对监管者而言，通过前期审查，监管机构更有可能把握需要重点关注的内容，建立高效的审议机制。对第二、第三批次的“较小”机构而言，它们可以获得更充裕的准备时间，并借助已公开的第一轮信息披露，对监管尺度有更准确的认识。当然，第一批机构需要承受更多的不确定性与更高的成本，但鉴于监管成本与机构规模往往正相关[3]，这一“不公平”情有可原。

在上述范围内，如果某一机构满足特定要求[4]，则美联储允许其提交“裁减版计划”（tailored plan），简化公司治理、执行概要、战略分析等章节的撰写要求，并接受对于非银行业务更为有限的披露。存款保险覆盖率越高，在危机时受到的保护程度往往越高；资产越低，对于金融系统的破坏力往往越小。因此，对于此类机构放松管制要求符合“监管与风险成正比”的原则。

独立于《多德-弗兰克法案》，《联邦存款保险法》同样要求总资产超过500亿美元的被保金融机构提交处置计划（“IDI计划”）。尽管这一计划的覆盖范围与Title I计划基本一致[5]，但事实上，其与Title I计划在立法目标上存有显著不同。Title I计划的目的在于保证金融机构在陷入危机时迅速退出市场，从而维

---

〔1〕 12 C. F. R. § 243. 2.

〔2〕 非银行资产超过2500亿美元的机构应于2012年7月1日前提交计划；非银行资产介于1000亿美元至2500亿美元的机构应于2013年7月1日前提交计划；其他纳入范围的金融机构则需在2013年年底前提交。12 C. F. R. § 243. 3.

〔3〕 *See* W. Mark Crain, The Impact of Regulatory Costs on Small Firms, available at https://papers.ssrn.com/sol3/papers.cfm?abstract_id=1509964, last reviewed on March 13, 2019.

〔4〕 存款保险覆盖资产占总资产的85%以上且非银行资产小于1000亿美元。

〔5〕 *See* Morrison & Forester, Living Wills: The Final Rules A User Guide, available at http://www.iflr.com/pdfs/wLiving_Wills_User_Guide.pdf, last reviewed on March 13, 2019.

持作为整体的金融市场的稳定与有序。IDI 计划则以减少存款人损失与保全存款保险基金为第一要务，强调作为个体的金融机构在破产处置时应获得最大净现值。

这一区别贯穿于规则的各个侧面。例如，Title I 计划将银行“核心业务”界定为“一旦失败将严重威胁美国金融稳定性”的业务条线[1]，而 IDI 计划则将其认定为“对银行日常经营必要”的业务与服务[2]。不难看出，前者是宏观的、“对外的”，而后者是微观的、“对内的”。IDI 规则反映出传统金融监管的二元格局，即区分机构监管与市场监管，将应对挤兑风险的相关措施限于机构监管[3]，强调对于金融消费者的直接保护；而 Title I 计划更加重视机构监管与市场监管的统一，在应对源自个体外部的系统性风险时能够发挥更大的作用。

两类计划均对遏制道德风险各有积极意义。Title I 计划降低了来自于政府救助的道德风险，而 IDI 计划降低了存款保险带来的道德风险。总的来说，二者在金融监管体系中各有其用，不应偏废。更何况，FDIC 允许银行以交叉引用的形式编制计划[4]，极大地降低了银行的监管应对成本。[5]

（二）建立有效的信息传导机制

在危机发生时，无论是监管者对于金融机构缺乏认知而处置缓慢低效，还是公众对于金融机构的健康状况缺乏信任而争相“逃离”，都与金融机构所传达的信息不够充分有关。在“生前遗嘱”的制度设计中，美国监管者将信息传导作为制度核心，希望能够借此降低“交互复杂性”导致的系统风险。[6]

1. 信息收集

首先是对金融机构内部信息收集机制的强化。“生前遗嘱”《最终规则》要

---

〔1〕 12 C. F. R. § 243.2 (g).

〔2〕 12 C. F. R. § 360.10 (a) (5).

〔3〕 郭雳：《中国式影子银行的风险溯源与监管创新》，载《中国法学》2018 年第 3 期。

〔4〕 Randall D. Guynn, *Resolution Planning in the United States*, in The Bank Recovery and Resolution Directive: Europe's Solution For “Too Big To Fail”, 109-63 (Andreas Dombret & Patrick S. Kenadjian ed., 2013).

〔5〕 鉴于此种以 Title I 计划为基础和主要部分的编制方式，除非特别说明，本文以下讨论将围绕《多德-弗兰克法案》下的 Title I 计划进行。

〔6〕 信息缺失带来的“交互复杂性”（interactive complexity）是导致系统重要性金融机构陷入困境的元凶之一。*See* Anabtawi & Steven L. Schwarcz, Regulating Ex Post: How Law Can Address the Inevitability of Financial Failure, 92 *Tex. L. Rev.* 75, 77 (2013).

求相关金融机构必须建立管理信息系统（“MIS”）。[1] 通过MIS，金融机构能够获取、储存并持续更新大量数据，并借助量化分析发现风险敞口的所在位置。具体而言，MIS所收集的信息包括：①各项财务数据及审慎性指标，如资产与负债、信贷额度、资本、现金流量、抵押物等；②公司管治的相关资料，如集团法律实体与商业条线的架构、决策制度与问责机制、主要联系人信息、数据获取与保管机制等；③有关机构对外关联性的信息，如主要交易相对方、交易数额及结构、出现危机时可寻求资金救助的第三方等。总的来说，MIS所覆盖的信息范围应与破产管理人在破产程序开始时可获取到的信息相当。[2]

尽管MIS对于金融机构有诸多益处，但出于对利润的短视考虑，系统重要性金融机构往往不愿付出成本建设MIS系统。“生前遗嘱”的强制性披露要求，有利于督促金融机构投资于MIS，及时、有效地收集与整合自身信息，更好地了解复杂实体下的经营状况，并在其编制“生前遗嘱”时选择适当的恢复与处置方式提供必要的依据。此外，通过对金融机构自身风险的动态监控，MIS同样有利于机构优化日常经营，降低风控与合规的长期成本。

2. 信息申报

基于对重要信息的主动收集与管理，“生前遗嘱”本质上是一种金融机构的信息申报制度。以处置计划为例，其内容由七部分组成，分别为执行概要、策略分析、公司治理结构、组织架构摘要、MIS运行情况、交互性与依赖性及受监管状态。[3] 其中后五项内容均是对于金融机构现有信息的整合与提炼，如公司管理层的职责与决策程序、公司主要实体的持股情况、管理信息系统的操作应用、重大合约安排、主要监管机构及监管重点等。这些信息都与金融机构在危机中的安全性息息相关，并在监管者认定“生前遗嘱”的可执行性时具有重要的参考意义。

充分的信息申报有利于监管者及时发现问题，并相应地提出解决措施，增强系统重要性金融机构抵御风险的能力。此外，由于金融危机往往发生突然，扩散

〔1〕 12 C. F. R. § 243.2 (f).

〔2〕 *See* Thomas F. Huertas, Director, Banking Sector, FSA, “Living Wills: How Can the Concept Be Implemented?”, available at http://www.fsa.gov.uk/Pages/Library/Communication /Speeches/2010/0212_Th.Shtml, last reviewed on March 13, 2019.

〔3〕 12 C. F. R. § 381.4.

迅猛，监管机关需要在短时间内对系统性重要金融机构的“命运”作出决策。监管者需要基于银行长期以来的运营状况与风险负担确定最优的处置方式（如救助还是破产，注入资本抑或剥离子公司等），而以上数据无法在短时间内获得。因此，通过“生前遗嘱”将必要信息完整、定期、有条理地给予监管机构，有利于其在危机发生时迅速、合理决断。

3. 信息披露

系统重要性金融机构有义务将通过审查的“生前遗嘱”文本向公众披露。[1] 作为“持续性监管手段”（contingency regulation），“生前遗嘱”应在初次提交后每一周年加以更新。除此之外，在发生任何可能对处置计划造成实质性影响的事件时，该金融机构须在45天内书面告知美联储与FDIC，并同时修改计划文本中的相关表述。[2]

毫无疑问，强制信息披露对于缓解金融消费者与金融机构间的信息不对称具有重要意义。透过“生前遗嘱”中包含的信息，投资者能够更清楚地了解金融机构对于风险的承受能力与应对措施，从而做出更符合自身偏好的投资选择。基于有效市场理论，个体的选择反映于金融市场的走向。在发生危机时，成形、有序的恢复与处置计划能够使市场参与者更具有心理准备，接受风险带来的结果，降低市场因混沌效应[3]而崩溃的概率。

但需注意，“生前遗嘱”中包括金融机构的大量敏感信息，如财务状况、交易数据、商业策略、风险因素等。就此，美联储与FDIC规定，“生前遗嘱”应划分为保密版本与公开版本，公开版本应由相关金融机构对保密版本作必要的删减得到。[4] 正如美联储与FDIC所承认，“对外公布此类信息将降低金融机构提供信息的质量与程度，并将严重影响美联储与FDIC促使此类金融机构在危机中高效有序清算的努力”。[5] 因此，不对外披露与银行核心竞争力密切相关的商业信息，是一种基于现实考量的正确制度选择。

---

[1] 12 C. F. R. § 381.8 (c).

[2] 12 C. F. R. § 381.3 (b).

[3] *See* Mark J. Roe, Chaos and Evolution in Law and Economics, 109 *Harv. L. Rev.* 641, 668 (1996).

[4] 12 C. F. R. § 381.8 (c).

[5] 12 C. F. R. § 381.6.

（三）与其他监管工具密切配合

区别于传统监管方式，“生前遗嘱”是一种监管否决手段，但这并不意味着其脱离事前或事后监管而独立发挥作用。事实上，“生前遗嘱”处于事前监管向事后监管过渡的“中间地带”[1]，起到承接二者，放大监管效果的作用。

1. “生前遗嘱”与事前监管

“生前遗嘱”以审慎性监管手段为基础。[2] 其一，上文已经指出，“生前遗嘱”中包含大量对于金融机构现时审慎性水平的披露，是事前监管结果的反映。其二，“生前遗嘱”要求金融机构采取的危机应对措施多是针对审慎性指标的调节与补救。这体现于“处置策略”章节中对机构陷入困境时所需资本、流动性与资金量的预估[3]，维持资金来源的可行性分析[4]，以及“交互性与依赖性”章节中的业务隔离措施[5]。

“生前遗嘱”也对审慎性监管提供了有益的补充。以恢复计划为例，金融机构设置了一系列旨在防范经营不善威胁金融系统稳定性的预防性措施，而这些措施多属于高于一般监管要求的审慎经营行为，例如持续资本注入、流动性缓冲、降低杠杆率、剥离不良债务、管理交叉违约等。[6] 为满足美联储与 FDIC 的规则与指引，系统重要性金融机构实际采取了更严格的自我约束。此外，如果美联储与 FDIC 有权认定金融机构提交的处置计划不具可信性，其有权提高该机构的资本充足率、杠杆率、流动性等指标要求[7]，这同样可以起到强化审慎性监管的效果。

2. “生前遗嘱”与事后监管

毋庸置疑，“生前遗嘱”的直接目的即在于避免系统重要性金融机构的无序破产，其为金融机构在有限时间内的事后监管提供了准备与预演。归根到底，

---

[1] 参见本文第一部分。

[2] 有关银行的审慎经营及其监管，参见吴志攀：《金融法概论》（第五版），北京大学出版社 2011 年版，第 56-67 页。

[3] 12 C. F. R. § 381.4 (c) (1) (iii).

[4] 12 C. F. R. § 381.4 (c) (1) (iv).

[5] 12 C. F. R. § 243.4 (g) (5).

[6] *See* Nizan Pakin, The Case Against Dodd-Frank Act's Living Wills: Contingency Planning Following the Financial Crisis, 9 *Berkeley Bus. L. J.* 29, 44 (2012).

[7] 12 C. F. R. § 243.6 (a).

“生前遗嘱”需要具体实际的破产制度加以实施与保障。

但这并不意味着危机中的破产程序应按照“生前遗嘱”的规划进行。恢复与处置计划可被视为监管机关与系统重要性金融机构间订立的协议。只不过在协议订立过程中，监管机关提供标准化文本，且拥有更大的议价能力。因此，其不具有等同破产法的效力，更无法对抗破产法典。[1] 此外，美联储与FDIC明确规定，“生前遗嘱”不适用于《多德-弗兰克法案》第二章下的过桥公司[2]。而过桥公司是SPOE破产处置机制中的主要实体，适用于全部系统重要性金融机构。[3] 这同样可以证明，“生前遗嘱”并不能在破产程序中天然地发生效力。

综上，我们可以看出，“生前遗嘱”并非独立的全新监管体系，而是美国原有金融机构监管体系的有机组成部分。缺少了审慎性监管与破产重组的支持，“生前遗嘱”对于系统性风险、道德风险的防范效果都将无法实现。

三、围绕“生前遗嘱”有效性的争议

在美联储与FDIC逐步确立起“生前遗嘱”监管框架的同时，围绕这一制度的争议同样持续不断。其中首要的问题即在于：“生前遗嘱”是否真的如预想的那样，能够降低金融市场的系统性风险与道德风险？对此，我们有必要重新审视“生前遗嘱”的有效性。

（一）“生前遗嘱”的积极评价

作为一种“监管回应”手段，恢复与处置计划在解决系统重要性金融机构“大而不倒”问题时具有独特的优势。除此之外，“生前遗嘱”对于金融稳定性

---

〔1〕 参见李景杰：《论金融机构的生前遗嘱制度及其对我国的启示》，载《经济问题》2014年第12期。

〔2〕 参见丁磊、金灵：《“生前遗嘱”制度的源流、构架与异化——以Dodd-Frank法案对我国金融企业退出机制的影响为视角》，载《证券法苑》2016年第18卷。

〔3〕 SPOE（Single Point Of Entry）是FDIC处置系统重要性金融机构的首选模式。其具有以下三个步骤：①当银行触发处置条件时，FDIC作为指定接管人接管金融机构的控股母公司；②FDIC将控股公司的全部财产（包括对于子公司的股权投资）转移至新设的过桥公司；③向过桥公司注入资本。通过这一操作，全部未受冲击的业务可在过桥公司下重新健康运行，而将金融机构的债务与股权区隔于控股公司，在迅速处置问题银行时具有多处优势。*See* FDIC & Bank of England, Resolving Globally Active, Systematically Important, Financial Institutions, available at www.fdic. gov/about/srac/2012/gsifi. pdf, last reviewedon March 14, 2019.

的积极作用也可以通过其他解释范式体现。下面笔者将基于区隔机制和资本结构两个视角讨论“生前遗嘱”在降低“两类风险”中扮演的角色。

1. 作为区隔机制的“生前遗嘱”

区隔机制（ring-fencing）是将金融机构部分业务与集团母公司相隔离的监管方式[1]，在美国银行业监管中被长期使用。[2]“生前遗嘱”可以起到与区隔机制类似的作用，通过隔离或简化金融机构的业务条线，降低关联机构间风险传导所造成的冲击。

首先，监管机构要求金融机构将“核心业务的可持续性及支持核心业务的经营行为”作为金融机构编制恢复与处置计划时的主要考量因素之一，并采取必要措施保证经验困境下的及时偿付。[3] 这要求金融机构自行将高风险业务与主营业务相分离，对于主营业务施以更强有力的保护和更加保守的经营策略，实际上达到了与沃尔克规则类似的效果。[4]

更加直接地，若监管者认定金融机构所提交的处置计划不具有可信性，则其有权强制分拆该金融机构的某些子公司或非核心业务。[5] 作为区隔机制的直接体现，这一处罚措施赋予了监管者在极端情形下直接介入，改变银行业务架构的可能性，有效地强化了监管权威，体现出“宽严相济”的监管思路。

实证研究表明，“生前遗嘱”设立后，各机构的业务种类、实体层级、实体

---

〔1〕 参见苏洁澈：《后危机时代英美银行监管体系变革》，载《环球法律评论》2016年第1期。

〔2〕 美国金融监管者对于区隔机制的应用，最早可以追溯至大萧条时期通过的《格拉斯-斯蒂格尔法案》，该法案将承担经纪、投资等高风险业务的投资银行与吸收公众存款的商业银行严格分离，形成了美国延续至今的分业监管模式。随着20世纪末期美国金融去监管运动的开展，这一法案于1999年被废除。2008年金融危机后，《多德-弗兰克法案》第619条确立了沃尔克规则，将银行自营业务与商业银行相隔离，重拾区隔监管机制。*See* K. D. Krawiec & Liu Guanya, The Volcker Rule: A Brief Political History, 10 *Cap. Markets L. J.* 507, 522 (2015).

〔3〕 76 Fed. Reg. 67323, 67329 - 30.

〔4〕 事实上，“生前遗嘱”在实现业务区隔时起到的效果也许优于沃尔克规则。由于规则繁复难懂、死板僵硬，沃尔克规则一直饱受争议。参见周艾琳：《沃尔克规则八年后首次修订，华尔街迎“去监管时代”》，载 https://www.yicai.com/news/5428906.html，最后访问日期：2019年3月13日。相比之下，“生前遗嘱”中的“去关联化”要求赋予金融机构本身更大的操作空间，以效果为导向，具有更强的灵活性与可适用性。

〔5〕 12 C. F. R. § 243.6 (c).

总数均明显下降，公司治理与机构内部交互均有所简化。[1] 这体现出“生前遗嘱”对于系统重要性金融机构的确具有一定的简化与区隔作用，降低了机构复杂度与业务相关度。

区隔机制可以通过两种方式降低金融机构带来的系统性风险。[2]

第一，区隔机制能够纠正市场失灵，降低市场恐慌的概率。通过将存款业务区隔于可能为银行带来较大损失的高风险业务，银行可以使存款人相信自身财产不会受到牵连，从而避免因恐慌导致的挤兑。“生前遗嘱”要求金融机构分离原本混杂在一起的业务条线，并将管理责任与独立的业务实体一一对应。这可以提升机构运转的透明度，从而降低存款人与银行间的信息不对称，改善市场的不完全性，降低因委托代理机制而发生的道德风险。

第二，区隔机制能够将金融机构内部“模块化”，从而避免风险在各部门间“传染”。在高度复杂的金融系统中，局部风险是不可避免的。但通过增强系统内部的“模块性”（modularity），某一局部风险触发系统性风险的概率将大大降低。[3] 区隔机制即“模块化”金融机构的最佳手段。在制定“生前遗嘱”时，美联储建议系统重要性金融机构将不同业务条线分置于独立的子公司。[4] 其好处在于，当大型金融机构因外部事件而陷入流动性危机时，其损失可以被控制在初始出现问题的部门内；即使子公司破产清算，仍不会剧烈影响集团内其他子公司的正常运营，最终避免存款人与纳税人因此遭受损失。

2. 资本结构视角下的“生前遗嘱”

“生前遗嘱”将影响金融机构对自身资本结构的选择，促使其降低债权融资比例，进而降低因高杠杆造成的系统性风险。

---

〔1〕 *See* Steve Bright, Paul Glasserman, Christopher Gregg & Hashim Hamandi, What Can We Learn from Public Available Data in Banks' Living Wills, available at https://www.financialresearch.gov/briefs/files/OFRbr_2016-05_Living-Wills.pdf, last reviewed on March 13, 2019.

〔2〕 *See* Steven L. Schwarcz, Ring-fencing, 87 *S. Cal. L. Rev.* 69, 70 (2013).

〔3〕 *See* Steven L. Schwarcz, Regulating Complexity in Financial Markets, 87 *Wash. U. L. Rev.* 211, 268 (2009).

〔4〕 *See* Allen & Overy, "Creeping Subsidiarization: The Upcoming Federal Reserve Proposal on Regulation of Foreign Banking Organizations", available at http://www.allenovery.com/publications/en-gb/Pages/-Creeping-Subsidiarization---The-upcoming-Federal-Reserve-proposal-on-regulation-of-foreign-banking-organizations.aspx, last reviewed on March 13, 2019.

公司金融 MM 定理〔1〕及其衍生得出的权衡理论表明，由于节税优势，公司在股权融资与债权融资中倾向于选择债权融资，但更高的负债将增加公司的违约风险与破产风险，并使公司在财务困境中负担更高昂的法律成本与管理成本。因此，为实现公司价值最大化，公司将权衡税负成本与财务困境成本，折中决定最优的资本结构。〔2〕

由于“大而不倒”带来的政府救助预期，系统重要性金融机构对破产风险及财务困境成本并不担忧，从而更偏好高债权融资的资本结构。与此同时，由于政府为银行债务提供隐性担保，债权人对银行风险同样并不敏感，因此银行债务往往享有较低的利率。因此，银行进行债务融资的成本低于股权融资，这进一步增强了银行对于债权融资的偏好，导致畸高的银行杠杆率。〔3〕

“生前遗嘱”的意义在于，打破政府救助的隐性担保，向金融机构、市场与投资者宣示系统重要性金融机构有序退出的可能性，并以具体的计划文书保障金融机构破产的可执行性。由于财务危机成本的上升，金融机构将主动降低杠杆率，追求更安全的资本结构，金融机构所可能引发系统性风险亦随之下降。〔4〕

更为重要的是，“生前遗嘱”结束了系统重要性金融机构的“预算软约束”。〔5〕在这一状态下，由于外在支持的存在，系统重要性金融机构的决策者无需为自己的选择承担责任，市场纪律因此被破坏，引发道德风险。“生前遗嘱”将缩小系统重要性金融机构与一般金融机构间的融资成本差距，要求决策者重新审视自身的风险负担，选择更为适当的债务比率。

纽约联邦储备银行的量化研究表明，自实施“生前遗嘱”制度起至2016年，系统重要性金融机构的平均资本成本上升幅度比金融机构总体更为显著。经测

---

〔1〕 MM 第一与第二定理证明，在完美资本市场中，公司的总价值不受融资结构的影响。但债务比股权的风险更低，资本成本因而相对较低。与此同时，杠杆增加了股权的风险，提高了股权资本成本。*See* Jonathan Berk & Peter Demarzo, Corporate Finance 520-629 (4th ed. 2009).

〔2〕 *See* Jonathan Berk & Peter Demarzo, Corporate Finance 520-629 (4th ed. 2009).

〔3〕 有关银行在选择最优资本结构时偏离 MM 定理的详细解释，*See* Paul Tucker, Banking Reform and Macroprudential Regulation - Implications for Banks' Capital Structure and Credit Conditions, available at https://www.bis.org/review/r130715d.pdf, last reviewed on March 13, 2019.

〔4〕 有关杠杆率与系统性风险的正向关系，*See* Mandelker, GN & SG. Rhee, The Impact of Degress of Operating and Financial Leverage on Systematic Risk of Common Stock, 19 *Journal of Financial and Quantitative Analysis* 45, 67 (1984).

〔5〕 *See* Kornai & Janos, The Soft Budget Constraint, 39 *Kyklos* 3, 30 (1986).

算，“生前遗嘱”使系统重要性金融机构的杠杆率下降约1.5%，相当于每年政府向系统重要性金融机构减少约420亿美元的补贴资金。无论以何种方式计量，“生前遗嘱”均显著降低了金融市场的系统性风险。[1]

（二）对于“生前遗嘱”有效性的质疑

1. 缺乏有效的跨境合作监管机制

近年来，国际化已经成为银行业发展的主流趋势。各国大型银行在境外大量设立分支机构并提供全球金融服务，极大地促进了跨境资本流动。但与此同时，由于缺乏成形的监管与合作机制，跨国银行也为国际经济体系带来了更高的系统性风险。[2] 虽然主要经济体均已确立本国法下的“生前遗嘱”制度，但各国间尚未建立有效的立法沟通与危机联动，因而产生法律冲突、监管僵局与监管套利[3]的可能性。

对于系统重要性金融机构的恢复与处置，不同国家的具体规则间存在一定差异，例如触发处置程序的时点、处置管理人的职责、政府在这一过程中的介入程度等。危机情境下，以上规则冲突可能降低跨国协同处置的效率。同时，由于监管口径不一致，金融机构趋向于在规则更为宽松的法域提交“生前遗嘱”。如果对此缺乏控制，那么这一“监管选择”现象将导致“趋向更低的监管竞争”（racing to the bottom），导致跨国银行监管标准下降，全球系统性风险升高。

此外，监管者不仅要求本国系统重要性金融机构提交恢复与处置计划，也同时对符合条件的外国机构分支加以同样要求。因此，跨国机构将被迫在多个法域下提交编制要求各异的“生前遗嘱”。[4] “监管重复”现象将致使跨国金融机构

---

〔1〕 *See* Nocola Cetorelli & James Traina, Resolving “Too Big to Fail”, available athttps://ideas.repec.org/p/fip/fednsr/859.html, last reviewed on March 13, 2019.

〔2〕 有关20世纪80年代开始的美国银行业国际化热潮，以及银行国际化与系统性风险间的紧张关系，*See* M. R. Darby, *The Internationalization of American Banking and Finance: Structure, Risk, and World Interest Rates* Journal of International Money & Finance.

〔3〕 有关监管套利的概念、成因与影响，*See* Amir N. Licht, Regulatory Arbitrage for Real: International Securities Regulation in a World of Interacting Securities Markets, 38 *Va. J. Int'l L.* 563, 568 (1998).

〔4〕 一个典型的例子是雷曼兄弟破产案。雷曼兄弟集团在总计50个国家设有2985处分支机构，并触发了75项独立法律程序。由于美、英及其他国家无法对于是否应救助雷曼兄弟、破产处置应怎样开展等问题无法达成一致意见，雷曼兄弟破产案进程十分艰难，且付出了超出想象的高昂成本。*See* Basel Committee & Bank for International Settlements, Report and Recommendations of the Cross-Border Bank Resolution Group 18 (2010), available at https://www.bis.org/publ/bcbs169.pdf, last reviewed on March 13, 2019.

准备“生前遗嘱”的成本大大提高。

那么，接下来的问题是：为什么在国家间尚未建立有效的系统重要性金融机构合作监管机制？笔者认为，根本原因在于国家间的利益冲突，以及危机中优先保护本国利益的决策导向。本国政府在金融危机发生时所优先采取的行动，往往并不是与他国合作解决系统性风险问题，而是尽可能将风险源与本国金融体系相隔离。[1] 即使迫于风险扩散而合作应对危机，各国在问题银行的处置方式与损失分担上也存在利益冲突。目前为止，无论是国际社会，还是主要金融市场所在国之间，均仍未就金融危机时的管辖权、成本分担与协调机制达成一致。这自然将导致跨国银行的“生前遗嘱”有效性大打折扣，甚至可能反而加剧跨境金融活动的系统性风险。

2. 对股东权利的负面影响

“生前遗嘱”被认为是监管者与系统重要性金融机构间订立的协议，对于金融机构的股东设定了一系列限制。因此，美联储与 FDIC 规定，这一计划必须经由相关金融机构董事会批准方可生效。[2]

“生前遗嘱”会影响股东的公司治理权。例如，计划中要求金融机构提供公司内部治理的全面信息，包括公司组织结构、负责人联系方式、议事与决策程序、风险管理制度等，而这些信息显示了金融机构日常运转与危机应对的核心战略，本应由公司决策层专享。计划要求金融机构简化内部联系，重组法律实体，同样影响了股东对公司内部组织形式的决策权。

“生前遗嘱”会影响股东的公司控制权。例如，计划中须明确载明危机事件触发后机构被 FDIC 接管的时点，在此之后 FDIC 将具有类似于一般破产管理人的地位，在金融机构日常经营、业务判断、财产处置等方面无需经股东批准而享有广泛的权限。

“生前遗嘱”还可能会影响股东的财产权利。如果监管者认为系统重要性金融机构已提交的计划不具有可信性，则其有权提高银行的资本充足率要求，如果有股东不愿向银行增加资本投入，那么其股权将被稀释。在极端情况下，监管者还有权以计划不可信为由强制拆分银行的部分业务或资产，这同样无需股东会或

---

〔1〕 参见张广德：《雷曼兄弟破产，中国能否筑起金融危机隔离带》，载《经济日报》2008年9月19日，第A2版。

〔2〕 12 C. F. R. § 243.3 (e) (2).

董事会的同意。此外，由于金融控股公司内部法律实体的整合，加之穿透式的监管态度，金融机构的股东将无法继续以设立子公司的方式筑起有限责任的藩篱，这可能降低处置问题资产时的集团总剩余价值。

“生前遗嘱”对股东权利的“入侵”可能会对金融系统稳定性造成某些负面影响。[1] 首先，“生前遗嘱”可能抑制对银行业的资本投资行为。金融机构股东可能会有以下顾虑：由于银行倒闭的影响过于巨大，监管机构可能选择在危机发生后的较早阶段接管并处置银行，即使在该情境下银行仍有可能自行恢复。这无疑增大了股东投资的风险，导致高质量资本趋于远离金融业，而充足的资本正是维持金融系统稳定性的最重要因素之一。[2]

理论上，“生前遗嘱”还可能导致问题银行的处境进一步恶化。一方面，系统重要性金融机构的股东往往均为金融机构[3]。危机发生时，牺牲此类股东的利益而优先保护金融市场，可能反而导致危机更快地在金融机构间“传染”。另一方面，当有迹象显示金融机构可能触发恢复与处置计划时，如果缺乏限制性规则，机构股东可能试图快速出售股份以降低未来的损失。大范围的同时抛售将使金融机构在资本市场上的价值快速贬损，并可能造成投资者恐慌与市场波动，最终将引发流动性危机与系统性风险。

当然应当承认，出于公共利益、股东自负风险、防范道德风险、推动有效处置等原因，“生前遗嘱”对于股东利益的限制具有正当性。但以上讨论提醒我们，在平衡处置计划与金融机构股东权利间的张力时，需要精细分析，把握尺度，以期实现金融系统稳定性负面影响的最小化。

四、“生前遗嘱”的本土化建构

相比美国较为成熟的制度实践，我国系统重要性金融机构的“生前遗嘱”

---

〔1〕 *See* Valia SG Babis, Bank Recovery and Resolution: What About Shareholder Rights, available at https://ssrn.com/abstract=2144753, last reviewed on March 13, 2019.

〔2〕 *See* Valia SG Babis, Bank Recovery and Resolution: What About Shareholder Rights, available at https://ssrn.com/abstract=2144753, last reviewed on March 13, 2019.

〔3〕 例如，截至2019年3月8日，高盛集团的机构持股占总股数的69.71%，前五大机构持股股东分别为领航投资（Vanguard Group Inc.）、黑石集团（Blackrock Inc.）、道富银行（State Street Corp）、伯克希尔-哈撒韦公司（Berkshire Hathaway Inc.）、马萨诸塞金融服务公司（Massachusetts Financial Services Co.）。前五大机构股东持股约占总股数的24%。参见纳斯达克交易所网址，载https://www.nasdaq.com/symbol/gs/institutional-holdings，最后访问日期：2019年3月13日。

无疑还是新鲜事物。尽管在2011年发布的《商业银行全球系统重要性评估指标披露指引》中，银监会要求表内外资产余额超过1.6万亿元人民币的商业银行定期披露12项重要指标，但这12项指标与巴塞尔委员会的要求完全一致，被视为回应巴塞尔协定之举。[1] 在2016年发布的《关于民营银行监管的指导意见》中，银监会要求新设民营银行必须提交恢复与处置计划[2]，但这一规定并非针对系统重要性金融机构，受到学界的颇多争议。[3]

在实践层面，早在2013年，作为首批美联储与FDIC认定的全球系统重要性金融机构[4]，中国银行向美国监管机构提交恢复与处置计划。[5] 2014年，民生银行则成为首家设立“生前遗嘱”的民营银行，但此时监管层并未明确提出相关要求，民生银行此举属于自愿性行为。[6] 因此，在2018年11月颁布《关于完善系统重要性金融机构监管的指导意见》（《指导意见》）[7] 之前，我国并未建立起成形的系统重要性金融机构“生前遗嘱”制度。

正如前文所述，《指导意见》中有关恢复与处置计划的内容仅有寥寥数条，监管者仍需尽快确定更为精细的适用规则。以下笔者将先简要介绍《指导意见》下“生前遗嘱”制度的内容与意旨，再结合美国经验与中国现实，试图提出些许本土语境下的借鉴与启示。

（一）我国现有制度框架的亮点

《指导意见》由人民银行、银保监会与证监会联合发布，适用范围包括系统重要性银行业机构、证券业机构与保险业机构，“系统重要性”的界定标准与巴

---

〔1〕 参见《商业银行全球系统重要性评估指标披露指引》，银监发［2014］1号，2014年1月8日。

〔2〕 参见《关于民营银行监管的指导意见》，银监发［2016］57号，2016年12月30日。

〔3〕 参见银丹妮、张浩：《民营银行“恢复与处置计划”的理论基础与完善路径》，载《金融监管研究》2017年第9期。

〔4〕 美联储与FDIC规定，《多德-弗兰克法案》下恢复与处置计划的适用范围包括全球总资产超过500亿美元的银行组织，无论其在美分支机构规模如何。12 C. F. R. § 243.2（f）（1）（iii）.

〔5〕 参见《中行董事会通过恢复与处置计划》，载https：//m. yicai. com/news/3248137. html，最后访问日期：2019年3月13日。

〔6〕 参见石贝贝：《招行开中资行先河：订立生前遗嘱》，载http：//m. cmbchina. com/CmbInfo/CmbNewsDetail. aspx？id=204e7471-29bc-4d8d-abb3-162947a2eac8，最后访问日期：2019年6月3日。

〔7〕 参见《关于完善系统重要性金融机构监管的指导意见》，银发［2018］301号，2018年11月27日。

塞尔协定、《多德-弗兰克法案》均较为相似。[1] 就具体机构范围而言，《指导意见》提出采用指标评估与综合评分的方法，考虑金融机构的规模、关联度、复杂性、可替代性等指标，由三大监管机关共同确定第一期机构名单。

就特别处置机制部分，《指导意见》规定由央行牵头银保监会、证监会等机构建立危机管理小组，统筹建立特别处置机制。在这一机制下，系统重要性金融机构将制定并按年度更新恢复计划与处置计划，确保在极端压力情景下金融机构能够采取措施恢复正常运营，在实质性财务困难或无法持续经营时，金融机构能够得到快速处置。《指导意见》还对恢复与处置计划文本包含的主要部分、可处置性评估流程与标准，以及信息报送要求逐一作出了规定。

笔者认为，与美国规则相比，《指导意见》有以下亮点：第一，明确提出了问题机构处置的原则，即“既要守住底线，防范系统性风险，又要依法合规，防范道德风险”。本文已经论述，之所以引入“生前遗嘱”机制，主要就是为了降低危机中系统重要性金融机构所引发的以上“两类风险”。明确规定这一原则，有利于锚定监管基线，以效果为导向设计具体规则。

第二，《指导意见》明确规定了监管机构的任务划分与责任机制，有利于在多头监管的基础上高效合作，降低监管成本。成立危机处置小组的同时，《指导意见》赋予国务院金融稳定发展委员会（“金融委”）统筹领导、最终审议和监督问责的权力，能够有效统筹人民银行、银保监会与证监会间的可能分歧，预防与遏止监管不作为现象。

第三，《指导意见》就危机中资金的使用顺序作出清晰说明，明确应以使用自有资金为先，以行业保障基金作为第二选择，仅在上述措施作用不足，可能引发系统性风险时，央行才可提供救助。这一规则进一步增强了监管者与金融机构博弈中的可置信度，最大限度地确保了道德风险不会出现。相比之下，尽管已经建立“生前遗嘱”，但美国规则仍在自救（bail in）与政府救助（bail out）间始终保持模糊的取向，这可能导致系统重要性金融机构继续抱有冒险心理，预期政府仍可能因谨防市场崩溃的灾难性后果而展开救助，并因此从事高风险活动。

---

〔1〕“系统重要性金融机构是指因规模较大、结构与业务复杂度较高、与其他金融机构关联性较强，在金融体系中提供难以替代的关键服务，一旦发生重大风险事件而无法持续经营，将对金融体系和实体经济产生重大不利影响、可能引发系统性风险的金融机构。”

（二）美国法对中国的启示

笔者认为，借鉴美国“生前遗嘱”制度实践，降低金融市场的系统性风险与道德风险，至少可以从以下三个方面加以考虑。

1. 循序渐进实施差异化监管

在《指导意见》中，监管机构仅就系统重要性金融机构的识别标准与行业范围作出了初步规定，但并未确定编制与提交计划的具体名单与时间表。在这一问题上，笔者建议借鉴美国规则的差异化监管思路，分批次设定首次提交计划的截止日期，并对不同规模的机构设置不同标准的审慎性要求。

与美国金融业不同，我国的大型金融机构大多带有强烈的国有属性。〔1〕因此金融机构往往享有国家信用作为背书，无形中加大了商业银行的道德风险。若缺乏有力的监管信号，国有银行往往可能利用政府的刚性兑付担保而过度负债，承担超出自身承受范围的风险。因此，我国在“生前遗嘱”的制度实践中应当特别关注国有金融机构，在其“生前遗嘱”中声明国家作为普通股东，在机构进入紧急状态时不负有救助义务，亦无超出一般股东的额外承诺。此外，国有“六大行”〔2〕在规模体量、复杂度、国际化程度上也都处于领先地位，一旦出现流动性风险，对于金融系统的冲击将更为显著。基于以上特点，监管机构理应对此类特大金融机构给予更密切的关注与更严格的要求，并可以考虑在“六大行”常设派驻人员，专门负责“生前遗嘱”编制、更新与监督等相关工作，确保在出现危机时第一时间按照既定计划妥善处理，阻止宏观金融风险迅速扩散。

此外，在2016年发布的《关于民营银行监管的指导意见》中，银监会要求全部新设民营银行必须提交恢复与处置计划〔3〕。虽然该规定与《指导意见》并行不悖，在规范意义上理应区别对待，但笔者仍希望说明：不应将民营银行全部纳入恢复与处置计划的范围。上文已经介绍，“生前遗嘱”建立在完善的信息管理系统和危机决策机制之上，需要一定人力、物力、财力加以建设与维持。以美

---

〔1〕以我国最大银行工商银行为例，截至2019年3月8日，工商银行的前两大股东分别为中央汇金投资有限责任公司与财政部，二者持股共占总股数的69.31%。参见工商银行股东信息，载 http://stock.jrj.com.cn/share，601398，sdgd.shtml? to=pc，最后访问日期：2019年3月13日。

〔2〕根据银保监会发布的最新版《银行业金融机构法人名单》（其他［2019］1号）（截至2018年12月底），“国有大型商业银行”包括工商银行、农业银行、中国银行、建设银行、交通银行与邮储银行。

〔3〕参见《关于民营银行监管的指导意见》，银监发［2016］57号，2016年12月30日。

国为例，FDIC 要求系统重要性金融机构每年至少花费 7200 小时的人力资源编制处置计划，并至少须花费 452 小时更新计划。[1] 与此同时，监管机构也需要投入必要的时间、人力、金钱成本，以持续审查“生前遗嘱”的制定、实施情况。将民营银行一味纳入监管版图，无疑将极大地提高监管成本与机构的应对成本。此外，相对于美国，我国金融监管明显体现出更强的金融抑制倾向[2]，对准入政策与审慎性标准施加更高的要求。在这一背景下，不区分机构规模、关联度、复杂性等指标而一律要求民营银行制定并提交“生前遗嘱”，甚至对其课以与系统重要性金融机构等同的标准，无疑不利于为民营银行创造便利的生存环境，无益于民营金融力量的发展壮大。

此外，由于鲜明的“监管否决”属性和小范围、针对性的监管思路，“生前遗嘱”的监管规则不应一蹴而就，而应在沟通中逐步成形。以美国实践为例，在《最终规则》实行之初，首次提交计划的时间表数次推迟，美联储及 FDIC 同金融机构进行了数轮磋商与沟通。在提交过程中，美联储与 FDIC 多次向相关机构发出指引信，指明监管者重点关注的问题，帮助机构更高效地制定符合其要求的计划。我国监管机构也应当认识到，“生前遗嘱”规则同其他金融监管规则一样，也是“过程中的法律”。监管者同样需要“摸着石头过河”，在实践中加以检验与修正。

2. 建立金融机构特别破产制度

早在 1934 年大萧条时期确立的《联邦保险存款法》中，美国即将特定范围内的存款吸收机构排除于破产法典的调整范围之外。1991 年通过的《联邦存款保险公司改进法》则明确规定监管机构可指定 FDIC 作为问题金融机构的接管人，在极端情况下享有广泛的管理权限。与 Title I 恢复与处置计划相匹配，《多德-弗兰克法案》在 Title II 专章设立了金融机构的有序清算制度，通过 SPOE 破产机制实现金融控股公司的再次注资，[3] 进一步厘清了一般企业破产制度与金

---

〔1〕 *Resolution Plans Required*, 72 Federal Regulation 58, 388. 转引自丁磊、金灵：《“生前遗嘱”制度的源流、构架与异化——以 Dodd-Frank 法案对我国金融企业退出机制的影响为视角》，载《证券法苑》2016 年第 18 卷。

〔2〕 有关中国的“金融抑制”（financial repression）现象及其成因，*See* Nicholas Lardy, *Financial Repression in China*, available athttps: //papers. ssrn. com/sol3/papers. cfm? abstract_ id = 2126174, last reviewed on March 13, 2019.

〔3〕 12 C. F. R. § 381. 6.

融机构危机处置间的界限。此外，目前美国正通过立法试图在《破产法典》中增加第 14 章，以特别规制问题金融机构的破产清算，对 Title II 相关的破产法问题将作出更为细致的规定。目前这一立法建议仍在讨论中，但可以预见，第 14 章将进一步完善美国金融机构的特别破产路径。[1]

反观我国，目前仍未建立起明晰的金融机构特别破产制度。有关银行破产的规定分布于《商业银行法》、《破产法》、《银行业监督管理法》以及各单行条例中，不同规则间存在某些矛盾冲突之处。例如，《银行法》与《银行业监督管理法》中有关问题商业银行被接管的时点即有所不同——《银行法》以“存款人利益”为唯一考量标准，而《银行业监督管理法》则要求兼顾“存款人和其他客户合法权益”。此外，现有规则往往是此类原则性规定，而未能为监管者提供明确的标准，这或造成实际操作中难以把控，缺乏必要准备。[2]

究其根本，以上现状也许与我国目前发生的银行破产事件较少[3]，监管机构对危机处置缺乏足够的重视与预期有关。但我们仍应对任何发生危机的可能性保持警惕，并在制度上做好准备。在缺乏特别破产制度的情况下，“生前遗嘱”中所载明的处置策略可能难以实现，甚至成为一纸空文。这无疑将降低危机中金融机构处置的效率，损害债权人的利益。

3. 强化国际协调与合作

《指导意见》指出，在进行系统重要性金融机构监管时，应加强与国际组织及境外监管部门的合作。其中具体有两项规定：其一，当国际组织认定的全球系统重要性金融机构与我国认定的国内系统重要性金融机构相重叠时，原则上应适用两者中较高的监管要求；其二，必要时我国监管机构可与境外金融机构分支机构的东道国相关部门签订跨境合作协议，以强化监管合作。以上两点无疑均是促进金融危机中国际社会协调配合的良性建议，有利于维护全球金融系统的稳定性，一定程度上弥补了美国制度下对于跨境合作机制的忽视。

---

〔1〕 *See* Harvard Law School Bankruptcy Roundtable, Senate Judiciary Committee Hearing on Bankruptcy for Banks and Proposed Chapter 14, available athttp: //blogs. harvard. edu/bankruptcyroundtable/2018/12/04/senate-judiciary-committee-hearing-on-bankruptcy-for-banks-and-proposed-chapter-14/, last reviewed on March 13, 2019.

〔2〕 参见丁磊、金灵：《“生前遗嘱”制度的源流、构架与异化——以 Dodd-Frank 法案对我国金融企业退出机制的影响为视角》，载《证券法苑》2016 年第 18 卷。

〔3〕 据公开资料，目前我国已破产的银行仅有 1 家，即 1998 年宣布倒闭的海南发展银行。

除以上措施，还有一些方式可供我国监管者选择，以进一步增强我国在跨境金融机构处置中的主动性。例如，我国监管机关可以与其他主要金融市场所在国建立有关银行重大经营状况的信息沟通与互换机制，在一定范围内共享全球系统重要性金融机构的关键信息，并在发生流动性危机的初期向对方发出预警。我国还可以提倡各国监管机关建立同一金融机构“生前遗嘱”的豁免机制，在口径相近、内容相似的前提下相互承认计划内容，以降低金融机构的准备成本与监管机关的监管成本。

此外，在依照“生前遗嘱”处置跨国金融机构时，各国监管者还面临着法律冲突与适用问题。前文已经提到，根据美国法律的域外管辖权（“长臂管辖”），“生前遗嘱”规则对部分在美设有分支机构的外国金融机构同样适用。例如中国银行、工商银行等中国重要银行已经向美联储与 FDIC 提交恢复与处置计划，并按照《多德-弗兰克法案》相关规定履行合规义务。与此同时，金融机构母国同样就“生前遗嘱”的编制、提交与更新设置了本国规则，由此可能引发法律适用冲突，需要依照国际法规则，在短时间内妥善确定准据法，确保危机处置与有序清算顺利进行。

更进一步，不同法域对于系统重要性金融机构的不同认定标准，对于其恢复与处置计划不同的编制与更新要求，以及危机处理的不同态度与方式，均可能促使金融机构人为选择法律实体所在地，试图趋向或规避某一法域的监管规则。由此可能产生监管竞争。这一现象会促进监管水平不断提升，使得全球金融风险防控向“高标准看齐”，还是导致监管竞次与监管捕获，致使市场监管向“低标准看齐”，或许仍待实践的检验。〔1〕

五、结论

自 2008 年金融危机以来，如何防范系统重要性金融机构的“大而不倒”问题，降低其可能对金融市场造成的系统性风险与道德风险，一直是困扰各国监管者的难题。事实证明，传统的事前审慎性监管与事后破产机制均无法完全解决这一问题。作为一种“监管否决”工具，恢复与处置计划（“生前遗嘱”）也许能

---

〔1〕 监管竞争理论最早起源于公司法领域，后由耶鲁大学德玛佐教授引入证券法领域。笔者认为这一框架同样可用于分析本文问题。*See* Roberta Romano, Empowering Investors: A Market Approach to Securities Regulations, 107 *Yale L. J.* 2359, 2430 (1998).

够起到补充性的作用。

美国是率先设立“生前遗嘱”制度并将其付诸实践的国家之一，在十多年的探索中逐步建立起成形的监管架构。差异化的多头监管、充分的信息传导与相互配合的监管体系是美国制度中的特色部分，值得我国加以借鉴。但与此同时，关于“生前遗嘱”是否真的能降低“两类风险”的讨论屡见不鲜。与其他任何制度一样，“生前遗嘱”兼具利弊，需要监管者在具体应用中加以仔细考量。

目前我国已经确立了关于系统重要性金融机构监管的制度框架，但具体规则仍需进一步释明。构建“中国式生前遗嘱”，既应该学习借鉴美国制度的优点，也应该注意到我国金融业发展的独特之处。总的来看，“生前遗嘱”的任何制度设计都应该以降低金融机构的系统性风险与道德风险为起点，以对金融体系施加监管的效果为最终导向，在成本与收益间加以权衡，审慎把握。

（初审：张玉燕）

我国台湾地区“公司法”无票面金额股制度研究

——兼谈对大陆的启示

廖郁怡*

内容提要：我国台湾地区为鼓励新创事业，打造更友善的商业环境吸引投资者，近年大幅修正“公司法”赋予企业经营弹性，其中一项重大修正就是在股份有限公司中全面引进无票面金额股制度。此次修正对公司资本制度有重大影响，使其不再受传统由面额乘以发行股份总数的“资本额”的概念误导，可使股东与债权人更重视公司的营运绩效及真实资产状况，也兼顾了公司的筹资需求。而大陆近年在公司法制上逐步从资本信用走向资产信用，对无票面金额股制度也有实践上的需要。此次台湾地区“公司法”的修正，对大陆未来推行无面额股制度在法制上具有相当的借鉴意义。

关键词：无面额股　折价发行　资本制度

一、引言

近年来，我国台湾地区经济发展面临诸多挑战，为刺激经济增长，除了促进传统产业升级外，也着眼于中小新创产业的发展。随着经济社会的全球化发展，公司已经成为社会经济活动的核心组织，影响力日渐深远，而台湾“公司法”除于2001年曾大幅度修正过，其余修正幅度皆不大，原有的公司法制已过于保

* 廖郁怡，中国政法大学民商经济法学院2014级法学博士研究生。

守，不足以应对新形态经济发展模式之兴起，尤其台湾长久以来所采取的股票新台币10元面额制度，对创业主造成不小负担。为排除不利于新创事业的法规障碍，使新创事业发起人及股东在股权部分有更自由的规划空间，台湾地区“立法院”先于2015年在“公司法”第五章“股份有限公司”下增订“闭锁性股份有限公司”专节，引进无票面金额股制度[1]，允许闭锁性股份有限公司得以章程择一采用无面额或票面金额股制度。

然而，筹措资金的需求与困境，并非只发生在新创事业方面，台湾许多股票市场价格已低于票面金额的公司，仍属体质良好，却碍于“公司法”第140条规定股票发行价格不得低于面额，无法通过资本市场筹措成本较低廉的自有资金[2]，而金融机构对此类公司的授信也趋于保守，导致公司筹资困难而使财务日趋恶化，最终将导致整体经济发展无法有所突破。在参考众多产业先进国家和地区早已采用无面额股制度的情势发展下，台湾于2018年修正“公司法”第140条（增订第2项）、第156条第1项，将无票面金额股制度扩大适用至所有股份有限公司。

公司发行的股份构成公司的资本，采面额股或无面额股，涉及公司资本结构、股东权益、会计及税务问题。台湾引进无票面金额股制度，可以说是整体资本制度规范的重大变革。票面金额股制度在台湾已行之有年，此次引进无面额股制度，除了因筹资需求以及受世界公司法规范趋势影响，也意味着原有资本制度概念有检讨必要。股票面额制度的探讨，近年在大陆公司法的理论和实践中也已渐成为话题，内地学者多以公司资本制的现代化角度，来论证引进无票面金额股制度的必要性。本文先分析台湾引进无面额股的立法背景与模式，同时结合域外立法例讨论此次改革对资本制度的影响，然后论述大陆公司法推行无面额股制度的必要性，提出未来修法建议。

---

〔1〕 原规定在第356条第6项，后因2018年修正“公司法”第140条，为免重复规定而删除。

〔2〕 参见邱秋芳：《化解股价低于面额公司筹资之困境——面额股与无面额股》，载《证交资料》2001年第7期。

二、台湾地区引进无票面金额股的立法背景与模式

（一）立法背景

我国台湾地区股票面额制度演进可分为三个阶段：①固定面额制阶段。自1979年起实施公开发行公司固定面额制度，主要是因证券市场还在发展阶段，早期发行的公司股票面额并不确定，容易造成股票市场紊乱，因此主管机关便以限制面额的方式强力介入，颁布“公开发行股票统一规格要点”，规定股票面额均为新台币10元。此规定在1988年改由“公开发行公司股务处理准则”取代，该准则第14条明订：股票每股金额均为10元新台币。[1] ②有条件折价发行。2000年初期，台湾股市低靡不振，许多公司股票市值跌破票面金额，而被戏称为“鸡蛋股”“水饺股”，然而此类公司并非全部营运不善，只是因整体证券市场环境不佳，加上不得折价发行，金融机构对于这类公司的授信又趋于保守，因此使企业筹资发生困境。鉴于这一困境与固定面额制度有关，台湾在2001年修正“公司法”第140条，增订公开发行公司在主管机关有规定的条件下，得折价发行新股。③弹性面额股制度。现今投资人的观念与素质已大幅提升，各界已开始重新思考面额股制度是否有继续存在的必要。同时，考虑新创事业发展需求，为降低其募资门槛及技术入股成本，自2014年起，公开发行公司改采弹性面额，由公司自行决定股票发行面额，但每股金额仍应归一律。

从面额股制度第一次松动时（即可有条件折价发行），即有学者呼吁可采低面额或引进无面额股，但主管机关以改制对社会经济影响过大为由，迟未推行。但由对外国企业松绑面额制规定以及闭锁性股份有限公司专节的增订来看，意味着面额股制度在台湾已非不可撼动。为拓展实现资本市场规模的国际化，台湾地区“行政院”自2008年起开放外国企业申请第一上市（柜），[2] 但囿于台湾采面额股的限制，外国企业多将控股公司设立在面额可以自由设定的第三地进行股

[1] 我国台湾地区“公司法”并无规范股票最低面额制，只是采票面金额制度，因此理论上非公开发行公司不限于面额10元，即非公开发公司可以自行决定面额大小。最低面额10元的规定只适用公开发行公司。

[2] 参见台湾证券交易所：《推动外国企业来台挂牌一二三计划》，载 https：//report. nat. gov. tw/ReportFront/PageSystem/reportFileDownload/C09701328/001，最后访问日期：2019年2月15日。

权重组，导致企业成本与挂牌时程增加及衍生相关税务风险，故经主管机关研议后，自2012年起对外国企业来台第一上市（柜）得以无面额或面额不限新台币10元的方式发行股票。此开放政策有助于外国企业以其营运体直接来台挂牌，提升透明度与减少监理风险。另外为赋予企业较大自治空间，营造更有利的商业环境，台湾地区于2015年6月16日在“公司法”第五章“股份有限公司”下增订“闭锁性股份有限公司”专节，并对闭锁性股份有限公司引进无票面金额股制度。

2018年2月台湾地区“经济部”更放宽股份有限公司可发行低于新台币1元面额的股票，不再对股票面额做出限制。同年7月，台湾通过修正“公司法”第140条、第156条〔1〕，在股份有限公司章节全面引进无票面金额股制度。自此，台湾迈入公司资本制度改革的里程碑。总体来说，固定面额受到挑战，除为解决股票跌破面额公司的筹资困境之外，更重要的是想吸引外国企业来台上市，因而逐步松绑规范。在国际竞争重压下，正是直面审视面额股改革的最佳时机，无票面金额股制度势在必行。〔2〕

（二）立法模式

无面额股制度在几个经济发达国家及地区已有实施经验。各地引进无面额股制度的理由大致均因面额有误导之嫌，只是立法模式不同。从立法体例来说，可归纳出三种规范方式：第一种是兼采面额股与无面额股可同时适用，如美国。〔3〕纽约州法在1912年率先承认无面额股，如今几乎所有州法都允许公司发行无面

〔1〕第140条第2项：“实行无票面金额股之公司，其股票发行价格不受限制”；第156条第1项：“股份有限公司之资本，应分为股份，择一实行票面金额股或无票面金额股”；第156条第1项前段：“公司得经有代表以发行股份总数2/3以上股东出席之股东会，以出席股东表决权过半数同意，将已发行之票面金额股全数转换为无票面金额股，其余转换前第241条第1项第1款提列之资本公积，应全数转为资本”。

〔2〕参见蔡昌宪：《从外国企业来台上市柜谈“我国”票面金额股制度的改革方向》，载《台湾法学杂志》2013年第18期。

〔3〕参见《模范商业公司法》第6.25条（b）规定，股票凭证的格式与内容必须记载票面，未对股票面额设有规定。而特拉华州公司法第102条（a）（4）关于公司章程应记载事项中，规定若公司仅被授权发行一种股票时，发行面额股时应记载股份总数及面额，无面额股时应记载股份总数。第151条（a）亦直接规定，公司得发行一种或一种以上的系列股票包括面额股或无面额股。See Model Bus. Corp. Act § 6.25（b）（2016）.

额股。然而在美国，无面额股并非公司发行的主流选择[1]，因1930年代经济不景气，公司为填补极大亏损，因此转而发行极低面额股，将产生的资本公积用来弥补资产下滑的损失。实际上面额在美国法已成为一历史遗留，因为现今实践上，选择面额的公司，其面额也早与市价脱钩，例如FACEBOOK采每股0.000006美元。[2] 第二种是采面额与无面额股择一适用，例如德国。德国引进无票面金额股的最大动力，是因其加入欧元区，上市公司的股票计价须由各国原来计价单位转换为欧元制，企业若引进无面额股，则可不记载票面金额，可以省下转换所需的繁杂手续成本，也易于在国外上市后的计算。[3] 第三种是全面采用无面额股，如日本。日本法起初仅可发行面额股，直到1950年引进无面额股，呈现双轨并行局面，在此期间发行无面额股的公司极少，公司大多选择发行面额股，直到2000年立法者认为面额的优点无法显现，仅有造成公司困境，反之无面额股则因不存在面额，无股价跌破票面致无法折价发行的难题，且股份分割手续也较容易，加上考虑实务运作情况，修法统一强制无面额股。[4] 另有我国香港、新加坡、加拿大为强制无面额股制度，韩国在2012年正式引进无面额股制度，但其选择与日本不同的面额与无面额股并存制。盱衡各国家及地区立法动向，淡化面额、逐渐向无面额股制度靠拢是潮流，纵使施行面额股制度者，通常也未要求最低固定面额，即使有低面额限制，额度也不会太高，由此也可看出，台湾当初设计面额最低新台币10元其实并不妥当。

台湾的立法模式方面，目前采“择一适用”面额或无面额股的立法模式[5]，公司可在章程规定择一采用无面额股或面额股制度。换言之，仅能选择

---

〔1〕 *See* Robert W. Hamilton, The Law of Corporations in a Nutshell 177 (5th ed. 2000).

〔2〕 参见美国证券交易委员会档案，载 https://www.sec.gov/Archives/edgar/data/1326801/000119312512175673/d287954dex33.htm，最后访问日期：2019年2月15日。

〔3〕 参见颜薇珊：《“我国”引进无票面金额股与超低面额股相关法律问题之研究》，台湾政治大学2015年硕士学位论文，第49-50页。

〔4〕 参见刘怡君：《低面额股与无面额股问题之研究》，台湾政治大学2014年硕士学位论文，第161页。

〔5〕 第140条第2项：“实行无票面金额股之公司，其股票发行价格不受限制”；第156条第1项：“股份有限公司之资本，应分为股份，择一实行票面金额股或无票面金额股”；第156条之1第1项前段：“公司得经有代表以发行股份总数2/3以上股东出席之股东会，以出席股东表决权过半数同意，将已发行之票面金额股全数转换为无票面金额股，其余转换前第241条第1项第1款提列之资本公积，应全数转为资本”。

其中一种制度发行，不允许有票面金额股与无票面金额股并存的情形。采用面额股的公司得转换为无面额股，但采无面额股的公司不得转换为面额股，是采单向转换立法，公开发行公司原采票面金额制度者，不得转换。至于非公开公司未来申请上市，其原为票面金额股者，于公开发行后也不得转换。

本次修法，台湾选择由公司自行决定是否采用无面额股制度，是考虑公众对无面额股制度仍不熟悉，需要一定期间的适应以避免错用，所以采择一适用模式，此看似极具弹性的制度运作，其实有其盲点。本文认为，应全面强制实行无面额股制度，理由如下：首先，新制度的推行，本就有阵痛期，对新制度不熟而可能混淆的状况，实属必经阶段，对此，应该用积极地态度去解决，强化信息揭露，加强对投资人的倡导及教育才是实际且有效的应对方式〔1〕。同时，可辅以更多财务分析指标，如公司净值、股东权益报酬率、负债比率等，以免误判公司信息。其次，同时保留面额股与无面额股两套制度并行，就需要两套制度同时立法，此举非但增加成本，也增加管理与实际运作上的复杂度。对于营运状态稳定、市场反应不差且无面临融资困难的公司来说，并不会因政策的开放而轻易考虑改变现状，与其最后仍将走向强制全面适用无面额股，不如短期阵痛一次到位。参考日本、新加坡、我国香港采全面强制无面额股制度并无困难，若给予缓冲期并且妥适安排过渡措施、完善配套规范，全面采用无面额股是可行的。台湾学界多肯定引进无面额股的价值，学者方嘉麟更直言，台湾应考虑全面强制实行无面额股，因无面额股全数股款拨充资本，资本不会严重失真，不会产生庞大溢价公积，可遏阻经营阶层大玩财务操作误导投资人，另外在股份合并、分割及会计处理方面也均较面额股简易。〔2〕

此外，修法后规定公开发行公司在申请上市上柜后，原为票面金额股者，不得转换（“公司法”第156条之1第5项），此举显然忽略了公开发行公司也有转换无面额股的需求。事实上，自放宽弹性面额制度以来，并无任何公开发行公司修改章程将面额新台币10元调降的案例，因倘若公司将面额降为新台币1元，若同比例增发10倍之股份，总盈余不变的情况下，将使每股盈余受到稀释，影响股价，若允许公开发行公司可转换为无面额股，则无需增减已发行股份总数，

〔1〕参见邓学修：《股票面额制度问题之探讨》，载《经济研究年刊》2010年第3期。

〔2〕参见方嘉麟：《自2018年公司法修正看台湾资本制度之变革》，载《月旦会计实务研究》2019年第1期。

实际上有利于公开发行公司筹资弹性。从台湾于 2012 年允许海外 KY 股公司采用无面额股，至今运作均无困难来看，本项修法理由称“考虑自由互转恐造成投资人交易习惯及信息混淆”显属多虑。对此，本文赞同学者建议，应允许公开发行公司经股会特别决议变更章程后，转换为无面额，并辅以强化倡导或者特别注记等方式即可。〔1〕

另外，尚有许多议题也要一并考虑周全，例如会计部分的配合，加强债权人的保护，揭穿公司面纱原则的应用与董事受任人义务等，相关的配套需相互配合，在新制度的适用上才不会有矛盾之处或产生弊端。

三、台湾地区引进无票面金额股对资本制度的影响

为兼顾公司筹资便利性及资本维持原则的目的，引进无面额股制度确实是一解决之道，也可预见会对台湾资本制度产生冲击。以下尝试提出可能遭遇的问题及解决之道。

（一）对旧有“实收资本”概念反思

就公司法设计理念而言，资本是指股东缴纳给公司作为营运的财产基础，且为债权人藉此得以知悉公司最低债务清偿能力的表彰。纵使公司超出面额为溢价发行时，溢价金额也应该全数拨入资本，这才是公司法原本预设的规划。然而票面金额的运作，却架空了资本制度。〔2〕依照台湾“公司法”第 129 条第 3 款章程记载“每股金额”，第 156 条规范“股份有限公司之资本，应分为股份，每股金额应归一律”相互对照可知，“资本”并非公司实际收取股款之总和，仅是其中票面金额一致部分乘以已发行股份数，其他“超过票面金额发行股所得之溢额”部分，则认为可返还给股东之资本公积（参见第 241 条）。面额股制度将“实收资本额”定义为面额乘以已发行股份总数的总和（第 393 条第 3 款第 7 项），而非股东实际缴纳，在面额股制度下，公司股份发行的价格越高，其形式

〔1〕 参见苏怡慈:《公司法修正草案简评——以企业筹资为中心》，载《月旦法学杂志》2018 年第 4 期。

〔2〕 参见黄铭杰:《公司法资本规范再生的救世主——从闭锁性股份有限公司引进无票面金额股制度谈起》，载《月旦法学杂志》2015 年第 12 期。

上的资本与实际运作的资本就差距越大。[1] 再观之"公司法"第241条规定可将溢价公积发还股东的规定，此与将出资返还给股东的行为并无区别，由此可知面额股制度是造成台湾资本制度空洞化的一大主因。

修正后台湾"公司法"第156条第2项后段规定："实行无票面金额股者，所得之股款应全数拨充资本"。因无面额，即不存在溢价与否问题，因此采无票面金额股制度是将股东出资全数充作资本，无资本公积科目，其所呈现的实收股本将与面额股下的实收资本呈现极大反差。举例来说，A公司采面额股，面额为1元，增资发行新股每股10元，发行股数为100万股，则收到股款为1000万元，其中100万元列为实收资本，900万元列为溢价公积；B公司采无面额股，发行价格为10元，发行股数为100万股，则收到股款为1000万元，全数列为实收资本，公司无溢价公积。由此可知，实收资本之高低，与公司规模与实际营运情况关联甚微，然而台湾"公司法"概念下，实收资本却是主管机关进行管理的依据，也牵动公司分配的结果，及董事责任的追究，因此引进无面额股应全面检视公司法下与实收资本有关的规定。

本文认为，发行无面额股仍可确定资本而成为资本维持的标准，仅是资本的决定方式不同而已。台湾似采香港的无面额股制度，将股东出资均划归为股本，而非如特拉华州《公司法》由董事会决定资本数额。[2] 依现行股利分派规定，账面上公司保留为债权人担保的资本将较过去面额股的资本为大，某种程度上反而强化了法定资本的概念。[3]

（二）股份发行价格

实行无票面金额股的公司，按照修正后的规定是以发行价格来决定公司资本。我国台湾地区与德国的无面额股规范模式均是由公司自由选择，采择一适用无票面金额股制度，然而在发行价格上，与德国有所不同，德国的无面额股制

---

〔1〕 举例而言，当A公司以市价每股3000元新台币价格发行面额10元股份时，股东所缴纳作为公司营运基础的"实收资本"与公司法规定拨入资本项目的资本将有极大差距。

〔2〕 参见特拉华州《公司法》第154条，See Del. Code Ann. tit. 8, § 154 (2011).

〔3〕 参见曾宛如：《低面额股与无面额股对台湾公司资本制度之冲击与影响》，载《月旦法学杂志》2015年第1期。

度，需平均分摊其股本，每一面额股的价格不得低于 1 欧元。[1] 此种制度只是不在股票上印制面额，仍有最低价格且公司股本依然由无面额股均摊，与面额股以发行股数乘以面额为股本的概念相仿，被称为“不真正面额股”。关于股份发行的合理价格，修正后台湾“公司法”第 140 条第 2 项规定“实行无票面金额股之公司，其股票之发行价格不受限制”，是参考香港的规定，未对发行价格特别制定规范，因此，台湾是采真正无面额股制度。

此外，无面额股的发行价格问题，既然是由董事会决定，如何避免董事会决定的价格不公正而侵害小股东或公司的权益是需要考虑的。对此，有学者提出建议，若拟发行新股的价格显低于现行已发行股份的平均发行价格时，董事会必须出具报告书说明其正当性，报告书可结合独立专家意见以强化可信度。[2] 另有学者认为可参考日本法，增订相关条文以避免引进无面额股时可能产生的弊害，例如：受不利益的股东得请求停止发行新股，若董事会发行价额及方法显不公正时，致公司受有损害，该参与决议的董事应负损害赔偿责任。[3] 本文认为，不需要特别规范，因台湾“公司法”第 23 条第 1 项已课以董事受托义务，董事本不可滥用其权限，另有利益冲突交易程序下的股东制止请求权、股东代位诉讼等既有规范救济制度已足。

（三）股本与资本公积的使用

无面额股下无溢价公积科目，股东所缴股款，将全数列为实收资本，而面额股下，溢价发行超过面额之股款将列为溢价公积。换言之，在股东所缴股款相同的情况下，无面额股下之实收资本将高于面额股，这将造成以下两个问题：[4]

第一，现行“公司法”下有关财报强制签证（第 20 条）、法定盈余公积之提拔上限（第 237 条）、法定盈余公积发给新股或现金之额度（第 241 条），均

〔1〕《德国股份法、德国有限责任公司法、德国公司改组法、德国参与决定法》，杜景林等译，中国政法大学出版社 2000 年版，第 4 页。

〔2〕 参见曾宛如：《低面额股与无面额股对台湾公司资本制度之冲击与影响》，载《月旦法学杂志》2015 年第 1 期。

〔3〕 参见刘怡君：《低面额股与无面额股之研究》，台湾政治大学 2014 年硕士学位论文，第 198-199 页。

〔4〕 参见苏怡慈：《公司法修正草案简评——以企业筹资为中心》，载《月旦法学杂志》2018 年第 4 期。

是以实收资本为计算基础。在股东所缴股款相同，无面额股之资本公积将高于面额股的情况下，将使采用无面额股之公司遵法成本较高，资金运用上之弹性也受到较多限制。

第二，台湾"公司法"对于股本与溢价公积的使用，规定不同。举例来说，采用面额股的公司，依第241条之规定，若要以溢价公积分配现金必须公司无亏损，且须经股东会特别决议，但采用无面额股之公司因无资本公积，所有股款皆为股本，倘若减资退还现金，依第168条之规定，仅需股东会普通决议，若是非公开发行公司甚至无应无亏损之要求。进一步来说，实收资本与溢价公积均为股东出资，但实收资本之减少显然更为容易，然而现行法下公司仅需揭露实收资本额之信息（第393条），而无须揭露溢价公积，这样的信息揭露不仅意义有限，且恐有误导公众之虞。

台湾无面额股制度所订的"择一适用"，只有要采用无面额股的公司，才须将原资本公积转为资本，若要全面强制实施无面额股制度，则所有公司都将面临此问题，原有资本公积应如何转换，需有更详细谨慎的全盘考虑。本文建议，现行法下涉及实收资本的规定都应一并加上溢价公积，才不会造成股东所缴股款相同，但无面额股下的实收资本高于面额股，导致信息揭露不完全，无法真实反映公司资本状况。

股本与资本公司之运用，从比较法上来看，有不同立法模式。有基于债权人之保护，认为股本不可分配，溢价公积始可分配，例如特拉华州。另有认为抽象资本数额无法保护债权人，无须区分股本与溢价公积，例如香港、新加坡与美国。台湾现行的立法模式与后者较为接近，股本与溢价公积在符合相关条件下，均可分派，此有助于公司营运上之弹性，但保护债权人之相关设计，尚有不足。例如对于不变动章程之形式减资与实质减资，是否有债权人公告与异议之适用，并未规范，且债权人异议制度的效益向来备受质疑。另外，现行法并未区分减资不影响债权人清偿之情况，均需一体适用债权人异议制度，使公司提前清偿或提供担保，也将不当地增加公司营运成本。本文建议，新制应完善配套规范，一致化股本与溢价资本公积之使用目的、流程及完善债权人保护措施，以免公司进行法规套利，也避免公众混淆。

（四）强化信息揭露

无面额股之发行，对信息面最大之冲击在于其切断股本与流通在外股数间的连结。对于投资人而言，掌握公司流通在外之筹码，是进行投资评估的依据，一旦无面额股发行后，就无法透过公司股本金额推算市场流通的股份数。换言之，股本大的公司不一定表示在外流通的股数必定较多，尚需视每次发行价格而定。[1] 依台湾“公司法”第393条规定，主管机关应公开公司资本总额及公司章程的登记事项，但公司章程并非任何人可以查阅抄录，本文建议，改采无票面金额股制度之后，除公司章程必须记载股份总数外[2]，主管机关网站上所公开的信息也应包括已发行股份总数，使股东能有效率的获悉持股比例的变化，加强公司相关信息之揭露、财务报表的健全透明及重大消息的发布等，以利投资人查阅评估。

四、台湾引进无票面金额股制度对大陆公司法的借鉴

（一）引进无面额股有现实上的意义及必要性

大陆之所以坚持面额股制度，根源在于对资本信用的坚守。学者称“从立法到司法及至整个公司法的学理，《公司法》都表现出鲜明的、贯穿始终并协调一致的资本信用的理念和法律制度体系”。[3] 2014年《公司法》修正将公司注册资本实缴制变更为认缴资本制，在一定程度上减轻社会对公司资本担保功能的过分信任与依赖。[4] 然而，这一修正并没有改变公司法以资本信用为中心的制度体系，票面金额股制度与严禁折价发行的规定没有改变，面额依旧对资本的概念产生误导，影响股东的判断，也无法真正保障债权人。

再从经济发展现状来看，改革开放以来，大陆经济经历了30年的高速发展，国家层面和企业层面都需要大量的资金支持。在这种背景下，公司对资金的融通

---

〔1〕 参见康荣宝：《台湾证券市场发行无票面金额股票之可行性》，财团法人中华民国证券暨期货市场发展基金会2002年版，第65页。

〔2〕 参见台湾“公司法”第129条公司章程应记载事项的规定。

〔3〕 赵旭东：《从资本信用到资产信用》，载《法学研究》2003年第5期。

〔4〕 参见裴俊龙：《股票票面金额制度研究》，西南政法大学2014年硕士学位论文，第30页。